Círculo Polar Ártico

NÁPOLES
CERDEÑA
Argel SICILIA
n

Ormuz
Mascate

Formosa

Macao

FILIPINAS

OCÉANO

Socotora Goa
Calicut

PACÍFICO

Ceilán

Malaca

nea

Mogadiscio

Zanzíbar

Timor

OLA

OCÉANO

GOLA

MOZAMBIQUE

ÍNDICO

FELIPE

FELIPE

Javier Olivares

GRUPO ZETA

Barcelona • Madrid • Bogotá • Buenos Aires • Caracas • México D.F. • Miami • Montevideo • Santiago de Chile

1.ª edición: octubre 2015
1.ª reimpresión: diciembre 2015

© Javier Olivares, 2015
© de los mapas Antonio Plata, 2015
© Ediciones B, S. A., 2015
   Consell de Cent, 425-427 - 08009 Barcelona (España)
   www.edicionesb.com

Printed in Spain
ISBN: 978-84-666-5773-0
DL B 17660-2015

Impreso por LIBERDÚPLEX, S.L.
Ctra. BV 2249, km 7,4
Polígono Torrentfondo
08791 Sant Llorenç d'Hortons

Para Julia Arcos Lozano.

Sin ella, no existiría este libro.
Ni tantas y tantas cosas más

Ascendientes y descendientes directos de Felipe II

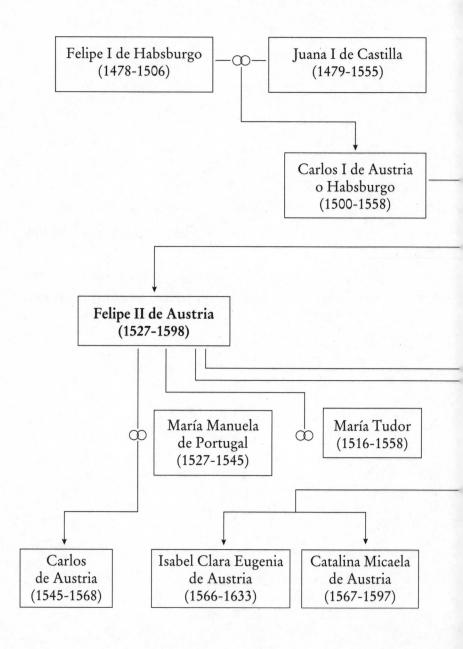

Felipe I de Habsburgo (1478-1506) ∞ Juana I de Castilla (1479-1555)

Carlos I de Austria o Habsburgo (1500-1558)

Felipe II de Austria (1527-1598)

∞ María Manuela de Portugal (1527-1545)

∞ María Tudor (1516-1558)

Carlos de Austria (1545-1568)

Isabel Clara Eugenia de Austria (1566-1633)

Catalina Micaela de Austria (1567-1597)

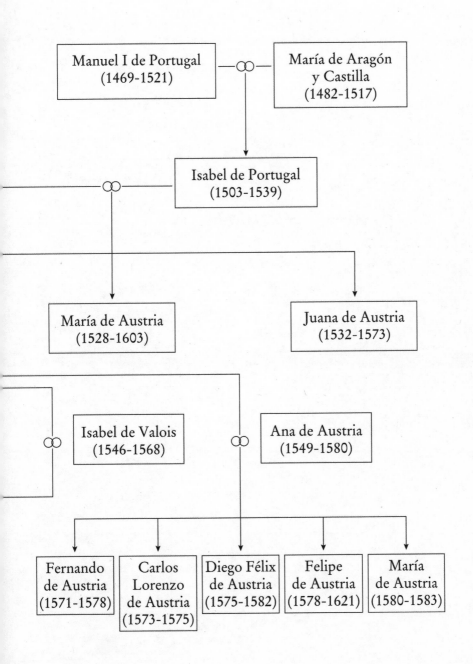

Prólogo (1527)

I

Nadie puede decir a ciencia cierta cuántos niños nacieron el 21 de mayo de 1527, pero es bien sabido que uno de ellos vino al mundo ese día para ser su dueño. Su destino era ser hijo de Carlos de Habsburgo, Sacro Emperador Romano y rey soberano de Castilla, Aragón, Nueva España, Perú, los Países Bajos y gran parte de Italia. Su lugar de nacimiento, Valladolid. Hasta allí viajaban sus padres desde Granada. Él también viajaba: en el vientre de su madre, Isabel de Portugal.

Nunca es aconsejable realizar tan largo viaje para una mujer embarazada y menos si esa mujer es una reina. Pero no había otro remedio: Solimán, sultán otomano apodado el Magnífico, había entrado en Hungría, derrotando al rey Luis (marido de María, hermana de Carlos), muerto en el combate. El infiel atacaba otra vez a la cristiandad y había que reaccionar: ese era el clamor alimentado por los reyes y la Iglesia de toda Europa. Carlos era el emperador de todos ellos, por lo que decidió emprender el viaje muy a su pesar tras convocar a las Cortes de Castilla. Necesitaba su apoyo económico para formar un ejército que estuviera a la altura del turco, algo nada fácil.

Sin duda, estaban por venir tiempos complicados. Carlos no mostró inquietud por ello: estaba acostumbrado a vivir en la agitación y la guerra. Atrás quedaba Granada, la ciudad que siempre iba a recordar por algo a lo que, por el contrario, no estaba habituado: había sido feliz. Más de lo que jamás se hubiera imaginado.

¿Quién se lo iba a decir? Se había casado con Isabel sin conocerla. De los preparativos de su matrimonio con el rey de Portugal, hermano de su prometida, y de las largas negociaciones que tanto le aburrían, se había encargado Juan de Zúñiga, leal entre sus leales. Él la recogió en la raya con Portugal para llevarla a Sevilla. Allí, en los Reales Alcázares, lugar de la boda, Isabel esperaría a su futuro marido del que fue novia apenas un par de horas, el tiempo que pasó entre la llegada de Carlos a la ciudad hispalense y el «sí quiero».

Isabel se había tomado la molestia de elegir dos trajes: uno para la boda, otro para el momento decisivo de conocer al novio. Carlos, en cambio, se presentó recién bajado del caballo, con su vestimenta polvorienta, como si viniera de la primera línea de combate.

Apenas hablaron quince minutos. Sobraron catorce para que el emperador pudiera comprobar que los rumores sobre la belleza y el saber estar de Isabel eran ciertos. Incluso se quedaban cortos. Bien es verdad que aunque no lo hubieran sido, se habría casado igual. No era por eso por lo que Isabel había sido la elegida. Un rey nunca se casa necesariamente por amor ni por satisfacer sus deseos sexuales.

El emperador, de hecho, ya había tenido tres hijos fruto de sus aventuras amorosas. Pero ninguno podía ser su sucesor. Él buscaba un hijo que heredara su imperio. Y lo necesitaba cuanto antes. Por eso rechazó a su prima María Tudor, una niña de diez años, porque no podía esperar.

Isabel de Portugal, también prima suya, tenía ya veintitrés, una buena edad para ser madre. No era la única ventaja de la boda. En lo económico, la dote de la princesa portuguesa alcanzaba las 900.000 doblas de oro a cambio de las 300.000 que el emperador ofreció en calidad de arras. Las consiguió hipotecando Úbeda, Baeza y Andújar, villas magnas de Jaén sin sacar una sola moneda de la depauperada economía castellana.

En lo político, el matrimonio suponía asentar las relaciones con el reino vecino, que en tiempos anteriores habían deparado guerras y conflictos comerciales por las líneas de navegación con destino hacia África y las Indias. Para que no hubiera más conflictos en el futuro, se había planeado una doble boda: Carlos casaría con Isabel, que era hermana del rey portugués y este con Catalina, hermana menor de

Carlos. Dos bulas tuvo que dictar el papa Clemente para permitir estas bodas entre primos que se convertían en esposos y cuñados. Problema resuelto, pero no era el único.

Desde que Carlos había llegado a Castilla, las Cortes y los mismos comuneros le exigieron que, si quería ser rey de España, casara con una mujer española. Isabel había nacido en Lisboa, pero era nieta de Isabel la Católica y eso bastaba. Carlos también lo era, pero los castellanos le consideraban extranjero. ¿Cómo podía ser rey de Castilla alguien que no sabía su idioma?

Por todas estas razones fue Isabel de Portugal la elegida y no porque fuera bella e inteligente. Pero lo era y Carlos no tardó en descubrir que, pese a que su matrimonio atendía a mil razones más importantes que el amor, no les estaba prohibido quererse.

Granada fue el lugar elegido para la luna de miel. Sus consejeros en asuntos castellanos, Tavera y De los Cobos, así lo habían recomendado. Allí estaban enterrados los Reyes Católicos, a quienes el pueblo adoraba. Sin duda, toda Castilla vería en ese detalle un deseo de Carlos por continuar las gestas de tan insignes reyes.

Allí, el guerrero trocó en galán y ordenó plantar para su amada unas flores persas hasta ahora desconocidas en el reino: los claveles.

Pero todo eso ya era pasado para Carlos. Ahora solo le importaba llegar a Valladolid sin menoscabo de la salud de su esposa embarazada. Por ello, Carlos organizó el viaje al detalle, como hacía con sus campañas militares. De hecho, un ejército acompañaba a la familia real. Para velar por la salud de la reina, esta viajaba en una litera llevada en volandas a hombros de veinticuatro hombres. Para que no se cansara, cada diez kilómetros se hacía una parada.

Así, de poco a poco, los reyes y su séquito llegaron a Valladolid un 22 de febrero. Los que les vieron entrar por las puertas de la ciudad, creyeron estar más ante una procesión mortuoria que ante una comitiva real. Pocos sabían que, por el contrario, el gran protagonista de esa comitiva era un niño que todavía estaba por nacer.

II

El lugar elegido para el parto fue el palacio propiedad de Bernardino Pimentel, junto a la hermosa iglesia de San Pablo. Allí, recién iniciado el martes 21 de mayo, la reina rompió aguas. Inmediatamente, el palacio se convirtió en un hervidero de gente con una misión que cumplir. Los criados atendían a los presentes. Los médicos flanquearon a la partera más reconocida de la ciudad. Las damas de la reina se apostaron a su lado para darle apoyo. Y hasta el mismo obispo de Toledo, Alonso de Fonseca, apareció de repente para ser el primero que bendijera al heredero.

Llegado el momento del parto, Isabel había dado órdenes estrictas: los candelabros debían apagarse y exigió que se le tapara el rostro con un ligero paño para que nadie viera en ella el más mínimo gesto de dolor. Además, prueba de su fervor religioso, ordenó que en torno al lecho se colocara su colección de reliquias, que siempre llevaba con ella. Por si eso no fuera suficiente para conseguir el favor divino, su mano apretaba el mismo cíngulo que santa Isabel tuvo en sus manos cuando dio a luz a Juan el Bautista cinco años antes de que naciera Cristo. No parecía muy ajado para ser tan viejo, lo cual hacía dudar a más de uno que perteneciera a la santa, pero Isabel de Avis creía que lo era y punto.

El rey acompañó en la habitación a su esposa en los primeros momentos, tal vez creyendo que el parto sería rápido. Se equivocaba. Pasadas dos horas, las muestras de dolor en Isabel empezaban a poner en riesgo su compostura y rogó a su marido que mejor esperara en otra estancia. Dubitativo, el rey miró sin saber qué hacer a la partera, una mujer de cuarenta años y gruesa como un ariete.

—Mi señor, será mejor que os vayáis y reposéis.

Carlos bajó la cabeza y salió de la estancia ante la mirada compasiva de la partera, que disfrutó durante segundos de este momento de gloria con el que todo plebeyo sueña: dar consejos a un rey.

Las crónicas dirían luego que Carlos acompañó durante todo el parto a su esposa. No ocurrió así. Los cronistas escribieron lo que les dictó el mismo Francisco de los Cobos, cuya obsesión era brindar la mejor imagen del rey en un momento tan importante y esperado por los castellanos como el nacimiento de un heredero nacido en Castilla. No es que el pueblo importara a la hora de tomar decisiones, pero convenía tenerlo a favor. Y esperaba con ansiedad ese momento, ¿qué mejor semblanza que un rey anhelando lo mismo que sus súbditos? No, las crónicas no podían contar que el rey exigió estar solo en una estancia hasta que todo hubiera concluido.

Allí paseó como un perro enjaulado mientras los latidos de su corazón encontraban eco en sus sienes, donde retumbaban como tambores. El hombre más poderoso del mundo se había convertido de repente en un manojo de nervios. Él, al que jamás le habían temblado así las piernas ni siquiera en las más cruentas batallas.

Paso a paso, en su cabeza resonaban dos preguntas. ¿Nacería sano? ¿Sería varón? Y rezaba para que Dios le diera la misma respuesta: sí. Al fin y al cabo, se lo merecía: nadie como él había luchado tanto por la cristiandad. Incluso (pensaba convencido) más que el papa de Roma, de nombre Clemente, empeñado más en intrigas políticas y guerreras que en sus labores religiosas. Tenía que nacer sano y ser varón.

De hecho, ya había pensado incluso en su nombre: su hijo se llamaría Felipe, como su padre. Así se lo había dicho a Cobos, nada más saber del embarazo de su esposa. Este no se mostró muy de acuerdo al saber la decisión.

—Mi señor, con todos los respetos, creo que hay un nombre mejor.

Carlos le miró extrañado, casi ofendido.

—¿Un nombre mejor que el de mi padre? ¿Cuál?

—El de vuestro abuelo, Fernando.

Carlos frunció el ceño al oír nombrar al Rey Católico, pero Cobos no lo notó.

—El pueblo de Castilla es amante de sus tradiciones y de su historia, y pocos hombres han calado en el corazón de los castellanos como el rey Fernando.

Carlos escuchaba con la mirada perdida. Cobos, viendo que Carlos no respondía, pensó que tenía permiso para insistir.

—Sabéis que muchos no os perdonan que no nacierais en Castilla. Lo sabéis tanto como que yo rezo porque quienes piensan eso ardan en el infierno... Pero sería bueno que vieran en vos un acto de homenaje, un recuerdo a quien junto a la reina Isabel todos recuerdan como los más grandes reyes.

Carlos giró la cabeza por fin hacia su consejero.

—No.

La mirada de Carlos, al decir tan pequeña palabra, debió de ser tan demoledora, que Cobos jamás volvió a plantear la cuestión.

Estaba decidido: no iba a llamar a su hijo como al Rey Católico que tan mala vida le dio a su padre. Incluso, como alguno de sus consejeros más viejos, Carlos pensaba que Fernando de Aragón estaba detrás de la muerte de su padre, llamado el Hermoso. ¿Cómo si no alguien tan sano podía morir por beber un vaso de agua por muy helada que esta estuviera? No tenía duda de que esa agua estaba condimentada con algún veneno. Carlos sabía de venenos que convertían la muerte en algo tan natural como un ataque al corazón. Más de un enemigo había eliminado de esa manera: en eso sí era digno heredero de su abuelo.

No tenía duda alguna: su hijo se llamaría Felipe, como su padre. «Porque será varón y nacerá sano», pensaba en silenciosa y constante letanía. Dios se lo debía. A él más que a nadie.

III

Como todo el que es deseado, el niño tardaba en llegar a la cita. Diez horas después de los primeros dolores, la reina seguía sin parir y sin quitarse el pañuelo del rostro. Hasta en tan crucial momento, la reina parecía más preocupada por preservar su compostura que por traer su primer hijo al mundo, solo la presión de su mano izquierda apretando el cíngulo de santa Isabel mostraba lo mal que lo estaba pasando. Pero no hacía fuerza ni tenía voluntad de acelerar el proceso, tan aterrorizada como estaba, por mucho que lo quisiera disimular.

Todos se dieron cuenta y callaban: era la reina. Pero la partera ya no podía más. Reina o plebeya, pensaba, una mujer tiene que luchar por traer a sus hijos al mundo. Y presa de la impotencia y la indignación, rompió el tenso silencio de la sala.

—¡¡¡Gritad, por Dios!!! Haced fuerza, mi señora.

Isabel sacó fuerzas de flaqueza, sí. Pero para apartar el pañuelo de su cara y mirar de reojo a quien había tenido el atrevimiento de dar órdenes a una reina.

—No me habléis así. Podréis verme morir, pero no gritar. No gritaré jamás.

La partera empezaba a temer que en vez de venir un ser al mundo, fueran dos los que lo dejaran. Por eso, cuando una contracción hizo temblar a la reina, no pudo contenerse.

—¡Ya viene! ¡Haced fuerza! ¡Y si no queréis gritar como reina, gritad como madre!

Al límite de sus fuerzas, Isabel no pudo aguantar la siguiente punzada de dolor. Y gritó. Lo hizo como nunca lo había hecho en su vida. En segundos, toda su gélida belleza, toda su frialdad desapareció. De repente, esa belleza pálida y distante que parecía no respirar el mismo aire que el resto de los mortales, gritó. Fue un grito largo que traspasó las paredes de la sala y llegó hasta los oídos de Carlos. Luego vino otro grito más entrecortado. Después, Isabel dejó de utilizar el pañuelo como velo y se lo colocó en la boca. El cíngulo de santa Isabel cayó al suelo. Y la reina dio a luz.

Un médico se acercó presuroso y cortó el cordón umbilical. La partera limpió sonriente al recién nacido y dos notarios se acercaron de inmediato para ver su sexo. Era varón.

No tardó el emperador en llegar donde su esposa. Isabel estaba tan débil que ni se enteró de que su marido le acariciaba su mejilla. Carlos cogió emocionado al niño. Lo hizo con una delicadeza extrema, como si temiera que se rompiera en sus brazos más acostumbrados a la batalla que a la paternidad. Y, tras darle un beso en la frente, le susurró al oído:

—Te llamarás Felipe. Y heredarás el mundo.

1

El padre invisible (1533)

I

Aún no había cumplido seis años, cuando Felipe realizó su primer gran descubrimiento: odiaba viajar.

Ignoraba que los hombres de ciencia discutían cómo era posible, si la Tierra era redonda y se movía, que nuestros pies siguieran pisando tierra. Nadie le había contado todavía que el mensaje de Lutero ponía en peligro la unidad de la cristiandad. Pero pocas cosas le molestaban más que el traqueteo de un carro.

No conocía de los triunfos de Hernán Cortés allende los mares en un continente que muchos sabían que existía solo por las riquezas que de allí venían. O que las tropas del imperio que él heredaría habían saqueado Roma. Pero no soportaba el polvo de los caminos.

¿Por qué había que viajar tanto?, se preguntaba constantemente el niño. Aún no era consciente de que el reino del que iba a ostentar su corona no tenía una capital fija y la corte viajaba de un lado a otro por caminos en los que si llovía había barro y, si no llovía, la comitiva levantaba al pasar tanta polvareda que el aire se hacía irrespirable.

El caso es que, cuando apenas se familiarizaba con unos aposentos, pronto tenía que adaptarse a otros. Cuando no huían de territorios afectados por la peste, lo hacían para recibir el fervor de un pueblo que igual que odió a su padre (eso él tampoco lo sabía) adoraba a su nuevo príncipe. Felipe había cumplido el sueño de Castilla, la exigencia que sus Cortes le habían planteado a su padre: que tuviera un heredero nacido en su tierra.

Aparte de esos viajes tan desagradables para él, Felipe no tenía muchos motivos más de los que quejarse. Su mayordomo y tutor, Pedro González de Mendoza mantuvo una actitud laxa en su formación, para alivio del príncipe al que, sin duda, le agradaba más cazar y jugar que juntar letras.

Su madre le había dado una hermana, María (nacida apenas un año después de él), su principal compañera de juegos y de viajes. Tuvo otro hermano al que llamaron Fernando, pero Dios prefirió llevárselo al cielo sin haber cumplido siquiera su primer año en el mundo. Nació orondo, lo que hizo pensar que rebosaba de salud, pero no fue el caso. Felipe intentaba recordarle, pero no podía: era demasiado pequeño cuando ocurrió tan desgraciada pérdida.

Uno de sus principales pasatiempos era organizar justas con los demás niños, sustituyendo lanzas por velas encendidas. Él mismo decidía cual de los infantiles caballeros perdía la justa. A quien le tocaba, moría. A regañadientes, pero lo más convincentemente que podía. Se lo ordenaba el príncipe y eso bastaba.

Príncipe. Cada vez le gustaba más que le llamaran así. Desde los cuatro años ya mantenía una conversación fluida y empezó a darse cuenta de que era más que los demás. Incluso más que su querida hermana, a la que dejaba sola en las entradas de pueblos, villas y ciudades que esperaban la llegada de la comitiva real para aclamarle. Mientras ella seguía en la carreta, él pedía un caballo para entrar en solitario por delante.

Pero en eso no le obedecían. Los mayores tenían otras reglas diferentes a la de los niños con los que jugaba. Y en vez de caballo solo le dejaban cabalgar mulillas. Y, a sus costados, dos guardias reales le escoltaban encajonándole para que no torciera el camino ni cayera de la montura. Era orden de su madre y motivo de enfurruñamiento de un crío, que por muy príncipe que fuera no era más que eso: un niño.

Como Isabel de Avis debía compaginar sus funciones como regente con las de madre, decidió que su hijo tuviera dos ayas: doña Leonor de Mascarenhas y doña Inés Manrique de Lara. La primera era portuguesa; la segunda, castellana.

La portuguesa era de la misma edad que Isabel de Avis y la acompañaba desde que había salido de Lisboa para desposar con Carlos. Ella ejercía de aya principal y, sin duda, solo su joven corazón podía superar el disgusto de ver que, con apenas cuatro años, Felipe se saliera de la reja de un balcón del piso más alto de palacio y estuviera a punto de caer al vacío. Tal fue su temor por que el imperio perdiera a su heredero por un descuido suyo, que prometió a Dios castidad de por vida si lograba salvar al niño. Lo consiguió, lo que tuvo como efecto que nunca permitiera que hombre alguno se le acercara.

Inés Manrique era mayor en edad y podía ufanarse de haber sido camarera mayor de la mismísima Isabel la Católica. También de tener una familia de alta alcurnia (su tío era arzobispo de Sevilla). Tras morir Isabel de Castilla, se había recluido en un convento, pero la emperatriz y reina la llamó para la corte y aceptó de buen grado.

El hecho de dejar a su hijo en tan buenas manos no significaba que Isabel de Avis se desentendiera de su hijo. Para ella, Felipe era la razón por la que había venido al mundo. Pese a los malos momentos del parto, recordaba aquel día como el más feliz de su vida.

Y rezaba por poder darle más varones a su marido algo que no estaba consiguiendo y no porque no lo intentara en cada una de las fugaces visitas de Carlos.

II

Isabel era famosa por su frialdad: bastaba asistir a cualquiera de sus refrigerios para darse cuenta de la misma. La etiqueta cortesana, que ella había traído de Portugal, la obligaba a comer sola, sin hablar con nadie. Y siempre alimentos fríos. Media docena de sirvientes traían la comida. Tres de sus damas se postraban de rodillas a su lado. Una cortaba la comida, las otras dos le servían. Mientras, el resto de damas la observaban acompañadas de caballeros de la corte, que en su principio asistían al ritual como si de una misa se tratara. Pero la reina masticaba tan lento que al final acababan cortejando en voz alta a las damas, tan aburridas como ellos. Cuando las voces pasaban del susurro, la reina les reprendía con la mirada y callaban. Y ella podía otra vez volver a comer lentamente.

Sin embargo, ese alejamiento del mundo se tornaba en cercanía y calidez cuando estaba con sus hijos. Sobre todo con Felipe: era el varón y el heredero. Así, en cada momento de desconsuelo, Isabel de Avis estaba a su lado. Pero cuando había que reprenderle, también.

Un mal día, la reina le ordenó que dejara de comer dulces. Felipe hizo como que no la oía. Primero, llegó una regañina. Pero el príncipe siguió comiendo, causa que provocó un efecto no deseado por el niño: su madre le dio un par de buenos azotes. Felipe rompió a llorar. Cuando dejó de hacerlo, no entendía el motivo de la azotaina... ¿Acaso no le obedecían todos los demás? ¿No iban a Aranjuez a cazar cada vez que él lo pedía? ¿Acaso no era el príncipe tal y como todos le llamaban? Entonces, ¿por qué no podía comer todo lo que le viniera en gana? Su madre le dio una respuesta rápida.

—Si vos sois el príncipe, yo soy la reina. Y, además, vuestra madre.

La estupefacción de las damas y caballeros de la corte fue grande: nunca habían visto a la reina tan fuera de sus casillas. Ella, siempre tan aferrada a la etiqueta de la corte, apenas dirigía la palabra a nadie, salvo —pocas veces— a sus damas y, más frecuentemente, a Francisco de Borja, caballerizo mayor de la corte.

Borja tenía antepasados importantes, como el papa Alejandro o el mismísimo Fernando el Católico, pero por su sencillez parecía provenir de una familia de labriegos. Habían sido muchos sus servicios al emperador ya desde niño: con doce años, Carlos le eligió junto a otros niños para que acompañaran a su hermana Catalina en Tordesillas, donde asistía a su madre Juana, retirada allí por sus desvaríos. Después, tras completar sus estudios, volvió a la corte donde mostró su habilidad en la equitación, las justas y los torneos.

El emperador confiaba en él y le nombró marqués de Lombay como regalo de bodas cuando desposó con Leonor de Castro, dama de honor de la emperatriz Isabel. Con poco más de veinte años, Francisco atesoraba experiencia, conocimiento y serenidad en los momentos más críticos. Pero tanto Carlos como Isabel valoraban especialmente de él dos virtudes: la rectitud de sus actos y que no anhelaba cargos ni dinero. Por eso fue el elegido por Carlos para que acompañara a su mujer.

Felipe no sabía de tales méritos, sencillamente admiraba a Francisco de Borja porque siempre montaba los caballos más hermosos. ¡Ojalá pudiera él montar esas bellezas y no las tercas mulas que le dejaban!

También le apreciaba porque las pocas veces que había visto a su madre sonreír, aparte de con él o con su hermana, siempre habían sido en compañía de Borja. Probablemente lo habría hecho con su padre, si hubiera estado presente.

Sin duda, pensaba el niño, mucha tarea debía tener su padre para no estar nunca en casa. No se equivocaba. Hay maridos que se excusan con cualquier pequeñez para evitar ver a sus esposas: no era el caso del emperador. Al mes de nacer Felipe, ya partió hacia Valencia y durante sus primeros dos años, buscó apoyo por toda la península Ibérica para proveer a un ejército con el que en 1529 partió hacia el norte para parar los pies a los ejércitos de Solimán.

De camino a Hungría, viajó hasta Roma para presentar excusas al papa Clemente por el saqueo que las tropas imperiales habían llevado a cabo. No obstante, también dejó claro al Papa lo mucho que le desagradaban sus coqueteos políticos con el rey de Francia, en disputa continua con Carlos. Pero ese no era el problema más importante que tenía que resolver: su objetivo principal era levantar el sitio de Viena.

Cerca de allí le esperaba Solimán, que anhelaba luchar frente a frente con Carlos, el único hombre en la tierra que tenía tantas posesiones como él. El emperador, hábil estratega, no le dio ese gusto: se permitió el lujo de obligarle a volver a Turquía sin verle la cara.

Las noticias de sus victorias llegaban a la corte, corregidas y aumentadas. El príncipe desayunaba, almorzaba y cenaba con las hazañas de Carlos, el emperador. Sin embargo, él hubiera preferido que alguna vez se las contara de viva voz su propio padre. Le había visto tan pocas veces que apenas recordaba su cara. Carlos era para su hijo un héroe de leyenda y un padre invisible.

No solo era invisible como padre. Como marido también era fugaz y efímero hasta en los momentos de mayor pena de su esposa. Buena muestra de ello fue cuando, al morir el pequeño Fernando, el emperador despachó el duelo con una carta enviada desde Augsburgo en la que se podía leer:

El fallecimiento del infante, nuestro hijo, hemos sentido, como es de ley. Pero si Nuestro Señor, que nos lo dio, lo quiso para sí, debemos conformarnos con su voluntad y darle gracias y suplicarle por la salud de los que nos quedan. Os ruego por ello, señora, muy afectuosamente, que lo hagáis y olvidéis todo dolor y pena, consolándoos con la prudencia y ánimo que a vuestro rango conviene.

Isabel obedeció a su marido, como siempre. Pero no consiguió olvidar todo su dolor. Cuando ya era insoportable, se recluía para que nadie la viera. Su rango, como decía su marido, exigía ese ejercicio de prudencia.

Mal remedio para tan cruenta pena. Porque solo se oculta aquello que existe y el dolor crecía, inmenso, dentro de su alma.

III

Habían pasado cuatro años extenuantes para Carlos, que acabó presa de la depresión y sufría incluso desvanecimientos. Sus médicos, en la Navidad de 1532, le aconsejaron volver a España para recuperarse. Él aceptó el consejo; no había nada que más deseara en el mundo.

Una mañana de febrero del año 1533, llegó a Madrid carta del emperador. Citaba a su esposa e hijos en Barcelona, hacia donde viajaba desde Génova. A toda prisa se organizó el viaje hacia la Corte Condal. Por primera vez en mucho tiempo, Felipe no mostró en su rostro el más mínimo gesto de desagrado: por fin iba a conocer a su padre. El viaje iba a ser duro. De Madrid llegarían a Guadalajara. Y de allí a Medinaceli, Calatayud, Zaragoza, Igualada y, por fin, a Barcelona.

Durante todo el camino, no se oyó al príncipe quejarse del polvo que le llegaba hasta el paladar, pese al palio protector y a los paños mojados que su aya Leonor le colocaba en el rostro. Cerca de Zaragoza, Francisco de Borja se acercó hasta la carreta de Felipe, que miraba admirado su caballo. Borja le sonrió. Luego, con medido y elegante galope, se acercó hasta el costado de la carreta para hablar con el príncipe.

—Alteza, ¿queréis viajar conmigo?

Felipe se quitó el pañuelo de la cara, los ojos brillando como estrellas.

—¿Puedo?

—Claro que podéis.

Borja levantó al príncipe en vilo con apenas un brazo y lo colocó delante de él en la montura. Aceleró al galope, sonriendo.

No era el único que sonreía. Felipe sintió que era feliz. Al final del viaje le esperaba su padre y ahora el viento le golpeaba en la cara. Cerró los ojos unos segundos. En ese momento, sintió que era mucho más que un príncipe... Sintió que era el mismísimo rey del mundo.

IV

Recién desembarcado en Rosas, el 21 de abril de 1533, Carlos dejó atrás a su escuadra y cabalgó hacia Barcelona.

Por su energía, parecía que la depresión y los desvanecimientos se habían curado nada más pisar la Península. A lomos de su caballo, pensó en su esposa. Siempre que lo hacía recordaba el día que la conoció, en Sevilla.

También pensó en Felipe. Sobre todo en el momento en el que le cogió en sus brazos nada más nacer. Luego, vino a su mente su gran preocupación: ¿sería su hijo un digno heredero? ¿Estaría recibiendo la formación necesaria para ello?

Cambió de caballo y cambió de pensamientos. Y volvió a pensar exclusivamente en Isabel. En poder abrazarla y consolarla. En resarcirla de esos momentos tan duros que había tenido que vivir sola. A cambio, él podría jurar ante Dios si hiciera falta que no había estado con otra mujer desde que se casara con ella.

Tenía tantas ganas de verla que, durante el viaje, sus pies solo tocaron tierra el tiempo suficiente para bajar de un caballo y subir a otro. Cabalgando día y noche, llegó a Barcelona a las nueve de la mañana del día siguiente. Allí le esperaba su familia.

Cuando Felipe vio a su padre se quedó sin palabras. No se atrevió ni a ir a abrazarle: el héroe existía y estaba delante de él. Vio cómo abrazaba a su madre y le hizo una carantoña a su hermana María. Luego, por fin, sintió su mirada en sus ojos. Carlos le sonrió, Felipe no atinó siquiera a ello. El emperador puso su mano sobre su cabeza y le alborotó el pelo.

—Estáis hecho un hombre, hijo.

Felipe intentó responder pero las palabras no salían de su boca.

—Estoy cansado —dijo Carlos a su esposa.

—Venid conmigo —respondió esta, tendiéndole la mano Isabel.

Y desaparecieron camino de sus aposentos. Las ayas iban a encargarse de María y de Felipe cuando Francisco de Borja, presente en el encuentro hizo un gesto.

—El príncipe va a practicar el tiro con arco conmigo. ¿Os parece bien, alteza?

El niño asintió y salió con su repentino protector a los jardines, donde Borja mandó instalar unas dianas.

—Lo normal es tirar a cincuenta metros, pero de momento con veinte metros es suficiente.

El arco era tan grande que el crío apenas podía dominarlo por mucho que quisiera. Borja sonrió.

—Primera lección: hay cosas tan grandes que uno debe tener paciencia para hacer uso de ellas. Pero yo os enseñaré.

Le ayudó a montar la flecha. Luego, le dejó solo con el arco y ordenó que tirara a la diana. Felipe obedeció, pero la flecha ni rozó la diana. Su cara mostraba abatimiento.

—Segunda lección: se necesita calma y temple para conseguir lo que se desea. Colocad otra flecha, alteza.

Felipe lo hizo. Inmediatamente, recibió nuevos consejos.

—Sujetad con fuerza el arco. No miréis la flecha, mirad lejos, a la diana, al objetivo que queréis llegar. Yo os ayudaré.

Borja guio su mano, tensó la cuerda y mandó que la soltara.

—¡Ahora!

La flecha voló y se clavó muy cerca del centro de la diana.

—Vaya, eso está mucho mejor —dijo Borja.

—Ha sido gracias a vos.

—Yo os he ayudado, nada más. ¿Qué habéis aprendido de lo que os he dicho?

El niño se quedó pensando y luego respondió.

—Que hace falta calma para conseguir lo que se desea. Y que hay que mirar lejos para que la flecha dé en la diana.

—Así es. Recordad estos consejos porque la vida de un príncipe es algo parecido. En muchos momentos, como ahora con vuestro padre, os sentiréis abatido y fuera de lugar. Os sentiréis como en vuestro primer tiro, triste porque no habéis dado en la diana. No os apenéis. Mirad al futuro, porque vos, Felipe, sois el futuro. Cuando crezcáis, sabréis por qué vuestro padre se comporta así. Ahora, sencillamente, obedecedle.

Felipe miró a Borja con admiración y cariño. No solo había aprendido que su vida estaba marcada por el futuro. También acababa de saber lo importante que era estar bien acompañado para caminar hacia él.

A la mañana siguiente de su regreso, su padre le mandó llamar; quería darle sus primeras lecciones cara al futuro. Se sentó junto a él y le dio un libro y le pidió que leyera en voz alta. Felipe apenas pudo hilar algunas palabras con otras. Carlos torció el gesto.

—Tenéis seis años y apenas sabéis leer. Mal asunto, hijo.

Felipe calló apesadumbrado.

Poco después, Carlos volvió a marcharse. No fue muy lejos; se celebraban Cortes en Aragón. Mandó a su familia a Toledo mientras él viajaba a atender asuntos locales por toda España. Prometió volver pronto, pero no lo hizo. Al fin y al cabo, su objetivo ya lo había cumplido: dejar embarazada a Isabel.

Otra vez, Felipe vio crecer el vientre de su madre. De nuevo vio nacer una hermana. Otra vez su padre no estuvo presente. Pero había cosas que ya no eran iguales. Sabía que tenía por delante un sinfín de responsabilidades.

Felipe empezaba a tener la sensación de que era mucho más fácil ser arquero que emperador.

2

Todo por el imperio (1534)

I

Carlos marchó dejando tareas que cumplir en aras a un fin superior: su imperio. El inconveniente es que este era inabarcable. Cuando arreglaba un problema, surgía otro a cientos o miles de kilómetros. El método para arreglarlos siempre era la fuerza y el miedo que generaban sus tropas, especialmente los Tercios comandados por el duque de Alba.

Tener un ejército invencible suponía la contratación de mercenarios que se mezclaban con los Tercios españoles, cuyas miras eran la gloria y el honor. Eso generaba a veces situaciones tan peculiares como que, en tiempos de carestía, los soldados castellanos ayudaban a pagar sus honorarios a los extranjeros. Pero a menudo, con eso no bastaba y castellanos y también los que no lo eran hacían rentable su esfuerzo a través del saqueo de las ciudades conquistadas.

Robos, violaciones y asesinatos eran consecuencias directas de tan poco honorable actividad. Los generales que los mandaban miraban hacia otro lado cuando no incitaban al propio saqueo. No había nada más peligroso que tener a tus propias tropas en contra, algo peor que el más feroz de los enemigos.

El caso más terrible en este sentido fue el saqueo de Roma por parte del ejército imperial compuesto por mercenarios alemanes. Muerto su general, nadie contuvo su ira. Cuando entraron en la ciudad y vieron tantas riquezas, la avasallaron dando muerte a la mitad de la población y secuestrando a los más ricos. Solo les perdonarían la vida a cambio de una recompensa. Ni el mismísimo Papa, también secuestrado, se libró de pagarla. Paradojas del destino, ese mismo ejército imperial tenía como primera misión proteger a la Iglesia y a su Sumo Pontífice.

Carlos sabía que, cada vez que las Cortes de Castilla no le insuflaban fondos, el efecto sería una sucesión de saqueos. Los hubiera habido de todas maneras, pero no en tan alto grado. La política del miedo tenía un defecto: solo dejaba heridas que no restañaban y volvían a abrirse una y otra vez. Y cuando sangraban demasiado, allí iba Carlos en persona como cirujano mayor.

El problema es que el cirujano tenía demasiadas operaciones en las que intervenir y, a sus treinta y cuatro años, empezaba a sentirse cansado: había que preparar el futuro. Este se basaba en dos factores indiscutibles: que su hijo Felipe diera la talla como heredero y que la reina cumpliera como esposa y madre trayendo al mundo otro hijo varón. Así, Felipe podría ser el futuro rey de Castilla y Aragón y el que viniera, del resto del imperio. Carlos lo sabía bien: no bastaba un solo hombre para controlar un territorio tan inmenso.

En cierto modo, el emperador no daba distinto trato a su esposa ni a su hijo que al resto de su pueblo. Por el imperio, las villas y ciudades de España debían sacar dinero de donde no lo había. Por el imperio, se reclutaban hombres que dejaban atrás campos sin sembrar. Y si se sembraban, el trigo era en gran parte para los ejércitos del imperio.

También por el imperio, Isabel de Portugal debía ejercer de auténtica reina de España, a sabiendas de que la Historia jamás hablaría de su obra y sí de la de su esposo. Y Felipe, también por el imperio, dejó de ser niño para convertirse en aprendiz de emperador.

Para acelerar la formación de su hijo, Carlos ordenó que se le adecentara casa propia, porque alguien que «crece entre faldas nunca podría gobernar el imperio como Dios manda». Eran tantos los temas pendientes y tan pocos los fondos que la obra se dilató y Felipe pudo seguir cerca de su madre, su hermana María y sus queridas ayas. Pero lo que no pudo evitar fue tener un nuevo tutor para complementar la labor de González de Mendoza.

El elegido fue Juan Martínez Guijarro, llamado Silíceo, catedrático de Filosofía Natural en la prestigiosa Universidad de Salamanca. De orígenes humildes y tenaz en el estudio, Silíceo dominaba el latín, el francés (había estudiado en París), las matemáticas y dicen que la lógica y la dialéctica. Tanto estudio no le había bastado para tener talento. Tampoco para atenuar su fanatismo religioso. Admirador de los estatutos de limpieza de sangre de los cristianos viejos, su odio hacia los judíos era tan grande como su afecto por la Santa Inquisición.

Como también fue nombrado primer confesor del príncipe, Silíceo afrontó su educación en dos aspectos: el religioso y el de las letras. En el primero, consiguió adentrar al niño en una fe que se alimentaba de reliquias, pinturas sacras y oraciones. En el segundo, fue un auténtico desastre. Silíceo parecía más preocupado en inculcar a Felipe sus ideas religiosas que en disciplinar a quien empezaba a necesitar de manera urgente un mayor dominio de la escritura y del latín.

No era su único defecto. Tenía tanto respeto por el príncipe que difícilmente se negaba a sus caprichos. Sin duda, tan blanda actitud se debía al temor que Silíceo tenía al futuro, al momento en el que su pequeño alumno se convirtiera en emperador omnipotente. Si le trataba mal ahora, ¿no caería en desgracia luego?

Felipe no tardó en darse cuenta de ello y pronto se aprovechó de la situación. Prestamente empezó a enfermar por las mañanas para no estudiar latín. Milagrosamente, se recuperaba para, apenas unas horas después, pasear y, sobre todo, visitar a Francisco de Borja para que le mostrara sus mejores caballos. Con él, contrastaba lo aprendido con Silíceo.

—Odio a los judíos.

Borja le miró extrañado y le preguntó por las razones de ese odio.

—Ellos mataron a Cristo.

—Desde que eso ocurrió ha pasado mucho tiempo —respondió Borja, sonriendo.

Luego preguntó si era Silíceo quien le había enseñado eso. Felipe asintió.

—Sois demasiado joven como para cargar sobre vuestras pequeñas espaldas un odio tan viejo.

II

La preocupación del emperador Carlos por la educación de su hijo aumentó al recibir informes de Silíceo que eran demasiado halagadores con Felipe. Por otras fuentes, sabía que no había motivos de alegría al respecto. Incluso le había llegado noticia de que su hija María adelantaba a su hermano mayor en la escritura y en la comprensión de lenguas.

Inmediatamente, Carlos nombró un nuevo preceptor. Su misión sería vigilar que la enseñanza fuera la adecuada y, sobre todo, que enseñara a su hijo dos materias indispensables para un emperador: autocontrol y disciplina. El elegido fue don Juan de Zúñiga Avellaneda y Velasco, que sustituyó en sus funciones a Pedro González de Mendoza al que se le dio nuevo destino.

El emperador sabía que quien debía ser sustituido era Silíceo. Pero esa decisión hubiera supuesto generar polémica con los cristianos viejos y la propia Inquisición y Carlos no quería el más mínimo atisbo de disensión con los poderes fácticos castellanos.

Zúñiga tenía cuarenta y siete años y había servido a Carlos desde la infancia del emperador. Hasta Flandes viajó con ese cometido tras la muerte de Felipe el Hermoso. Desde entonces, juntos habían superado pruebas muy difíciles, políticas y personales. Una experiencia que les unió definitivamente fue el tener que permanecer aislados tres meses en Cataluña para protegerse de la peste. Concretamente, en el palacio de los Requesens en Molins de Rey. Allí conoció Juan a la que sería su esposa, Estefanía, hija heredera de Luis de Requesens y Soler, gobernador de Cataluña, conde de Palamós y poseedor de otros títulos nobiliarios. Era tal el orgullo que el padre de Estefanía tenía de su linaje que, pese a proponer la boda el mismo emperador, solo la aceptó a condición de que sus futuros nietos llevaran por delante el apellido Requesens antes del de su padre.

Tanta confianza tenía Carlos en Zúñiga que siempre le elegía para que le representara en los momentos más delicados. Uno de ellos, fue la negociación de su propia boda con Isabel. Ahora le encomendaba una empresa no menos complicada: ser mayordomo mayor del príncipe.

Esta vez, el emperador no iba a dar sus órdenes por carta. Lo haría en persona. En Túnez, Jeireddín Barbarroja le esperaba y hacia allí se dirigió junto al duque de Alba. De camino a la nueva batalla, haría escala en Madrid, donde nombraría personalmente a Zúñiga como mayordomo de su hijo Felipe y, de paso, animaría a su esposa, embarazada tras su última visita.

Nada más llegar y como no tenía tiempo que perder, el emperador convocó a todo el servicio que iba a atender a Felipe en su nueva casa. Junto a ellos, se encontraban su esposa y el propio príncipe. Carlos ordenó a Zúñiga que se colocara a su diestra y le señaló.

—Todos conocéis a don Juan de Zúñiga por sus obras y lo bien que me ha servido. A partir de ahora será mayordomo mayor de esta casa, que será la de mi hijo. Nada se hará sin su consentimiento. Mirad su rostro. Cuando yo no esté aquí, imaginad que es el mío.

Era el 2 de marzo de 1535. Al día siguiente, partiría para Túnez. A sus espaldas, dejaba a Zúñiga una dura tarea: que Felipe se educara a su imagen y semejanza. Como las Sagradas Escrituras dicen que Dios creó al hombre, Carlos quería hacer lo mismo con su propio hijo.

En la hora de la despedida, Isabel se mostró ausente. Esta vez no era una pose, era el efecto de una profunda decepción: mucha prisa se debería dar su esposo en derrotar a Jeireddín Barbarroja y, siempre bien informada como regente que era, sabía que eso era improbable. Jeireddín era continuador de la saga familiar de corsarios tras la muerte de su hermano Aruch, aunque no llegaba a su exagerada crueldad, a cambio, le superaba en estrategia militar y política; motivos suficientes para que Solimán le considerara uno de sus mejores aliados.

Sin duda, la campaña no sería breve y ella estaba embarazada de seis meses. A buen seguro, su esposo no estaría allí cuando pariera. Carlos intentó consolarla.

—Estaréis bien acompañada, tranquila.

—Una esposa no está nunca bien acompañada si no es por su marido.

Carlos lo sabía, pero no era momento de entrar en estos temas y zanjó la conversación.

—Superad ese sentimiento de soledad, Isabel. La responsabilidad de vuestro rango así lo exige por el bien del imperio.

Isabel ya imaginaba que esa sería su respuesta y asintió seria. Carlos se marchó no menos serio. Sentía que algo se estaba quebrando en su esposa y que él no podía hacer nada para evitarlo.

III

En junio de 1535, Isabel dio a luz a una niña a la que bautizaron como Juana, frustrando las ilusiones del emperador de tener otro hijo varón.

Ese mismo mes, Felipe se trasladó a vivir a su propia casa en un edificio adjunto a la Casa Real en Madrid. Con él se mudaron allí Juan de Zúñiga —ahora su mayordomo mayor— y su esposa, Estefanía.

Zúñiga seleccionó la plantilla de profesores que tendría el príncipe. Silíceo (qué remedio) seguiría siendo el confesor y profesor de latín y griego. Las matemáticas y la arquitectura, responsabilidad de Honorato Juan. Juan Ginés Sepúlveda se encargaría de enseñarle geografía e historia y Luis Narváez, de la música. De la equitación y esgrima se encargaría el propio Zúñiga, que se reservaba también la asignatura más importante: la de la actitud y el comportamiento. Debía educar a Felipe en el control de sus emociones, algo que Carlos consideraba esencial para ejercer el poder.

Lo primero que cambió en la vida de Felipe fue su horario, que pasó a ser de formación continuada y en compañía de otros. Silíceo se había apropiado del príncipe: ya era hora de que eso se acabara. Las clases las recibiría acompañado de otros hijos de nobles castellanos, entre ellos Luis de Requesens, hijo de Zúñiga y de Estefanía de Requesens.

En cuanto a sus horarios, daba clase por la mañana y por la tarde, con un breve descanso después de la comida. Antes de que la noche llegara, el mayordomo recogía a Felipe para darle clases privadas de esgrima y de equitación. Agotado, apenas tenía fuerzas para cenar y descansar hasta el día siguiente.

No eran momentos muy felices para el heredero, que se veía continuamente vigilado y al que le era imposible hacer sus habituales escapadas. Una mañana, agobiado, intentó el truco (para él tan habitual con Silíceo) de fingir estar enfermo. Solo quería dormir y, al despertar, poder hacer lo que él quisiera. Avisado de que el príncipe se encontraba indispuesto, Zúñiga fue a sus aposentos.

Al verlo entrar, Felipe estuvo a punto de ponerse enfermo de verdad, tal nerviosismo le causaba su presencia. Antes, solo temblaba con la llegada de su padre que, gracias a Dios, pasaba más tiempo en tierras lejanas que en su propio hogar. Ahora no tenía ese descanso, ni posibilidad de relajo alguno. Carlos había ordenado que cuando se mirara el rostro de Zúñiga, se viera el suyo. Y Felipe, muy a su pesar, lo veía.

Con paso firme, Zúñiga se acercó hasta su lecho y sin mediar palabra, puso la mano en su frente. Como si de un médico experto se tratara, dictaminó su diagnóstico: estaba sano.

—Levantaos, alteza. Tenéis que ir a clase de latín.

—No me encuentro bien...

—Os encontráis perfectamente. Y si no lo estuvierais, también os tendríais que levantar. Un emperador jamás se rinde ante un pequeño malestar. ¡Arriba!

Felipe sacó como pudo su orgullo a pasear.

—¡Soy el príncipe!

—¡Sí, y en príncipe os quedaréis si no hacéis lo que os ordeno! ¡Arriba os digo!

Aturdido, Felipe obedeció.

En poco tiempo había aprendido que, más allá del latín, de las matemáticas y de la escritura, Zúñiga le daba clases de cómo comportarse. La primera lección de esa asignatura era clara: un emperador no debía mostrar sus emociones a los demás.

—Eso es siempre señal de debilidad.

Felipe supo entonces que mucho tenía que disimular porque no era nada feliz con su nueva vida.

En poco tiempo, se acabaron las justas con velas encendidas, el jugar con su hermana María y la compañía de sus ayas, doña Leonor y doña Inés. Las visitas a Francisco de Borja también se habían terminado. No pasó mucho tiempo para que el esfuerzo por cumplir con sus deberes y la tristeza por tantas cosas perdidas derivaran en algo más.

Una mañana, Felipe volvió a decir que estaba enfermo. Esta vez, Zúñiga supo que era verdad. Puso su mano en la frente y estaba ardiendo. Tras la fiebre, le sobrevino una descomposición y los vómitos eran continuos.

Más allá de que su tristeza hubiera debilitado su cuerpo, la ingestión de algún alimento en mal estado estaba causando estragos en su cuerpo. Esa fue la intuición que tuvo Estefanía de Requesens, que decidió supervisar la cocina. Allí se encontró con una caldera de caldo de pollo de olor ácido y color oscuro. El cocinero encargado de cocinarlo en vez de tirarlo cuando Felipe no se lo bebía lo almacenaba, habiéndose echado a perder. El cocinero fue despedido de inmediato por Zúñiga, que a punto estuvo de enviarlo a galeras.

Estefanía empezó a cocinar personalmente para el niño y, más allá de los consejos de los médicos, le daba dos veces a la semana un jarabe de aceite y azúcar. En un mes, Felipe se recuperó para alegría de su madre, que casi cae enferma al ver a su único hijo varón con tan alta fiebre.

Durante ese tiempo, ni un solo día, ni una sola hora, el príncipe estuvo solo en su cuarto. A su lado siempre estaba el propio Zúñiga y, cuando no, su esposa o su hijo Luis un año menor que el príncipe.

Felipe supo entonces que su mayordomo y preceptor podía ser el hombre más severo del mundo, pero también el más afectuoso. Sin duda, había pasado más horas sufriendo por él, cogiendo su mano, animándole en la enfermedad que su propio padre, el emperador. Y eso no lo olvidaría nunca.

Por eso, la mañana en la que debía volver a sus clases, tras la enfermedad, Felipe no esperó a que su preceptor le despertara; se vistió y fue el primero en ir al aula. Para su sorpresa, no llegaba el profesor. A los pocos minutos, apareció Zúñiga.

—Bien habéis madrugado hoy, alteza.

—Es mi obligación.

Zúñiga pensó que tal vez el cariño había hecho tanto como la severidad para mejorar la disciplina del príncipe.

—Perdonad, ¿no es hora de clase de latín? —preguntó Felipe extrañado.

—Hoy no tendréis que estudiar declinaciones. Seguidme.

Felipe obedeció y salió con su nuevo padre a las afueras de palacio. Allí le esperaba Francisco de los Cobos sonriente con un precioso caballo. Era gris perla con pequeñas motas blancas en la testuz. Su crin era negra como la noche más oscura. Y su mirada le pareció al niño tan inteligente que no le hubiera extrañado que el caballo le diera los buenos días.

Felipe sonrió pero, de repente torció el gesto. Zúñiga captó el cambio de humor y pensó que, sin duda, era por sus consejos de que no debía mostrar sus emociones a nadie.

—Estáis en confianza, podéis mostrar vuestra alegría.

—No se trata de eso. No quiero dar la clase solo.

—¿Y quién queréis que os acompañe?

—Vuestro hijo Luis, que estuvo a mi lado cuando estaba enfermo.

Quien enseñaba al príncipe a no mostrar sentimientos, no debía mostrarlos tampoco, así que Zúñiga mantuvo su habitual gesto adusto. Pero le costó lo suyo.

IV

Si Felipe pensaba que —tras su enfermedad— Zúñiga iba a cambiar su nivel de exigencia, se equivocaba. Su mayordomo mayor aplicaba rigurosamente la política del palo y la zanahoria. Tras una regañina, venía un paseo a caballo. Tras los exámenes, una jornada de caza.

La pasión por la caza perduraba en el príncipe y el mismo Carlos admitió por carta que su hijo dispusiera de un presupuesto para sus aventuras cinegéticas. Desgraciadamente, la puntería no era lo suyo. Felipe dudaba no ya de si algún día iba a ser un buen emperador, sino también si de alguna vez conseguiría ser un buen arquero.

Sus relaciones con Zúñiga habían mejorado, pero en más de una ocasión seguía echando de menos a Silíceo como director de sus estudios. Esencialmente, porque era fácil de engañar, verbo que no se podía conjugar con su mayordomo. Cuando Felipe tenía un pensamiento, su nuevo mayordomo lo adivinaba.

Tal era su sorpresa ante ese poder adivinatorio, que un día le preguntó cómo lo hacía.

—Conocí a vuestro padre, cuando yo tenía dieciocho años y él dos menos que vos. Por vuestras venas corre la misma sangre y por vuestra cabeza los mismos pensamientos.

¿Él se parecía a su padre? Eso era imposible. Su padre era un héroe, un soldado magnífico, el sostén de la cristiandad... Esos halagos eran los que oía a todos cuando hablaban del emperador. Felipe dudaba de que nadie pudiera llegar a su altura como emperador. Ni siquiera él por mucho empeño que pusiera.

Como padre, pensaba, tampoco sería como él. Pero no porque no pudiera, sino porque no quería ser como Carlos. Cuando fuera padre, él no estaría tanto tiempo lejos de su esposa para no hacerla sufrir. Ni de sus hijos. Y sería cariñoso con ellos, les abrazaría y les defendería cuando algún profesor se quejara de su actitud. Esa era la utopía del niño: ser mejor padre que Carlos lo era con él. Y mejor esposo que el emperador lo era con su madre, Isabel.

El único consuelo del príncipe era que, por lo

menos, Zúñiga no tenía potestad de darle ningún azote, como hacía con su hijo Luis.

Un día, su amigo apenas podía sentarse a comer de los golpes recibidos en el culo porque uno de sus profesores dio parte a su padre de sus continuas distracciones. Su madre no veía con buenos ojos el castigo físico y se permitió un lujo al alcance de muy pocos: abroncar a su marido, que aguantó sus quejas en silencio. En casa del herrero, cuchillo de palo.

Por lo demás, sus tareas eran tan grandes y las exigencias de sus maestros —quitando Silíceo— tan elevadas que Felipe empezaba a sentir una sensación de soledad que le deprimía. A veces, ensimismado, tiraba piedras desde su ventana a la calle, como si quisiera avisar de que dentro de ese palacio él aún estaba vivo.

Un mal día, una de esas piedras rebotó y dio en pleno rostro a Luis de Requesens, el hijo de Zúñiga. A punto estuvo de dejar ciego a quien consideraba su amigo. No hizo falta que el mayordomo (pese a ser su hijo el herido) le hiciera la más mínima objeción, pues fueron tales los llantos de Felipe que la madre del apedreado tuvo que consolar más al agresor que al agredido.

En privado, Felipe hizo un juramento a Luis.

—Cuando sea emperador, juro que siempre estaréis a mi lado.

Zúñiga no supo del juramento, pero sí de la certeza de que Felipe necesitaba compañía y se puso a la búsqueda de un paje personal para el príncipe.

En cuanto se supo de este hecho, las más nobles familias de Castilla se movilizaron todas a una y propusieron a sus hijos como la solución ideal para el cargo. Crecer al lado de un príncipe en su infancia era equivalente a ser el valido del futuro rey, el hombre más influyente del reino. Así empezaron sus carreras Álvaro de Luna o Juan Pacheco.

Pero el aparato portugués que rodeaba a la reina supo manejar mejor sus influencias. Lo hizo a través de Leonor de Castro, una de las damas preferidas de Isabel y esposa de Francisco de Borja, que también ayudó en el asunto. Leonor propuso para el cargo a un primo suyo llamado Ruy Gómez, resultado de castellanizar su verdadero nombre luso: Rui Gomes da Silva. La reina movió pieza rápido y logró que fuera el elegido.

Ruy Gómez había llegado a Castilla con apenas diez años, formando parte del personal elegido por Isabel para que la acompañaran en su nueva vida. Su función sería la propia de su edad: ser un pequeño paje de la reina o *menino*, como se decía en portugués. Como tal, Ruy eran uno de esos niños de familia noble que al no ser primogénitos carecían de futuro y beneficio. Ahora, a sus diecinueve años, por fin parecía que podía conseguir ambas cosas.

Para Felipe no fue una alegría menor. Tendría alguien a su completa disposición, que no solo se encargaría de velar por él por las noches, durmiendo cerca de él. También tenía obligación de despertarle con tiempo, de vestirle y desvestirle... cosas que eran de su agrado y halagaban su vanidad. Así, los dos vieron resueltos sus problemas. Paradójicamente, el de Ruy Gómez era dejar de ser un segundón y el de

Felipe aliviar la responsabilidad de ser el primero no ya de una familia, sino de todo un imperio.

Uno estaba a punto de no tener futuro, al otro le sobraba. Y, además, ambos tenían la misma lengua materna: el portugués. Tal vez por eso no tardarían en congeniar.

V

—Estoy decepcionado. Mucho. Sois la pena más grande que tiene mi corazón.

El gran emperador del mundo decía tan amargas palabras sentado en su trono. Su jubón de color tostado destacaba sobre su pelliza también en tonos pálidos exceptuando las solapas negras.

—Una vida de lucha, de trabajo... Todo se perderá porque no estáis preparado.

Carlos se llevó la mano a la barbilla. Luego dejó de mirar a Felipe y posó sus ojos en el perro que siempre le acompañaba, un mastín. El emperador acarició su cabeza, lo que aprovechó el can para acercarla más y conseguir una caricia más larga.

Sin apartar sus ojos del mastín, Carlos volvió a hablar.

—No sois digno de la sangre que corre por vuestras venas.

—¡Dadme tiempo, padre! ¡Dadme tiempo!

Felipe gritaba en el lecho, poseído por sus temores. Solícito, pronto acudió Ruy Gómez en su ayuda.

—¿El mismo mal sueño?

Felipe asintió. En silencio, su paje le sirvió un vaso de agua que quedó vacío de un largo trago.

Efectivamente, la principal pesadilla del príncipe era su padre, que se le aparecía recurrentemente en sueños. Sobre todo, como era la ocasión, cuando su padre anunciaba su llegada. A falta de verle en carne y hueso, la imagen del sueño era la del retrato de cuerpo entero que le había pintado Tiziano, su pintor preferido.

Su madre también iba a mirar el cuadro a menudo, era la única manera de recordar cómo era su marido. Las malas lenguas decían que tras nacer Juana —en una nueva ausencia del padre—, la emperatriz se presentó delante del cuadro llevando en brazos a la niña y habló con la pintura.

—Lo siento, esposo. Es una niña.

No tardarían en volver a ver al original. Volvía triunfante tras derrotar a Barbarroja. Cuando su familia le recibió, vieron a un esposo relajado y cariñoso con su nueva hija y a un padre que hasta alborotó un par de veces el cabello de su heredero. La pesadilla recurrente de Felipe se esfumó como el calor con la lluvia.

En cuanto descansó, Carlos organizó todo lo necesario para ir a Tordesillas, con su madre Juana. Allí pasarían la Navidad. No viajaría la familia real solamente, también les acompañaría la familia de Juan de Zúñiga.

La noticia produjo en Felipe incertidumbre. Por fin iba a conocer a su abuela, ese personaje misterioso del que nadie hablaba pero todos tenían en su mente. Una de las primeras lecciones que tiene que aprender un futuro rey es el nombre de sus antepasados. Al llegar a Juana, Felipe hacía preguntas que nadie contestaba.

¿Por qué si estaba viva no era la reina?

¿Y por qué, si no era reina, muchos la llamaban así?

Y, la pregunta que más le inquietaba: ¿eran ciertos los rumores que decían que estaba loca?

Ahora que iba por fin a verla, necesitaba respuestas más que nunca. Lástima que nadie le hubiera dicho que quien mejor podía responderlas era Francisco de Borja. Él la conocía bien desde niño. Sabía de sus cambios de humor, capaz de pasar de la alegría a aislarse del mundo y no probar bocado hasta temer por su vida. Capaz de pasar del cariño y la ternura a gritar histérica por sentirse vigilada por espíritus que nadie veía.

Legalmente, la reina de Castilla era ella pero su locura era la justificación para no portar la corona. También se daba por hecho que la propia Juana no quería abandonar su retiro, no deseaba volver a una vida pública que tanto daño la había hecho. Carlos respiró aliviado al saberlo. No hubiera sido de su gusto que viviera en la corte expuesta a la mirada de todos. No deseaba que nadie pudiera sospechar que de tal palo tal astilla y que loca la madre, loco acabaría estando el hijo. Ya había precedentes suficientes en la familia como para fomentar esa corriente de pensamiento.

La abuela de Juana, esposa del rey Juan de Castilla, creía ver al espíritu de Álvaro de Luna, mano derecha del rey, al sentirse culpable de no haber evitado que le cortaran la cabeza. El propio Juan contaba que en las noches de tormenta se le aparecía la cabeza del muerto por la ventana de palacio.

La madre de Juana, la gloriosa Isabel la Católica, había mostrado unos ataques de celos compulsivos con su esposo similares a los que Juana tendría luego con el suyo. En descargo de ambas se podía alegar que sus maridos no habían sido precisamente unos maestros en el arte de la fidelidad.

Después estaba Juana, víctima de una educación demasiado severa y, en lo religioso, tan radical que su sueño era ingresar en un convento. No era ese el destino que le tenía preparado su madre, empeñada en unir los reinos cristianos a través de matrimonios negociados con las otras grandes coronas. Nada más cumplir dieciséis años, la casaron con el archiduque Felipe de Austria, llamado el Hermoso. Y debía serlo, porque Juana cayó a sus pies enamorada.

El fin del matrimonio fue unir la casa de los Trastámara con la de los Habsburgo ante el poder creciente de Francia. Si Isabel hubiera podido adivinar el futuro, jamás habría concertado este matrimonio. Sin saberlo, provocó algo contra lo que siempre luchó: que un extranjero acabara siendo rey de Castilla y que la casa Trastámara diera paso a los Habsburgo.

Sin quererlo, incitó aún más la infelicidad de su hija ante la compulsiva sexualidad de su marido. Tan obsesionada estaba con sus infidelidades que las malas lenguas juraban que había parido a Carlos en un retrete en vez de en una cama, al estar vigilando una fiesta para que su marido no se fuera al lecho con otra.

Felipe el Hermoso, por su parte, gustaba de tratar a Juana con dispar cariño. De la dureza y el desprecio pasaba a mostrarle un amor desmedido de un día para otro.

La repentina muerte del hermoso Felipe tras jugar a la pelota hundió a Juana en una crisis absoluta. Estaba embarazada de la que iba a ser su cuarta hija y se rindió, cediendo sus derechos a su padre Fernando, quien, para muchos, había sido el causante de la muerte de su marido. Como premio, Juana fue confinada en Tordesillas a causa de sus ataques de locura. Eso ocurrió en el año 1507. Y allí seguía, olvidada por todos

Solo la llegada de su hijo a Castilla, en 1520, logró que el mundo recordara que existía. Cuando las Comunidades de Castilla se rebelaron contra el joven Carlos, visitaron a la reina Juana, a la que consideraban la reina legítima. En respuesta, los aliados de Carlos también le hacían frecuentes visitas para que Juana no atendiera las razones de los comuneros.

Juana se sintió abrumada y decidió no firmar ningún documento de apoyo a unos ni a otros. Es más, ordenó a quienes velaban por ella que no quería recibir más visitas. Luego, otra vez llegó el olvido.

Nada de esto sabían Felipe ni su hermana María cuando viajaban camino de Tordesillas. Mejor para ellos porque hay cosas tan terribles que no se les deben contar a los niños.

VI

Callada, con la mirada perdida en lejanos paisajes que solo ella podía ver. Esa fue la primera imagen que de Juana tuvieron Felipe y sus hermanas. Junto a ellos, sus padres. Carlos tomó la palabra para ejercer de maestro de una extraña ceremonia: presentar a su madre a unos nietos tantos años después de nacer.

Al oír la voz de su hijo, Juana se giró ante los atemorizados niños. La pequeña Juana, con apenas un año, empezó a llorar y tuvo que ser abrazada por su madre.

Pero quien la consoló de verdad, con sus arrumacos, fue su abuela, esa señora que, al ver a los niños, había cambiado de repente. Sus ojos habían recuperado el brillo. Quien segundos antes parecía una anciana, vestida con un traje más propio de una religiosa que de una reina, ahora era una mujer vital y cariñosa. Una mujer que aún mostraba rasgos de lo bella que había sido.

—¿Por qué lloras, niña? No tengas miedo de esta pobre vieja. Soy tu abuela. Y jamás consentiría que nadie te hiciera daño.

Pidió que se la acercaran. Isabel hizo un gesto, recelosa, pero Carlos mandó que obedeciera. Lejos de aumentar el llanto, Juana —la que para muchos estaba loca— no solo la calló, sino que supo sacar la mejor de sus sonrisas.

—¿Cómo te llamas?

El emperador respondió por su hija.

—Juana, como vos, madre.

—Veo que de vez en cuando os acordáis de mí, hijo.

Carlos aguantó la puya lo mejor que pudo.

Felipe no pudo evitar admiración por su abuela, hábil para dominar cada emoción en aquella humilde sala. Capaz de dejar a su padre en su sitio sin que este fuera suficientemente competente para responderle.

—¿Y estas dos bellezas cómo se llaman?

Ahora fue la emperatriz quien respondió.

—Felipe y María.

—Bonitos nombres. Se llaman como mi marido al que tanto amé y como la Virgen a la que todos los días rezo. Bien puestos están.

Posó su mirada en ellos y, para su sorpresa, les hizo la pregunta que jamás habían pensado les iba a hacer.

—¿Sabéis bailar?

Ellos callaron y miraron educados a su padre, que no supo responder. ¿Cómo iba a saber él de eso si apenas les veía? Isabel acudió en su socorro.

—Saben porque clases reciben de ello, su majestad.

Juana sonrió.

—Creo que esta Navidad nos lo vamos a pasar muy bien, pequeños.

Así fue. No hubo recriminaciones por comer mucho. Pasearon sin prisas. Y bailaron para su abuela que, de vez en cuando, hasta se animó a danzar con ellos.

Felipe y María nunca olvidarían esas Navidades. Gracias a su abuela, por fin habían descubierto lo que era una familia.

La estancia en Tordesillas fue un oasis en el desierto de la vida palaciega de Felipe. Pronto volvería a la misma rutina. Su padre volvió a dejar embarazada a su madre que dio a luz por fin un varón en octubre de 1537. Le bautizaron como Juan, nombre de tantos reyes castellanos. No sobrevivió más que unos meses.

VII

Estar cerca del futuro emperador. Ese era el afán de los pajes que le rodeaban. A veces, ese afán llegaba tan lejos que se llegaba a peleas que Zúñiga tenía que castigar. El castigo no solía pasar de un breve tiempo de alejamiento del príncipe; la mayoría de los pajes eran de familia noble castellana y no convenía ir más allá.

Un día, la cosa llegó demasiado lejos. Un paje, de nombre Juan de Avellaneda, empujó a Ruy Gómez (seis años mayor que él) y le llamó «portugués» como insulto. El resultado fue que ambos sacaron sus dagas y se batieron. Felipe intentó mediar y, de resultas de ello, recibió una herida de la daga de Ruy que casi le cuesta un ojo.

El escándalo fue mayúsculo. Zúñiga dio informe de lo ocurrido al cardenal Tavera, miembro del consejo de regencia. Sabida la noticia, el cardenal envió carta del asunto al mismísimo emperador, cargando las tintas sobre Ruy Gómez.

Sin duda, poner en peligro la vida del príncipe era un cargo grave. Y que Ruy Gómez hiciera uso de la daga contra un contrincante más joven, también. Pero lo que más perjudicó al portugués fue precisamente eso: ser portugués. Y que el paje con el que se peleó fuera de una familia de la alta nobleza castellana. El castigo que se propuso por parte de Tavera fue exagerado: la pena de muerte.

Felipe no lo podía entender, él casi había hecho lo mismo con una pedrada con el propio hijo de Zúñiga y apenas había recibido una amonestación. Inmediatamente fue a pedir auxilio a su madre, que convocó a Zúñiga de inmediato.

—¿No es excesiva la pena por una pelea entre niños?

—La vida de vuestro hijo ha corrido peligro.

Zúñiga sabía que la pena de muerte era excesiva. Ya se encargaría de conmutarla por otra pena menor. Pero veía con agrado apartar a Ruy Gómez del príncipe. Nunca le había entrado por el ojo y su nombramiento se debió a la propia influencia de la reina. Esta, ahora, seguía velando por el paje portugués.

—¿Queréis castigar al joven Ruy como si fuera un traidor a la corona? Hablad con mi hijo, él os dará fe de su lealtad.

—Para servir al príncipe no solo hay que ser leal. También hace falta mollera y sobra la ambición.

La reina sonrió fría. No solía hacerlo, pero cuando esto ocurría todos sabían lo punzante que podía llegar a ser.

—No creo que Ruy Gómez sea el único al que le sobra ambición en esta corte. Si castigarais a todo el que la tiene con tal severidad, sin duda reduciríais los gastos reales a menos de la mitad.

—¿Qué quiere decir, su majestad? —preguntó alarmado Zúñiga.

—Nada que no sepáis, mi querido Juan. El puesto de Ruy es ambicionado por muchas familias nobles de Castilla que consideran a mis compatriotas portugueses como un peligro. Mi sangre es portuguesa: ¿vos me consideráis un peligro? ¿Creéis que no defiendo a muerte los intereses de Castilla y del imperio?

Zúñiga se inclinó y respondió sinceramente.

—Que Dios me lleve consigo ahora mismo si pensara eso, majestad.

—Ruy Gómez ha cometido un error y debe recibir castigo. Pero actuemos con mesura.

Zúñiga aceptó la orden a regañadientes y se volvió para salir de la sala. Antes de que pudiera hacerlo, la reina le dio un último mensaje con un destinatario claro.

—Un último favor os pido. Soy consciente de que el cardenal Tavera es nuestro principal consejero. Pero recordadle que, en ausencia de mi marido, quien reina en estas tierras soy yo. Así que no hace falta que moleste al emperador con cartas que versen sobre accidentes domésticos, que bastante ocupado está el emperador en tareas más heroicas.

Todo se hizo como mandó la emperatriz. Gracias a su mediación, Ruy Gómez no pasó a mejor vida aunque, a cambio, fue castigado con el alejamiento. Su nuevo trabajo era luchar en el ejército imperial, que, en resumidas cuentas y por su inexperiencia, era también una muerte segura.

—No te preocupes, hijo. No le pasará nada.

No era una frase de consuelo. Isabel consiguió que, tras la pena real el desempeño militar de Ruy Gómez fuera menos peligroso; se encargaría de llevar al emperador sus mensajes confidenciales.

Felipe abrazó a su madre dándole las gracias, como luego abrazaría emocionado a Ruy Gómez el día de su despedida.

—No sufráis por mí, alteza... Poco castigo es mi nuevo trabajo para el daño que os pude haber causado.

Gómez supo estar a la altura con estas palabras de despedida, aunque por dentro rabiaba por la estupidez que había cometido. Estaba seguro de haber arruinado la oportunidad de su vida para hacer carrera en la corte.

Con su marcha, Felipe volvió a sentirse solo. Peor aún, que a quien prueba el dulce de la buena compañía le duele más una nueva soledad.

Un día, desanimado, al pasar por la capilla real, oyó una música que, de golpe, apaciguó su desesperanza. Entró. Allí estaba Antonio de Cabezón sentado al órgano. Tañedor de teclas, que así le llamaban, había llegado a la corte con apenas dieciséis años como organista al servicio de su madre. También era un maestro del clavicordio, el arpa y la vihuela. Era tal la paz que proporcionaba escuchar su música que el propio emperador le había hecho viajar con él en más de una ocasión.

Felipe empezó a acudir a la capilla cada vez que el músico ensayaba al caer la noche. En una de esas ocasiones, la emperatriz encontró a su hijo embelesado oyendo al músico en la capilla. Felipe ni se dio cuenta de que su madre contemplaba la escena.

Al día siguiente, Cabezón se presentó en la casa del príncipe por orden de Isabel de Portugal para servir en la capilla. Sin duda, fue uno de los mejores regalos que Felipe recibió de su madre.

Isabel sabía de sobra que la soledad extrema es asesina de sueños. Como madre y como esposa. Y no quería que pasara lo mismo con su hijo. Poco imaginaba Felipe que disponer de los servicios de Cabezón no era un regalo, era un anticipo de un testamento en vida.

Pese a sus depresiones cada vez más intensas, Isabel seguiría luchando por dar un hijo varón al emperador, que volvió a visitar a su familia al verano siguiente. No fueron días tan felices como en la anterior reunión familiar. Carlos había vuelto con dos objetivos: convencer a las Cortes convocadas en Toledo de la necesidad de más dinero y hombres para su ejércitos y dejar embarazada a su esposa.

Lo primero no lo consiguió, lo que supuso una gran decepción para el emperador.

Lo segundo, sí. Pero no trajo buenas consecuencias, precisamente.

VIII

El mes de abril del año 1539 tocaba a su fin y por Toledo se organizaban procesiones. No salían a la calle para rogar a Dios que lloviese, que falta hacía. Lo hacían para pedirle que salvara la vida de la emperatriz Isabel.

De buena gana se hubiera unido Felipe a ellas, pero Zúñiga le convenció para que rezase en su capilla privada. No convenía que el pueblo viera su dolor, debía mantenerse por encima de todo lo que ocurriera a su alrededor. Debía dar sensación de fortaleza, de seguridad. Aunque no la tuviera. Triste vida la de un príncipe que no puede mostrar sus emociones ni en las últimas horas de su madre.

Felipe rezaba. Y lloraba. Pero en soledad. Pensaba en el dolor de su madre, atacada por unas fiebres en los últimos días previos al parto de un nuevo hijo. Le iban a llamar Juan, como al anterior hijo nacido que apenas sobrevivió unos meses. Este nuevo Juan correría peor suerte: nació muerto. Se fue del limbo al cielo sin pisar la tierra donde estaba destinado a repartirse el mundo con su hermano mayor. Isabel murió con él durante el parto, tal vez para que no hiciera el viaje solo. O porque su agotamiento y su tristeza eran ya insoportables.

En el parto que le quitó la vida, en el palacio de Fuensalida, Isabel ya no pidió que apagaran las velas de los candelabros. Ni que un fino paño ocultara su rostro para no mostrar dolor. Su pena era aún mayor que su dolor y que la etiqueta cortesana que con tanta disciplina había observado toda su vida. Su esperanza de ver por última vez a su marido tampoco se vio satisfecha. Carlos estaba en Madrid y cuando llegó a Toledo, Isabel ya había muerto.

Al llegar donde yacía su esposa, el emperador rezó durante horas. Hundido como nunca nadie le había visto, llamó a su hijo y, en presencia de Zúñiga, le pidió que presidiera las pompas fúnebres y que encabezara la comitiva fúnebre que debía llevar el cuerpo de Isabel a Granada. Luego, Carlos se retiró a rumiar su pena al monasterio de Santa María de Sisla.

A punto de cumplir doce años, Felipe perdía a su madre y en vez de recibir consuelo, recibió aún más responsabilidad. Una vez marchó su padre, rompió a llorar. Zúñiga no se atrevió a pedirle esta vez que guardara la compostura: si el gran emperador no podía soportar la pérdida de su esposa, ¿cómo podría aguantarla su hijo?

Ante la ausencia de su padre, Felipe fue a compartir su dolor con sus queridas hermanas. La pequeña Juana aún tenía tres años y no comprendía qué estaba pasando a su alrededor. María, su hermana mayor, no se separaba de Juana. La hablaba, acariciaba su cabecita cuando preguntaba dónde estaba su madre, paseaba con ella... Lo hacía conteniendo las lágrimas, mostrando una serenidad impropia de su edad.

Zúñiga observaba asombrado este ejercicio de fuerza moral, de protección fraternal. Ya tenía un buen ejemplo de lo fuerte que podía ser una mujer en su propia esposa Estefanía. Pero ver tanta entereza en una niña de once años le hizo pensar que tal vez las mujeres no tuvieran fuerza para empuñar una espada, pero, sin duda, eran más fuertes que muchos generales en momentos tan delicados.

Sin embargo, lejos de las miradas de los demás, María lloraba como niña que era tras perder a su madre. Así la encontró Felipe cuando fue a visitarla a solas, llorando abrazada a una dama de su madre.

El príncipe, cuando vio la escena, pensó que más que una dama, aquella joven que consolaba dulcemente a su hermana no era una dama sino un ángel. ¿Cómo no había podido darse cuenta hasta ahora que los ángeles existían en la misma tierra que él pisaba?

Su hermana, al ver a Felipe, dijo dulcemente a la dama.

—Dejadnos solos, Isabel.

Imposible ya olvidar su nombre. Felipe la vio marchar y pensó, tal era la elegancia con la que caminaba la joven, que sus pies no tocaban el suelo.

María se abrazó a su hermano.

—Nos hemos quedado solos, hermano... Dios tenga a nuestra madre en su gloria.

Y se abrazaron como dos hermanos, no como dos hijos del emperador. El dolor tiene la virtud de igualar a todos los seres humanos, nazcan en un palacio o en una cabaña.

IX

Secas las lágrimas, Felipe asistió al funeral de su madre en San Juan de los Reyes. Aturdido por la pérdida, él mismo presidió la comitiva fúnebre que llevó el cuerpo de la reina a Granada, la ciudad donde fue tan feliz en su luna de miel.

La comitiva incluía nobles y obispos, pero al lado de Felipe siempre estaba Francisco de Borja. Por su cara, no era menor el dolor que sentía por la pérdida de esa mujer a la que tan bien sirvió.

El príncipe recordó la primera vez que, viajando a ver a su padre a Barcelona, Borja le invitó a sentarse en la grupa de su caballo. Entonces se sintió el niño más feliz del mundo. Ahora iba montado en su propio caballo, a su lado. Si de niño le hubieran preguntado por un deseo que quisiera cumplir, sin duda hubiera sido este. Nunca habría podido pensar que cuando se cumpliera iba a ser en un trance tan doloroso.

—No os preocupéis, alteza. Yo me encargaré de todo.

Borja no quería que Felipe tuviera que pasar más tragos amargos de los necesarios. Además, él ya tenía experiencia, pues en 1536, en Niza, había acompañado en su muerte al poeta y soldado Garcilaso de la Vega, casi un hermano para él. Tras su último suspiro, un pensamiento vino a su cabeza: ¿por qué debía morir un hombre aún joven y con tanto talento mientras otros seguían caminando por el mundo siendo malvados y obtusos? Su fe en Dios logró consolar su dolor, pero no respondió a la pregunta.

Cuando llegaron a Granada, tras casi dos semanas de viaje, el féretro fue abierto antes de darle cristiana sepultura en la misma capilla donde reposaban los restos de Isabel y Fernando. Era la costumbre y el protocolo lo exigía. Borja no quiso que Felipe pasara por ese trago y asumió tan triste responsabilidad junto a otros caballeros.

Cuando se abrió el ataúd, un insoportable hedor hizo retroceder a los que allí se encontraban menos a Borja, impresionado ante lo que estaba viendo. Isabel había ordenado expresamente no ser embalsamada, nada tenía que ver quien allí reposaba con la bella mujer que todos admiraban.

Haciendo de tripas corazón, el resto de los presentes volvieron al lugar correspondiente que la ceremonia exigía. Entonces, el arzobispo de Burgos, fray Juan de Toledo, lanzó a todos su pregunta:

—¿Es este el real cadáver de doña Isabel de Portugal, emperatriz de Alemania, esposa del magnífico, poderoso y católico rey don Carlos, nuestro señor?

Todos los caballeros afirmaron, con la mano en la empuñadura de su espada e inclinando la cabeza. Borja no lo hizo.

—¿Vos no juráis? —preguntó extrañado ante su silencio el arzobispo.

Borja miró al demandante, luego al féretro y por fin respondió.

—He traído el cuerpo de nuestra señora en rigurosa custodia desde Toledo a Granada, pero jurar que es ella misma, cuya belleza tanto me admiraba, no me atrevo.

—Pero ¿reconocéis en él a vuestra reina y señora o no?

—Sí. Juro que es ella. Pero juro también no más servir a señor que se me pueda morir.

Su deseo no fue cumplido. El emperador le nombró virrey de Cataluña en menos de un mes. Algunos dijeron que porque la tarea de ese nuevo cargo era tan grande que solo alguien como Francisco de Borja podía llevarla a buen fin.

Otros, en cambio, no opinaban lo mismo. Aseguraban que Carlos le envió lejos de la corte para no encontrarse cara a cara con un hombre que amó a su esposa más que él.

Aunque jamás se atreviera a rozar siquiera su mano.

3

A su imagen y semejanza (1539)

I

Un dolor profundo tiene solo una virtud: elimina el resto de las penas. Felipe tenía muchos profesores, pero ninguno le enseñó este axioma que aprendió tras la muerte de su madre. Pasara lo que pasase a su alrededor ya nada le afectaba como antes. Incluso cuando su padre avisó de que partía hacia Flandes, ni le alegró ni le entristeció. Si el emperador quería que su hijo fuera frío e impenetrable, debía estar contento. Si creía que había llegado a este estado de solipsismo por sus instrucciones o por Zúñiga, se equivocaba. En la vida, hay cosas que se enseñan, pero otras que solo puede aprender uno mismo.

Carlos, más explícito que otras veces, le contó las preocupantes noticias que llegaban de Gante, su ciudad natal. Antes de marchar reunió a Felipe con el Consejo que regentaría España tras la muerte de

Isabel. En realidad, dicho Consejo ya ejercía, con el obispo Tavera como máximo cargo, en vida de la emperatriz, pero esta nunca fue un títere en sus manos. Isabel decidía. Y, sobre todo, controlaba que nadie se excediera en sus atribuciones. Por eso Carlos apoyaba siempre sus decisiones. Para el emperador, todo se basaba en el equilibrio de fuerzas.

En Castilla y Aragón, los dos polos esenciales en ese equilibrio eran su familia (y, por lo tanto, su esposa) y la nobleza castellana, que incluía a una Iglesia que (fiel heredera de las costumbres papales) parecía más preocupada por lo terrenal que por lo espiritual. Por lo político que por lo religioso.

Isabel la Católica había luchado para que la Iglesia castellana rezara más y confabulara menos. No lo había logrado, sin duda. De hecho, como si de nobles se trataran, los obispos alcanzaban altos cargos políticos y diplomáticos. Incluso no eran muy lejanos los tiempos en los que disponían de los mejores ejércitos.

Como los nobles, los obispos hacían de la familia un instrumento de perpetuación en el poder y de conservación de riquezas. Solo que no se heredaba el báculo de padres a hijos, a diferencia de la nobleza... y no porque obispos y cardenales no tuvieran descendencia, sino porque no podían vanagloriarse de ella.

Sin duda, nacer hijo de obispo no era el mejor de los negocios. Nunca les faltaría empleo y manutención. Pero, a diferencia de lo que ocurría en las familias de nobles e hidalgos, donde el primogénito acaparaba la herencia (para desgracia de sus hermanos menores), en el caso de los hijos de los obispos y arzobispos no eran sus hijos los herederos —eran la imagen de un pecado que no podían exhibir con ostentación—, sino sus primos de menor edad, familiares cercanos... Y, sobre todo, sus sobrinos.

Juan Pardo de Tavera era el mejor ejemplo de esta extraña sucesión de poder. Sobrino del arzobispo de Sevilla, fray Diego de Deza, este guio su camino. Mirando hacia atrás en el tiempo, no lo había hecho mal, desde luego. Zamorano de sesenta y siete años, Tavera podía escribir su biografía y, con ella, narrar la historia de Castilla. Su currículo acumulaba cargos como el de presidente de la Chancillería de Valladolid, rector de la Universidad de Salamanca, cardenal, presidente de las Cortes en Toledo, Valladolid y Madrid... Tal era su dedicación a los asuntos de Estado, que sus feligreses le habían visto menos que al propio Espíritu Santo.

Carlos le había puesto a prueba en misiones diplomáticas que siempre fueron coronadas por el éxito. Ahora dejaba el poder en sus manos otorgándole el cargo de inquisidor general. Si los ejércitos del emperador garantizaban el control del imperio, la Inquisición aseguraba el de Castilla y el resto de las Españas. Con el cargo, Tavera alcanzaba un poder que ni siquiera presidiendo el Consejo del Reino ostentaba.

Otros dos hombres complementaban a Tavera en el Consejo de Regencia: Francisco de los Cobos y Fernando Álvarez de Toledo y Pimentel, el duque de Alba.

De los Cobos (apenas cinco años más joven que Tavera) había aconsejado a Carlos desde su llegada a Castilla, consiguiendo de esta manera un respeto por parte del emperador que difícilmente habría alcanzado por su linaje. Carlos gustaba de quien había conseguido abrirse camino desde abajo. En cierto modo, por muy hijo de reyes que fuera, él había hecho lo mismo.

También De los Cobos había sido testigo directo de la reciente historia de Castilla: había trabajado como contador para Isabel la Católica y, tras la muerte de Fernando, fue elegido por el cardenal Cisneros como uno de sus hombres de confianza en pleno proceso de depuración de altos cargos.

Pero la ambición del ubetense no tenía límites y le llevó a viajar a Flandes en 1520 para conocer a su nuevo rey y granjearse la amistad de sus círculos más cercanos. Carlos le eligió asesor principal de los asuntos españoles del mismo modo que Nicolás Perrenot de Granvela lo era de los asuntos del imperio más allá de la península Ibérica. El emperador pronto supo que De los Cobos, amparado en el poder que él le había dado, acumulaba riquezas con maniobras más propias de un prestamista sin escrúpulos que de un hombre de Estado. Sin embargo, miró hacia otro lado, pues servía bien a su causa. Con eso le bastaba.

El tercer adalid del emperador en esta nueva etapa también lo había sido (como los otros) de épocas más lejanas, era don Fernando Álvarez de Toledo, el duque de Alba. Grande entre los grandes, símbolo de la nobleza castellana y militar tan querido por sus soldados como temido por todos sus rivales. Su fiereza en el campo de batalla era famosa y suyos eran triunfos ya míticos, como el de la Jornada de Túnez que, en 1535, había logrado doblegar a Barbarroja.

De los tres, era el que menos pisaba territorio castellano ya que Carlos le necesitaba guerreando a su lado. Por eso, aparte de general de sus ejércitos, era su mayordomo. De los tres era el más sacrificado y leal. El que se jugaba la vida por su rey. Por eso esperaba que, algún día, sus riquezas alcanzaran el nivel de sus victorias en el campo de batalla.

Los tres pertenecían a una casta que defendían a ultranza la filosofía de los llamados cristianos viejos. Los que se consideraban puros y representantes de una Castilla que hacía tiempo que no existía. Se definían por su odio a los judíos, por la demonización de otras religiones que no fueran la católica, por ser adalides de la Inquisición y, sobre todo, por estar hambrientos de poder y dinero. Solo que nunca «poder» ni «dinero» eran palabras que salieran de su boca y sí las de «Dios» o «rey».

Carlos nunca se fio de ellos. Pero los necesitaba y tocaba ser pragmático. Con aprovecharse de la herencia recibida, le bastaba. Con que las ubres de España siguieran alimentando su ejército, él estaba satisfecho. Todo fuera por el imperio. Y no habría imperio sin Castilla y sin religión. Por eso castellanizó la corte sin creer en los nobles castellanos. Sabía de su ambición y la alimentaba en su justa medida, pero sin engordarles. Suyos eran los mejores cargos. La corte se movía entre Toledo, Valladolid y

—cada vez más— Madrid. Tras la toma de Granada, era obvio que se había conseguido el sueño de la Reconquista. Ahora tocaba convertir Castilla y las Españas en una España, diversa pero única. Pero Castilla seguiría siendo el nexo de unión y el símbolo de un poder centralizado.

Y Tavera, De los Cobos y el duque de Alba eran los más fieles exponentes de esa Castilla que, lejos de renovarse, mataba por sus valores ancestrales. Eran perros que ladraban, pero que no mordían si tenían hueso que roer. Y el emperador procuraba que nunca les faltaran huesos.

El poder era eso: quien lo conocía, lo sabía.

II

Tras dejar claras a todos las reglas del juego, Carlos tuvo una última reunión con su hijo. Ante la sorpresa de Felipe, esta vez Carlos fue el padre y el viudo y no el emperador.

—Sé lo mucho que sentís la pérdida de vuestra madre. No había mujer en el mundo más maravillosa que ella. Si Dios la ha llevado consigo es porque el cielo necesitaba de su belleza y de su inteligencia.

Se hizo un silencio. Carlos estaba a punto de llorar. Felipe, viendo la emoción de su padre, se sintió liberado para expresar la suya.

—Tengo miedo de no recordar su cara, con el paso del tiempo.

—No os angustiéis, ordenaré al mejor pintor del mundo que haga un retrato digno de su belleza.

Hubo un nuevo silencio en el que los dos podían sentir el dolor del otro. Carlos lo rompió.

—Sed fuerte. Vuestra responsabilidad lo exige.

—Marchad tranquilo, intentaré estar a la altura de vuestros deseos.

—Lo estaréis. No os queda otro remedio.

Ante la sorpresa de su hijo, Carlos le dio un abrazo de despedida y a las pocas horas partió hacia Flandes. En el equipaje llevaba el retrato que Pietro Aretino había hecho a la emperatriz. No era malo, pensaba el emperador. Pero su mujer era más bella. Tiziano sin duda sabría mejorarlo.

Felipe se alegró de que su madre fuera a tener un retrato, pero pensó que su madre bien habría merecido tener más de uno en vida. Por muy buen pintor que fuera Tiziano su misión era imposible de cumplir, ningún retrato podía llegar a la altura de su belleza. Pero, sobre todo, ninguna pintura podría sustituirla.

Para recordarla con mayor claridad, fue a la capilla para escuchar a su querido Cabezón. ¿Qué mejor manera de recordar a un ángel que escuchando música de ángeles?

Sin embargo, el recuerdo de su madre no podía luchar con el impacto de la reciente conversación con su padre. Y empezó a pensar en ello. Era tal el respeto que le causaba su presencia que su mente necesitaba el paso de los días para asimilar sus encuentros con el emperador.

En esta ocasión, no necesitó más que apenas unas horas para darse cuenta de que muchas cosas habían cambiado. Nunca le había visto tan triste, por mucho que se obstinara en dar una imagen de frialdad. De hecho, buscó en su memoria un abrazo tan sentido como el que acababa de recibir y no lo encontró. No necesitó la memoria para saber de otro cambio esencial. Era la primera vez que su padre le trataba con respeto. Y de hombre a hombre.

Eran tan profundas las posibles consecuencias de esas novedades que le dio vértigo seguir pensando en ello.

Y volvió a pensar en su madre.

III

La corte no era la misma sin Isabel de Portugal. Y no solo para sus hijos, que la añoraban.

Poco a poco, libres del control y la pulcritud de la que fuera su reina, el servicio de la corte fue creciendo. Donde antes se necesitaban cinco personas, ahora se precisaban diez. Para transportar los efectos reales de una ciudad a otra, había que utilizar casi treinta mulas y media docena de carros, cuando antes con la mitad bastaba.

Sin duda, los castellanos habían recuperado el poder de la corte y colocaban a familiares y allegados para su mayor lucro. Zúñiga, dedicado a la educación del príncipe, poco podía hacer. No era su misión y su experiencia le indicaba que Tavera y De los Cobos eran enemigos peligrosos.

Además, las órdenes de su bien amado emperador habían sido claras: no inmiscuirse en las labores de otros pese a que Zúñiga adivinaba lo que acabaría ocurriendo.

—Pero sin vuestra esposa al mando de la corte, muchos camparán a sus anchas.

—Si así ocurriera, no os enfrentéis a ellos. Las discusiones son el origen de las peores discordias. Bastante problemas tengo cuando les pido dinero para mis campañas. Si a veces no me lo dan ahora, que tantas lisonjas reciben, ¿os imagináis su tacañería si les importunamos?

Zúñiga obedeció. Su misión era que Felipe siguiera con su formación en paralelo a sus reuniones con Tavera y De los Cobos, donde estudiaba una asignatura nueva: los asuntos de Estado.

En realidad, su papel no pasaba de ser un mero oyente. Y muchas veces no entendía ni la mitad de lo que oía. Pero ponía voluntad e insistencia: no podía defraudar a Carlos, ni como emperador ni como padre.

En sus escasos ratos libres, Felipe tenía tres evasiones esenciales: la música, leer y la caza. Más de seis horas estuvo un día en Aranjuez matando liebres con una ballesta. La noticia buena fue que su puntería había mejorado, ya que mató más de veinte liebres.

El príncipe asistió por primera vez a una corrida de toros. Su desagrado fue mayúsculo y preguntó a Zúñiga si no era menester prohibir tales festejos. Su mayordomo habló, pero por su boca salieron palabras que bien podía haber dicho el emperador.

—Es costumbre castellana. Prohibir una tradición sería una afrenta. No es bueno alimentar controversias.

Tal vez sabiendo que nadie iba a poner remedio, la corte se llenó de juglares y hasta Felipe gustaba de tratar con bufones como Perico *el Bobo* o Jerónimo *el Turco*, que debido a su escasa estatura era llamado el Turquillo. Zúñiga avisó a Felipe de que los bufones no eran apreciados por su padre. Felipe respondió con sorna.

—Es costumbre castellana. No es bueno alimentar controversias.

El mayordomo sonrió; sin duda, el príncipe aprendía rápido cuando la asignatura era de su beneficio. Solo que su mayordomo hubiera deseado que tan rápido aprendizaje también se diera con el latín y otras disciplinas.

Sin embargo, quitando su obsesión por la caza, su gusto por los bufones y el hecho de que Silíceo no conseguía que el príncipe fuera más diestro en enseñarle otras lenguas, Zúñiga no tenía quejas de Felipe. El futuro emperador, como así se le trataba de manera evidente, asistía a las reuniones del consejo y preguntaba por aquello que no entendía. Nunca lo hacía en el acto, al oír a Tavera o De los Cobos. Guardaba en su memoria las dudas e iba después con ellas a Zúñiga, que sabiamente se las aclaraba.

—No entiendo que con vuestra sabiduría no estéis en el consejo. Tenéis conocimiento y lo expresáis claro, no como Tavera y De los Cobos.

—Gracias, alteza... Pero tengo una misión más importante: cuidar de vos. Respecto a la claridad del discurso, os daré un consejo. Quien habla y no se le entiende es que tiene poco que decir... O mucho que ocultar, que es peor.

Zúñiga guardó de repente silencio. En realidad, se estaba mordiendo la lengua para no decir todo lo que pensaba. Suspiró y miró cariñoso a Felipe.

—Algún día os enseñaré a saber cuando alguien miente solo mirándole a los ojos. Las palabras pueden engañar. La mirada, nunca.

—¿Y por qué no me lo enseñáis ahora?

—Ahora mismo lo haría si despedís a vuestros bufones.

Los dos sonrieron. Habían pasado tanto tiempo juntos que lo que antes era ordeno y mando ahora era entendimiento y complicidad. Pero sin bajar un grado la disciplina ni los horarios. Solo que ahora había una diferencia con el pasado. Antes, el mayordomo tenía que estar detrás del niño para que cumpliera sus obligaciones. Ahora el niño ya actuaba como un hombre que sabía de sus responsabilidades.

Esa misma noche, Zúñiga, descontento con la situación, se desahogó hablando con su esposa. Luis, su hijo, escuchó sin ser visto la conversación. Así, fue testigo de cómo su padre contaba a su madre las dificultades de entendimiento que tenía Felipe con Tavera y De los Cobos.

—No me extraña. Esos solo hablan claro en privado para tratar de sus negocios.

—Tal vez no debería haberos contado el problema.

—¿Y a quién se lo ibais a contar si no? Sabéis que podéis estar tranquilo. Jamás hablaré de este asunto en lugar público, pero tonta sería si no supiera del buen provecho que sacan de sus cargos.

Zúñiga calló apesadumbrado.

—¿Qué os ocurre, esposo?

—Estoy viejo y cansado. La gota me trae a mal traer. Y no sé si os he dado todo lo que merecíais.

Ella se acercó cariñosa y le besó.

—Sois noble y leal... —Sonrió pícara—. Un poco bruto, bien es cierto... Pero os prefiero a cualquier hombre que exista en la tierra... Porque siempre vais de frente y nunca fingís.

Zúñiga la miró encandilado.

—Hoy Felipe me pidió que le enseñara a distinguir el engaño de la verdad.

—¿Y le habéis enseñado?

—No. Si aprendiera sabría lo que yo. Que la mentira reina en esta corte. Y no es bueno desanimarle.

En acto de lealtad a su futuro emperador, Luis no tardó en contar a Felipe lo escuchado. Este, en agradecimiento, quiso devolverle el favor.

—Vos me habéis desvelado un secreto. En justo agradecimiento, yo os desvelaré otro muy bien guardado.

Mientras caminaban, Felipe le contó que conocía un ángel que vivía en la corte sin que nadie lo reconociera. Era la mujer más bella que había conocido... después de su madre, por supuesto.

Luis le miró sorprendido.

—¿Una mujer? Pero si los ángeles no tienen sexo.

—Es la excepción que confirma la regla.

No tardaron en llegar a su destino. Felipe hizo un gesto a Luis de que callara y se acercaron a una ventana. Desde allí se podía ver a su hermana María y, tras ella, a una de sus damas peinándola. Era Isabel de Osorio.

Luis no entendía nada y, en voz baja, se atrevió a preguntar:

—¿El ángel es... Es vuestra hermana?

—Sois más bobo que Perico, mi bufón. No, el ángel es la dama que la está peinando.

Sin dejar de mirarla enternecido, siguió hablando como quien recita una oración.

—Se llama Isabel. Como mi madre.

IV

No muchos años después de la Pasión de nuestro Redentor y Salvador Jesucristo, fue un rey muy cristiano en la pequeña Bretaña, por nombre llamado Garinter, el cual, siendo en la ley de

*la verdad de mucha devoción y buenas maneras
acompañado. Este rey hubo dos hijas en una noble dueña su mujer, y la mayor casada con Lan-
guines, rey de Escocia, y fue llamada la dueña de
la Guirnalda, porque el rey, su marido, nunca la
consintió cubrir sus hermosos cabellos sino de una
muy rica guirnalda, tanto era pagado de los ver;
de quien fueron engendrados Agrajes y Mabilia,
que así de uno como caballero y de ella como
doncella en esta gran historia mucha mención se
hace...*

Felipe estaba comenzando a leer, una vez más, su
libro más querido: el *Amadís de Gaula*. Tanto le
gustaba que cuando acababa de leerlo, volvía otra
vez a la primera página. No contento con eso, estudió sus orígenes. No en vano, pese a su corta edad,
ya había comenzado a coleccionar libros. Había
acudido a la lectura y a la música como consuelo a su
soledad y ahora cuando se encontraba solo era cuando leía o iba a la capilla a escuchar a Cabezón.

Su librería era para él un reino donde podía ser
rey sin esperar a heredarlo de su padre. En ese reino privado descubrió mil cosas sobre el *Amadís*.
Por ejemplo, que el primer manuscrito solo eran
fragmentos de la historia. Que más de un siglo antes de que naciera ya se sabía de las andanzas del
caballero imaginario. Que un tal Garci Rodríguez
de Montalvo (bendito fuera) lo refundó, lo fijó por
escrito y lo imprimió veinte años antes de que él
naciera.

Estudiando y estudiando, solo había una cosa que no entendía: si el libro era más viejo que él, ¿por qué no cabalgaban por el mundo más caballeros como Amadís?

Siempre soñando, deseaba ser algún día como él. Vencer a monstruos como Endriago. Tener una hechicera que, como Urganda con Amadís, le protegiera... Y descubrir a su Oriana particular. Una Oriana que era morena y con unos ojos que brillaban como diamantes y que se parecía muchísimo a Isabel, la que fuera dama de su madre y ahora de su hermana María.

Zúñiga viendo su pasión por tan imaginario caballero le había advertido.

—No os llenéis la cabeza de fantasías. La vida real es otra cosa.

Felipe ya sabía que la realidad no sabía de pócimas mágicas. Si hubiera existido alguna, él le habría pedido a su padre que la encontrara para salvar a su madre. Era el emperador; si ese brebaje hubiera existido, él lo habría conseguido.

Sabía que en su reino de fantasía, Tavera no ocuparía ningún cargo por aburrido. Y De los Cobos tampoco; no sabía por qué, pero no le gustaba ese hombre. Tal vez el duque de Alba sí podría ser escudero de Amadís. O su propio padre, si fuera más a menudo tan cariñoso como cuando le dio el último abrazo de despedida. O cuando al hablar de su madre vio sus ojos vidriosos y a punto de llorar. Pero luego se dio cuenta de que era imposible. Un caballero podía tener emociones. Un emperador podía tenerlas, pero no mostrarlas.

A cambio, tenía la certeza de que Oriana había salido del libro para convertirse en una mujer de carne y hueso.

Y se ocultaba de los mortales bajo el nombre de Isabel de Osorio.

V

Mientras Felipe soñaba, su padre vivía una continua pesadilla.

Su pugna con Francia ya duraba dos décadas ante la insistencia del rey Francisco de vengar pasadas afrentas.

Para más inri, su idea de unificar el imperio bajo el cristianismo se venía abajo ante el crecimiento del movimiento luterano. De nada había servido su actitud dialogante, mostrada durante tantos años.

Tampoco era de mucha ayuda la actitud del papado. Carlos había conocido tres Papas y todos se obstinaban en convocar un concilio. El emperador intuía que eso abriría aún más la brecha existente y se agotó en reuniones y pactos. Sabía que, si no se negociaba, el futuro sería aún peor que el presente. Y este no era muy halagüeño: la reciente sublevación de Gante, la ciudad natal del emperador, era un ejemplo de ello.

Por si no tuviera ya suficientes problemas con los herejes, también tenía que batallar con los infieles.

Había logrado expulsar a Solimán de Hungría y ganado la plaza de Túnez al último de la saga de los Barbarroja, pero le resultaba imposible zanjar el problema.

Las escaramuzas continuaban pese a que Carlos había dejado claro que no entraba en sus planes conquistar terreno africano. Solo quería mantener las plazas que heredó como rey de Castilla para controlar la piratería que tanto dañaba la vía comercial con América.

En definitiva, cuando la manta tapaba la cabeza, se le quedaban al aire los pies al imperio.

Cuando acababa de lograr un pacto de paz con Francia, Barbarroja atacó Argel. Y hasta allí fue Carlos con lo más granado de su ejército, incluidos insignes militares como el duque de Alba, Álvaro de Sande y Andrea Doria. Este, afamado almirante, le había aconsejado que no atacara; el verano tocaba a su fin y comenzaba la época de temporales. Ojalá hubiera atendido Carlos el consejo.

De nada sirvieron las más de trescientas naves ni los más de cuarenta mil hombres entre infantes españoles, alemanes, italianos, caballeros y aventureros. Lo que Carlos suponía una operación fácil, tal era la fuerza militar que había organizado, se vino al traste por un temporal que aisló la cabeza del ejército en tierra con la marina y las naves de aprovisionamiento.

Cuando la tormenta amainó, lograron reembarcar a los hombres que habían sido derrotados. Eran tantos que se tiraron al agua los caballos porque no cabían en los barcos.

En plena retirada, una nueva tormenta dispersó la flota. Algunas embarcaciones chocaron con los arrecifes, siendo sus hombres apresados por los turcos. Otras llegaron a Orán. Algunas, a Italia y Cerdeña. La que llevaba a Carlos tuvo más suerte: pudo atracar en Bugía, dominio castellano en las costas argelinas. Veinte días tuvo que pasar allí, aislado. Fortuna tuvo de que Barbarroja no supiese de ello; hubiera podido ser el cautivo más ilustre del cristianismo.

Allí, en Bugía, Carlos tuvo tiempo para reflexionar. Acababa de perder cientos de naves y miles de hombres. Aparte de la tristeza de la derrota, eso era mucho dinero y suponía tener que volver a las Cortes de Castilla a demandar su generosidad. Solo pensar en ello le revolvía el estómago.

Las cosas no podían seguir así. Necesitaba reanimar un imperio que desde hacía años estaba en declive. Le urgía adelantarse al futuro. Y para eso necesitaba a su hijo.

Es curiosa la vida. Uno puede intentar ser feliz al mismo tiempo que a más de mil kilómetros ocurre algo que no le permitirá serlo. Nunca se pudo imaginar Felipe los cambios que iba a sufrir su vida tras la triste derrota de Argel.

Corría el mes de noviembre de 1541.

VI

Hasta entonces, Carlos había delegado la educación de su hijo en otros hombres. La vigilaba, la remodelaba y hasta ponía a uno de sus leales de más confianza al cargo de la misma. Ya no le bastaba con ello. Ahora se encargaría él mismo de la educación de Felipe.

Para ello, en aquellos veinte días interminables en Bugía, diseñó un plan de estudios para su hijo. ¿Los temas? Cómo tratar con los nobles castellanos, cómo conseguir dinero de las Cortes castellanas y cómo conocer a su pueblo. Necesitaba dejar la retaguardia de su imperio bien organizada y protegida. Y la retaguardia era Castilla.

Nada más llegar a Madrid, empezó a aplicar lo pensado paso a paso, cuidando de no dar puntada sin hilo. Su primera decisión fue nombrar al duque de Alba mayordomo de la casa real. Si había alguien con prestigio en Castilla, que representara la grandeza militar castellana era él.

La segunda decisión fue apartar a Felipe de sus lecturas caballerescas. No se lo prohibió directamente. Sencillamente, le atosigó con tantos encargos, charlas y lecturas que apenas dejaban al príncipe tiempo para el ocio.

También expulsó a los bufones de la corte. Los odiaba. A cambio, para dar alguna alegría a Felipe, permitió que Ruy Gómez volviera a la corte. No le costó mucho hacerle ese favor; el portugués se lo merecía. De hecho, había combatido en Argel a su lado.

En realidad, Ruy Gómez fue a Argel para congraciarse con Carlos. Necesitaba un nuevo protector que sustituyera a la difunta Isabel, que tanto había velado por él. ¿Y qué mejor batalla a la que acudir que la de Argel?, había pensado el portugués.

Como el emperador, pensaba que con el ejército desplegado sería un paseo militar. Como el emperador, salvó la vida de milagro. Y ahora, como premio, llegaba a la corte de la mano del mismo Carlos eligiendo amigos y enemigos.

De los Cobos, mago de la economía (sobre todo si era para su propio beneficio), era de los primeros. Zúñiga era de los segundos. El mayordomo del príncipe nunca le había mostrado especial afecto.

El encuentro de Ruy Gómez con Felipe fue el propio de dos viejos amigos que se encontraban de nuevo. Ruy se inclinó ante el príncipe. Este le obligó a erguirse y le dio un abrazo.

—Bienvenido, Ruy. Ya no nos separaremos más.

El primer cargo al servicio de Felipe fue el de trinchador, un trabajo de confianza, pero no a la altura de los ocupados por otros pajes que le habían comido el terreno en su ausencia.

Esperaría. Como había hecho hasta ahora con tan buen resultado.

VII

Uno de los problemas más graves que tenía el emperador era convencer a las Cortes de Castilla para que le dieran el dinero necesario para mantener sus ejércitos. En un principio, sus peticiones alcanzaban un tono insolente que los castellanos no podían soportar. Luego fue atemperando su discurso y el apoyo de nobles y obispos eminentes le había facilitado la labor. Pero siempre le costaba conseguir sus objetivos sin darles una y mil veces las mismas explicaciones. Esencialmente, que tenían que ser generosos con un imperio del que Castilla era su corazón.

Pero en las últimas ocasiones, había sido peor. Ni dando explicaciones conseguía gran cosa. Carlos reconocía que eran años de sequía y de malas cosechas. Y que la pobreza era tan grande que muchos campesinos comían algarrobas, que antes era el alimento de sus animales. Pero tenía la certeza de que aún le consideraban un extranjero y que eso no cambiaría nunca. La solución a este problema tenía un nombre: Felipe.

¿No le habían exigido cuando llegó a Castilla que naciera su hijo en sus tierras? Pues Felipe había nacido en Valladolid. Pese a estar más tiempo fuera que dentro, Carlos estaba perfectamente informado del amor que el pueblo profesaba a su añorada esposa. Y también de cómo villas y ciudades aclamaban desde niño a Felipe, saliendo a vitorearle a sus calles. Lo hacían porque le consideraban uno de ellos, algo que él no había conseguido.

Ahora tocaba agrandar la figura de su hijo de cara a todo el reino. Y un rey, aparte de eso, debía ser soldado. O parecerlo. Por eso decidió que luchara en su primera batalla. Le constaba que no estaba preparado, pero no importaba; iba a estar al lado del duque de Alba, que tenía orden de proteger su vida.

Evidentemente, eligió con mimo su primera batalla. Francia atacaba al imperio en todos los frentes. Carlos siempre había querido zanjar amistosamente el problema, pero a cada propuesta de tratado de paz, el rey Francisco le respondía con una alianza con alguno de los enemigos del imperio o con un nuevo frente de guerra.

De hecho, el emperador acababa de recibir la noticia de que tropas francesas habían acampado cerca de las fronteras del País Vasco y Cataluña, donde el Rosellón era eterno territorio de disputa.

Carlos, sabedor de que el ejército francés que atacaba Cataluña era el más débil de los dos frentes, decidió que allí fuera el duque de Alba con su hijo. El duque, que, pese a su disciplina, no se ahorraba las quejas, no entendió tal maniobra.

—¿Queréis que vaya al Rosellón con mis Tercios? Si queréis acabar con el francés, sabéis que hay que tomar París. Y eso solo se consigue desde Bruselas, no por los Pirineos.

—Vos cuidad de la vida de mi hijo, que la batalla ya sé que la ganaréis.

El duque inclinó su cabeza para corresponder al

halago. Intuyó que algo tenía en la cabeza su emperador que no quería decirle. Además, el de Alba tenía un código que siempre le había funcionado: no quejarse dos veces seguidas delante de su rey.

Antes de que partiera hacia Cataluña, Carlos se reunió con Felipe. Pese a que sabía que el duque no le permitiría más que ver la batalla a una distancia segura, quiso convertir el evento en una clase cuyo tema era el papel de un rey en una batalla.

—Os daré un consejo: un rey solo debe blandir su espada si la situación es desesperada. Vuestra vida vale más que la de los miles de soldados que componen un ejército. Ellos nunca reinarán, vos sí.

Felipe le respondió que Fernando el Católico era famoso por blandir una espada en cada mano y que había dirigido el combate desde los catorce años. ¿Por qué él no podía hacerlo?

—Porque los tiempos han cambiado, hijo. El futuro del imperio depende de que sigáis vivo para poder gobernarlo. Ahora es más importante que os caséis y tengáis hijos. Ya tendréis tiempo de ganar vos mismo las batallas.

El príncipe estaba aturdido de la cantidad de interrogantes que pasaban por su mente tras escuchar a su padre. ¿Casarse? ¿Ya? ¿Y podría elegir con quién? No se atrevió a preguntarle nada de eso. Sí se atrevió en cambio a preguntarle, ya que le tenía considerado como un héroe, si él no combatía como lo hacía Fernando.

Carlos se sintió incómodo ante esta pregunta. No le gustaba que su propio hijo le mentara tantas veces a quien tenía la certeza que había matado a su padre como si fuera un héroe. Pero no torció el gesto, era tiempo de enseñanza no de rencores.

—Fernando jamás tuvo un ejército como el que yo tengo y que vos heredaréis. Si lo hubiera tenido, haría lo mismo que yo: dirigiría la estrategia y mandaría a luchar a los mejores hombres.

Felipe le miró absorto, tanto por lo que oía como porque nunca había hablado tanto tiempo seguido con su padre. Y se decidió a hacer la gran pregunta.

—¿A cuántos hombres habéis matado?

—A los necesarios.

—Sí, pero ¿con vuestra mano, a cuántos?

—A más de uno y menos de cien.

Carlos contempló la cara de asombro de su hijo.

—Ojalá vos no tengáis que matar a ninguno. Un rey no debe ser temerario. Vuestro tío Luis, el rey de Hungría, murió por enfrentarse a Solimán con un ejército menor en hombres y sin posibilidad de éxito.

Felipe no entendía que su padre le desmontara la leyenda de todos sus héroes. Reyes que sacrificaron su vida como si de caballeros andantes se trataran.

—No le importó morir por su reino, ¿no es eso propio de un héroe?

Carlos cortó todo sentimentalismo en seco.

—Eso no es propio de un héroe, sino de un insensato. Dejó viuda a mi hermana con la que habría podido tener más hijos. Solimán es cruel en la batalla, pero frío fuera de ella. Si el rey de Hungría se hubiera rendido, jamás le habría tocado un pelo. Todo lo más, habría pedido un buen rescate.

Antes de seguir, el emperador cogió aire. ¿Cómo hacer entender a su hijo que la vida real —en sus dos sentidos— era otra cosa?

—A vuestro tío le mató un soldado turco que no sabía ni que estaba matando a un rey. Es la más triste de las muertes, creedme.

Para cerrar la lección, le habló del rey de Francia como ejemplo de tal error.

—Un rey no debe estar nunca en la primera línea de batalla. El rey francés cometió la misma torpeza en el sitio de Pavía. Un infante vasco llamado Urbieta le reconoció por sus vestimentas y puso su daga en su cuello. Le tuve preso en Madrid un buen tiempo antes de que nacierais.

—¿Es verdad que cuando estaba preso, hablabais con él en castellano?

—Creo que fue de las primeras veces que he hablado en castellano en mi vida.

—Pero vos sabéis francés.

—Es la lengua de mi padre. Pero en una cárcel, la lengua la elige el carcelero, no el preso. Por muy rey que sea.

Sin duda, estas lecciones le parecían a Felipe más amenas que todas las que había recibido en su vida. Y más útiles. Porque no eran teorías ni disquisiciones. Eran experiencias reales vividas de primera mano. Además, se las contaba su padre, el héroe casi siempre ausente, lo que hacía que el joven por fin se sintiera importante.

VIII

Como todos esperaban, el duque de Alba ganó a los franceses en el Rosellón. No le costó mucho hacerlo; apenas hubo batalla. El ejército francés (bastante escaso de fuerzas), al saber que el propio duque había ido allí a combatir, se batió en retirada.

Felipe fue un mero testigo lejano de la escaramuza. Su vida no corrió más peligro que cuando niño participaba en justas, sustituyendo lanzas por velas apagadas. De hecho, pensó que si la guerra era eso, poca heroicidad tenía.

Pero no hay batalla ínfima que un buen cronista no pueda convertir en gesta. Ahí entró en juego, Juan Calvete de la Estrella, al que Carlos decidió cambiarle el oficio. Calvete había sido elegido por el mayordomo del príncipe para sustituir a Silíceo como profesor de lenguas clásicas. Ahora, por designación real, pasaba a ser el cronista oficial de Felipe. Y lo hizo con eficacia.

Calvete se ocupó de que todos supieran que la primera batalla de Felipe había acabado con victoria y que él había luchado por ella al lado del mismísimo duque de Alba.

El resultado de tal propaganda fue el deseado por Carlos. Cataluña consideró al príncipe un defensor de sus fronteras. El País Vasco se quejó de no haber tenido la suerte de contar con tan joven e ilustre guerrero. Valencia y Aragón vieron en Felipe un digno heredero de su rey Fernando antes de que fuera llamado el Católico. Y en Castilla, que consideraba a Fernando más castellano que aragonés (que para eso se había casado con la venerada Isabel), pensaron que por fin el sueño se había hecho realidad. Su próximo rey era castellano de nacimiento y con quince años ya luchaba espada en mano.

Eso eran las Españas, muchas y de intereses distintos. Cada una de ellas gustaba de valorar como excelso lo suyo y como escaso lo del vecino. En esta ocasión sí compartieron algo en común: la ignorancia. En ningún reino se supo que Felipe solo blandió su espada nada más que para meterla y sacarla de su cinto. Y que por su peso, le costó lo suyo.

No importaba que la leyenda superara a la verdad. Ahora tocaba viajar por todos esos reinos para que conocieran al joven príncipe y, ahora, joven guerrero. Carlos había conseguido que todos consideraran a su hijo un digno heredero y como tal juró en las Cortes de Aragón, en Monzón ese mismo verano.

Felipe viajó junto a Carlos por las Españas hasta las Navidades de 1542, que el emperador decidió pasar en Alcalá de Henares junto a sus tres hijos.

Allí comprobó que sus dos hijas eran más despiertas que su primogénito. Eso sí, reconocía un don especial en Felipe: su memoria. Bastaba decirle las cosas una vez para que las retuviera. Era capaz de asociar causas y efectos y de relacionar lo aprendido un día con lo que se contaba otro.

¿Cómo alguien con ese arte para recordar cada detalle no dominaba más lenguas que el castellano, el portugués y a duras penas el latín? Sin duda, por incapacidad de sus maestros.

¿Por qué alguien capaz de asociar de inmediato lo particular con lo general y viceversa era tan distraído y le interesaba la caza más que la filosofía? Probablemente porque quien le enseñó le mostró más respeto que afecto.

Por primera vez, Carlos se lamentó de no haber pasado más tiempo con su hijo antes.

IX

Acababa el invierno del año 1543 y el emperador seguía en Castilla. Ya había transcurrido más de un año desde su llegada. Sus hijos no recordaban haber pasado nunca tanto tiempo junto a su padre.

Las Cortes le habían hecho prometer en Valladolid que, como rey de Castilla que era, en ella viviera. Y el rey prometió que así lo haría. Eso sí, tras la promesa añadió un «mientras el imperio no tenga necesidad de mi presencia». Esta coletilla demostraba algo clave en la filosofía de Carlos: nunca prometía aquello que no estaba seguro de cumplir. De hecho, casi nunca prometía nada, pudiera llevarlo a cabo o no. Esta era una lección que repetía a su hijo. Otras eran que no actuara nunca por pasión ni por rencor. Un emperador debía actuar siempre con la mente fría.

Aleccionar a Felipe, ese era el motivo de que Carlos aún siguiera en Castilla. Los conflictos externos seguían latentes, pero estaba dedicando su tiempo a evitar el mayor problema que podría tener el imperio; no tener un heredero cualificado para gobernarlo. Por eso estaba educando a su hijo a su imagen y semejanza.

En este aspecto, tres eran las cualidades esenciales que Carlos quería inculcar a su Felipe: el conocimiento de lenguas, la necesidad de tener un carácter hermético y fomentar su desconfianza hacia todo lo que le rodeara.

Carlos sabía que si en algo había fracasado la educación del príncipe era en el estudio de idiomas. Sin duda, culpaba a Silíceo del problema. Que los aprendiera ahora, a sus dieciséis años, iba a ser más complicado que si lo hubiera hecho de niño. El emperador aprendió castellano a esa edad. Antes, lo entendía pero no lo hablaba con la fluidez necesaria. Pero el hecho de que ya dominara a la perfección el francés (su lengua paterna), el italiano y el latín y se pudiera defender en alemán, le había facilitado las cosas. Cuanto más idiomas se sabe más fácil es aprender otro nuevo.

Felipe, por el contrario, solo dominaba el castellano (el idioma que se hablaba obligadamente en la corte), el portugués (que hablaba con su difunta madre y aún ahora con Ruy Gómez) y se mal defendía en latín. Por eso su padre le insistía tanto.

—Aprended lenguas. Serán tantas las tierras que habréis de señorear y tan distantes están las unas de las otras que entender a quienes las habitan os será necesario. No os bastará con el castellano ni el portugués. Debéis mejorar vuestro latín.

Felipe asintió con la cabeza.

—No hay cosa más necesaria ni general que la lengua latina. Tampoco sería malo que aprendierais algo de la lengua francesa. —Sonrió amargamente—. Siempre estamos en guerra con ellos.

Tras una pausa, Carlos remarcó:

—Entended y ser entendido. Os lo ruego.

Respecto al hermetismo y la desconfianza, Zúñiga ya había hecho un buen trabajo. Pero no por ello el emperador se mostró menos tenaz e insistente.

—Nadie debe saber de vuestros pensamientos.

—¿Ni siquiera el Consejo de Regencia?

—No. Ellos solo deben daros motivos para pensar. Escuchad a todos para luego decidir vos.

—¿Y si tengo dudas?

—Que no las sepa nadie. Cuando los demás os vean en silencio, deben creer que siempre estáis pensando en algo transcendente. No importa que lo estéis haciendo, que tengáis la mente en blanco o que por vuestra mente esté pasando en ese momento que queréis perdices para cenar.

Felipe no pudo evitar una sonrisa. Justo hacía unos minutos estaba pensando precisamente en eso: en que le apetecía cenar perdices.

Carlos siguió con la lección. Para él era la más importante de todas porque unía dos conceptos en un solo tema: solipsismo y desconfianza.

Así, Felipe aprendió de su padre que un emperador debía dar la imagen de tener siempre en su mente la idea decisiva, la estrategia perfecta. Si así era, no había que decírsela a nadie o, en caso de hacerlo, siempre a cuentagotas. Para Carlos, contarle algo a alguien significaba que ese algo dejaba inmediatamente de ser suyo.

—Un emperador lo es no solo por poseer tierras y reinos. Lo es también por poseer secretos. No olvidéis estas palabras nunca, hijo mío.

X

Con la llegada de la primavera, vino la mala noticia para Felipe: su padre partía de viaje. Francia no cejaba en sus ansias de guerra y los príncipes protestantes cada vez iban más lejos en sus pretensiones. Y, lo que era peor, estaban reforzando sus ejércitos. Ahora no se entretendría en África. Mejor asentar lo que se tiene que aventurarse en otras cosas.

La presencia continuada del emperador en la corte había sido un bálsamo tanto para Felipe como para los castellanos. Todos necesitaban de su padre y de su rey. El primero, porque, tras tanto tiempo de esfuerzos y sinsabores, por fin había encontrado su lugar en el mundo.

Los castellanos porque aunque sabían que la presencia de su rey no les garantizaba ni más lluvias ni mejores cosechas, le preferían cerca. Eso suponía para las Cortes menos gasto en campañas militares y para sus súbditos una sensación de seguridad. Tener en casa al rey y al duque de Alba suponía una protección segura ante cualquier enemigo que quisiera atacar las fronteras del reino.

Por lo menos, Castilla tenía un consuelo, aunque el rey les dejara: Felipe, pese a su juventud, ya tomaba decisiones de gobierno junto a su padre. No era verdad, pero Carlos había ordenado a Calvete, el cronista elegido para loar a su hijo, que propagara ese rumor en sus escritos.

El emperador tenía claro que la propaganda era esencial para gobernar. Tanto como un buen ejército o una buena red de espías. La diferencia es que sus soldados luchaban contra la realidad de la muerte, sus espías buscaban verdades reales pero ocultas y los cronistas inventaban mentiras creíbles. La suma de los tres conceptos era indispensable para conservar el poder.

El caso es que el rumor de que el heredero ya mandaba llegó a villas y pueblos. Y, además, había nacido en el reino, como las Cortes siempre habían solicitado a su rey. De hecho, para mayor gloria, lo había hecho en Valladolid, la ciudad donde los Reyes Católicos se casaron fundando la nueva y poderosa Castilla. Por eso eligió Valladolid como lugar de nacimiento de su hijo.

De los Cobos había enseñado a Carlos lo importantes que eran para los castellanos sus héroes y leyendas: Isabel y Fernando lo eran. Por eso, nada más casarse, fue de luna de miel a Granada, a visitar sus tumbas. No es que le hiciera ninguna gracia, pero lo hizo.

Para Carlos no fue tampoco agradable tener que dejar su reino. Tras las aciagas jornadas de Argel, Carlos había regresado a Castilla para educar a su hijo y así garantizar el futuro del imperio. Pero, en estos casi dos años, al tratar a su familia, la frialdad de su objetivo había dejado paso a un sentimiento de hogar que nunca había tenido. Lástima que ya no estuviera su esposa para haberlo compartido con ella también.

Era una sensación parecida a la que padeció cuando dejó Granada llena de claveles rojos. Así las cosas, Carlos no pudo evitar cierta tristeza al saber que debía marchar.

Además, ¡le quedaban tantas cosas por enseñarle a su hijo! Ya tenía decidido que, nada más llegar a Bruselas, le escribiría unas instrucciones de comportamiento. Era un hábito suyo; ya lo había hecho con su esposa y con Tavera para dejar claras líneas de actuación en la política castellana.

Aun así, retrasó su partida un par de semanas por un asunto que no admitía demora: concertar la boda de su hijo.

A sus dieciséis años ya era casi un hombre. Y el casi pasaría al olvido con una mujer que le diera un hijo cuanto antes. De paso, el imperio tendría garantizado aún más su futuro.

La elegida fue María Manuela de Portugal. Felipe recibió la noticia con estupefacción. Ya le había comentado su padre que había que ir pensando en casarse.

También había sido educado en la convicción de que su matrimonio siempre sería más un pacto entre reinos que un acto de amor. Pero una cosa es la teoría y otra la práctica. Además, jamás había conocido hembra. La suma de todos estos factores tuvo un resultado: le temblaron las piernas cuando su padre le dio la noticia.

XI

María Manuela no había sido la primera de la lista a la hora de elegir esposa para el príncipe. Se sopesaron otras opciones, siempre desde la perspectiva de las razones de Estado.

Sin que Felipe supiera nada, ya cuando tenía apenas doce años, se intentó negociar su futura boda con Juana de Albret, heredera del Bearne, al sur de Francia. Así se protegían las fronteras sin necesidad de gastarse dinero en ejércitos y se facilitaba el viaje de las expediciones castellanas a Flandes. El rey Francisco de Francia pensó que eso era dar muchas ventajas a su odiado enemigo y movió pieza: casó a Juana con el duque de Cléves.

La obsesión de Francisco por guerrear con Carlos era tan grande como el afán de este por conseguir la paz. El emperador consideraba Francia como una monarquía a respetar. Además, la continua beligerancia suponía demasiados gastos y una peligrosa distracción en la lucha con quienes Carlos consideraba los verdaderos enemigos del imperio: los herejes luteranos y los infieles turcos.

Por ello llegó aún más lejos en la búsqueda de esposa para su hijo y propuso a Francisco una boda entre príncipes que zanjara definitivamente el eterno conflicto. Felipe casaría con Margarita, hija del mismo rey de Francia. Tampoco tuvo éxito.

El resultado de estos dos fracasos llevó a la tercera opción: María Manuela. Sin duda, al Papa le tocaba redactar una nueva bula tal era las líneas de parentesco que mantenía con el que iba a ser su marido. Hija de los reyes de Portugal (Juan y Catalina) era prima hermana de Felipe por vía doble, ya que su padre era hermano de la recordada Isabel de Portugal y su madre, hermana pequeña de Carlos. Sangre de su sangre recorría cada vena de su cuerpo.

Muchos factores ayudaron a elegirla. La primera, las buenas relaciones con Portugal, cuyos reyes eran especialmente generosos en sus dotes. La segunda, que Carlos pensaba que al ser hija de Catalina, su hermana pequeña, María Manuela ya vendría a Castilla bien instruida. Y la tercera y no menos esencial, que la infanta portuguesa tenía la misma edad que Felipe: pronto podrían tener un hijo.

Carlos repetía con su hijo el mismo mecanismo matrimonial vivido con Isabel de Portugal. Si a él le había ido bien, ¿por qué no iba a pasar lo mismo con

Felipe? Este, al saber la noticia, no puso objeción alguna. Su misión era obedecer y no iba a plantear queja alguna a su padre ahora que se marchaba.

Además, Carlos ya había negociado por carta la boda hasta el último detalle. Ahora solo faltaba concretarlos y limar unas leves discrepancias. El elegido para realizar esta tarea fue Ruy Gómez, antiguo paje personal del príncipe. Eso tranquilizó a Felipe: Ruy era su amigo y le tendría bien informado, lo quisiera o no su padre.

De hecho, eso le ordenó en un encuentro que el príncipe provocó nada más despedirse de su padre.

Ruy Gómez le prometió que no haría nada que le pudiera perjudicar. También, dejó claro que, pese a que debía obediencia al emperador, procuraría no ocultarle ningún detalle.

Felipe se mostró inquieto.

—¿Procuraréis? ¿Nada más procuraréis?

Al futuro y primerizo esposo, las buenas intenciones no le eran suficientes. Además, si su padre le había enseñado a manejar el poder, ya era hora de ejercerlo aunque fuera en tan pequeña parcela.

Gómez vio lo difícil que iba a ser la espera hasta que llegara Felipe al poder. Por un lado, debía obedecer al padre y, por otro, tenía que satisfacer al hijo: era el futuro y Ruy anhelaba compartirlo con él. Así que juró a Felipe no ya que procuraría, si no que lo haría. Y que fuera lo que Dios quisiera, pensó para sus adentros.

El príncipe, al ser Ruy portugués, quiso saber algo más de su futura esposa.

—¿Sabéis si es hermosa?

Ruy empezaba a sentirse incómodo.

—Hace mucho que no viajo a Lisboa, alteza.

—Pero tenéis familia allí. Es la hija del rey, no una campesina. Todos sabrán si es bella o no.

—No os preocupéis, en cuanto la vea con mis propios ojos, os escribiré para informaros de ello... —Dudó—. Pero llegados a este verso tengo una duda para resolver el poema.

—¿Cuál?

—Que puede parecerme bello lo que a vos no.

—¿Os parecía bella mi madre?

Ruy Gómez se dejó de evasivas y fue sincero.

—No he conocido a mujer más hermosa en todos los días de mi vida.

—Ya tenéis un modelo.

—Difícil se lo ponéis a vuestra futura esposa.

El príncipe se lo pensó antes de hacer la siguiente pregunta.

—¿Conocéis a Isabel de Osorio?

—Imposible no saber de ella. Fue dama de vuestra madre y ahora lo es de vuestra hermana.

—¿Qué os parece como modelo?

—Que no llega a la belleza de vuestra madre... Pero también es muy hermosa.

—Pues no me conformo con menos.

Ruy se sintió obligado a dar consejo al príncipe. Le apreciaba y no quería que sufriera una decepción. Y la mejor receta contra una decepción es prevenirla.

—¿Puedo hablaros con sinceridad, alteza?

Felipe asintió serio.

—Sois príncipe y seréis rey y emperador... Cuando Dios se lleve consigo a vuestro padre, que ojalá tarde en hacerlo...

—Concretad, os lo ruego.

—Lo seré. Un rey puede yacer con la mujer que desee. Pero casarse, solo puede hacerlo con una princesa o con otra reina. Sea guapa o fea. Es de las pocas cosas que tendréis como obligación.

Felipe sabía que su amigo tenía razón. Y que, en realidad, la conversación era fruto de su nerviosismo. Así que dio la razón a Ruy Gómez y le deseó suerte en su misión. Quería estar solo.

Luego visitó a su hermana María. Dios sabía que la quería más que a nada en el mundo, pero iba donde ella con la única intención de ver a su dama, Isabel de Osorio.

Contemplándola, pensó en las palabras que acababa de escuchar: «Un rey puede yacer con la mujer que desee.»

Y pensó que si eso era verdad, la elegida sería ella.

4

Nunca seréis Amadís (1543)

I

Carlos se fue preocupado de Madrid. ¿Habría dejado a su hijo suficientemente preparado? ¿Sería capaz Felipe de asimilar tantas lecciones en tan poco tiempo? Durante su viaje a Barcelona, donde embarcaría camino de Flandes, pensó en desandar el camino y decirle al duque de Alba que le sustituyera en sus próximas batallas. Así seguiría educando a su heredero.

No tardó en desechar la idea: los problemas del imperio solo los puede resolver el emperador. Además, conocía bien al duque, era el mejor general que había conocido en su vida, pero ganar una guerra significa saber gestionar la victoria. No aniquilar al enemigo aunque empuñara la bandera blanca de la rendición.

Una guerra es la solución última a los problemas; la experiencia le había enseñado eso, harto de batallas que solo conducían a más batallas.

Por lo tanto, no había otra opción que continuar con el plan previsto. Eso sí, era tal su ansiedad por recordar a su hijo sus obligaciones, que no esperó a llegar a Bruselas para escribirle las instrucciones prometidas. Las escribió en Barcelona antes de zarpar, a primeros de mayo.

No tardaron en llegar a Felipe dichas instrucciones divididas en dos cartas. Cuando el príncipe las leyó, comprobó que eran un simple resumen y reafirmación de lo que ya había oído a su padre de viva voz.

Sin embargo, una semana más tarde, recibió unas terceras instrucciones. Carlos las había escrito en Palamós, donde la flota imperial se había refugiado a causa de un temporal.

Nada más empezar a leerlas, Felipe se dio cuenta que eran especiales: Carlos le ordenaba quemarlas tras leerlas. Debían ser un secreto entre padre e hijo pero, sobre todo, entre rey y príncipe. El emperador puntualizaba que no debía hablar de ellas con nadie. Ni siquiera con su futura esposa.

Tan misterioso comienzo logró en Felipe una curiosidad inusitada. ¿Qué le querría decir su padre que exigía tanto secreto? Comenzó a leer con avidez. Ya desde las primeras líneas, el mensaje esencial estaba claro, de tanto como se repetía: no debía confiar en nadie. No debía tomar partido por ninguno de los bandos de la corte. No debía ceder ante sus ministros cuando quisieran ir más allá de su papel de consejeros. Debía gobernar él y no dejar que lo hicieran ellos.

Para su sorpresa, Carlos le desgranaba los vicios de sus principales consejeros. Uno a uno. Avisaba a su hijo de cómo iban a intentar domarle para atraerlo a su causa. Los retratos eran demoledores.

Definía al duque de Alba como orgulloso y altanero, preso de una ambición excesiva. Advertía a Carlos que el duque era mucho de santiguarse y de mostrar falsa humildad para luego tomarse atribuciones que no le correspondían. También le alertaba de que no se dejara engatusar por sus palabras, siempre hablando de sus hazañas. Las hazañas eran ciertas, pero el duque solo era la mano que ejecutaba, nunca el cerebro. El cerebro era del emperador. Remarcaba especialmente a su hijo que su charlatanería tenía un buen público entre los jóvenes y que el de Alba utilizaba ese hecho a su favor:

Os querrá impresionar y manejar como a un niño.

El secretario de Estado, Francisco de los Cobos, quedaba definido de manera no muy positiva:

No es tan buen trabajador como solía. Y gusta de sacar beneficio personal de todos los negocios de la corona.

Felipe leyó estupefacto cómo su padre sabía de sus oscuros negocios. Eso sí, en su descargo, acusaba a su esposa de forzarle a ello:

Creo que la mujer le fatiga y siempre le parece poco el beneficio.

Pese a todo, le aconsejaba que no prescindiera de él mientras viviera.

Tiene experiencia de todos mis negocios y está bien informado de ellos. Eso sí deberéis recompensarle lo justo y nunca más, para que siga teniendo ansias de obtener más beneficios.

Por último, le aleccionaba en cómo tratarlo personalmente.

Nunca le recibáis a solas ni le deis trato de favor cuando estéis en presencia de los demás ministros.

Incluso le aconsejaba que no mostrase debilidad ante él. Sobre todo en tema de mujeres, porque De los Cobos le presentaría a las más bellas para conseguir a cambio favores.

Carlos hacía mención especial sobre Silíceo, del que le recomendaba que se alejara.

No ha sido ni es el que más os conviene para vuestro estudio: ha deseado contentaros más que enseñaros. Es vuestro confesor. Os digo que no sería bueno que en temas de conciencia también quisiera contentaros de la misma manera.

Si eso ocurriera, le exhortaba a cambiar de confesor y le proponía a García de Loaysa, del que no tenía más queja que la de su excesiva edad y sus numerosas enfermedades. Por lo cual no le sería muy útil más que para asuntos espirituales y era despachado con nostalgia.

Era bueno en asuntos de Estado, recto y cabal. Pero ahora haría bien en ir a su iglesia y dejar la corte.

De Fernando de Valdés y Salas, eclesiástico con tendencias inquisitoriales más que evidentes, Carlos escribía poco pero suficiente.

No es de mi gusto. Pero no he encontrado a otro mejor.

Por no librarse, no se libraba ni el mismísimo Tavera, el hombre más poderoso de Castilla. Sobre él, también le recomendaba que no le diera trato personal y que, como con los demás, procurase ser frío y no mostrar favoritismos. Pero, sobre todo, le remarcaba que no se fiase nunca de las apariencias.

Desconfiad de su boato. No os creáis sus exhibiciones de santidad ni de humildad. Porque ni es santo ni es humilde.

De todos los que con Felipe quedaban en Castilla, Juan de Zúñiga era el que salía mejor parado.

Es áspero, pero no lo toméis a mal. Además no lo es tanto: lo parece en comparación con lo blandos que son los demás para contentaros y beneficiarse de vos.

Eso sí, tampoco era perfecto y tenía dos defectos. Uno, su excesiva pasión en sus encontronazos con De los Cobos y el duque de Alba para encontrar más competencias y patrocinios. El otro, que era algo codicioso. Pero, pese a dichos defectos, en él sí podía confiar.

El único que se salvaba de ser criticado en estas instrucciones secretas era justo alguien al que no vería en Castilla: Nicolás Perrenot de Granvela. Siempre estaba al lado del emperador en Bruselas como experto en diplomacia y política entre reinos.

Él es fiel y no piensa en engañarme. Haréis bien en serviros de él. Os será necesario. Su hijo Antonio ha heredado sus virtudes y sus conocimientos. Sin duda os será de gran utilidad en un futuro.

Aparte del análisis personalizado, Carlos también le daba otros consejos en general. El primero, no comprometerse con nadie.

No prometáis nada. Vos sabéis lo enemigo que soy de prometer aun lo que puedo cumplir. Es una lección que aprendí de mi padre hace muchos años y siempre me ha ido bien cuando he cumplido este consejo y muy mal de lo contrario.

Por último instaba a Felipe a cambiar su comunicación con el mundo. El emperador era taxativo: fuera bufones de la corte y lejanía con sus pajes. A partir de ahora debería rodearse de hombres viejos que le dieran consejo.

Aquí Felipe dejó de leer. Pensó que, si los veteranos a los que debía escuchar eran de tan poco fiar, debería rezar el doble para que Dios acudiera en su ayuda.

De hecho, fue a la capilla de inmediato agobiado por lo que se le venía encima. Pero antes, quemó la carta como su padre le había ordenado.

II

No tardó mucho Ruy Gómez en llegar de Portugal con la boda negociada. Además del casamiento de Felipe con María Manuela, se había incluido en el pacto el del heredero portugués, Juan Manuel, con Juana, la hermana pequeña de Felipe. Era más un plan de futuro que otra cosa, porque a sus cinco y siete años, respectivamente, iban a tener difícil aquello de consumar.

No le fue fácil llegar al acuerdo y no por cuestiones de dote: Portugal era un reino poderoso que miraba hacia el mar y Lisboa una de las ciudades más ricas y avanzadas. Ruy Gómez pensó, al volver a disfrutar de su tierra, que si Castilla y otros poderosos reinos se dedicaran más al negocio que a las guerras tal vez el mundo fuera mejor.

El problema había sido de protocolo. Y de orgullo. Portugal pagaba y, por esa razón, exigía que fueran portugueses quienes entregaran a la novia en Castilla y que también lo fueran quienes ocuparan las primeras plazas en banquetes, fiestas y, sobre todo, en la iglesia. Ruy Gómez accedió a las pretensiones. El emperador le había ordenado que lo hiciera con premura y así lo había hecho.

Ahora quedaba superar otra prueba. Y hacerlo no iba a ser menos complicado. Lo supo desde que vio a la novia. Su belleza no era, ni mucho menos, la de los ejemplos que le había puesto el príncipe como modelo de belleza.

María Manuela no se acercaba ni de lejos a la elegancia y finura de Isabel de Portugal, ni a la frescura y lozanía de Isabel de Osorio. Y su trato era más el propio de una campesina que el de una princesa. ¿Cómo iba a contárselo a Felipe?

Nada más ver a Ruy, Felipe comenzó el interrogatorio.

—¿Cómo es ella?

Ruy buscó un adjetivo que no faltara a la verdad sin tener que desvelarla.

—Hermosa.

—Quiero más detalles... ¿De qué color es su cabello?

—Cobrizo.

—¿Es alta?

—No más que vos.

—¿Es de rasgos finos?

Ruy se lo pensó. Evidentemente tampoco podía llegar más lejos en la mentira.

—Es... graciosa.

—¿Graciosa...?

Felipe quedó pensativo.

—Eso es lo que se dice de alguien que no es bello cuando no se le quiere ofender.

—Nada más lejos de ello, alteza... Despreocuparos... Vuestra esposa es encantadora, de trato cercano y mirada franca...

Felipe cortó la retahíla de halagos.

—¿Es gorda?

—No. Digamos que es... ancha.

—O sea, que es gorda.

—Tal vez un poco. Pero es muy graciosa.

El problema, pensó Ruy Gómez, es que gorda lo era. Pero graciosa, no se lo había parecido tampoco.

III

El matrimonio por poderes se había realizado el 12 de mayo de 1543. El embajador de Castilla, Luis Sarmiento de Mendoza, ejerció de representante del príncipe. La fecha señalada para la boda real era el 14 de noviembre.

Felipe esperaba nervioso ese día. Su padre le había preguntado si había yacido con mujer. El sonrojo en la cara del príncipe certificó que el «no» que dio como respuesta era completamente cierto.

Carlos le animó a que llegara virgen al matrimonio. Lo hizo con una mirada que convirtió sus palabras en una orden más que en un consejo.

El príncipe cumplió. El problema es que llegaba a tan crucial momento sin experiencia alguna. Y le intimidaba. Podría haberle preguntado a su padre cómo era el mecanismo correcto. No se atrevió. Pero ahora tenía a Ruy Gómez a su lado. Era once años mayor que él y seguro que sabría darle buenos consejos.

El portugués asumió con dignidad un nuevo interrogatorio. ¿Por qué no estaba casado? ¿Había conocido mujer? ¿Cómo es que había yacido con dama sin estar casado? ¿Acaso no era pecado? ¿Había tenido hijos?

Su paje más querido fue respondiendo a todas las cuestiones como pudo y con la sinceridad indispensable. Pero la última, pregunta, definitivamente, le sorprendió: ¿Duele?

—No, no duele, alteza. Os lo aseguro. Es... como os lo podría decir... —Buscó la palabra—. Agradable.

Felipe quedó sorprendido, quién se lo iba a decir a él.

—¿Cómo de agradable?

—Solo por disfrutar de ese momento merece la pena haber venido al mundo.

Ante tan jugosa expectativa, Felipe no tardó en pedirle consejo. Ya que él había experimentado esa sensación, ¿quién mejor como maestro?

Ruy Gómez, para no caer en groserías impropias, tuvo a bien comparar el acto sexual con una danza. Un movimiento que necesita de ritmo y de consentimiento de la pareja de baile para lograr que fuera lo más placentero posible. Hasta el día de su boda tuvo que estar el ahora trinchador del príncipe buscando metáforas que narraran con decoro la coyunda.

Mientras Felipe saciaba su curiosidad, su boda se preparaba sin reparar en gastos. Castilla era pobre, pero siempre había dinero para determinados asuntos. Si Cristo multiplicó panes y peces, De los Cobos movió Roma con Santiago para adecentarles una casa, organizar una procesión que parecía una cabalgata, contratar músicos y otras bagatelas.

El encargado de recoger a María Manuela fue Silíceo. Para ello viajó hasta Badajoz, lugar de la cita. Desde Sevilla llegó allí el duque de Medina Sidonia, principal patrocinador económico. Desde la ciudad pacense partirían hasta Salamanca, donde se celebraría la boda.

El teólogo y confesor se tomó la licencia de dejar lo espiritual a un lado y mostrar un apego inusitado hacia el boato y el dispendio. Alguien bromeó que si Silíceo hubiera estado en el desierto de Betseida, Cristo habría tenido que hacer el milagro un par de veces más para conseguir las casi setecientas raciones que la comitiva consumía cada día. La riqueza de la comitiva contrastaba con la miseria del público que la veía pasar. Escuderos, músicos, reposteros, pajes y criados exhibían ricos paños y montaban hermosos caballos. Hasta los bufones parecían marqueses, tan coquetamente estaban ataviados.

Entre la lentitud de la marcha y un resfriado que sufrió Silíceo, la comitiva llegó tarde a la cita para desagrado del duque de Braganza y el arzobispo de Lisboa, que acompañaban a María Manuela. Llegaron a amenazar con suspender la boda, reclamando los 300.000 ducados de la dote ya pagados. El duque de Medina Sidonia consiguió solucionar el problema y la devolución de un dinero que el emperador ya había gastado en su guerra con Francia.

Felipe debía esperar en Salamanca, pero convenció a Ruy Gómez para poder ver a la novia antes de la boda. Cerca de Salamanca, esperaron a la comitiva ocultos en una arboleda. Pero la lejanía le impidió ver con claridad a su futura esposa.

Volvieron a galope a Salamanca y Felipe se apostó en un balcón en secreto. Desde allí, esperaba tener más suerte en el espionaje. Sin embargo, tampoco consiguió ver la cara de María Manuela, que se ocultaba tras un abanico.

Ruy Gómez era buen conocedor de la inquietud del príncipe y de las costumbres discretas de las mujeres. También era un hombre previsor. Por todas estas razones, había pagado unas monedas al bufón del conde Benavente. Su misión era apartar el abanico, para descubrir el rostro de la futura princesa de Asturias y que lo viera Felipe. Así lo hizo.

—¿Qué os parece? —preguntó expectante al príncipe temiéndose lo peor.

—Graciosa.

Ruy respiró aliviado. Sin duda, el hecho de su primera noche de amor primaba en la mente del joven más que ninguna otra cosa en el mundo.

Efectivamente, Felipe no dejaba de pensar en eso. No dejó de hacerlo cuando salió de la ciudad de incógnito por la puerta de Zamora, ni cuando volvió a entrar por ella.

Esta vez, no le acompañó Ruy Gómez. A su lado cabalgaban el duque de Alba y el cardenal de Toledo, junto a nobles y caballeros.

Salamanca vitoreó con júbilo a su futuro rey. Un castellano en el trono de Castilla. El viejo sueño se estaba cumpliendo paso a paso.

IV

Muchas fiestas hubo antes y después de la boda. Incluso se organizaron justas, pero Felipe no disfrutó apenas de ellas. De su propia boda, tampoco.

El príncipe no entendía nada. Él era el que se casaba, pero entre los invitados no estaban las personas que más quería: sus hermanas. Preguntó por las razones de su ausencia. Tavera fue lacónico, lo había ordenado el emperador.

Felipe buscó a Zúñiga y volvió a preguntar sobre el asunto. La respuesta fue la misma, eran órdenes del emperador.

El joven tampoco entendió la trifulca que hubo con los caballeros portugueses antes de la boda. Al llegar a la ceremonia, los primeros sitios estaban copados por nobles castellanos y los nobles portugueses amenazaron otra vez con suspender la boda. Esta vez, aparte del duque de Medina Sidonia, Ruy Gómez consiguió apagar el incendio.

Menos mal que pronto llegaría la gran noche, pensaba Felipe. Tan nervioso como ilusionado, cumplió con el ritual de acudir al aposento de la novia. Lo hizo acompañado de sus padrinos, los duques de Alba. Allí le esperaba María Manuela, acompañada de catorce damas. Casi todas eran más bellas que su esposa, pero Felipe ni las miró: no iba a yacer con ellas.

La princesa se levantó a su llegada y le tendió su mano. Felipe la besó. Lo tuvo que hacer deprisa. En cola, detrás de él, ya esperaban caballeros y señores para el besamanos y las felicitaciones. Luego, Tavera los desposó y empezó la fiesta. Duró hasta medianoche. Una vez acabada, Zúñiga acompañó a Felipe a sus aposentos y los duques de Gandía hicieron lo mismo con la princesa.

Su mayordomo le aconsejó dormir, pero el príncipe apenas pudo pegar ojo. Justo cuando lo consiguió, Zúñiga llamó a la puerta para despertarlo. Eran las tres de la mañana y había de vestirse. A las cuatro empezaba la misa de bodas, oficiada por Tavera. Dos horas duró, pero a Felipe le pareció una vida entera.

Acabada la misa, los novios fueron de la mano a consumar su matrimonio. Por fin llegaba el momento tan deseado como temido.

Ya solos los esposos, los principios no fueron fáciles. María Manuela era pudorosa y Felipe tímido. Ella le esperaba en la cama, tapada hasta el cuello.

Felipe empezó a desvestirse. Intentó hacerlo de manera ceremoniosa y pausada, para no mostrar ansiedad. Se lo había aconsejado Ruy: «No perdáis jamás la compostura.» Aun así, no pudo evitar trastabillarse al quitarse las calzas.

María Manuela no pudo evitar una risita al ver a su marido a punto de caer al suelo. Felipe se mantuvo serio, aunque en realidad estaba avergonzado. Ella, al ver su seriedad, dejó de sonreír. Qué difícil que era pasar de ser niños a adultos en unos minutos.

Llegó el momento cumbre. Felipe se metió en la cama y la besó levemente en los labios. Era el siguiente paso de la lección. Después, apartó la colcha y vio que María Manuela vestía un camisón ligero pero demasiado largo. Puso una mano en su pecho. Mientras lo hacía, resonaban en su cabeza las palabras de su improvisado consejero sexual: «Hacedlo suave... apenas rozándolo con la palma de vuestra mano.» Así lo hizo. El pezón de la muchacha se endureció fruto del leve contacto.

A Felipe no le dio tiempo a llegar al tercer paso: María Manuela le abrazó como el oso hiciera con el rey Favila. Todo se desencadenó, tal era su calentura. Rápidamente fue correspondida por el príncipe.

Pronto supo Felipe que María Manuela tal vez no era la mujer más bella del mundo. Ni la más delgada, ni la más graciosa. Pero debía haber pocas más generosas y francas. Si había que satisfacer a su marido, lo haría lo mejor que pudiera.

Como su marido, la princesa acudió a la cita también virgen y llena de nervios.

Como Felipe, también había preguntado discretamente sobre cómo comportarse en esta su primera vez. La elegida para encontrar respuestas fue una de sus más veteranas damas de compañía, ya casada y con hijos.

Para felicidad del príncipe, no era peor maestra que su bien querido Ruy Gómez.

Hicieron el amor, hablaron, rieron y volvieron a hacer el amor. Fue lo que les dio tiempo a hacer durante dos horas. Luego, Zúñiga volvió a aparecer para separar a la pareja. El príncipe debía descansar.

—Os juro por Dios que no estoy cansado.

—Es por vuestro bien, alteza.

¿Por su bien? ¿No era aquello lo más agradable de la vida? ¿Por qué le impedían disfrutar plenamente de ese placer? No se atrevió a preguntar. Si Zúñiga lo ordenaba, era como si lo ordenara su padre.

V

No cambiaron mucho las cosas pasado el tiempo. Los príncipes tenían una agenda tan apretada que entre sus obligaciones y la vigilancia de Zúñiga, apenas podían dar rienda suelta a su relación. Ni en lo sexual ni en lo personal.

Primero fueron a visitar a su abuela Juana, que los recibió con cariño y volvió a pedir a Felipe que bailara para ella con su esposa. Juana fue especialmente feliz: a Manuela le acompañaba su madre Catalina, hija postrera de Felipe y Juana, a la que no había visto desde hacía muchos años. Tras ver a su madre, la reina de Portugal volvió a Lisboa. A Felipe le llamó la atención la obsesión que la madre de su esposa tenía porque esta no comiera demasiado. Incluso llegó a oírle decir en varias ocasiones: «Recordad lo mucho que ha costado conseguir vuestra fina figura.»

Si ahora, que le sobraban carnes, Manuela tenía una «fina figura», Felipe no quería imaginar cómo sería en su estado anterior.

El matrimonio se fue a vivir a Valladolid, por entonces sede de la corte. Pero pronto Felipe hubo de viajar a Salamanca por orden del emperador. Convenía que se instruyese y que su presencia demostrase a la universidad salmantina el apoyo de la corona. Eran tiempos en los que el luteranismo se extendía por todas partes y Salamanca era un bien demasiado preciado para consentir eso.

Lo que no preveía Carlos es que Felipe, en Salamanca, no solo mejoró su nivel de latín, sino que también recibió quejas del pueblo. No las oyó por sus calles, que bien se le aisló para que no se mezclara con la gleba. Ilustres profesores le rogaron que como castellano que era luchara porque Castilla dejara de pasar hambre y necesidades. Esa era la guerra que había que ganar, no las de Flandes o las del Turco. El muchacho no pudo más que mostrar su sorpresa. Aislado en la corte, jamás había sido consciente de ello.

El príncipe en Salamanca, la princesa en Valladolid y las infantas María y Juana en Madrid. Todo por mandato de Carlos y para desgracia de Felipe. Para colmo, cuando volvía con su esposa, se le obligaba a dormir en habitaciones separadas. Tantas fueron sus quejas que Zúñiga escribió al emperador. El propio mayordomo, con humildad, le transmitió por carta a Carlos sobre lo beneficioso de estas medidas.

Soy de la humilde opinión de que separándolos algún tiempo por la noche y vigilándolos siempre durante el día, ya valdría. Y de que estarían mejor juntos que separados. Si se les aleja mucho, y por tanto tiempo, el remedio podría ser peor que la enfermedad. Porque el deseo del príncipe será tan grande que sería muchas veces novio en un año y folgaría de manera más ansiosa, lo cual sería peligroso para su salud.

Carlos respondió por carta, pero no a Zúñiga sino a su propio hijo, Y volvía a citar al tristemente fallecido príncipe don Juan:

Cuidaros de los excesos, que folgar muchas veces provoca tanta flaqueza que estorba para tener hijos y quita la vida, como lo hizo al príncipe don Juan, por donde vine a heredar estos Reinos. Apartaros de vuestra esposa lo más que fuese posible. Y cuando volváis a verla, os ruego que sea por poco tiempo.

Carlos no quería que se repitiera lo ocurrido al príncipe Juan. El hijo de los Reyes Católicos fue tan tenaz en su actividad marital que enfermó y murió por agotamiento. Eso dijeron los médicos y contaba la leyenda.

Felipe obedeció. Pero lo hizo con la rabia propia de un muchacho de dieciséis años con ganas de beberse la vida a tragos. Para su desgracia, unas erupciones en la piel obligaron a no ver a su esposa durante un tiempo. Y la obsesión porque María Manuela se quedara embarazada cuanto antes, llevaron a la sinrazón de que fuera sometida a regulares sangrías. Desesperada, volvió a comer más de lo necesario y su figura engordó hasta conseguir que Felipe, cuando pudo volver a estar con ella lo hiciera con una aprensión evidente. El matrimonio del príncipe empezó a resquebrajarse.

VI

La mejor solución que encontró el príncipe para olvidar su pena fue centrarse en la política y, cuando podía, viajar a Madrid a ver a sus hermanas. Siempre se hacía acompañar por su leal Ruy Gómez, con el que se confesaba de asuntos que no se atrevía a contar a Silíceo.

Volver a Madrid y ver de nuevo a Isabel de Osorio fue el renacer de un sentimiento. Solo que ahora no se trataba de la ensoñación de un niño, sino del deseo de un hombre que ya lo era. Isabel no era ya la Oriana de Amadís, era una mujer de carne y hueso. Felipe no era tampoco el niño que se ocultaba para ver a la bella dama. Ahora era un hombre que ardía en deseos de estar con hembra. Y, como mujer, la Osorio no sería hija de rey, pero su mirada y su figura sí eran los que toda princesa hubiera deseado tener.

Isabel, por primera vez, dejó de ver a Felipe como a un niño. Sintió el deseo de su mirada y, ruborizada, bajó la vista. Luego, se retiró llevándose a Juana; Felipe quería hablar a solas con María.

—¿Qué tal está vuestra esposa?

—Preguntad a Zúñiga, que está con ella más tiempo que yo.

Pero no era de ese tema del que quería hablar. Se sentía solo y recibía numerosas cartas de su padre pidiéndole dinero y más remesas de hombres para la guerra con Francia.

—¿Y que le habéis respondido a padre? —preguntó su hermana.

—No lo he hecho.

María le miró atónita.

—Me atraso semanas en responderle para retardar el envío de lo que me pide. Cada vez me cuesta más conseguir que las Cortes den el beneplácito a tanto gasto. Hasta De los Cobos no ve con agrado estos dispendios. Y bien sabemos que haría cualquier cosa por el favor de nuestro padre.

Hizo una dolida pausa y continuó.

—Vivimos aquí encerrados y nunca llegamos a saber lo que pasa fuera de la corte. Pero en Salamanca supe que el pueblo no tiene donde guarecerse del frío, que comen lo que antes comían las mulas...

María no se lo podía creer.

—¿Quién os ha dicho tal mentira? ¿Un mendigo que quería limosna? No os fiéis de los pordioseros, que gastan su ingenio y sus fuerzas más en inventar falacias que en trabajar.

—No me lo ha dicho ningún mendigo. Me han informado de ello gente de bien. Catedráticos y gente de Iglesia y buen corazón. Me lo decían en voz baja, las pocas veces que podían estar conmigo a solas.

Su hermana le escuchaba atónita.

—¿Creéis que es cierto?

—Castilla pasa hambre. La ubre de la vaca se está secando, María.

Luego, suspiró. Ella le acarició con cariño la cabeza.

—De pequeño no teníais estos problemas, hermano. Cuán pronto se va la niñez.

—Tan rápido que ya no la recuerdo.

María se dio cuenta de lo apesadumbrado que estaba su hermano.

—Venís a pedirme consejo, pero no soy quién para dároslo.

—Lo sois porque os amo a vos y a Juana más que a nada en el mundo. Y solo se puede confiar en quien se ama.

A María se le humedecieron los ojos al oír estas palabras. Ella sentía el mismo cariño por Felipe: su hermano, su compañero de juegos hasta que su padre les separó. Ahora venía a pedirle consejo. Y se lo daría.

—No os diré qué tenéis que decirle al emperador, pero sí os aconsejo que le respondáis. Ha de saber vuestra opinión. Sois ya un hombre. Es hora de que os comportéis como tal y de que todos lo sepan. Incluido nuestro padre.

Aquellas palabras infundieron ánimo en Felipe. Comportarse como un hombre, eso haría.

VII

Lo primero que hizo fue escribir a su padre. Midió mucho las palabras e hizo leer la carta a Ruy Gómez para que le corrigiera, ya que era más diestro en la escritura que él. Fue la confirmación de la confianza que en él ponía el príncipe. La señal de que compartirían el futuro. Y ese era el objetivo de Ruy Gómez, que, aun así, se asustó al leer lo escrito por su amo.

Felipe lo notó.

—¿No lo compartís?

—Siempre estaré de vuestro lado, alteza. Pero si me permitís, suavizaré el sentido de algunas frases.

El príncipe le dio permiso para ello. Aún en su versión más amable, el mensaje de Felipe era claro y contundente:

Os suplico, cuan encarecidamente puedo, que se tome lo que digo con la intención y sinceridad de ánimo que se escribe. No lo hago por estorbar a vuestra majestad en sus grandes pensamientos, los cuales son de imperial valor, sino por traerle a la memoria cómo son estos tiempos, la miseria en que está la república cristiana, las necesidades de sus reinos, los daños que de tan grandes guerras se sufren por más justas que sean y el peligro en que están por tener las armadas enemigas tan cerca que si atacaran no tendríamos medios para la respuesta, al no poder proveer dinero ni hombre para tantas partes. Es necesario poner fin a tantas guerras si vuestra majestad no quiere caer en algún inconveniente irreparable.

Cuando el emperador leyó la carta dio un puñetazo en la mesa. ¿Cómo se atrevía su hijo a hablarle así? Si el emperador necesitaba dinero había de tenerlo. ¿Para eso le había educado? ¿Para eso había malgastado casi dos años de su vida en Castilla? Con la ira del momento, Carlos no reparó que precisamente la carta daba muestra de que su hijo había sido un buen alumno.

Le había pedido que fuera firme en sus decisiones. La carta demostraba que así era. Le había rogado que se instruyera. Lo escrito demostraba referencias de Platón y, sobre todo, de Cicerón, para el que el feliz gobierno debía basarse en la paz y en la equidad. No eran las únicas lecturas del príncipe. También leía a Erasmo, Copérnico, Maquiavelo... Con la ayuda de Calvete, su profesor y cronista, había adquirido multitud de libros para su biblioteca. También una cantidad ingente de velas para poder leer por la noche y hasta en el retrete, tan voraz lector era. Lo de las velas generó discrepancia con Zúñiga, por lo cara que era la cera. No cedió y ordenó que se compraran.

¿Quería un hijo que se interesara por el buen gobierno? La carta demostraba que así era. Pero Carlos no quería eso. Su deseo no había sido otro que Felipe, mucho más popular en Castilla que su padre, fuera un mero servidor de sus intereses. Se había equivocado. Como en controlar la vida marital de su hijo. Tal vez si hubiera pasado más horas yaciendo con su esposa, no habría leído tanto. Ni habría escrito esa carta.

VIII

Felipe viajaba regularmente a Valladolid para ver a su esposa. No lo hacía con gusto, pero asumía sus responsabilidades, entre ellas la de cumplir con sus obligaciones maritales. Un rey es medio rey sin heredero.

A buen seguro, Zúñiga escribiría a su padre de ello. Al emperador le gustaba controlar todo y estar bien informado. Felipe no quería darle la más mínima excusa para que su padre no viera en él un digno sucesor. Y más cuando sus desencuentros económicos iban a más. No quería dar la imagen de rebelde, sino de buen gobernante.

Efectivamente, el emperador estaba bien informado de todo. Y pese a que no estaba contento con las negativas de su hijo, los informes que recibía de él eran de dedicación absoluta a su trabajo, de temperamento cuando hacía falta y de buen razonamiento de sus decisiones.

Algo había ganado con su comportamiento y franqueza. Su padre seguía mandando cartas de auxilio, pero cada vez menos autoritarias. De hecho, Carlos ya no le daba consejos de cómo gobernar Castilla y el resto de reinos. Solo le pedía dinero para sus guerras con Francia. Incluso apelaba en ellas al amor paterno-filial, algo que impresionó a Felipe. No sabía si ese repentino sentimiento paternal era sincero o una estrategia interesada fruto de la desesperación. Pero no dejaba de llamarle la atención que el emperador apelara ahora a sus afectos como hijo, cuando tan pocas veces había ejercido como padre.

En una nueva respuesta al emperador, Felipe le dejó claras las razones para no darle más dinero del que ya le daba.

La gente común de Castilla, la que debe pagar sus impuestos, vive en tan extrema calamidad que muchos de ellos andan desnudos sin nada con qué cubrirse. Vos me enseñasteis que era labor de quien gobierna interesarse por los más necesitados. Ruego entendáis que es lo que hago sin menoscabo del respeto que os debo.

Nada de esto le contaba a nadie, salvo a su hermana María. Y menos que a nadie, a su esposa, con la que no tenía confianza alguna.

María Manuela, en cambio, no paraba de hablarle siempre que se veían. Siempre eran pequeñeces domésticas, anécdotas sobre sus damas o cotilleos de la corte.

Al contrario que su esposo, esperaba sus encuentros como agua de mayo y se acicalaba para tan esperado momento. Lo cual, en vez de mejorar la situación, la empeoraba. Felipe se encontraba con una mujer cada vez más hinchada a la que el maquillaje más que embellecerla, la ridiculizaba. Cada vez que la veía, no dejaba de pensar en Isabel de Osorio.

Soñaba con ella y con que era correspondido en su amor. Cabía la posibilidad de que ella aceptara por el mero hecho de ser él quien era. Podría hasta ordenárselo. Pero no quería dar ese paso. No era caballeresco. No sería propio no ya de un buen príncipe sino de un buen hombre. Y menos con una dama que había servido con lealtad a su madre y servía ahora a sus hermanas.

Además, había algo que aún le infundía más respeto: sabía que Isabel era mayor que él. Pero al investigar sobre ella y descubrir que ella le llevaba diez años, le aterrorizaba comportarse como un chiquillo.

Tan ensimismado estaba pensando en Isabel, que María Manuela le tenía que recordar que estaba delante de ella. Las pocas veces que la veía, poco caso la hacía.

Entonces, Felipe se mostraba cariñoso. A veces, tenía que fingir para ello. Todo fuera para no dañar a su esposa; ella no tenía culpa de nada de lo que estaba pasando. Hasta le daba pena. Sobre todo en las últimas ocasiones en las que la princesa era de llanto fácil al sentirse tan poco querida.

Ya no tenía Zúñiga que apartar a los esposos. El príncipe se iba de buena gana sin que tuvieran que avisarle. No importaba que dejar el hogar supusiera interminables jornadas en las Cortes del reino. Ni que le esperara una reunión abstrusa e interminable con sus ministros. Cualquier excusa era buena para abandonar Valladolid, para no ver a María Manuela.

Lo mejor era centrarse en su trabajo para no pensar en cosas tristes ni en deseos inalcanzables. Pero sobre todo, para no dar imagen de endeblez. No podía darla; sabía que sus veteranos consejeros eran como los buenos perros de caza, que saben oler la debilidad y el miedo. Que cuando olfatean la sangre, destrozan a su víctima.

Sin esperarlo, De los Cobos se había convertido en su principal apoyo a la hora de negar provisiones al emperador. Era un amigo interesado. La pobreza de Castilla empezaba a hacer peligrar sus inversiones. Él también tenía créditos que pagar. Por ello, no solo callaba respetuoso cuando Felipe exponía sus razones para no satisfacer a Carlos, sino que le pasaba en secreto informes que reforzaban sus decisiones.

Tavera refunfuñaba más, pero no mucho: ya estaba muy achacoso. Si hubiera tenido más fuerzas, a buen seguro le hubiera plantado cara al príncipe. No le gustaba que un niño se creyera más listo que él, poseedor de todas las verdades por la gracia de Dios, amén, Jesús.

De todos, el duque de Alba era el más peligroso. Era más joven y, por lo tanto, más ambicioso. Mientras los demás ya habían conseguido sus objetivos, a él aún le quedaban muchos por lograr. Además, era un hombre de una energía inagotable. La habían sufrido sus enemigos en la guerra y, ahora, en una vida más relajada, la malgastaba en comentarios y bravuconadas. Estas llegaron a Felipe.

Poco a poco, el príncipe había ido creando un servicio de información personal. Lo hizo a imitación de su padre. Ruy Gómez (siempre él) ayudó a organizarlo entre sus adeptos. Gracias a su humilde pero eficaz red de espías cortesanos, supo de las habladurías del duque criticando su decisión de no invertir más que lo justo en los ejércitos imperiales.

Felipe esperaba con ganas el momento de dejarlo en su sitio. Pero esperaría a que el duque se lo pusiera en bandeja. No iría detrás de él, ni le llamaría personalmente; eso supondría señal de inquietud y, por lo tanto, de debilidad.

No tardó mucho el de Alba en regalarle la oportunidad de responderle. Tras una nueva negativa a las peticiones económicas de su padre, Felipe preguntó a sus ministros por la situación de la guerra con Francia.

El duque de Alba se levantó y, alzando la voz, respondió:

—Con dinero o sin él, mientras vuestro padre y yo vivamos, acabaremos con Francia sin problema.

Inmediatamente recordó uno de los consejos de las instrucciones secretas de su padre sobre el duque.

«Os querrá impresionar y manejar como a un niño.»

El príncipe no tardó en dar respuesta al exceso del duque.

—Después del emperador, nadie es más que yo. Y quien se alaba a sí mismo delante de mí o no me conoce o no sabe lo que me ofende tal comportamiento.

El duque bajó la cabeza y volvió a sentarse. Los demás se miraron en silencio. Si antes el respeto hacia su persona era obligado pero a veces fingido, a partir de ese día fue tan obligado como cierto. Y Felipe era feliz por haberlo logrado.

Sin embargo, esa felicidad era algo menor en comparación a su pasión declarada: visitar a sus hermanas. Cuando cabalgaba dirección a Madrid, hasta le parecía que el caballo galopaba más rápido, como si intuyera el deseo del jinete de llegar cuanto antes.

En esta ocasión, cuando llegó, ya anochecía. María se había retirado agotada a sus aposentos, había estado todo el día cuidando de Juana, enferma de resfriado. Al saberlo, fue a ver a la pequeña para saber de su estado. Dormía. A su lado, pendiente de ella, estaba Isabel de Osorio.

A Felipe apenas le salía la voz del cuerpo.

—¿Qué tal está mi hermana?

—Mejor, alteza. Ya no tiene fiebre.

—Podéis ir a descansar, Isabel. Yo cuidaré de ella.

—No es vuestra labor, sois el príncipe.

—Sí lo es, soy su hermano.

Isabel asintió y se dirigió a la puerta. De camino se cruzó con Felipe, que no dejaba de mirarla. Ella se detuvo al llegar a su altura.

—¿Queréis algo más de mí, alteza?

Él no puedo evitar una leve sonrisa. ¡Si supiera!

—No. Muchas gracias, Isabel.

IX

Poco a poco, el orgullo de Felipe fue creciendo. Su seguridad en sí mismo, también. El resultado fue que empezó a decidir cuáles de las instrucciones de su padre debían ser atendidas y cuáles no. Por ejemplo, ¿por qué no podía tener bufones a su servicio? No encontró razón de peso que respondiera a esa pregunta y los volvió a contratar. Pensaba que la corte no podía ser ese lugar adusto en el que una sonrisa podía ser objeto de castigo. Su hermana Juana fue la más feliz al saber de esta decisión.

También recordaba con nostalgia sus juegos de niño. Así que decidió organizar una representación que homenajeara a su querido Amadís. Zúñiga le desaconsejó que lo hiciera, ya que su padre no lo vería con buenos ojos.

Felipe ironizó.

—¿Lo intuís o ya sabéis la opinión de mi padre? Creo que el servicio de mensajeros está agotado de tanta carta que os cruzáis con su majestad.

—Es mi obligación informar al emperador de todo lo que ocurre en esta corte.

—Lo sé y en verdad os aprecio por vuestros servicios. Pero no deja de ser intrigante la situación. Mi padre solo me escribe para pedir dinero. Sin embargo, a vos lo hace para saber de mis intimidades. Respondedle que hago todo lo que me enseñó. Y que fueron tan buenas sus lecciones y tan a rajatabla las cumplo que siento si le perjudican. Por el imperio y Castilla hay que hacer todo tipo de sacrificios. Desde el más humilde siervo hasta el emperador.

El mayordomo no se atrevió a decirle que tenía razón. A cambio, no escribió al emperador sobre el evento que rendiría homenaje a Amadís, una recreación que tuvo lugar en una de las islas del Pisuerga, en Valladolid.

Hasta allí hizo llegar a sus hermanas. Ya que no habían sido invitadas a su boda, no iba a dejarlas ahora sin fiesta. María y Juana acudieron con sus damas, entre ellas Isabel. También acudió María Manuela. Su obligación y su deseo se citaron para desasosiego del príncipe.

Como cuando era niño, ordenó la justa. Unos jóvenes, entre ellos Requesens y hasta Ruy Gómez, habían de vestir armadura y montar en dos barcas. Con el peso, una de ellas se hundió. Era la comandada por Requesens. Los caballeros pudieron reflotarla y volver a montarse en ella, pero la embarcación no tardó en volver a zozobrar.

El festejo tuvo que suspenderse. Pero no se hizo entre quejas ni llantos. Era tan lamentable el estado de los caballeros y sus armaduras, que hasta Zúñiga llegó a sonreír. El resto fue más lejos y rompió a carcajadas, incluidos los jóvenes empapados hasta las cejas. Una risa contagiaba a la siguiente. Así, también se rio Isabel. Su risa era casi silenciosa, elegante.

Felipe iba a empezar a reír para, por fin, hacer algo en común con su amada Isabel. Pero una risa chillona y destemplada lo detuvo. Quien así reía era su esposa, María Manuela.

Al príncipe, la risa se le quedó congelada en la garganta, tal era la diferencia entre sus sueños y su realidad.

Instintivamente, sus ojos se posaron en Isabel, que se dio cuenta y le sonrió levemente para luego, discretamente, girar la cabeza.

Esa noche, haciendo el amor a su esposa, imaginó que era Isabel de Osorio quien yacía con él. No encontró mejor manera para motivarse.

X

El 18 de septiembre de 1544, el emperador Carlos y Francisco de Francia firmaron la Paz de Crépy. Felipe suspiró aliviado: un frente menos en el que gastar dinero.

Con el acuerdo, se restauraba el estado de las cosas instaurado en la Paz de Niza de 1538. Tantas idas y venidas, tantas muertes, para acabar en el mismo sitio.

De esta manera, Carlos renunciaba al ducado de Borgoña y Francisco no reclamaría Saboya, Flandes, Nápoles y Artois. Además, ambos reyes se comprometían a luchar juntos contra el sultán otomano.

Sin duda, era un pacto beneficioso. Sin embargo, uno de los apartados del tratado de paz, no hizo especialmente feliz ni al príncipe, ni a su hermana María. Su padre quería asegurar una paz duradera con Francia. Para conseguirlo, nada mejor que concertar una boda. Por ello, había ofrecido bien a su hija mayor, bien a su sobrina Ana de Habsburgo como posibles esposas de Carlos de Valois, duque de Angulema e hijo del rey francés.

Si la novia era María, recibiría como dote Flandes. Si lo era Ana, el ducado de Milán. Todo, otra vez, por el imperio. Pero esta vez, sobre todo, por la paz de sus territorios.

Conseguir la paz con Francia suponía evitar más muertes inútiles, pero también sanear la economía de Castilla cuyo ejército y comercio conseguía paso libre por territorio francés, evitando una larga travesía para llegar a Flandes.

Pocas pegas se podían poner al acuerdo, pero fue un aviso para Felipe y su hermana. La decisión de quién sería la esposa del hijo del rey de Francia aún no estaba tomada, pero era un aviso de que, si no era esta vez, pronto llegaría el momento en el que en breve separarían sus caminos.

María ocultó su pena, sabía de sus obligaciones. Su madre se las había enseñado al detalle. De hecho, con el paso de los años, la hermana de Felipe era el fiel reflejo de Isabel de Portugal: estilizada, elegante, contenida... Sin embargo, Felipe no pudo evitar abrazarla.

—Algún día no podremos vernos tan a menudo, hermana.

—No sufráis por mí, es mi destino y hay que asumirlo con entereza.

—Si no me dejáis sufrir por vos, al menos dejadme sufrir por mí, que no puedo vivir sin veros.

Su hermana contuvo las lágrimas a duras penas. Quien no pudo hacerlo fue Isabel de Osorio, allí presente. Silenciosa, sus lágrimas bajaban por sus mejillas. Felipe se dio cuenta.

Más tarde, cuando se disponía a partir hacia Valladolid, el príncipe se encontró a la joven sola y llorando desconsolada al lado de las caballerizas.

—No lloréis. Mi hermana siempre cuidará de vos.

—No lloraba por eso, alteza. Lloraba por ver el cariño que como hermanos os tenéis. Lloraba porque...

De repente se calló. Felipe le rogó que continuara.

—Lloraba porque os dejaré de ver a vos.

Felipe se quedó sin palabras ante la noticia. Tampoco era necesario decir muchas, así que la besó. Ella le correspondió, pero no tardó en deshacer el beso.

—Podrían vernos, alteza. No sería bueno para vuestra reputación.

Como respuesta, Felipe volvió a besarla.

Esa noche no volvió a Valladolid. Tenía una misión más importante que ninguna: cumplir sus sueños.

Siempre que uno desea algo con ansia, cuando ve cumplido su anhelo suele sentir una decepción. No fue este el caso.

Hicieron el amor sin apenas dormir. Isabel no le esperaba en el lecho con camisón. Se desnudó de pie frente a él, como si fuera un acto de sumisión. Su cuerpo era perfecto. Su piel dorada, a diferencia de la palidez de su esposa y de él mismo. Su melena era tan larga que ocultaba sus pechos.

Al verla de esta guisa, a Felipe le vino a la cabeza Lady Godiva, esa bella dama que criticó a su marido, el conde de Coventry, por subir los impuestos de forma abusiva. Apenada por el sufrimiento de sus vasallos, había decidido interceder por ellos.

El conde aceptó anular los impuestos si a cambio paseaba desnuda a caballo por el condado. Nunca imaginó que ella aceptaría el reto. Pero lo hizo: cabalgó como vino al mundo su caballo, ocultando sus pechos con sus largos cabellos pelirrojos. El pueblo, como señal de respeto, se ocultó en sus casas. Nadie la quiso ver desnuda menos un sastre de nombre Tom.

Decía la leyenda que, al intentar ver a la condesa a través de una persiana, quedó ciego. Pensó Felipe que después de tanto esperar, él no merecía que le pasara lo mismo.

Felipe había soñado con tanta intensidad esta situación, que verla hecha realidad le impresionó. Cada beso, cada caricia eran tan iguales a como él había imaginado que llegó a sospechar si su amada tenía licencia para entrar en su mente para descubrir todos sus deseos.

Los reyes podían yacer con la mujer que quisieran. Se lo había dicho Ruy Gómez.

Lo que no estaba al alcance de muchos hombres, llevaran corona o no, es que la mujer que quisieran deseara yacer con ellos.

XI

Felipe siguió viendo regularmente a Isabel. Lo hacía en secreto, en unas estancias que habilitó Ruy Gómez en la antigua casa del príncipe. La entrada a ellas era por una puerta trasera que vigilaban hombres leales al portugués.

Felipe no quería que nadie tomara a Isabel como una barragana. No era la amante que un rey viejo tiene para creerse eternamente joven, Isabel era mayor que él.

Por supuesto, su hermana María intuyó lo que estaba pasando; conocía a la perfección tanto a su hermano como a su dama preferida. Pero prefirió mirar hacia otro sitio. Veía a su hermano más feliz que nunca. Con eso le era suficiente.

Para el príncipe, su nueva relación era como un jarabe que le curaba de todas las amarguras de la vida. Y cada día que pasaba, amaba más a Isabel y se asombraba de su cultura pese a no provenir de la alta nobleza. Aunque tal vez era así precisamente por eso, pensó Felipe recordando al duque de Alba.

Hija del regidor de Burgos y nieta de obispo converso, Isabel quedó huérfana de niña, siendo adoptada por su tío, Luis de Osorio. Él le dio cobijo y apellido. Su familia no era de gran fortuna económica, pero bastaba conocerla para saber que sí era rica en conocimiento e instrucción.

Sin duda, Felipe ardía de pasión por ella pero también se convirtió, poco a poco, en alguien a quien contar sus preocupaciones, intercambiar lecturas, hablar de música... Así, el deseo derivó en amistad y complicidad sin que dejara de avivar su llama.

Era evidente, y Felipe lo sabía, que por muy en secreto que quisiera llevar sus relaciones con Isabel, Zúñiga habría de enterarse y comunicárselo a su padre.

La confirmación de este hecho la tuvo de forma epistolar: su padre le abroncaba por no estar al lado de su esposa y pasar las noches con su amante. No dejaba de ser una muestra de cinismo por parte de quien había prohibido estar a su hijo con su propia esposa a su libre albedrío.

El emperador rabiaba. Se había tomado la molestia de educar personalmente a su hijo para convertirlo en la cara amable del imperio, para conseguir más fácilmente el dinero de Castilla. Había controlado su vida íntima para que jamás fuera un mujeriego. Le había apartado de su madre y hermanas para que no se ablandara al estar rodeado de faldas. Incluso había prohibido que sus hermanas fueran a la boda de Felipe, sabiendo del amor que se profesaban.

Tanta obsesión por controlar la vida de su hijo tuvo los efectos contrarios. Ahora, su hijo era el que le negaba el dinero sin necesidad de pedir permiso a las Cortes. Felipe había convertido a su hermana María en su principal consejera y amiga. Y tenía una amante que, lejos de ser un mero desahogo sexual, parecía su verdadera esposa.

Felipe ni contestó a la carta de su padre. Nadie, ni siquiera el emperador, podía reprocharle falta de dedicación a su reino. Aún no había cumplido los dieciocho años y se pasaba días y días viajando por sus reinos visitando una corte tras otra, que se reunían por separado. Oía las quejas de sus ciudadanos y solicitaba más impuestos de los que él creía deseables. Tenía jornadas de trabajo tan largas que a veces ni dormía.

Una noche, llegó tarde a su cita con Isabel. Su amante le esperaba despierta. Sabía que Felipe llegaría agotado así que le preparó comida. El príncipe estaba desolado por no haber llegado antes. Ella le consoló.

—No os preocupéis. Castilla os necesita, sois su príncipe y quien la gobierna

—¿Y vos no me necesitáis? —preguntó con sorna Felipe.

—Bien sabéis que sí. Pero soy lo que soy y no puedo ni debo aspirar a más.

Felipe cabeceó serio.

—Siempre quise ser un caballero, como Amadís. Y solo soy un charlatán que va de un lado a otro escuchando quejas y resolviendo pleitos.

Ella sonrió dulce.

—Nunca seréis Amadís. Pero en cambio gobernaréis el mundo. Si Amadís existiera, os envidiaría.

Pese a que le admiraba, Isabel no era propensa al halago. Incluso era capaz de criticarle si era oportuno. Y era tan generosa como para animarle a seguir cumpliendo con su esposa para tener un heredero.

Sin duda, Isabel tenía razón, pensaba Felipe. Si Amadís existiera le envidiaría. Pero no por ser el futuro rey de medio mundo, sino por tener una mujer como Isabel de Osorio. Su amante, su amiga, su compañera.

XII

Las cartas de Carlos no tardaron en cambiar de tono. De pedigüeñas o admonitorias, pasaron a ser de felicitación y alegría. El motivo no era otro que la noticia de que María Manuela estaba embarazada.

Cuando su esposa le comunicó la noticia, Felipe tuvo sensaciones contradictorias. Por un lado, esperar un hijo era motivo de alegría y de orgullo. Ese era uno de los objetivos que le había marcado su padre y lo había cumplido. Por otro, no pudo evitar cierta tristeza. El embarazo de María Manuela le recordaba que, como Zúñiga le solía decir cuando le veía obsesionado por las novelas de caballerías, la vida real era otra cosa bien distinta de la fantasía. Y por mucho que su sueño, Isabel, era de carne y hueso, tal vez no dejara de ser una fantasía.

Durante los primeros meses de embarazo, Felipe aún visitó a su amada con cierta frecuencia. Pero según el vientre de la princesa iba creciendo, sus estancias en Valladolid fueron más largas y dejó de ver a Isabel.

Lejos de caer en depresión, su amante le escribía cartas de ánimo a través de Ruy Gómez. En ellas, le recordaba que ella siempre le estaría esperando y le deseaba lo mejor para su esposa y su futuro hijo.

Felipe valoraba mucho esas cartas. Ruy Gómez, aún más. Solo él sabía que también Isabel esperaba un hijo del príncipe. Y ella lejos de utilizar el asunto en su propio interés, rogó a Gómez que mantuviera la noticia en secreto. Nadie debía saberlo. Por ello, María, comprensiva, le dio licencia para apartarse de la vida cortesana.

Para María Manuela, tener un hijo era la última esperanza para conservar a su marido. Su madre, Catalina, ya se había enterado de que Felipe tenía una amante. Su hermano, el emperador, le había informado por carta.

Lejos de avisar a su hija de tan mala noticia, la escribió para aconsejarle de que jamás fuera una esposa celosa. Hablaba del tema en genérico pese a la tristeza de que era un asunto bien probado. Instaba a María Manuela a no engordar para seguir siendo atractiva al príncipe. Así, serían más las posibilidades de quedarse embarazada.

La princesa estaba orgullosa del hijo que esperaba a ver la luz en su vientre. Y lo estaba como madre y como esposa. Además, por fin su marido y ella estaban de acuerdo en una cosa. Si era niña, se llamaría Catalina, como su madre. Si, como todos deseaban, era varón, su nombre sería Carlos, como el emperador.

El 8 de julio de 1545, María Manuela dio a luz. Fue un parto largo y doloroso. El niño venía mal colocado y las comadronas tuvieron que manipular en el vientre de la madre varias horas.

Tras nacer, Felipe acudió presto a ver a la madre y al niño. Ella estaba exhausta. El niño recién nacido berreaba con denuedo. Cuando lo vio, su decepción fue grande. El tamaño de su cabeza era excesivo en relación a su cuerpo. Las piernas enclenques como palillos.

Aunque los doctores diagnosticaron que no había peligro y que el niño estaba bien, Felipe no les creyó. Bien sabía lo peligroso que puede ser un parto, había perdido a su madre así.

Amargado, se desahogó con Ruy Gómez.

—Carlos no llegará al año. Organizad el bautizo a la mayor brevedad posible. Quiero que cuando muera, Dios lo acoja en su seno.

Calculó mal el príncipe. Carlos se agarraba a la vida cada día con más fuerza. Sin embargo, en apenas cuatro jornadas, quien decía adiós al mundo fue su esposa María Manuela, a causa de unas fiebres.

Unos dijeron que la causa de su muerte fue comer un limón nada más parir. Otros, conocedores de la voracidad de la princesa, contaban que a los dos días de parir, se comió un melón entero, aprovechando que sus damas fueron a ver un auto de fe. El doctor Sepúlveda fue más veraz en sus apreciaciones y echó la culpa a las parteras, por no cambiarle la camisa y por vendar sin presión a la madre tras el parto.

Nadie vio llorar al príncipe durante el funeral, oficiado con todos los honores por Tavera. Tampoco lloró después. No por que no sintiera lo sucedido, que lo sentía y mucho, si no porque no alcanzaba a calibrar el alcance de su drama ni las razones para recibir un castigo tan tremendo.

A sus dieciocho años, Felipe se había quedado viudo y era padre de un niño que le parecía un pequeño monstruo.

Era tanto su dolor, que prefirió ocultarlo y que nadie supiera de él ni de sus dudas. No le costó mucho hacerlo: lo había aprendido de su madre.

Era tal el estado de ensimismamiento del príncipe, que Zúñiga le sugirió pasar una temporada de aislamiento en el monasterio del Abrojo, al sur de Laguna del Duero. Su hijo Luis le acompañaría.

Allí, pasados los días, Felipe se dio cuenta de que no tenía la entereza de su madre. Y confesó a su amigo todas sus penas. Todo era culpa suya. No había cuidado a su esposa como debiera. No le había dado el cariño que merecía. Pensaba en María Manuela y le entraba una pena profunda que solo podía aguantar viendo las aguas del río en silencio.

También llegó a meditar si todo era un castigo de Dios por tener una amante. Pobre Isabel, pensaba, seguro que a ella también le destrozaría la vida. Se sentía como el rey Midas pero en negativo: todo lo que tocaba se convertía no en oro, sino en dolor y sufrimiento.

Mientras padecía, llegó al monasterio la noticia del fallecimiento de Tavera, cardenal de Toledo y gran inquisidor. Las cosas estaban yendo demasiado deprisa como para que Felipe las pudiera asimilar tan rápido.

XIII

Lo primero que hizo Felipe en cuanto recuperó su entereza fue visitar a Isabel de Osorio.

Cuando la vio, la encontró dando de mamar a un niño. No hizo falta preguntar nada, sabía que era suyo.

—¿Cómo se llama?

—Pedro.

Felipe miró al niño más con asombro que con dulzura. Estaba bien formado y sano. El príncipe acarició su cabecita.

—No le faltará de nada, os lo prometo.

Isabel no necesitaba oír esas palabras. Sabía que su hijo no podría ser rey, pero también que Felipe cuidaría de él. También asumía que pronto sería llevado a una buena familia que lo educara. Y que luego pasaría a ser paje en la corte. No podía pedir más.

Por su parte, Felipe pensó en lo injusto que era el destino. Su hijo sano no sería nadie por ser bastardo. Su heredero, sin embargo, lo sería pese a ser un pequeño monstruo. En un principio, pensó que no sobreviviría mucho tiempo. Pero su energía iba en aumento. Eso sí, la malgastaba en llorar como si no hubiera un mañana.

Felipe decidió volver a tomar decisiones de gobierno. La muerte de Tavera dejaba cargos libres y pidió a su padre que los ocupara Silíceo. Carlos aceptó que fuera arzobispo de Toledo, pero nada más que eso. Si lo hizo fue por alejar en lo posible a su hijo de su confesor

Silíceo, ambicioso, no se conformó con eso y, ofendido, emprendió una campaña con la ayuda de la Inquisición contra De los Cobos y acusó a jesuitas y canónigos de la catedral de no ser cristianos puros. De paso, promulgó un estatuto de limpieza de sangre que retrotraía a Castilla a sus peores momentos. El propio Felipe le frenó en sus pretensiones, pero sabía que eso iba a conllevar problemas con los cristianos viejos.

Tampoco las noticias que llegaban de América eran muy alentadoras: la rebelión de los Encomenderos había llegado a un extremo insoportable. Tanto que en Perú había provocado luchas entre castellanos fieles al rey y ellos, convirtiéndose en escenario de una auténtica guerra civil entre conquistadores. La causa era su resistencia a aceptar las Leyes Nuevas que tres años atrás había creado Carlos a propuesta de Bartolomé de las Casas.

El objetivo de esa ley era proteger a los indios y evitar que se convirtieran en meros esclavos para beneficio de los colonos. Esa era la parte espiritual y ética defendida por De las Casas. Pero también había un aspecto económico en el asunto. La colonización de las antes llamadas Indias había caído por completo en manos privadas. Castilla se limitaba a beneficiarse de un tanto por ciento de las riquezas generadas y a un mínimo establecimiento de alguaciles y jueces.

El emperador quiso poner límite a tanta ambición ajena y saciar la suya. Las quejas de Bartolomé de las Casas fueron la excusa perfecta para que Carlos ordenara un cambio de sistema. Para ello envió a Blasco Núñez de Vela, como primer virrey del Perú. Núñez consiguió deponer a Cristóbal Vaca de Castro, uno de los líderes de los rebeldes, y enviarlo a Castilla. Pero los encomenderos, liderados por Gonzalo Pizarro, lograron vencerle en Lima, obligándole a volver a Castilla con un mensaje para el rey: «Estas tierras son nuestras, no vuestras.»

Núñez de Vela consiguió escapar. Tal vez porque era tozudo, tal vez porque no quería regresar como un fracasado, en vez de volver a Castilla, volvió a enfrentarse a Pizarro en Iñaquito. Volvió a caer derrotado. Esta vez, Pizarro no fue tan clemente, lo decapitó en pleno campo de batalla.

América era fuente de grandes ingresos, pero nunca fue objeto más que de una mínima atención. Allí iban aventureros que arriesgaban su vida para lograr la riqueza que Castilla les negaba. Mientras hubiera negocio, nadie sentía interés en prestar atención a tierras tan lejanas.

Ahora era distinto. Una rebelión siempre llevaba a otra, pensaba Carlos. Intuía que pronto los encomenderos no se iban a conformar solo con tener fortuna y que querrían alcanzar también poder y gobierno. Eso sería el germen de la independencia y, con ella, la pérdida de pingües beneficios. Por todas estas razones, el emperador ordenó a Felipe que apoyara la causa de Bartolomé de las Casas.

Pronto hubo en Castilla quienes opinaron lo contrario. Entre ellos, un despechado Silíceo que, como tantos otros, consideraban a los indígenas como seres sin alma y, como tal no susceptibles de ser esclavos. Una vaca, una oveja no era menos para ellos que un indio. Felipe se mostró firme. Tanto por el consejo de su padre como porque sus abundantes lecturas le hacían tener fe en un mundo más justo.

Al príncipe no le faltaba trabajo. Los problemas internos crecían. América necesitaba de un nuevo orden en el que se creara administración en vez de fomentar nuevas conquistas y enfrentamientos. El imperio no cesaba de ser una fuente de gasto porque las guerras no acababan. De hecho, De los Cobos calculaba que las rentas de Castilla estaban empeñadas hasta los cinco años venideros. Demasiados asuntos para un solo príncipe.

Felipe apenas encontraba tiempo para sus encuentros con Isabel. Y, menos aún, para ver crecer a su hijo. Esto último no le importaba demasiado. El único aspecto positivo de tanta tarea era tener siempre excusas para no ver a Carlos. Ese niño que le recordaba todo lo que quería olvidar.

XIV

La Historia la escriben quienes ganan las guerras. Pero también tiene un escribano que ni el más poderoso de los reyes puede sobornar: la muerte.

En apenas dos años, la Parca salió a pasear para cambiar el mundo y a quienes en él mandaban. En 1545, habían muerto María Manuela, destinada a ser la futura reina de Castilla, y Tavera, el auténtico rey cotidiano de Castilla.

En 1546 fueron a visitarles al otro mundo el anciano Loaysa y el buen Zúñiga. Tampoco Felipe lloró en su entierro, pero sintió profundamente su pérdida. Su viuda, Estefanía, volvió a Cataluña dejando a su hijo Luis al lado del príncipe.

De los Cobos enfermó y se retiró a Úbeda a esperar su muerte, le sobrevino al año siguiente.

Como la muerte no respeta fronteras, viajó para llevarse a dos viejos enemigos del emperador: Jeireddín Barbarroja y Lutero.

El primero se fue sin poder luchar frente a frente con Carlos, su auténtica obsesión.

Cuando murió el segundo, el emperador hubiera querido decir con gusto aquello de tanta gloria tenga como paz nos deja. No lo hizo. Pensaba que como buen hereje, el cielo no sería su destino. Desgraciadamente, también sabía que paz tampoco dejaba ninguna. Lutero había encendido tantos fuegos en su vida que cuando Carlos llegaba a tiempo de apagar uno, inmediatamente se reavivaba otro.

Al año siguiente moría Enrique VIII, al que Carlos nunca perdonó que se divorciara de su tía Catalina y que la sometiera a destierro. Nunca un amor llevó a una mujer de la gloria a la nada.

El emperador se sentía viejo. Se morían sus ministros y sus enemigos, recordándole que, en gran parte, sus tiempos de gloria se estaban acabando. Y, como todo hombre que se siente viejo, decidió tener una aventura con una mujer joven. Mero instinto de supervivencia.

No se le conocían grandes aventuras amorosas al emperador. Incluso, para algunos, dichas aventuras no pasaban de ser meros rumores. Ninguna de ellas, ciertas o no, coincidieron con su matrimonio con Isabel de Portugal, a la que amó y fue fiel.

Sí se decía que, con apenas diecisiete años, había tenido un idilio con Germana de Foix, viuda de otro viudo ilustre: Fernando el Católico. Incluso se dijo que había tenido una hija. Pero nadie sabía de ella.

De sus tres restantes amoríos comprobados, daban fe de su existencia el nacimiento de otras tantas hijas: Margarita, Juana y Tadea.

Margarita de Austria, nacida en 1522, fue el fruto de un romance tan apasionado como fugaz con Juana van der Gheenst, dama al servicio de Carlos de Lalaing, señor de Montigny. Ese mismo año nació Juana, de cuya madre nadie supo el nombre. Tadea nació un año después, tras una relación no menos efímera con la italiana Ursolina della Penna.

Sin duda, fueron dos años en los que el emperador desplegó, con igual talento, su actividad tanto en la cama como en el campo de batalla.

Luego, Carlos conoció a Isabel y cayó rendido a sus pies. No se sabe si en sus muchos viajes tuvo más aventuras. Pero dada la fertilidad demostrada, habría que apostar por su fidelidad absoluta.

El emperador se sabía más viejo que lo que su edad decía. La gota ya le impedía hasta escribir con soltura. Coger una espada le costaba más trabajo que a Sísifo ascender el monte con su piedra. Y, para colmo, amigos y enemigos (nunca se fio ni de unos ni de otros) se le morían por doquier. Así que, como cuando el cisne canta por última vez, decidió comprobar si aún era suficientemente hombre con una mujer.

La elegida fue Bárbara Blomberg. Tenía apenas diecinueve años, la misma edad que Felipe. Ella sí que mostraba un cuerpo acorde a la edad que tenía. Tan joven como atrevida, era hija de un matrimonio de Ratisbona, donde había ido el emperador a la Dieta Imperial.

Bárbara formaba parte de un coro, tan bella era su voz. También era atrevida y perspicaz. En cuanto el emperador puso sus ojos en la muchacha, esta supo que se le presentaba una oportunidad para asegurar su futuro. No la desaprovechó.

Fueron varias las noches que pasaron juntos. Carlos se asombró por ser aún capaz de tanto alarde amatorio. Hombre cabal en estos temas, otorgó todo el mérito a su joven amante.

Pero cuando verdaderamente se sorprendió fue cuando tuvo noticia de que su imperial fertilidad seguía intacta.

El 24 de febrero de 1547, nacía un varón al que bautizaron con el nombre de Jerónimo. Carlos nunca se olvidaría de la fecha de su cumpleaños, era la misma que la suya.

El emperador nunca había dejado sin apoyo económico a sus hijos bastardos. Esta vez hizo lo mismo. Como estaba viudo y no tenía que dar cuentas a nadie, decidió que madre e hijo fueran a residir a Bruselas, donde los vería cuando fuera allí.

Capaz de tener espías hasta en la corte de Enrique VIII, Carlos tenía poder suficiente no solo para saber lo que quisiera de quien quisiera. También podía controlar que nadie supiera nada que no le interesara que fuera público.

Quien le traicionara sabía a lo que se arriesgaba. Nadie lo había hecho hasta ahora.

XV

Un mes después, Carlos supo del fallecimiento en Rambouillet del rey Francisco de Francia, su obstinado enemigo. Tras el tratado de la Paz de Crépy, la eterna guerra con el país vecino había acabado por fin, pero Carlos no se fiaba de Francisco, famoso por desdecirse de sus pactos.

Pletórico, Carlos acudió a combatir contra la Liga de Schmalkalden. Era una disputa que venía de lejos. Los príncipes protestantes habían formado la Liga en 1530 como respuesta al poder imperial.

Cuando se fundó, Carlos intuyó que algún día las discusiones pasarían de las dietas a los campos de batalla. El tiempo le había dado la razón: con el paso de los años y la aportación económica de las más ricas familias germanas, lo habían logrado. Ahora, más de ochenta mil hombres se atrevían a retar al ejército imperial.

Carlos no se arredró y ordenó al duque de Alba y a Álvaro de Sande que le acompañaran en el combate. Su ejército apenas llegaba a sesenta mil hombres, pero lo formaban cuatro Tercios con diez mil infantes. El emperador sabía que cada uno de ellos valía por dos infantes enemigos.

Junto a ellos, Maximiliano de Austria reunió veintidós mil lansquenetes alemanes, la más apreciada artillería pesada. A ellos había que sumar diez mil flamencos a las órdenes del conde de Egmont, otros tantos italianos dirigidos por Octavio Farnesio y siete mil jinetes.

El ejército imperial contaba con apenas veinte piezas de artillería por las más de cien de sus enemigos. Carlos no dio un paso atrás. Estaba seguro de que a su lado combatían los mejores generales católicos que jamás hubiera conocido. También contaba con la colaboración de Mauricio de Sajonia, antiguo miembro de la Liga, a la que había traicionado.

Carlos había intentado desde su juventud evitar la guerra a través del diálogo. Al fin y al cabo todos eran cristianos, siguieran unas doctrinas u otras. Pero ningún Papa de los que había conocido quiso rebajar sus exigencias de ser el único representante de Dios en la tierra. Para ellos, un hereje era tan peligroso como un infiel.

El Concilio de Trento había acelerado el problema. Y tocaba guerra. Llegados a este punto, Carlos siempre era muy pragmático. Si se iba a una guerra, era para ganarla.

Por su parte, la Liga y sus príncipes, liderados por Juan Federico de Sajonia, eran leales representantes de la fe luterana y de la independencia política y religiosa con respecto al imperio.

Siempre se habían negado a las ofertas de diálogo del emperador. Creían que eran una mera imposición para seguir bajo su yugo. ¿Cómo se puede pedir diálogo con el ejército más poderoso del mundo esperando atacar en cualquier momento?

Ahora, las cosas habían cambiado, la Liga tenía un ejército superior en número al del emperador. No contaban con el hecho de que Carlos se tomara esta campaña como un asunto personal. Ni que Juan Federico de Sajonia fuera tan nefasto militar en tiempos de guerra como buen gobernante en tiempos de paz.

Como si tener un nuevo hijo le hubiera rejuvenecido, el emperador diseñó la estrategia del combate. Superando un nuevo ataque de gota, valoró las fuerzas del rival y las hostigó hasta que los ejércitos de la Liga, esparcidos, se apostaron en Mühlberg, a las orillas del Elba. Allí se libraría la batalla decisiva.

Tras destruir los puentes, Juan Federico supuso que el caudal del río impediría a sus enemigos cruzarlo. Y más en plena noche y con una niebla baja que impedía ver a veinte metros. Supuso mal.

Antes de que anocheciera, el duque de Alba se había encargado de convencer (por decirlo de una manera amable) a un campesino para que le dijera el lugar donde se podía cruzar el río sin ser vistos. Él le llevó hasta un vado. No era fácil cruzar por él, pero era la única posibilidad de éxito. Tras el pago de una recompensa, el mismo campesino les consiguió barcazas.

La noche transcurrió tranquila.

Con las primeras luces del día, una sección de arcabuceros cruzó el río, daga en boca y arcabuz en alto. Lo hicieron semidesnudos y en absoluto silencio.

Cuando lograron cruzar el río, empezaron a construir una cabeza de puente.

Luego les siguieron más soldados de infantería, unos a nado, otros en barca.

Mientras, por el vado, la caballería ligera con el duque de Alba y el emperador al mando cruzaron el río. Ellos fueron la vanguardia del ataque, que se completó tras pasar el resto de las tropas por el puente tan velozmente construido.

Todos los príncipes protestantes murieron en la batalla menos Juan Federico de Sajonia, que fue apresado. Las bajas protestantes se contaron por miles de hombres. Las de las tropas imperiales apenas llegaron a cien. Fue una victoria gloriosa en el peor de los escenarios posibles.

Cuando llegó la noticia a Castilla, Felipe no se lo podía creer. Su padre, siempre le había remarcado que jamás un rey debería combatir en primera línea de batalla. Ahora, lejos de su juventud, Carlos se acababa de jugar la vida combatiendo a espadazos como si fuera Fernando el Católico. ¿Qué le habría pasado por su cabeza para cometer tamaña locura, para asumir tal riesgo?

Su padre, en ese mismo momento, sonreía en Bruselas. En sus brazos, sostenía al pequeño Jerónimo.

Al día siguiente mandó llamar a Tiziano. Quería que le retratara a caballo, cruzando el río Elba, al mando de sus tropas. Como el más valiente y joven de los caballeros.

XVI

Felipe recibió noticia de la batalla de Mühlberg en Madrid, lugar donde pasaba más días que en Valladolid, donde aún seguía instalada la corte.

En señal de reconocimiento y pleitesía, mandó a Bruselas a Ruy Gómez con la misión de felicitar al emperador por su victoria en Mühlberg. Era lo menos que podía hacer. Esencialmente, porque él mismo estaba admirado por la hazaña de su padre. Pero también porque la leyenda de Carlos crecía de manera desmesurada.

En toda Castilla se hablaba de la epopeya y sus ciudadanos disfrutaban rememorando la victoria como si ellos mismos hubieran nadado desnudos por las frías aguas del Elba.

También se supo de la generosidad y del agradecimiento del emperador con los valientes arcabuceros que cruzaron primero el río. Nada más conseguida la victoria, reclamó que se presentaran ante él. Una vez les tuvo enfrente, los abrazó uno a uno y los recompensó personalmente con vestido de terciopelo guarnecido de plata y cien ducados. A las familias de los que habían muerto, les otorgó doscientos ducados. Todos eran castellanos, aragoneses o vascos para orgullo de las Españas. En ellas, a falta de pan, buena era la gloria.

Cuando Ruy Gómez llegó a Bruselas se encontró al emperador acompañado del duque de Alba. Carlos recibió al antiguo paje del príncipe con afecto, pero no le dedicó mucho tiempo. De hecho, Ruy apenas tuvo ocasión de comunicarle las felicitaciones que Felipe hacía llegar a su padre a través suyo.

Nada más recibirlas agradecido, Carlos le dio una carta escrita de su puño y letra, que selló y lacró.

—Tenéis que regresar a Castilla y darle esta carta

a mi hijo. —En ella había instrucciones que el príncipe tenía que cumplir.

El duque de Alba contemplaba la escena con aires de suficiencia, mirando a Gómez con una sonrisa. Sin duda, no tenía por el portugués especial cariño. Primero, porque era portugués. Después porque le consideraba culpable de la deriva de las acciones del príncipe, del que era su más leal escudero.

Ruy salió de la sala pensando que iba a ser portador de malas noticias.

Así fue. Cuando Felipe leyó la carta, le cambió la cara. Las instrucciones de su padre, el emperador, mostraban que había recuperado todo su orgullo y todas sus fuerzas. En ellas ya no apelaba a su relación paterno-filial. Ni suplicaba dinero para sus campañas. Todo eran órdenes que había que cumplir. Y no muy agradables.

La primera instrucción se refería a su hermana María. Debía casarse cuanto antes con su primo Maximiliano y dejar Castilla. Carlos instaba a su hijo a que la persuadiera para que aceptara sin problemas y que, también, convenciera a las Cortes de Castilla de lo fructífero de dicho matrimonio.

A Felipe le cambió la cara. Con la muerte del rey francés, pensaba que el compromiso matrimonial que podía atar a María con su hijo quedaría en suspenso. Ahora, era otro su posible marido.

Al verlo, Ruy Gómez no pudo contenerse.

—Ya imaginaba que no os traía buenas noticias, alteza. Pero por vuestra cara veo que aún son peores de lo que imaginaba.

—Así es. No solo tengo que dar malas noticias a mi hermana. Además, debo convencerla de que son buenas.

—Complicada misión, a fe mía.

El príncipe asintió preocupado y siguió leyendo. La segunda instrucción le daba la noticia del nombramiento del duque de Alba como nuevo mayordomo mayor de palacio, tras el fallecimiento de Juan de Zúñiga. A partir de ahora no solo tendría que soportarle en el Consejo, sino todos los días en palacio.

Lo único positivo de este mandato era que el nuevo mayordomo no ejercería labores de tutor o de ayo, como hiciera Zúñiga. El emperador daba por concluida la formación del príncipe, excluyendo la derivada de sus instrucciones, lo cual era una señal de respeto hacia Felipe.

La tercera instrucción era una nueva orden. Se le obligaba a aplicar en la corte la etiqueta borgoñona con el fin de ensalzar la figura del príncipe sobre todos los demás. Lo que, leído así, podía suponer un halago, no lo era en absoluto.

En realidad, el protocolo borgoñón equivalía a una soledad máxima del príncipe que hasta tendría que comer sin compañía. La nueva etiqueta suponía también que el sencillo protocolo castellano pasaba a mejor vida y pronto estaría rodeado de nuevos altos cargos y otros intermedios que supondrían un sobrecoste para el erario de la corona.

En resumen, no solo se alejaba al rey del pueblo, sino que aún se le iba a esquilmar más su dinero a través de impuestos.

Felipe torció el gesto. No le gustaba el cariz que estaban tomando las cosas. Como si el emperador le estuviera viendo mientras leía la carta, la siguiente línea le dejaba claro que no había posibilidad de otras alternativas y que esta instrucción era de obligado cumplimiento.

La última y cuarta instrucción, le avisaba de la necesidad de que su hermana María y él viajaran a Bruselas.

En particular, este viaje será de especial necesidad para vos. Porque si habéis de gobernar tantos pueblos y tan diferentes, bueno será que los conozcáis antes de mandar sobre ellos.

Ahí acababan las instrucciones.

Nada decía Carlos de que Felipe tenía un nuevo hermano. Ese era un secreto que no sabía ni el mismísimo duque de Alba.

5
El *felicissimo* viaje del príncipe (1548)

I

La Navidad de 1547 no fue muy feliz para el príncipe y sus hermanas. Felipe, María y Juana celebraron el nacimiento de Jesús con la certeza de que, probablemente, era la última vez que pasarían esas fechas juntos.

El viaje por el imperio de los dos hermanos mayores. La boda de María. El nuevo aislamiento de Felipe en una corte que cambiaría sus costumbres castellanas por las borgoñonas. Se acercaba la hora de separarse. Quien lo ordenaba era su padre, que ni siquiera se había tomado la molestia de decírselo personalmente. Había preferido hacerlo por carta. Y, además, ahorrándose el mensajero.

Carlos había aprovechado la visita de Ruy Gómez, portador de las felicitaciones de su hijo Felipe por la victoria de Mühlberg. Cuando Felipe envió a

Gómez a Bruselas jamás esperó tenerlo tan rápido de vuelta. Y menos con una respuesta tan gélida. En la carta de su padre no se podía encontrar una sola línea que fuera muestra de cariño. Ni siquiera de una mínima complicidad. Todo era una sucesión de instrucciones que ponían patas arribas la vida del príncipe, como un caballo derribado en la batalla.

La más difícil de cumplir para Felipe fue la de informar a María de su futura boda. Su padre le instaba incluso «a disuadirla de otros pensamientos y convencerla para que aceptara su boda». Cuando fue a los aposentos de su hermana para informarla del asunto, Felipe no iba solo: le acompañaba la tristeza. Era el portador de una noticia que implicaba la separación de la persona a la que más amaba tras la muerte de su madre.

Cuando Felipe informó a María de su futuro matrimonio, la respuesta fue lacónica.

—Podía haber sido peor.

Cuando escuchó de boca de su hermano que debían prepararse para partir en un largo viaje por Europa, hizo un pequeño mohín.

—Eso me apetece menos. Pero si lo manda su majestad, el emperador, así se hará.

Lo mandaba el emperador, no su padre. Si Dios era trino, Carlos estaba a un paso de conseguirlo. María le obedecía como rey y como emperador. Y le respetaba como padre. Pero no podía llegar a reconocer que sentía afecto por él.

De hecho, la infanta asumió la orden como un militar disciplinado y no como una amante hija. Como tal, hubiera obedecido igual. Pero en lo escueto de la respuesta iba implícita una crítica a las formas de quien no se había tomado la molestia de dar esa orden de viva voz. De quien la engendró pero no le había mostrado cariño alguno. De quien estaba en Bruselas con su joven amante y con un nuevo hijo que ocultaba como el más secreto de los tesoros. Pero esto último no lo sabía ni ella ni el propio Felipe. Si no, su abatimiento hubiera sido mayor y menos disimulado.

Sí, podía haber sido peor si, en vez de con Maximiliano, se hubiera casado unos años antes con el duque de Angulema e hijo del rey de Francia, tal y como sugería el tratado de Paz de Crépy (1544). Ahora ya estaría viuda. Carlos de Valois había muerto apenas un año después a causa de una gripe.

En cualquier caso ni infantas ni princesas tenían la opción de elegir a su marido. Eran meras monedas de cambio. En este caso, el objetivo de la boda era la perpetuación de la familia y, como siempre, repartir los dominios entre hermanos, hijos, tías o primos. Todo por el imperio equivalía a decir todo por la familia.

De hecho, Maximiliano era hijo de Fernando, hermano de Carlos y Rey de Romanos. Ellos se repartían fraternalmente el imperio y, donde no llegaba la mano de uno, llegaba la del otro. Paradojas del destino, mientras Carlos llegó a ser rey de Castilla sin apenas hablar castellano, Fernando —que gobernaba fuera de ella— lo hablaba a la perfección. No en vano había nacido en Alcalá de Henares y había crecido en Castilla, donde el mismísimo Fernando el Católico supervisó su educación.

La primera instrucción había sido cumplida y sin mucho esfuerzo. Ruy Gómez había empezado a preparar la expedición de un viaje que duraría años y en la que todos los nobles, caballeros y hombres de Iglesia querían estar.

Para Felipe era un viaje a los territorios del imperio. Para los demás era un viaje hacia un futuro privilegiado. El de servir al futuro emperador. Cerca del poder, llueve dinero.

II

Las Españas estaban en la ruina, pero nadie debía saberlo. Y menos los súbditos del imperio que veían en Castilla la gloria de Isabel y Fernando, la omnipresencia de Carlos y la fiereza del para muchos mejor ejército en la tierra.

Este contrasentido se hizo especialmente patente en la preparación del viaje. La comitiva debía dar muestra de riqueza y poderío. Ese era el mensaje del emperador, que repetía constantemente el duque de Alba, recién llegado de Flandes a Valladolid. El cargo de mayordomo mayor del reino le esperaba. No era una responsabilidad desconocida para él. En 1541 fue nombrado como tal por Carlos. Pero, en realidad, siempre fue su brazo armado por encima de todas las cosas.

Ahora volvía al cargo pero al servicio de Felipe, que aún no era rey de nada. Este hecho suponía para Felipe una buena noticia y otra mala. La buena, que sin ser rey, se le trataba como tal. Y eso era muestra de respeto. La mala, que su padre quería que fuera controlado en cada detalle por el duque de Alba en esta nueva etapa que Carlos había decidido iniciar. Una etapa que era el primer paso en el camino de ampliar el poder de Felipe fuera de Castilla. Por eso, necesitaba de un control rígido, algo que el emperador consideraba innegociable.

El problema fue que el duque asumió su nuevo destino como una victoria en el campo de batalla. Y lo era. Pero todos sabían que, pocos hombres tan torpes como el de Alba para gestionar sus triunfos.

Como si quisiera vengarse de anteriores afrentas, su entrada en la corte fue altanera y soberbia. Sus palabras parecían que salían de la boca del mismo emperador. Su trato hacia Ruy Gómez rayó en el desprecio. Con Felipe no podía permitirse ese lujo, pero su actitud evidenciaba que ganas de ello no le faltaban.

Tras una pomposa reverencia de saludo, el duque pasó a la acción. Lo primero que hizo fue preguntar por la respuesta de María ante la propuesta de boda. Cuando supo que el encargo ya estaba resuelto, no pudo evitar un gesto de decepción en su cara. El emperador le había ordenado que, en caso contrario, debía exigir a Felipe que consiguiera, de cualquier manera, el sí de su hermana. Y exigir a un príncipe es un placer al alcance de muy pocos. No lo obtuvo. A cambio, con una sonrisa que no vaticinaba buenas nuevas, informó que traía nuevas instrucciones del emperador.

La primera, que él mismo se encargaría de la aplicación inmediata de la etiqueta borgoñona en la corte. La segunda, era exigir a Felipe que estudiara unas cartas que el propio emperador había escrito sobre los países que habría de visitar. En realidad, las había escrito asesorado por Nicolás Perrenot de Granvela, que —para Carlos— era a la diplomacia lo mismo que el duque de Alba era para la guerra: un baluarte esencial. La diferencia entre los dos las marcaba su ambición. Perrenot tenía las justas y el guerrero, las de un virrey.

Por último, el duque de Alba le avisó de la inmediata aplicación de la nueva etiqueta que habría de cumplirse en la corte. Muy optimista fue en sus palabras. Las costumbres borgoñonas eran tan complejas y la lista de sirvientes y funcionarios tan enrevesadas que no fue precisamente rápida su aplicación. De hecho, se hicieron ensayos, el más importante en mitad de un tórrido agosto, que hizo desear a todos los miembros de la corte volver a las costumbres castellanas.

Tan alambicadas eran las reglas, que lo que antes era obligación de una sola persona, ahora lo era de no menos de media docena. Si antes había un mayordomo ahora lo había también, pero pasaba a llamarse chambelán. Pero a su alrededor, como mosquitos pululando para obtener la mejor picadura, correteaban los mayordomos menores y un aposentador. Cada guardia tenía su propio capitán. Y ya no había una sino tres: la alemana, la española y la flamenca. Capellanes y caballerizos se dividían en mayores y menores... No era fácil armonizar en sus funciones a tantos servidores para tan pocas personas: esencialmente el príncipe y las infantas, que ahora solo sería una.

Felipe no tardó en darse cuenta de que con tanta gente alrededor serían muchas las barreras que cualquiera, por muy noble que fuera, debía traspasar para llegar a él. Sin duda, tan lujosa telaraña estaba construida para protegerle de las continuas influencias de la nobleza castellana. Pero, en sentido inverso, suponía un aislamiento evidente que alcanzaba su máximo esplendor en las comidas. Felipe comía solo, rodeado de silenciosos sirvientes. En su primer almuerzo no pudo evitar acordarse de su madre.

En la nueva etiqueta, las salidas de la corte implicaban un boato inmarcesible. El príncipe intuyó que el pueblo solo le vería como una figura lejana e inalcanzable. El mismo pueblo que pagaría con más impuestos, dado que no era lo mismo mantener a diez cortesanos que a cien.

Sin embargo, poco a poco, Felipe entendió las razones de esta alambicada etiqueta borgoñona impuesta por su padre. Era ejemplo de grandeza. La que debía mostrar no solo en Castilla, sino en su próximo viaje.

Era una ceremonia de poder. Y estaba diseñada para él. Era un príncipe y ya se le trataba como a un rey. Era el hijo del emperador e iba a visitar su futuro imperio.

De repente, todo lo que a Felipe le parecía criticable pasó a un segundo lugar. Su vanidad dictó tal sentencia.

III

La lectura de las últimas instrucciones, traídas por el duque de Alba desde Bruselas, ayudaron a aumentar su orgullo. Con el consejo de Perrenot de Granvela, su padre le desgranaba el panorama de cada lugar, de cada reino por el que iban a pisar sus reales pies.

Eran muchos los temas tratados. Desde la obsesión por llegar a una paz duradera con Francia hasta dejar claro que debía desconfiar de los franceses. Desde la compleja articulación de poderes en la Península Itálica hasta consejos detallados para relacionarse con el Papa. Le aconsejaba que las relaciones con este fueran siempre lo más cordiales posibles.

Le detallaba los acuerdos pactados con Solimán para no volver a reabrir heridas con el Turco que le entretuvieran de un futuro que se adivinaba complicado en Flandes. Pese a su reciente victoria sobre los príncipes germánicos, avisaba de la necesidad de estar en alerta con ellos, porque los alemanes eran enemigos tenaces. Y, por lo tanto, complicados.

Hasta hablaba de las Indias, cuando por allí no iba a pasar el viaje. Analizaba lo imprescindible que sería aumentar el peso de la administración real allende el océano. Lo importante ahora era mantener lo que se tenía antes que perderlo en nuevas conquistas. Poner coto a los encomenderos que se creían virreyes.

Felipe constató un cambio en la forma y en los contenidos de estas instrucciones. Había recibido tantas de su padre que ya era un perfecto analista del estilo epistolar del emperador. Y estas eran distintas. Cada párrafo desvelaba una serenidad propia de un estadista con la voluntad de superar los conflictos, no de generarlos. Anhelaba la paz y la estabilidad de los reinos cristianos.

Sí, también hablaba de ejercer la fuerza. Pero solo cuando fuera necesario. Esencialmente para que nadie le arrebatara al imperio ni un palmo de su terreno. Si esa amenaza surgiera, exhortaba al príncipe a ser el general de los ejércitos. Y si no hubiera otro remedio, actuar con la mayor dureza posible para que el hijo de su hijo heredara lo ya conquistado. Aquí, Felipe no pudo evitar pensar en su hijo Carlos: ¿llegaría a vivir para saber siquiera qué era el imperio?

Pero, más allá de responder a quien atacara, las instrucciones hablaban de pactos y equilibrios. ¿Es que su padre ya estaba cansado? ¡Pero si acababa de demostrar su hombría en la batalla! Poco a poco, fue razonando hasta que una idea se le apareció luminosa. Sin duda, la mano que había escrito el recibo era la de su padre. Pero dado lo diferente del estilo, muchos conceptos habían sido dictados por la voz y el conocimiento de Perrenot de Granvela.

Al acabar de leer, Felipe percibió que su padre estaba hablando del futuro. En él, Carlos ya no estaría escribiendo instrucciones. Estas eran las últimas. Acababa de leer su testamento político. Y el heredero era él. Felipe sonrió feliz, el mañana era suyo.

Desde ese momento, el príncipe ya se creyó rey y emperador antes de ser coronado. Solo pensaba en el viaje que le esperaba como símbolo del cambio. No le gustaba viajar desde pequeño, pero esta vez le apetecía incluso más que ir de caza. Y en su cabeza no había hueco más que para supervisar los detalles de la expedición.

Llegaron desde Perú noticias del recrudecimiento en el conflicto de la corona con Gonzalo Pizarro. Ni le importó. Tenía una misión más importante que resolver: convencer a Antonio de Cabezón, su músico predilecto, de que le acompañara en tan largo viaje.

Lo consiguió. Pero le costó tanto o más que a Pedro de la Gasca, el enviado por el emperador a Perú, derrotar a Pizarro.

Tampoco prestó mucha atención a la victoria de La Gasca ni a la ejecución de Pizarro y sus hombres, otrora grandes servidores de la corona y nobles soldados. Cuando llegó la noticia a Valladolid, el príncipe estaba eligiendo trajes para lucir más que nadie en la comitiva. El mismo duque de Alba le había instado a hacerlo.

—Nunca colores vivos. Son propios de comediantes, bufones y furcias y no generan respeto. Ocre, gris perla y negro. Esos son los que elegiría su majestad, el emperador.

Felipe asintió y sus ojos se fijaron en un elegante terno de terciopelo negro. Su mano se posó en él.

—Es suave, me gusta.

Algo estaba empezando a cambiar en su interior. Pero Felipe no se dio cuenta.

IV

El objetivo era partir en octubre desde Barcelona. Antes, había que preparar la boda de su hermana María, pero no tenía mucho tiempo para ello. La organización de la expedición estaba dando tantos problemas como los ensayos de la nueva etiqueta. Se acercaba la fecha y empezaba a ser grande el temor de no llegar a tiempo. Y eso era algo que no podía ocurrir; el emperador esperaba.

Para colmo, la continua pugna entre Ruy Gómez y el duque de Alba enredaba más que ayudaba a la resolución de los problemas. Felipe decidió hablar en un aparte con su querido Ruy.

—Os pido paciencia y templanza, Ruy.

—Perdonad, alteza, pero ya me aplico en tales virtudes con la mayor voluntad. El duque de Alba se cree más emperador que duque.

Felipe le dio una palmada en la espalda, en señal de confianza.

—Ahora toca tragar sapos. Pronto comeréis los mejores manjares.

Para reforzar su posición ante los tiempos venideros, Felipe exigió, por consejo de Ruy Gómez, que Gonzalo Pérez se incorporara a la comitiva. A sus cuarenta y ocho años, ya era veterano en gestionar asuntos reales bajo el auspicio del fallecido Francisco de los Cobos. Ruy Gómez había hecho buenas migas en los últimos años del ubetense para reforzar su posición en la corte frente a su enemistad manifiesta con el difunto Zúñiga y el duque de Alba.

Como alivio ante tanta tensión, una nueva misiva de Bruselas avisaba de la llegada de Maximiliano... Y de que María no debía partir de viaje. La nueva idea del emperador es que ambos fueran los regentes de Castilla durante la larga ausencia de Felipe.

La infanta se alegró ante la noticia. Su hermano, también; María era cada día más parecida en carácter y físico a su madre, Isabel de Portugal. Ahora tendría la oportunidad de demostrar que su valía como gobernante no era menor. Así se lo dijo a su hermana. María agradeció estas palabras con una sonrisa que iluminó la sala.

—Gracias, hermano. Pero madre gobernaba porque nuestro padre siempre estaba ausente. Yo tendré la compañía de mi marido. Estando presentes, los hombres son los que dicen la primera y la última palabra.

—Pues que nuestro primo atienda las palabras que van entre medias de la primera y la última. Serán las vuestras y, por lo tanto, las más inteligentes.

Antes de concluir la visita, María sorprendió a su hermano con una pregunta.

—¿Qué tal está mi querida Isabel de Osorio?

A Felipe le costó reaccionar de inmediato para, al final, apenas musitar una palabra.

—Bien.

—Sé que tenéis un hijo bastardo suyo.

Felipe asintió. María suspiró tan suavemente como caminaba o hablaba.

—No os juzgo, hermano. Solo os ruego que cuidéis de ella. Isabel cuidó bien de nuestra madre. Y luego, de Juana y de mí.

—Lo haré. Siempre.

No fue lo único que le rogó su hermana antes de que Felipe marchara.

—Id a ver de vez en cuando al pequeño Carlos. Bastante cruel ha sido el destino con él como para que lo seáis vos.

V

Obediente, Felipe acudió a ver a su hijo. Ya tenía tres años y por fin había conseguido articular alguna palabra. Su cuerpo se había equilibrado, pese a que su cabeza aún mostraba una proporción desmesurada con respecto a su cuerpo. Sus piernas parecían dos estoques, de tan finas que eran. Sus fiebres eran continuas. Y su carácter, caprichoso y hostil. Desde que nació había mostrado ese comportamiento hasta el punto que su padre creía que era más fácil adiestrar a un perro que educar a su hijo.

En ocasiones, Felipe se arrepentía de haberle bautizado como Carlos, su padre y emperador. Uno era la fuerza, la compostura... El otro, la debilidad extrema, la irritabilidad por norma y la agresividad. Una buena muestra de ello era lo difícil que había sido contratar amas de crianza. Cuando apenas a los siete meses le salieron sus primeros dientes, mordía los pechos que le alimentaban.

Felipe le había augurado una corta vida. Pero el pequeño Carlos se aferraba a ella como a la ubre que le daba de mamar. Hasta arañarla.

Por un lado, el príncipe se preguntaba si merecía la pena tanta lucha. Por otro, un soplo de esperanza visitaba de vez en cuando su mente. Entonces, valoraba su espíritu de supervivencia, su tenacidad para no ser derrotado por su debilidad.

Cada visita era un sufrimiento. Su hijo reaccionaba igual ante una caricia que ante una regañina. Solo Leonor de Mascarenhas, su vieja aya, lograba meterlo en vereda. A ella le había encomendado, tanto aprecio la tenía, la dura tarea de cuidar de Carlos.

María y Juana, sus tías, también acudían a visitarle a menudo. Ellas tres cuidarían de su hijo mientras él estuviera fuera. Al fin y al cabo, ya lo hacían aun estando el príncipe en Valladolid. No era muy habitual ver a Felipe visitar a su hijo.

Eso sí, rezaba por él cada día.

También pedía perdón a Dios por todas las veces que había deseado que muriera.

VI

Una mañana, Felipe sorprendió a Ruy Gómez con la noticia de que se tomaba un par de días de asueto. Su sirviente y también amigo le aconsejó que no lo hiciera, tan grandes eran las tareas pendientes en la preparación del viaje. No le convenció.

—Vos os encargaréis de decidir por mí en mi ausencia.

La razón de su marcha no era otra que visitar a Isabel de Osorio. Eran los últimos días de agosto y la boda de su hermana con Maximiliano estaba preparada para el 13 de septiembre. Después, en apenas dos semanas, partiría de viaje y Dios sabe cuándo volvería. Por eso necesitaba estar con Isabel, la persona a la que más iba a echar de menos junto a sus hermanas. La mujer que era capaz de encenderle y apaciguarle para luego volverle a encender. Su amante y su amiga. Y, si hubiera podido elegir, su esposa.

Aparte de su habilidad amatoria, Felipe valoraba algo muy especial de Isabel: la serenidad que le proporcionaba dormir junto a ella. Era tan grande el sosiego, que Felipe llegó a pensar que Dios no había creado a la mujer para procrear, sino para dormir al lado de su hombre.

Desnudos en la cama, tras hacer el amor, el príncipe acariciaba los cabellos de Isabel. Lo hacía ensimismado, como si no fuera a volver a hacerlo nunca más.

Mientras, ella le hacía una y mil preguntas sobre su viaje.

—¿Cuántos se han apuntado ya a vuestra comitiva?

—Ya pasan de mil.

—No va a haber barcos suficientes en Castilla para tanto viajero.

Él rio. Era otra de las virtudes de su amante, le hacía reír. Del mundo y de sí mismo. Nunca le faltaba al respeto pero, al mismo tiempo, le obligaba a poner los pies en la tierra.

Felipe se levantó para servirse un vaso de agua. Bebió. Y miró a su amada, desnuda en el lecho.

—Qué hermosa sois.

Ella le miró con cariño.

—Venid conmigo. Seguid contándome cosas.

El príncipe obedeció como un súbdito.

—Mi padre ha organizado todo para que sea su sucesor.

—¿Tan viejo se siente?

—Si no viejo, cansado.

Felipe la miró a los ojos y le contó el único miedo que sobrevivía a su vanidad, tal vez porque formaba parte de ella.

—No sé si sabré estar a la altura.

—Lo estaréis. Estoy segura.

—Siempre tenéis las palabras exactas para darme ánimo. Me va a costar dejar de veros tanto tiempo.

Isabel sonrió, pícara.

—¿Solo me vais a echar de menos por mi verbo?

La primera respuesta fue un beso. La segunda, un cumplido.

—Bien sabéis que no solo os añoraré por eso.

—Preocuparos por cosas importantes, no por mí.

—Vos sois importante para mí.

Isabel le miró, enamorada.

—Lo sé. Y aprecio vuestro trato y vuestros cuidados. No puedo pedir más. Soy vuestra amante, vuestra amiga... pero nunca podré ser reina.

—Me duele oír esas palabras.

—La vida es asumir quién eres. Vos sois el futuro rey. Yo, vuestra puta. La puta del rey.

Acarició la mejilla de su amado.

—Y estoy orgullosa de serlo.

VII

Maximiliano fue recibido con una fiesta. El joven dio las gracias a cada agasajo con una educación exquisita. Pero nadie le vio sonreír.

Todo el que se cruzaba con él podía comprobar que era un hombre discreto y cabal. Su elegancia en el trato contrastaba con un físico más propio de un arcabucero de los Tercios. No en vano, muchas veces había combatido junto a ellos.

Había llegado a Valladolid para casarse con María. Al verla, se sintió afortunado: su elegancia y delicadeza era tanta que damas más bellas pasaban desapercibidas a su lado. Su boda traía consigo ser rey de Hungría de inmediato, regalo de la familia. Pese a ello, tampoco sonrió.

El duque de Alba no le dio más importancia.

—Es austriaco, no sevillano. No pidáis membrillos a un limonero.

—Los Habsburgo de allí venimos —respondió Felipe.

—Uno es de donde nace o de donde pace. Vos, alteza, nacisteis en Castilla y aquí vivís.

Ruy Gómez, en cambio, sí vio en la seriedad del invitado la antesala de un posible problema.

—Si no muestra felicidad, o es insensible o algo está pasando por su cabeza que no será de vuestro agrado —le dijo al príncipe.

Felipe no se preocupó por ello. Tenía cosas más importantes en las que pensar: el cuerpo desnudo de Isabel, saber que dejaría de ver a sus hermanas y, sobre todo, el viaje que estaba a punto de emprender.

Maximiliano no sonrió pero tampoco se quejó. No debía hacerlo por respeto a la familia y al imperio. También, por su condición de soldado. Pero como hijo del Rey de Romanos y aspirante a heredar sus posesiones, estaba decepcionado. ¿Qué hacía él en Castilla, apartado del centro de operaciones del imperio? Una respuesta le zumbaba como un moscardón por la cabeza desde que supo su destino: ser el relevo de Felipe, asumir lo que en términos militares se denominaba retaguardia. María y él regentarían las Españas mientras su primo (y pronto cuñado) se iba a pasear por media Europa con aires de nuevo emperador. Sin duda, su tío Carlos le había ganado la partida a su padre.

No le parecía justo, porque en la retaguardia jamás reside la gloria. Ahora que tenía a Felipe delante de él, le parecía aún menos justo. Él había combatido, su primo no. Solo con comparar sus cuerpos se notaba. El castellano era delgado, de maneras elegantes pero sin fuerza. No duraría ni una hora en una batalla. Y eso, con suerte.

Lo que más le llamaba la atención de Felipe era la palidez de su piel. Era propia de quien vivía en la corte protegido de los demás, de quien estaba más habituado a los libros que a las armas. Maximiliano, en cambio, tenía la tez curtida, propia de quien espera al enemigo a pleno sol. Le hubiera gustado pedir a Felipe que se desnudara. Seguro que no encontraría en todo su cuerpo ni una cicatriz. Él le podía mostrar ya un par de ellas a sus veintiún años. Exactamente los mismos que tenía Felipe, lo que hacía la comparación aún más dura a Maximiliano.

Pero no dijo nada. Se comportó como había que hacerlo. Y cuando su prima Juana, con el candor de sus trece años, le preguntó en público por qué no sonreía, lo intentó. Pero no pudo. Y pasó un mal trago ante las sonrisas de los presentes.

El duque de Alba bromeó con Felipe al respecto.

—Lo que os decía, austriaco. Son buenos compañeros de batalla, pero no de fiestas.

El austriaco y María se casaron el 13 de septiembre de 1548. El 2 de octubre partió la comitiva de Felipe camino de Bruselas.

VIII

Tan importante era el destino como el camino que había que recorrer para llegar a él. Cualquiera que viera el plan de viaje de Felipe, no tardaría en darse cuenta de eso.

La comitiva no embarcaría en Laredo, puerto que apenas estaba a cinco jornadas de viaje de Valladolid. Lo haría en Barcelona, ciudad bastante más lejana. Eso implicaba que, para llegar a Flandes, la ruta elegida era también la ruta más larga, la que obligaba a pasar por Italia y Francia.

Los motivos de esta decisión eran claros: Carlos había diseñado un viaje no para que su hijo viera el mundo. Sino para que el mundo le viera a él.

Desde luego, no viajaba de incógnito. Le acompañaba una impresionante comitiva compuesta por tres mil viajeros a los que acompañaban más de mil miembros de la guardia para protegerles. Demasiado general para tan poco ejército.

Tan importantes eran los viajeros que si se hubieran hundido sus barcos, otra Castilla tendría que renacer de sus restos. Lo más florido de la nobleza castellana acompañaba a Felipe. Todos marcaban el paso bajo la guía del mayordomo mayor, el duque de Alba y su mano derecha, el caballerizo mayor don Antonio de Toledo, a la sazón cuñado suyo.

Felipe había solicitado a Gómez que fuera seleccionando hombres de confianza que les acompañaran en el viaje. Había que ir preparando el camino cara al futuro. Una generación en el poder se había ido y otra habría de venir. Los elegidos fueron Gonzalo Pérez (su nuevo secretario), Gonzalo Fernández de Córdoba, duque de Sessa; Pedro de Guzmán, conde de Olivares; don Gómez de Figueroa, conde de Feria y Claudio de Quiñones, conde de Luna. Tan largo viaje daría, sin duda, para estrechar relaciones con ellos y comprobar su valía.

Junto a ellos, viajaban dos hombres que, en cambio, no tenían que demostrar ya nada: Antonio de Cabezón y Calvete de la Estrella. El primero para, con su música, proporcionar paz al príncipe en estos tiempos de mudanza. El segundo para escribir las crónicas de todo lo bueno que ocurriera en tan *felicissimo* viaje... y reinterpretar lo que no fuera tan bueno para que lo acabara pareciendo.

Solo faltaba Luis de Requesens, pero no tardaría en reunirse con el grupo. Tras una enfermedad, había sido reclamado por el emperador previa petición de su madre, doña Estefanía. Allí, en Flandes, le esperaba su amigo de siempre.

Los primeros espectadores de esta corte ambu-
lante serían sus súbditos de las Españas. Castilla,
Aragón y Cataluña verían partir al héroe hacia sus
dominios. Peñafiel, Aranda, Calatayud, Zaragoza...
vitorearon a Felipe y su comitiva.

Cerca de Cataluña, el príncipe quiso visitar la
montaña sagrada de Montserrat. Luego, recién llegados a Barcelona, se alojó unos días en casa de doña
Estefanía de Requesens, para el príncipe su segunda
madre. Sin duda, esto era muestra tanto del respeto
que tenía Felipe a tan insigne dama como de que
mucha prisa no había.

El 1 de noviembre partieron hacia Italia. Un mes
había tardado en empezar el verdadero viaje. Si el emperador hubiera esperado a su hijo tejiendo como esperó Penélope a Ulises, le habría dado tiempo a tejer
tantos tapices como para redecorar todos sus palacios.

IX

Veinticinco días navegaron, casi siempre con mar
agitada. Muchos caballeros castellanos, más acostumbrados a pisar tierra que madera de barco, no lo
pudieron soportar. Los mareos era continuos. Los
paseos hacia la borda para vomitar, habituales.

Uno de los más perjudicados fue el duque de Alba. El terror de los ejércitos enemigos, la gloria de

Castilla, se comportaba como un marinero alfeñique. No fueron pocas las bromas que se hicieron al respecto. En cambio, Calvete no tuvo que exagerar nada para glosar la templanza marinera del príncipe. Felipe solía estar en cubierta salvo cuando el tiempo amenazaba tempestad. Entonces, el mismísimo Andrea Doria, almirante en jefe de la flota, le sugería que fuera a su camarote.

Doria era un mito del imperio. Prueba inequívoca de ello era que poseía el collar del Toisón de Oro: el emperador le concedió tal honor en 1530, cuando apenas tenía Felipe tres años. El almirante genovés era el equivalente en la mar al duque de Alba en tierra, aunque su lealtad al imperio habían tomado caminos muy distintos. El duque de Alba era leal por nacimiento a la corona de Castilla y, por lo tanto, a su rey. Doria era tan leal como el que más, pero por despecho y por interés. Antes de combatir al lado del emperador, había sido su enemigo, pagado por el rey de Francia.

Unas cuentas sin saldar y el nombramiento de otro almirante por parte del rey Francisco, provocaron que Doria pidiera entrevista al emperador para pasar a su servicio. Carlos lo aceptó de inmediato. Su primera misión fue combatir en Nápoles y Génova contra el ejército francés, al que derrotó. Doria saboreó el dulce sabor de la venganza. El rey Francisco constató que lo barato sale caro.

Aun así, por mucho que Doria fuera el marino más reputado de la época, no era un dios que pudiera gobernar vientos y tempestades. El trayecto siguió siendo un infierno hasta el puerto de Génova, primera escala de la expedición.

Si el viaje de los que llegaban era agitado, no lo era menos la espera de los que iban a ser sus anfitriones. Para dar mayor realce al viaje, el emperador ordenó movimientos de tropas en torno a la comitiva, como si el boato de esta no fuera suficiente. Esto generó temor en unas tierras que habían sido escenario de disputas militares recientes. Así, una delegación del ducado de Urbino solicitó al emperador que los Tercios no acompañaran al príncipe por sus tierras.

Carlos delegó en el comandante Álvaro de Sande, junto al duque de Alba, uno de sus más apreciados militares. Como él, tampoco dominaba los detalles de la diplomacia. Su respuesta ante las peticiones fue tal ataque de risa que no pudo pronunciar palabra.

El príncipe no esperaba recibir en Italia los mismos agasajos que en su trayecto de Valladolid a Barcelona. Se equivocó. Pero el bullicio que se generó a su alrededor no era muestra de afecto, sino de miedo. De contentar al futuro amo que podría, si la recepción no era de su gusto, lanzar sus hordas a saquear Italia. Aún permanecía imborrable en el recuerdo el saqueo de Roma por parte del ejército imperial. De los miles de muertos que dejaron a sus espaldas. De las docenas de secuestros de prohombres romanos a los que se les exigió una recompensa para salvar su vida. De cómo el propio Papa fue secuestrado y obligado a pagar rescate.

Hay crímenes que no los puede aliviar ni la mejor de las diplomacias.

X

Al llegar a Génova, la recepción tuvo que ser suspendida por el mal tiempo. Los viajeros lo agradecieron, tal era su agotamiento tras un mes en la mar. Pero no duró mucho el descanso. Al día siguiente empezaron las recepciones y los homenajes. Y, también, comenzó el escrutinio de cada acción del príncipe heredero.

De boca en boca y de escrito en escrito se analizaba cómo comía, cómo andaba... De cómo hablaba se decía poco. Porque Felipe parecía mudo las más de las veces. Y cuando hablaba, lo hacía tan bajo que era difícil entender lo que decía.

A sus veintiún años, la vida le había hecho madurar en muchos aspectos, pero ya era tarde para recuperar el tiempo perdido en su infancia en relación al aprendizaje de los idiomas. Felipe ni hablaba italiano, ni dominaba el latín, como su padre.

La inseguridad llevó a Felipe a encerrarse en sí mismo, algo en lo que había sido concienzudamente educado. Fue un grave error. Lo que era timidez e inseguridad, aparentó ser soberbia. Bien es cierto que si su actitud hubiera sido humilde y locuaz, hubiera dado lo mismo. Había conflictos demasiado recientes como para darle a Felipe ni una sola oportunidad de ser querido.

Hacía apenas un año se había sofocado en Génova una rebelión de aristócratas a manos del propio Andrea Doria, con ayuda española. Los derrotados entonces aún clamaban venganza. En la tercera noche que la comitiva pasó en Génova, hubo una reyerta con soldados de la guardia castellana que se saldó con una docena de muertos. Ninguno castellano. Los rumores propagaron que fue una provocación de los recién llegados y la ciudad estuvo cercana al alzamiento.

Doria tuvo que intervenir de inmediato ante sus conciudadanos para evitar males mayores. Pero no pudo evitar la antipatía del pueblo genovés hacia los recién llegados. Especialmente hacia Felipe. A partir de aquí, cada una de sus acciones era puesta en tela de juicio. Y, para colmo, el príncipe no fue especialmente hábil en alguna de sus actitudes.

Cuando el príncipe cabalgó hacia la catedral, al frente de su séquito, desde los balcones las damas de la ciudad le vitoreaban vestidas con sus mejores galas. Felipe ni inclinó la cabeza ni la descubrió en señal de cortesía.

Cuando varios nobles le enseñaron sus espléndidos regalos, tuvieron como respuesta el silencio y la frialdad. Todo era a causa de su timidez, aumentada por su desconocimiento del idioma. Pero fue interpretado como insolencia.

El rumor de esa supuesta altivez corrió como la pólvora por toda Italia y le acompañó, sobre todo, en las primeras etapas del viaje en Mantua y Milán, donde por fin conoció el lugar del que era duque. Pero siempre de manera velada. Porque en público todo parecía ir viento en popa. El paso de la comitiva era acompañado de vítores. Las guardias de las ciudades disparaban al cielo en señal de bienvenida.

Los banquetes se multiplicaban. Los desfiles de nobles que querían conocer a Felipe eran inacabables.

Cuando el rumor sobre la impopularidad del príncipe llegó al duque de Alba, este apenas le dio importancia. Incluso se ofendió: ¿quién era un súbdito para opinar de su amo? Sin duda, el general, y ahora mayordomo mayor de Felipe, paseaba por cualquier lugar sintiéndolo tierra sometida.

No fue de la misma opinión Gonzalo Pérez. Al ser informado de los hechos, solicitó a Ruy Gómez una audiencia privada con el príncipe.

En ella, le informó de lo que se decía de su comportamiento. Felipe escuchaba, pero callaba. No entendía nada. Su madre le había educado en la frialdad. Su padre, en la desconfianza. Los dos siempre le habían exhortado a ocultar sus sentimientos como algo propio de un rey. Y, ahora, le aconsejaban que mostrara afecto, que sonriera en público, que hablara... Pero ¿cómo iba a hablar si no entendía lo que le decían? Maldijo para sí a Silíceo y las horas perdidas en sus estudios.

Por toda respuesta, Felipe asintió y dio las gracias a un atribulado Pérez, que temía por las consecuencias de su admonición. El príncipe lo intuyó y quiso tranquilizarle.

—Sé que me habláis así por mi bien. Tendré en cuenta vuestros consejos.

El resultado fue que, al llegar a Trento, Felipe cambió de actitud. Se esforzó en sonreír a sus anfitriones y en saludar al pueblo, que había preparado un arco del triunfo que cubría su calle principal.

También procuró alzar el tono de su voz (aconsejado por Ruy Gómez) y en ser más sociable en las múltiples reuniones que tuvo con representantes del concejo y embajadores alemanes. En su ayuda, conocedor de varias lenguas, Gonzalo Pérez le hacía de traductor cuando lo necesitaba.

Una noche, tras una copiosa cena, se organizó un baile. Felipe contemplaba a una bella dama danzar. Esta, al sentirse observada, se acercó a él y ofreciéndole su mano y una sonrisa, le invitó a bailar a su lado. Felipe cruzó una dubitativa mirada con Ruy Gómez, que asintió. El príncipe sonrió a la dama, tomó su mano y comenzó a seguirle el paso. Lo hizo con maestría; había dedicado más empeño a sus clases de danza que a las de lenguas.

Como si se quisiera poner a prueba su habilidad como bailarín, la música cambió de repente. De un baile a la italiana se pasó a una danza a la alemana en la que se intercambiaban palmadas, parejas y abrazos. Felipe tardó poco en adaptarse al nuevo ritmo y a bailarlo con más gracia que la mayoría de los presentes. La admiración de todos fue grande. Sin duda, su futuro emperador no hablaba mucho. Pero como combatiera como bailaba, no habría ejército que le pudiera hacer frente.

Tal algarabía se formó que hasta el cardenal de Augusta y el de Trento saltaron a bailar con sendas damas, para estupefacción del propio Felipe que casi se trastabilla al verlos.

Finalizado el baile todo el mundo aplaudió a Felipe, que saludó sonriente a todos los presentes. Ruy

Gómez miró de reojo a un estupefacto Gonzalo Pérez.

—No diréis que su alteza no sigue vuestros consejos.

Gonzalo suspiró aliviado. Aunque tenía la duda de si el príncipe no había ido demasiado lejos en el seguimiento.

Al llegar a sus aposentos, Felipe oyó un suspiro. Extrañado, se acercó hacia el lecho, lugar desde donde venía. En él, desnuda como vino al mundo, le esperaba la bella italiana que había sido su compañera de danza.

En un principio, el joven no supo qué hacer. La imagen le recordó tanto a la última vez que había visto a Isabel de Osorio que permaneció quieto como una estatua.

Entonces, la muchacha le tendió la mano, como cuando le había invitado a bailar. Felipe volvió a seguir el ritmo de sus movimientos. Pero, esta vez, en el lecho.

XI

La comitiva dejó atrás Italia y entró en el Tirol camino de Alemania. El 5 de febrero de 1549, llegó a Innsbruck en medio de una copiosa nevada. Muchos hombres de la expedición, el propio Felipe entre ellos, jamás habían visto un paisaje tan blanco. Al parecer, los que allí vivían estaban acostumbrados pues llevaban vida normal y recibieron a sus invitados felices como si luciera el sol.

Del italiano se pasó al alemán, idioma que el príncipe tampoco entendía. Felipe improvisó una nueva estrategia: miraba atento a los que se dirigían a él, como si estuviera pensando en lo que le hablaban. Luego, asentía. O sonreía. O las dos cosas. Muchas noches se iba a dormir con la mandíbula dolorida. Entonces, se acordaba de la seriedad de su primo Maximiliano y le comprendía perfectamente. Pero todo fuera por atajar esos rumores que le tachaban de altivo.

A veces sonreía sin necesidad de forzar el gesto. Como cuando le invitaron a cazar venados. O cuando se deslizó por un trineo por una pendiente nevada. Nunca había sentido tal sensación de libertad.

Después de Innsbruck se dirigieron hacia Múnich. El duque de Alba se sintió obligado a aconsejarle.

—A partir de ahora, habréis de tener cuidado, alteza.

—¿Por qué razón?

—Porque aquí encontraremos gente buena, pero también gente mala.

Ante tan críptico comentario, el príncipe quiso saber más. Así averiguó que la gente buena a la que se refería el duque eran los católicos. Los malvados eran los luteranos.

En un principio, el príncipe estuvo en alerta. Pero no tardó mucho en relajar su actitud. Tanto en Múnich como en Augsburgo, sus anfitriones competían por hacerle la estancia más agradable. La vanidad de Felipe seguía siendo halagada en cada recepción. Las más altas autoridades se inclinaban ante él. La fama de que era buen bailarín se extendió y rara era la noche en la que no acababa la cena en danza.

En las pocas horas que era de día, se organizaban justas o se jugaba a las cañas, donde hileras de caballeros en sus monturas se lanzaban venablos sin punta. En ambas disciplinas, Felipe brillaba, tanto había practicado en palacio.

Sin embargo, pronto surgieron nuevas críticas hacia el príncipe. Dos quejas destacaban sobre todas. La primera provenía de padres y caballeros que vieron la predisposición de Felipe por coquetear con sus hijas, hermanas y, a veces, prometidas. La segunda, porque no entendían que Felipe fuera abstemio.

En realidad, ambas quejas estaban relacionadas. El príncipe no gustaba de beber alcohol y aborrecía a quien se emborrachara, ejemplo máximo de lo que más odiaba: la pérdida de control. En muchas fiestas, quitando su séquito (y no todo), el único sobrio acababa siendo él. Llegado a ese punto, Felipe no encontraba mejor entretenimiento que cortejar damas. Y no con poco éxito.

Gonzalo Pérez fue a avisarle otra vez de estas nuevas quejas. Felipe, esta vez, se negó a prometer un cambio de conducta.

—Si no sonrío, me injurian. Si sonrío, también. Me van a injuriar igual, así que haré lo que me plazca.

Pérez bajó la cabeza y salió de la sala.

La comitiva tomó rumbo a Espira. Allí, Felipe prefirió atender lo justo a sus anfitriones. No hubo danzas ni conquistas; el príncipe reposó.

Con tiempo para pensar, decidió escribir una carta a María y a su marido, Maximiliano. En ella describió lo bien que era recibido en todas partes «como muestra de la obediencia que a su majestad tienen». Además, con cierto aire de superioridad, les enviaba consejos para gobernar las Españas. Habituado a leer tantas instrucciones de su padre, había empezado a escribirlas él, aun siendo príncipe.

En Valladolid, María leyó la carta en voz alta. Su esposo frunció el ceño. Ella captó el gesto, pero ni preguntó. No le costaba entender que se sentía decepcionado al ver que era Felipe y no él el agasajado. Que se sentía humillado al recibir consejos de su hermano como si fuera un segundón.

María se dio cuenta de que pronto iba a estar en una encrucijada. Amaba a su hermano más que a nadie. Pero su madre le había enseñado que sus únicas obligaciones debían ser para el emperador y para su marido. Sin duda, su madre lo tuvo más fácil: Carlos era ambas cosas.

Ahora era distinto. Si su hermano llegaba a ser emperador y su esposo no lo aceptaba, ¿a quién tendría que apoyar? Prefirió no pensarlo.

XII

Las estancias en Ulm y Heidelberg fueron breves. Felipe parecía cansado de tanta celebración y tanta polémica y obligó a acelerar el paso para ver cuanto antes al emperador.

El 1 de abril la comitiva llegó a Bruselas. Felipe se extrañó de que su padre no le esperara a las puertas de la ciudad tras seis años sin verse. Sin embargo, la entrada fue tan apoteósica, que pronto le perdonó su ausencia.

En Alemania, Felipe había sido recibido con arcos de triunfo y arquitecturas efímeras, construidos y pagados por los gremios locales. Sin embargo, su confección y hermosura distaba mucho del arte italiano. Pero lo que vieron sus ojos en Bruselas sobrepasaba todo lo anterior.

Aquí, el arco triunfal tenía pequeños escenarios, flanqueados por columnas y elevados sobre un pedestal. En ellos, hombres ataviados de la época y de otras anteriores, representaban cuadros. A veces, de forma estática. Otras, teatralizando. Las tramas elegidas eran bíblicas. O asuntos históricos convertidos ya en leyenda. O leyendas que a fuerza de repetirse parecía posible que alguna vez hubieran ocurrido.

Cada escenario tenía su decoración. Simulaban ser un castillo. O una sala con puerta. Ricos tapices adornaban algunos cuadros que para sí los hubiera querido algún palacio. Enmarcándolo todo, un ornamento vegetal que aumentaba la belleza del espectáculo. Por último, con clara intención didáctica, se podían leer inscripciones explicativas de cada escena.

De escenario en escenario, Felipe vio un remedo de Amadís, a Atlas y a Hércules, a soldados cristianos venciendo al Turco y a David abdicando en vida en Salomón.

Esta escena impresionó mucho al príncipe. Su padre estaba explicando al pueblo que, al igual que David, él no iba a esperar a la muerte para dejar el trono a su heredero. A sus casi cincuenta años, había decidido ya dar ese paso.

Conocedor de la historia, como buen lector que era, a Felipe no le costó encontrar más semejanzas entre el cuadro y el imperio. Y más recordando las últimas instrucciones redactadas a dúo por su padre y Perrenot de Granvela. En ellas se apelaba a la paz y a la negociación. Salomón fue el gran campeón de la concordia, logrando la unión de dos pueblos con distinta fe: los judaítas del sur y los israelitas del norte. Ahora, Felipe debía ser el nuevo Salomón que consiguiera tal unión entre católicos y luteranos.

Si esa representación le impresionó, la siguiente le sobrecogió pese a no tener movimiento alguno. En ella se podía ver a un trasunto del propio príncipe. Sin duda, su padre debía haber elegido al comediante, tal era el parecido con Felipe.

Era un cuadro compuesto con la elegancia del mejor de los pintores, solo que en vez de ser óleo sobre tabla, sus figuras eran de carne y hueso. Dios tenía una espada en su mano. A su lado, un ángel sostenía en sus manos una corona de oro adornada de ricas perlas. El príncipe se vio a sí mismo de rodillas ante el Altísimo. Pensó que si eso se hacía algún día realidad le preguntaría por su madre. No le dio tiempo a pensar más. De repente, el cuadro cobró vida. Dios puso la espada en la mano derecha del príncipe. Después, el ángel acercaba la corona a Dios y Este la ceñía en la del joven que interpretaba al príncipe.

Felipe lloró de emoción. De inmediato, preguntó dónde estaba su padre. Nadie le respondió. De repente vio venir hacia él a un anciano delgado y de larga barba blanca. Todos se iban apartando a su paso, por lo que Felipe intuyó que era alguien importante.

Al llegar a Felipe se postró.

—Soy Nicolás Perrenot de Granvela, consejero imperial de su majestad el emperador, vuestro padre.

Felipe le hizo levantarse de inmediato. Por el respeto que le tenía aún sin haberle visto hasta ahora y porque quería saber cuanto antes y sin protocolos qué estaba pasando. No le dio tiempo ni a preguntar; Granvela le dijo que le siguiera. El príncipe comenzó a alarmarse. ¿Qué estaba ocurriendo?

Granvela guio a Felipe hasta palacio. Al entrar, le señaló unas largas escaleras.

—Al final de las escaleras, encontraréis a vuestro padre.

Felipe subió las escaleras saltando los escalones de dos en dos.

Cuando llegó a los aposentos de su padre, no pudo creer lo que vio. Apenas habían pasado seis años sin verse y la persona que estaba delante de él, postrada en el lecho, era un anciano.

Con los ojos húmedos, Carlos saludó a su hijo.

—Bienvenido, hijo. Perdonad que no os abrace... Pero no me puedo ni poner en pie por esta maldita gota.

Felipe se puso de rodillas ante él y besó su mano. La emoción, la pena y el agradecimiento se mezclaban en su cabeza. Y lloró.

Entonces ocurrió algo más extraño. Su padre también lloró.

El príncipe no alcanzó a ver sus lágrimas. Si lo hubiera hecho, habría pensado que era testigo de un milagro.

XIII

La primavera dio paso al verano y este al otoño. En Castilla no hubo, como en Flandes, banquetes ni bailes ni grandes recepciones en honor al príncipe. Sin embargo, su figura seguía presente pese a estar tan lejos.

María estaba embarazada de siete meses. Pese a su escasa movilidad, seguía aconsejando a su marido en cada detalle de la regencia. No es que Maximiliano se despreocupara de tan importante tarea. Sencillamente, se dejaba llevar por una mujer que cada vez le parecía más inteligente.

Cuando María dormía, Maximiliano la miraba

admirado. Más tímido con la palabra que con la espada, era el mejor momento para mostrar su amor sin sentir pudor por ello. Muchos hombres engañan a sus esposas con otras mujeres. Maximiliano solo le ocultaba la correspondencia que su padre, Fernando, le enviaba para contarle, desconfiado, las andanzas de Felipe. La recepción que el emperador le había dispensado en Bruselas. Las señales inequívocas de que Carlos quería que su heredero fuera Felipe y no él, Maximiliano.

No era justo. Él era el hijo de Fernando, Rey de Romanos. Se había jugado la vida combatiendo al lado del mismo emperador. Mientras, Felipe jugaba a ser rey sin levantar su culo de un trono que aún no era realmente suyo. Y cuando lo hacía era para leer en su biblioteca. Para organizar juegos de caballeros en los que las cañas sustituían a las lanzas. Para retozar con su amante. No, no era justo.

En dos meses, la mujer que amaba (más de lo que hubiera imaginado) le daría un hijo. Y no quería que tuviera ningún sobresalto por la evidente pugna entre él y su hermano.

Maximiliano pensó en la estrecha relación entre su familia y el poder. Su esposa era hermana de Felipe, que sería tío de su hijo, como el emperador lo era de él y su padre, Fernando, del propio Felipe. Su tía María de Hungría era la encargada de poner paz cuando el emperador discutía con su padre. Sonrió amargamente. Si toda la familia pasara junta una Navidad y durante la cena hubiera un incendio o se envenenara la comida, medio mundo se quedaría sin gobierno.

Volvió a mirar a María. Se lamentó de que fuera su prima. Porque la amaba, aunque fuera hermana del inútil de Felipe. No quería perder su cariño ante lo que no tardaría en llegar: su marcha a Flandes para defender lo que era suyo.

Ella, en realidad, no dormía. Disimulaba que lo hacía. Sabía de la costumbre de su marido de contemplarla en silencio. Solamente conciliaba el sueño cuando Maximiliano yacía a su lado, con esa respiración profunda que solo da el dormir a pierna suelta. Eso le daba la tranquilidad que necesitaba y que durante el día no tenía.

Eran muchos los asuntos que ocupaban su mente y que la llevaban a una contradicción permanente. María pensaba que Maximiliano era un buen marido y un hombre cabal. Le enternecía que le ocultara las cartas que hablaban del viaje de Felipe: sabía que las guardaba en secreto para no hacerla sufrir. Ella las había leído, por supuesto. Todas. Los hombres son tan torpes guardando secretos como las mujeres hábiles en desvelarlos.

María también pensaba, mientras parecía que dormía, en Castilla, que cada vez era más pobre. Si tuviera coraje, se decía a sí misma, cortaría el flujo de dinero hacia Flandes, se desharía de los banqueros genoveses y alemanes que la desangraban. Pero no podía hacerlo: era la hija del emperador y esposa del hijo del Rey de Romanos. Tenía unas obligaciones que cumplir.

Su hermana Juana era otro de los asuntos que siempre rondaban por su cabeza. Estaba orgullosa de ella. Sobre todo por el tiempo que le dedicaba al pequeño Carlos, al heredero que probablemente nunca lo sería. Su aya, Leonor, ya era mayor y apenas podía con la energía exacerbada y pocas veces amable del niño.

Juana era la única persona que conseguía que Carlos fuera cariñoso de vez en cuando. Había decidido trasladarse a Toro, cerca de Valladolid. Echaba de menos a su dama preferida, Isabel de Osorio. Desde allí le había enviado una carta el día anterior donde contaba que Isabel de Osorio había llorado al ver a Carlitos.

Si hubieran visto sus lágrimas los que la llamaban la puta del príncipe, habrían dicho que eran fruto de la envidia por no ser su madre y la futura reina. María sabía que no lloraba por eso, la conocía bien. Las lágrimas de Isabel eran de pena. Por ver al niño tan enrabiado. Por contemplar una cabeza demasiado grande para su torso y un torso demasiado grande para sus enclenques piernas. Lloraba de pena por saber lo que le dolía a su amado este hijo. A su vez, a María le daba pena Isabel, que había parido un segundo hijo de Felipe, fruto de sus encuentros antes de que el príncipe partiera de viaje.

Isabel había rogado a María que no diera noticia de ello a su hermano: no quería distraerle de sus enormes tareas. El niño fue bautizado con el nombre de Bernardino. Había nacido sano y sonriente, probablemente porque intuía que venía al mundo sin tener la responsabilidad de gobernarlo.

A lo peor, siguió cavilando María, esa era la razón por la que que su madre, Isabel de Portugal, pariera hijos que morían tan pronto. El motivo por el que su sobrino Carlos naciera agarrotado y odiando todo lo que le rodeaba. Ellos sabían que habían nacido para gobernar un imperio ingobernable. Esa responsabilidad la llevaban en la sangre que heredaban junto a la corona. Y no es fácil levantar tan pesada carga desde niño.

María, Juana e Isabel. Las tres echaban de menos a Felipe. Carlitos, no. Es imposible añorar al padre que nunca estuvo a su lado.

A la inversa, Felipe disfrutaba por primera vez de la compañía del suyo.

XIV

En Bruselas, la gota que sufría el emperador impidió los viajes que estaban planeados. Carlos cambió de planes. Mientras estuviera enfermo, él y Perrenot de Granvela darían clases diarias a Felipe de cómo gobernar. Duraron meses.

Ya desde el primer día, Felipe constató por qué su padre admiraba y respetaba a Granvela. A sus sesenta y un años, la sabiduría hablaba por su boca. Su barba canosa le confería un aire solemne y generaba respeto solo con su presencia. La templanza se retrataba en cada uno de sus actos: nunca hablaba de más. Y cuando lo hacía, sus sentencias eran tan humildes como certeras. Su cerebro era el de un analista que se anticipaba a los problemas. Su claridad, la de un líder. Su actitud, la de un servidor leal al emperador.

Felipe ya le admiraba sin conocerlo. Granvela era el único hombre del que el emperador no tenía queja alguna. Eso era un mérito enorme cuando su padre encontraba defectos hasta en el querido y añorado Zúñiga. Ahora que le conocía, su admiración por él aumentaba cada día.

Aparte de las clases, en esta etapa en Bruselas, tampoco faltaron cacerías, banquetes, justas ni bailes. Pero Felipe pasaba más tiempo con su padre que entreteniéndose en juegos o devaneos amorosos, como había hecho durante la travesía hasta Bruselas. Si quería ser el nuevo Salomón, no podía perderse en frivolidades.

Eso sí, paseó por cada calle de Bruselas, entró en todas sus iglesias, visitó las colecciones de arte y quedó prendado de todo ello. Su guía no fue otro que el hijo de Granvela, Antoine. A sus treinta y tres años había heredado el puesto de secretario de su padre, al ser nombrado este consejero imperial. Pronto hicieron buenas migas y el príncipe no tardó en presentarlo a Ruy Gómez y al resto de su séquito. Compartirían el futuro, pensaba Felipe.

Antoine, agradecido, presentó a Felipe a los artistas que patrocinaba su padre. De todos ellos, uno dejó especialmente prendado al príncipe. Su nombre era el de Antonio Moro, castellanización de su nombre original holandés: Antonis Mur. Su especialidad, el retrato. No tardó mucho el príncipe en encargarle uno, pagado a precio de oro.

Felipe era feliz en Bruselas. Cada día descubría algo nuevo. Una mañana, el duque de Alba se presentó en palacio acompañado de tres hombres. Venían a palacio por orden del emperador: quería que su hijo conociera a tres de sus mejores servidores en Flandes.

—Siempre que tengáis un problema, recurrid a ellos. No os fallarán.

El duque asintió ante el consejo del emperador.

Los tres caballeros atendían a los nombres de Guillermo de Orange-Nassau, Lamoral —conde de Egmont— y Philippe de Montmorency-Nivelle, conde de Horn.

Felipe se extrañó por la juventud de los tres, pero especialmente de la de Guillermo de Orange. No aparentaba tener más de dieciséis años.

Su padre le explicó que era como un ahijado para él y que había sido educado como uno más de la familia por María de Hungría, tía de Felipe.

Luego investigó más sobre él con la ayuda de Antoine Perrenot. Este le reveló que Guillermo había heredado a los once años extensos territorios y que el emperador los regentó a la espera de la mayoría de edad del joven. A cambió, exigió que se le impartiera una educación católica. Todos decían que la estrategia de Carlos había dado frutos ganando un servidor leal y un futuro gran gobernador.

Egmont y Horn eran algo mayores que Felipe,

pero por su aspecto no parecían tener más de treinta años. Sin embargo, el duque de Alba, más veterano, les trataba con una camaradería que pocas veces había visto, pese al hecho de que no fueran castellanos.

El conde de Egmont le resultó familiar a Felipe. Su padre le explicó el porqué.

—Le habréis visto en Castilla, por la corte. Allí se educó como soldado. Además, compartís la misma sangre: es primo vuestro por parte de vuestra madre.

Felipe, al saber esto, no le ofreció su mano, sino un abrazo.

Egmont, aparte de buen soldado y familiar, era descendiente de una de las familias más poderosas de los Países Bajos.

No peor soldado debía ser el conde de Horn por cómo hablaba el duque de Alba de él. Además, era conde por partida doble. De su primer padre había heredado el título de conde de Nevele y de su padrastro el de Horn, que ostentaba casi como apellido, al igual que Lamoral el de Egmont.

Los tres eran hombres jóvenes, con posesiones y educados al gusto del emperador. Su padre no solo le legaba un imperio, sino los lugartenientes adecuados para mantenerlo. Lo mismo que él había planeado con Ruy Gómez para el futuro de Castilla, Carlos lo había hecho para el resto del imperio: pensar en el relevo generacional, eligiendo en su día jóvenes entre diez y quince años.

Felipe sintió que se había equivocado con su padre. Se sentía desvalido, olvidado por él y no le perdonaba por ello. Ahora se daba cuenta de que había pensado en él siempre.

No sabía si como hijo. Pero, desde luego, sí como heredero.

XV

En cuanto se recuperó, Carlos viajó con su hijo visitando Artois, Hainaur y Brabante. Allí por donde pasaba, el emperador presentaba a Felipe como su heredero y hacía a los múnicipes jurar al príncipe como su futuro soberano. El emperador estaba aplicando una política de hechos consumados, consciente de que su salud se resquebrajaba. Prueba de ello fue que tras dos meses de viaje, una nueva recaída hizo que volviera a Bruselas. No quiso que Felipe lo hiciera con él: le aconsejó que debía seguir viajando.

Así conoció también Utrecht, Overijssel, Gelderland y Rotterdam. Aquí visitó la casa de Erasmo y admiró la escultura de madera que recordaba a tan gran hombre.

—Es bonita, pero merece una de piedra —comentó Felipe al cronista Calvete.

Luego llegó a Ámsterdam, donde fue recibido con gran pompa y agasajo. A su lado, viajaban el duque de Alba, Ruy Gómez y quienes le habían acompañado desde Castilla.

A ellos, se habían unido el mismísimo Perrenot de Granvela, Guillermo de Orange y los condes de Egmont y Horn, con quienes empezó a entablar gran amistad gracias a que hablaban castellano con mayor o menor acierto. De hecho, Egmont lo hablaba a la perfección, fruto de sus visitas a Castilla.

De vuelta en Bruselas, a finales de noviembre, se recibieron buenas noticias desde Valladolid: había nacido en Cigales la primera hija de María y Maximiliano. La habían bautizado con el nombre de Ana.

Felipe sintió no estar allí para conocer a su sobrina y abrazar a su hermana. Se alegró de saber que la niña había nacido sana y robusta. Pensó que él no había tenido la misma suerte, pero lejos de sentir envidia, se alegró. Su amor por María no admitía resquicios para tal vileza.

Carlos apenas sonrió ante la noticia: en su cabeza tenía dos asuntos importantes. Uno, la celebración de un gran funeral en memoria de su esposa. Otro, resolver con su hermano Fernando la cuestión sucesoria.

El primero de mayo de 1550 se celebró el funeral con gran solemnidad. Felipe derramó lágrimas recordando a su madre. Carlos lo hizo añorando a su esposa.

Resuelto este primer asunto, a finales de mes, marchó para Augsburgo para resolver el otro. El emperador se sabía débil y parecía obsesionado por saldar las deudas que su alma tenía con su esposa, con su hijo, con el propio imperio...

No eran las únicas. Antes de marchar para Augsburgo se reunió con la madre de su hijo Jerónimo para dilucidar el futuro de este. Lo hizo en el más absoluto de los secretos.

Fue una reunión en la que no hubo mucho debate: Carlos lo tenía todo pensado. A Bárbara Blomberg, la madre, la ordenó casarse con Jerôme Pyramus Kegel, tutor del niño. A cambio de que los dos guardaran el secreto, él sería nombrado comisario en la corte de María de Hungría, en Bruselas. Eso aseguraba el futuro del matrimonio. Si no le hubiera regalado tal cargo, la pareja habría mantenido igualmente el secreto: todos sabían cómo se las gastaba el emperador con quien le traicionaba.

El niño, que ya tenía tres años, sería apartado de ellos y educado en Castilla, también en secreto. El encargado de buscar padres adoptivos para el niño fue su mayordomo, Luis de Quijada. Los elegidos fueron Francisco Massy, violinista de la corte imperial, y su esposa Ana de Medina, castellana. Cobrarían cincuenta ducados anuales a cambio de educar al niño. Aceptaron y firmaron un documento que les comprometía a cumplir todas las condiciones. Entre ellas, llevar de inmediato al niño a Castilla. Ana de Medina tenía tierras heredadas en Leganés, cerca de Madrid. Allí fueron.

Antes de partir para Augsburgo, Carlos dio a Quijada una nueva orden.

—Solo se ha de saber que Jerónimo es mi hijo cuando yo muera. Hasta entonces, nadie, ni siquiera mi hijo Felipe tiene que conocer su existencia.

Quijada asintió. Él se encargaría de velar por la

salud de Jerónimo, además de cuidar de que su educación fuera la propia de un hijo del emperador.

Carlos ya había resuelto el futuro de su hijo bastardo. Ahora tocaba hacerlo con el de Felipe.

XVI

Fernando, Rey de Romanos, admiraba tanto a Carlos que nunca hacía nada que pudiera no ya ofenderle sino siquiera contrariarle. Pero la petición de que Felipe fuera el heredero del imperio llevó su paciencia al límite.

¿A qué venía ahora plantear esto? ¿Por qué se obligaba a los súbditos de cada ciudad por la que pasaba la comitiva a jurar al príncipe de Castilla como su futuro soberano?

Si Carlos moría, él como Rey de Romanos, debía ser el sucesor. Y cuando él muriera, la lógica mandaba que su cargo lo heredara su hijo.

Fernando en vez de enfrentarse frontalmente a la petición de su hermano, ofreció una alternativa. Esta era que Felipe, aparte de duque de Milán, fuera nombrado Vicario Imperial en Italia. Carlos se negó. Felipe observaba el debate perplejo: hablaban en francés y no entendía todo lo que decían los debatientes.

El príncipe estaba ansioso porque todo saliera

como su padre quería. En privado, le animaba para que no decayera en sus peticiones: quería ser su sucesor.

En los recesos de la disputa, tampoco perdió el tiempo. En cuanto pudo, aprovechó para comprar tres caras armaduras, participar en justas, montar en trineo y ver colecciones de arte.

En una de sus salidas conoció a Tiziano, el pintor preferido de su padre. No le gustó su obra tanto como la de Moro. Lo que en este era trazo firme, en el veneciano eran formas difusas, como si no hubiera acabado a conciencia el cuadro. Sin embargo, no podía negar su sensibilidad. Su capacidad para colorear la carne de sus figuras como si fuera una fruta que se pudiera morder. Paradojas de la vida, le encargó un retrato suyo con armadura. Le habían costado mucho dinero como para que no pasaran a la posteridad con él.

También le encargó una serie de pinturas inspiradas en *La Metamorfosis* de Publio Ovidio Nasón, que Felipe sabía era obra de obligada lectura para todo noble instruido. No era de extrañar, al príncipe le parecía uno de los textos más hermosos que había leído pese a tratar de deidades ajenas a su fe católica.

Tiziano le propuso que los primeros temas a pintar de la serie trataran sobre Dánae y sobre Venus y Adonis. La primera, embarazada por Zeus convertido en lluvia dorada. Los segundos como ejemplo del descubrimiento del amor por parte de un adolescente. Felipe pensó de inmediato en su primera noche de amor con Isabel de Osorio. Aceptó la idea del pintor de inmediato.

Felipe decidió que tenía que empezar a coleccionar arte y a tutelar artistas. Su tía María de Hungría lo hacía. Los grandes hombres de Flandes lo hacían. Pero, sobre todo, el emperador lo hacía. ¿Qué mejor manera de empezar la colección que con Tiziano, quien era para su padre el más grande pintor vivo?

No solo encargó pinturas, también buscó ampliar su colección de reliquias de santos, iniciada durante su estancia en Colonia. Aparte de su significado y de poseer poderes milagrosos, a Felipe le encantaba la forma de presentarlas al comprador. Las reliquias se guardaban en pequeñas arquetas, en formas corporales que recordaban la parte de la osamenta del santo que en ellas se guardaban. Religión y superstición empezaron a encontrar acomodo en la mente del príncipe formando un extraño matrimonio.

Además de satisfacer su espíritu coleccionista y acumulador, Felipe aprovechó los ratos libres para dialogar con reconocidos protestantes. Era tal la alarma que sobre ellos recibía por parte del duque de Alba que necesitaba saber si sus orejas eran puntiagudas y tenían rabo. No vio ninguno con tales atributos. Bien al contrario, conoció a muchos que le parecieron racionales y bondadosos.

No se lo contó a nadie. Bastante problemas tenía ya en las eternas reuniones de la Dieta como para añadir más picante al guiso.

Los meses siguieron pasando sin llegar a ningún acuerdo. Perrenot de Granvela había accedido a acompañar a Carlos en este viaje, pero ya estaba gravemente enfermo. En agosto murió.

El emperador cayó en depresión. Sin embargo, el duque de Alba demostró en ese momento la mayor de sus virtudes: su ánimo y su capacidad de insuflárselo a los demás. Sabedor de la valía del hijo de Granvela como negociador, instó a Antoine a que olvidara su pena para rendir el mejor homenaje que podía recibir su difunto padre: que su hijo culminara las negociaciones que él había iniciado.

A Carlos le suplicó que no decayera. A Felipe le dio hasta alguna que otra palmada en la espalda. La situación era tan tensa que Felipe perdonó al de Alba tan excesiva campechanía.

No tuvo que decirle nada. Su ambición por ser emperador era ya tan grande que no paraba de apoyar a su padre en cada discordia con su tío Fernando. Lástima que no quisiera hablar en castellano para no responderle él mismo. Ni lo sugirió: el príncipe dejó hacer a su padre.

Estancadas las negociaciones, el duque de Alba tuvo una brillante idea que Perrenot hijo secundó: llamar a María de Hungría. Solo ella podía resolver el problema como ya lo había hecho en la repartición del imperio entre Fernando y Carlos en su día.

Pese a ser menor que sus hermanos, María era reconocida como la de mayor inteligencia y poseedora de un sentido moral que nadie cuestionaba. No sirvió de nada. La reina viuda de Hungría llegó en agosto a Augsburgo y volvió en septiembre a Bruselas. El gobierno de los Países Bajos no podía ser desatendido.

—Y menos por culpa de tanta palabrería —añadió.

Todo se complicó aún más cuando Felipe recibió la noticia de su hermana María de que Maximiliano había partido de Valladolid en noviembre con destino Augsburgo para participar en la disputa.

Fernando había llamado a su hijo para que acudiera en su apoyo. Pese a estar siempre acompañado de sus asesores, se sentía solo e indefenso ante Carlos. Al emperador le rodeaban siempre el duque de Alba (apasionado como pocos), su hijo Felipe (ambicioso como nadie) y Antoine Perrenot (casi tan hábil y diligente como lo era su padre). El bando contrario desplegaba una intensidad a la que no podía hacer frente.

Augsburgo recibió a Maximiliano como un héroe. Toda la ciudad sabía lo que se estaba dilucidando. Y el clamor popular era claro: si tenían que tomar partido lo harían por Maximiliano. Le consideraban alemán y no querían un emperador extranjero, que era la imagen que tenían de Carlos.

Felipe recibió a Maximiliano ofendido y con una pregunta.

—¿Habéis dejado sola a mi hermana?

—Vuestra hermana no necesita de nadie para gobernar las Españas, se vale por sí sola.

Como era de esperar, la llegada de Maximiliano enconó aún más las posturas de los contendientes y todo llegó al mismo punto que el primer día. Incluso, peor aún, las viejas rencillas salían a la luz después de tanto tiempo silenciadas.

Fernando recordó que él iba a ser nombrado duque de Milán y no Felipe.

Carlos les recordó que él había tomado siempre las grandes decisiones. Las estrategias militares que habían agrandado el imperio siempre habían sido suyas. Sus Tercios castellanos eran la policía que cuidaba de todos. Los mares eran suyos por su habilidad en atraer a su bando a Andrea Doria.

Sin duda, era hora de que volviera María.

Cuando la reina viuda de Hungría regresó a la Dieta, apenas faltaba una semana para la Navidad. En un principio, su actitud fue cariñosa, intentando sanar las heridas que se habían abierto. Pidió una solución.

Fernando, irónico, respondió que lo mejor era echar a suertes quién sería el heredero ya que hablando no se llegaba a ninguna parte.

Esto ofendió a Carlos, que fue a darle una bofetada a su hermano. Gracias a Dios, la gota le había mermado su capacidad de maniobra y su hermana María se interpuso entre él y Fernando. Miró a los dos con rabia y habló. Por fin lo hizo en castellano, la mejor lengua para hablar claro y contundente.

—¿Es esto una familia? ¿Somos dignos gobernantes del imperio? Si nuestros enemigos supieran que estamos aquí encerrados desde el verano del pasado año, atacarían nuestros reinos y ciudades. Y no sabríamos de ello, ofuscados en nuestras disputas. Exijo llegar a un acuerdo. ¡¡¡Ahora mismo!!!

Tras la arenga de su hermana, Fernando y Carlos admitieron que Antoine Perrenot ideara unos posibles puntos de concordia. No tardó en diseñarlos. Luego, pidió un escribano para que fueran redactados. María se negó: los escribiría ella de su puño y letra. Así los iría revisando sobre la marcha para llegar cuanto antes a una resolución.

Nada más acabados de redactar, la propia María los leyó en voz alta. A regañadientes, los contendientes aceptaron las condiciones.

Fernando heredaría el título de emperador, pero prometió que, cuando eso sucediera, su sobrino Felipe obtendría el título de Rey de Romanos. También recibiría el título de Vicario del Imperio en Italia, algo que costó asumir a Fernando.

Felipe también se comprometió a apoyar a Fernando y a su hijo Maximiliano siempre que lo necesitaran. A no opinar del gobierno del imperio hasta que no fuera emperador salvo que se le pidiera consejo. Y a casarse con una hija de Fernando.

Maximiliano aceptó de palabra el acuerdo, pero no quiso firmarlo. Su padre sí lo firmó, pero en su mirada se podía observar su desencanto. Se sentía traicionado por su idolatrado hermano mayor.

Carlos estaba agotado y a punto de recaer en otro ataque de gota. Su decepción era grande. Creía que su familia accedería a sus peticiones sin tantos problemas. Pensaba que había hecho más por el imperio que todos ellos y ahora le pedían cuentas. Definitivamente, no se merecía tanta afrenta.

Felipe tardó en entender todo lo que pasaba. Hubo que traducirle el documento. Cuando lo leyó pensó que malos son los acuerdos cuando son tan enrevesados. También, que el tiempo pondría a cada uno en su sitio.

La familia siempre unida ya no lo estaba tanto. El imperio se encaminaba a su división.

Era hora de partir y Felipe lo hizo con tristeza: el cuento de hadas no había tenido un buen final. Abrazó a su padre y le dio recuerdos para sus ya buenos amigos Egmont y Horn, que no habían acudido a Augsburgo, ocupados en otras tareas. Quien sí se encontraba en la ciudad era Mauricio de Sajonia, al que el príncipe dio las gracias por su lealtad a su padre y al imperio.

Felipe salió de Augsburgo camino de Castilla en mayo de 1551. Hasta julio no llegó a España. La vuelta fue otra vez una sucesión de agasajos. Esta vez, los disfrutó acompañado de Maximiliano. Este parecía no disfrutarlos tanto. El viaje de este era de ida y vuelta. De ida, para recoger a su esposa y a sus hijos Ana y Fernando, su nuevo retoño al que ni siquiera conocía. De vuelta, porque inmediatamente partirían los cuatro hacia Viena, el nuevo hogar de María.

La tensión entre Maximiliano y Felipe no se relajó en ningún momento. Cuando María, que les esperaba en Zaragoza, vio que ni se hablaban sintió que la peor de sus pesadillas se había hecho realidad. La tensión se palpaba en cada gesto, en cada silencio. Felipe también lo notó. Decidió que su hermana no merecía pasar por este trago tan amargo. La abrazó y luego hizo una carantoña a la pequeña Ana, una rubita que tenía apenas año y medio.

—Qué preciosidad. Vas a ser una mujer muy bella, sobrina.

María, por fin, sonrió.

Maximiliano bajó la mirada pensando que tenía que haber sido él quien mostrara primero cariño por su hija, como padre suyo que era.

6

Hispaniarum princeps (1551)

I

Felipe no podía olvidar la cara de amargura de su padre durante las discusiones en Augsburgo. El rostro doliente de quien había decidido confiar solo en su familia y, sin embargo, ni en ella debía haberlo hecho.

Era una lección imborrable. Tras tanto agasajo y banquete, el hecho de contemplar la fractura de su familia le enseñó que no había nada seguro. Que siempre había que estar alerta. Tal vez por eso decidió sustituir la vanidad por la ambición y las ilusiones por la prudencia.

¿Quería ser emperador? Sin duda. A sus veinticuatro años, tres días de su vida habían marcado su alma. El día que murió su madre, porque era a quien más amaba. El día que nació su hijo porque se dio cuenta de que jamás le amaría. El día en el que se reencontró con su padre en Bruselas, inmóvil en la cama. Porque descubrió que, durante los últimos años de su vida, el emperador se había dejado el alma porque su hijo fuera dueño del futuro. Del suyo y del de media humanidad. Cuando recordaba la escenificación de David y Salomón, aún se emocionaba. Él creía que su padre le despreciaba. Nada más lejos de eso.

El viaje no había sido tan *felicissimo* como se anunciaba, pero lo aprendido en la travesía había sido inmenso. Tras la Dieta de Augsburgo, sería difícil que todas las ilusiones del emperador se cumplieran.

Sin embargo, Felipe tenía la certeza de que el emperador no dudaba de él. Prueba de ello es que le concedió el poder de gobernar las Españas: con eso le bastaba a Felipe. De momento. Sabía que la responsabilidad del poder acarreaba sacrificios. Y que los tiempos venideros iban a exigirle muchos.

Por ello, decidió seguir unas instrucciones que le guiaran. Hasta ahora, siempre las había recibido de su padre. Era el momento de diseñarlas para sí mismo. No serían indicaciones escritas, sino mentales.

Dos conceptos cobraron fuerza en esas instrucciones: prudencia y seguridad. A partir de ahora serían dos palabras que definirían su manera de comportarse.

La prudencia le curaría de todo exceso de vanidad. Más de uno había tenido durante el largo viaje y siempre le habían distraído de atender asuntos más importantes.

La seguridad le protegería como un escudo. Su

padre le había dicho que los seres humanos son como los perros: huelen el miedo y atacan. Tenía razón. Así que, estuviera seguro o no, todos debían creer que lo estaba. Y si las dudas fueran tan grandes que le impidieran dar esa imagen externa, tenía claro el remedio: el enclaustramiento. Cuando cualquiera de sus servidores y súbditos le vieran, sería para recibir órdenes, no para atisbar dudas.

Felipe no contó sus reflexiones a nadie, pero todo el que le conocía notó que había cambiado. Nada más pisar Valladolid, desde el servidor más antiguo al más reciente, percibió que el príncipe andaba con decisión. Y cuando miraba, lo hacía de frente.

Solo habían pasado tres años desde que había marchado de viaje. Quienes le desearon entonces buena suerte en la travesía habían despedido a un muchacho. Ahora recibían a un hombre.

Por si alguien tenía alguna duda empezó a sellar sus cartas como *Philippus, Hispaniarum princeps.*

Si su padre había construido su imperio desde Castilla como guía de las Españas, él haría lo mismo. Defendería las Españas como un padre cuida a su hijo. Como su padre le había defendido a él.

Pero, sobre todas las cosas, había decidido valorar la lealtad y castigar la traición. Ese iba a ser su juego y estas las reglas.

El que no las cumpliera, pagaría por ello.

II

Agotado por tantas experiencias y desbordado por tantas emociones, Felipe decidió regalarse unas semanas de asueto. Por supuesto, las pasaría en Toro, junto a su amada Isabel de Osorio. Sabía que allí residía también Juana con su hijo Carlos, así que el viaje le resultaba obligado.

El reencuentro con Isabel tuvo en su inicio pocas palabras. Se vieron, se sonrieron y se amaron.

Lo hicieron de pie y medio vestidos.

Luego se desnudaron y descansaron para volver a hacer el amor.

Acabaron agotados. Y como todo ser humano agotado es inocente, no hubo lugar para mentiras.

—Ya no sois el joven al que había que guiar en el lecho.

—Han pasado tres años. No soy un cura.

Isabel sonrió.

—Mal ejemplo me ponéis. Hay obispos que tienen más hijos que algunos reyes de Castilla.

Ahora quien sonrió fue Felipe.

—Quiero que sepáis una cosa. Pase lo que pase, lo cuenten las crónicas o no, sois y seréis la mujer que más he amado y amaré en mi vida. Si no fuera quien soy, dejaría todo por vos.

Emocionada, Isabel le respondió:

—Y yo quiero que sepáis otra: siempre seré la mujer más agradecida del mundo. Cuando os tenga, os disfrutaré. Cuando no, os recordaré. Al final de la vida solo quedan los recuerdos. Y los míos serán maravillosos, os lo juro.

Los enamorados tienden a decirse bellas palabras. Pero a veces la belleza es un puñal escondido que rasga hasta el alma. Y las palabras un escudo que protege la debilidad de quien las dice.

Los dos supieron que todo había cambiado. Pero de eso no hablaron jamás. No hacía falta.

Felipe repartió su tiempo en Toro entre Isabel y su hermana Juana. De paso, vio a su hijo. Ya tenía seis años. Y sabía hablar, aunque no lo pareciera. Eso sí, procuraba comportarse en presencia de su padre. Incluso, tras una mirada de Juana, fue a abrazarlo cuando le tuvo frente a él. Felipe correspondió al abrazo con tanta sorpresa como cariño.

Ya a solas, su hermana le acribilló a preguntas. Quería saber todo lo ocurrido en el viaje. Todas las reglas autoimpuestas de Felipe se vinieron abajo. Con Juana no tenía que simular seguridad ni ejercitarse en la prudencia. Era puro amor y resultaba fácil (y muy agradable) recuperar esa sensación prohibida en la política.

Sintió que Juana era el único refugio que le quedaba. Pensó en María, casada con Maximiliano y en lo mucho que debía sufrir siendo esposa de su principal contendiente. Ojalá nunca le pasara lo mismo a Juana.

Despierta, ágil de pensamiento y de palabra, Felipe comprobó que él no era el único que había cambiado en el tiempo que había durado el viaje. A sus dieciséis años, Juana tenía la inteligencia de su hermana y de su madre. También le recordó a María, la reina viuda de Hungría. Sobre todo cuando contenía su enfado... Cosa que no hacía tan frecuentemente como su tía.

A pesar de ser tan joven, tenía perfectamente definidos los problemas de Castilla y el resto de las Españas. Tenía ideas sobre cómo mejorar la economía. Criticaba a su padre por no pensar en su reino más que como una vaca que ordeñar.

Juana era tres mujeres en una siendo apenas una chiquilla. Dulce, maternal, en el cuidado de Carlos. Discreta y fiel cumplidora de sus deberes en palacio. Y, en privado con el príncipe, rebelde ante la injusticia.

Era una rebeldía basada en la fe católica que tan profundamente profesaba y con la que tan poco tenían que ver papas y obispos.

—Me case con quien me case, mi esposo siempre será Jesucristo.

Esa era su filosofía, la de quien murió por salvar a los hombres. También, le parecía a su hermano, la de los primeros cristianos que se escondían en las catacumbas. El problema es que Juana no vivía en una catacumba, sino en un palacio. Y era hija del emperador.

Por eso y porque no se llevara una gran decepción en el futuro, Felipe la avisó de que la vida la llevaría por derroteros en los que debería controlar esa actitud.

Juana no lo veía de la misma manera.

—Mi alma nunca será domada.

Felipe había vuelto de viaje y había encontrado un tesoro. Se llamaba Juana. Y era su hermana.

Ella e Isabel, recordaron a Felipe quién era, lejos de fastos y títulos. Entre las dos, lograron que su vanidad volviera a su tamaño normal, después de tanta inflamación. También consiguieron que su mente se ocupara de las cosas sencillas, ajenas a los protocolos.

Poco duró el asueto. Desde Valladolid llegó al galope Ruy Gómez para darle una mala noticia: Trípoli había caído en manos de Solimán el Magnífico.

La pérdida de Trípoli fue un duro golpe para Castilla y para Aragón. Su rey Fernando la había conquistado en 1510 durante su segunda regencia, ya siendo viudo de Isabel. Y en las Españas, las derrotas sabían más amargas cuando era un infiel quien las provocaba.

III

La pérdida de Trípoli recordó al emperador el desastre de Argel. Ambas plazas habían sido símbolos del poder castellano y ahora pasaban a serlo de la derrota.

Sin embargo, Carlos sabía los problemas que podía acarrear la dispersión de sus fuerzas militares y centró sus preocupaciones en Europa. Para evitar problemas futuros, comenzó a atosigar a su hijo con peticiones económicas y de ejércitos, previniendo lo que él consideraba seguro: un ataque de Francia.

Carlos sabía que el Tratado de Crépy no garantizaría por mucho tiempo la paz porque su pugna con Francia no era simplemente una cuestión de luchas territoriales. Era un conflicto personal que venía de muy lejos y del que él mismo se sentía culpable, aunque nunca lo reconociera en público.

Enrique, nuevo rey de Francia, no guardaba buenos recuerdos de Castilla. Había crecido inflamado por los deseos de venganza. Su padre, el rey Francisco, murió sin perdonar sus años de cautiverio en Madrid, tras ser hecho preso en la batalla de Pavía. Más le habría valido al emperador que sus soldados hubieran dado muerte al rey francés allí mismo. Morir en acto de guerra es símbolo de honor. Ser preso, de humillación.

Carlos creyó resolver el problema liberando a Francisco y firmando el Tratado de Madrid. Pero confiaba tan poco en su enemigo, que exigió que sus dos hijos fueran rehenes del imperio. Dicho y hecho, fueron llevados en el año 1526 a Pedraza de la Sierra. Enrique y Francisco apenas tenían siete y ocho años. Cuando fueron liberados, tenían once y doce, respectivamente. Una edad en la que todo se aprende y nada se olvida.

El mayor de los hermanos creció débil y murió con apenas dieciocho años. Se rumoreó que había sido envenenado. Sin embargo, el monarca francés acusó a Carlos de la muerte de su hijo. El frío y la humedad sufridos por el pequeño Francisco en su cautiverio habían dado como resultado un adolescente enclenque y enfermizo. No era difícil creer que de aquellos polvos habían venido estos lodos. Así las cosas, Enrique fue el sucesor. Ahora pensaba vengarse de lo sufrido por su padre y de la muerte de su hermano. Felipe estaba a punto de heredar las consecuencias de una infamia que había ocurrido un año antes de su nacimiento.

Enrique de Francia había sido informado de la desunión del imperio que tuvo Augsburgo como escenario. No solo Carlos tenía espías: también sus enemigos sabían que, a veces, una buena información era más útil que un gran ejército. También, más barato.

En esta ocasión, los espías franceses tuvieron que trabajar poco. Maximiliano y su padre, Fernando, hablaron con Mauricio de Sajonia, al que tanto Carlos como Felipe consideraban un fiel amigo. Pero la amistad y la política nunca han hecho buena pareja. En las regiones alemanas, la tensión crecía por momentos y los príncipes alemanes veían con mejores ojos pactar como futuro emperador con Maximiliano que con Felipe, para ellos más extranjero aún que Carlos.

Unas ambiciones llevaron a otras y los rumores y las cartas fueron de un sitio para otro. En ellas se hablaba de la reorganización de la Liga de Schmalkalden, del deficiente estado de salud de Carlos y de que Felipe era un joven inmaduro y vanidoso.

Un heredero al que le gustaba más la danza y las mujeres que la guerra.

Un príncipe que apenas participaba en los debates por no saber ni francés ni alemán.

El veredicto general era que con Felipe se desmembraría el imperio.

Se estaba empezando a fraguar un ataque definitivo contra el emperador. Y nadie se dio cuenta.

IV

Felipe dividió su vida entre dos paisajes: Madrid y Toro, símbolos para él del trabajo y del relajo personal y familiar. Eso sí, añoraba Flandes, cuyas ciudades rezumaban cultura. Cuyas calles y edificios eran monumentos en sí mismos. También echaba de menos sus verdes paisajes, tan alejados de la yerma Castilla.

Entre el trabajo, el amor y las obligaciones familiares, Felipe también tenía pequeños detalles que cuidar. Su fiel Ruy Gómez bebía los vientos por una niña. Su nombre, Ana de Mendoza y de la Cerda. De porte elegante y distinguido, algo innato en los Mendoza, llamaba la atención de todos por su belleza y por un parche que cubría su ojo derecho. Unos decían que por un accidente practicando esgrima. Otros que por un golpe al caer del caballo. El caso es que tal detalle no rebajaba sino que, al contrario, remarcaba la singularidad de la muchacha, que apenas contaba con doce años. Ruy Gómez tenía treinta y cinco.

Felipe ya sabía de la fijación de su querido Ruy por la joven Mendoza. Pero esperó a contemplar cómo el portugués miraba embelesado cómo caminaba la niña para sorprenderle a sus espaldas.

—¿No es demasiado joven para vos?

Gómez dio un respingo. Al mostrar su rostro al príncipe no pudo evitar ruborizarse. Felipe parecía especialmente divertido por la situación.

—¡Os habéis sonrojado!

Como respuesta, Ruy Gómez aún se sonrojó más.

—Por Dios, mi querido Ruy... Estáis enamorado.

—Lo estoy.

Felipe puso una mano en su espalda, en señal de apoyo. El hombre que le había enseñado a dejar de ser niño, a saber comportarse con una mujer antes de su noche de bodas, ahora estaba encandilado como un niño de la misma edad que la mujer que deseaba.

Si había alguien que merecía ver cumplidos sus caprichos, ese era Ruy Gómez, pensó Felipe. Esencialmente, porque nunca le había pedido nada.

—Tranquilo. Yo mismo hablaré con su familia.

—Gracias, alteza.

—No me las deis. Vos negociasteis mi boda, yo negociaré la vuestra.

No le costó mucho a Felipe convencer al padre de la muchacha, don Diego Hurtado de Mendoza, descendiente del gran cardenal Mendoza, para algunos tan rey de Castilla como Isabel y Fernando a los que sirvió. Para los Mendoza, casar a su hija con Ruy Gómez era estar cerca del principal hombre del futuro rey. A cambio, aportaban una fortuna de las más grandes del reino.

Eso sí, Ruy debería esperar a que la niña tuviera más edad. Por la sonrisa con que recibió la noticia, no pareció que le importara mucho dicha espera.

Además, pronto tendría trabajo que hacer: negociar la boda de Juana.

V

La necesidad de dinero del reino siempre se saldaba de dos maneras: apretando a las Cortes o concertando bodas que dieran beneficios a las arcas de la corona.

En el primer caso, las víctimas eran los súbditos.

En el segundo, la familia real. Esencialmente sus mujeres, moneda de cambio del imperio.

El emperador era insaciable al respecto. Por mucho que Felipe intentara ganar tiempo tardando en responder a las cartas de su padre pidiendo más dinero, al final siempre pagaba. Viajaba de corte en corte como un pedigüeño. Pero esta vez no fue suficiente: el emperador diseñó un plan matrimonial para él y su hermana Juana. Ambos se casarían con esposos portugueses.

Felipe se casaría con su prima María, siete años mayor que él y poseedora de tanta inteligencia y belleza como fortuna. La dote pactada con el rey de Portugal era ni más ni menos que 400.000 ducados a pagar de inmediato.

Por su parte, Juana lo haría con Juan Manuel, heredero de la corona lusa. Sin duda, aparte de la necesidad inmediata de dinero, Carlos tenía en su mente una futura unificación de España y Portugal.

De repente, algo se quebró dentro de Felipe. En la Dieta de Augsburgo, el emperador y su hermano Fernando habían pactado que Felipe casaría con una hija de este. Esa era la condición para poder llegar a ser Rey de Romanos. Todo se quedaba en agua de borrajas ante el hervidero alemán.

Hundido, Felipe ordenó a Ruy Gómez negociar ambas bodas con el rey de Portugal. Ruy se dio cuenta de lo que eso significaba.

—Pero eso os alejará de Flandes...

Felipe le hizo un gesto para que no siguiera. Le dolía demasiado esa evidencia.

—Nada de lo viejo sirve, querido Ruy. Es necesario cambiar los peones. ¿Cómo es posible que nadie estuviera al tanto de los planes de Mauricio de Sajonia? ¿No sabía nada mi primo Maximiliano de lo que iba a pasar en Innsbruck?

—Resulta difícil de creer.

—Y más aún de admitir. Ya entiendo por qué no quiso firmar los pactos de Augsburgo.

—Los aceptó de palabra.

—Las palabras se las lleva el viento.

Al mismo tiempo que Ruy Gómez marchó a Lisboa, el príncipe se dirigió a Toro. Otra vez tenía que repetir la desagradable experiencia de dar la noticia de su boda a una hermana. Primero fue María. Ahora era Juana.

Nada más oír cuál sería su destino, su hermana dibujó en su cara un rictus de amargura.

—Muchos dicen que las hijas de reyes tenemos suerte por serlo, porque no pasamos necesidades. Pero somos soldados que obedecemos órdenes. Casamos con quienes nos dicen. Parimos sus hijos. Aconsejamos a reyes, gobernamos en su ausencia... Y nunca las crónicas hablarán de nosotras.

Felipe no supo que responder. La abrazó, triste. Ahora sí, su hermana sonrió para consolarlo.

Luego, Juana repitió aquella frase que no hacía mucho había dicho a su hermano.

—Mi alma nunca será domada.

Felipe no supo si su hermana dijo esas palabras porque estaba segura de ello o para animarse a sí misma. Pero pensó que, sin duda, pocas frases habría más hermosas para grabar en un escudo de armas.

Luego, pensó en ir a ver a Isabel de Osorio para darle las malas noticias. Solo lo pensó, porque no lo hizo: volvió a Madrid. Era la primera vez que pisaba Toro y no iba a ver a su amada.

A cambio, nada más llegar a la corte, ordenó que se le concediera una cuantiosa suma de dinero. Con ella, podría vivir el resto de su vida.

Cuando la recibió, Isabel lloró. Y no de alegría. Sabía que era un regalo de despedida.

Felipe, mientras tanto, hacía el amor con una dama. No hubo ternura en el acto. No era el momento. Probablemente no lo sería nunca más, pensó apesadumbrado.

VI

Juana se casó por poderes el 11 de enero de 1552 en el mismo Toro donde residía. Su marido apenas tenía quince años (dos menos que ella) y la esperaba en Lisboa, hacia donde partiría Juana meses después.

Cuatro días después, Francia y los príncipes alemanes, con Mauricio de Sajonia a la cabeza, firmaron el Tratado de Chambord. En él, los príncipes consiguieron apoyo económico francés. A cambio, dejarían que Francia tomara las plazas de Metz, Toul y Verdún y llegaran a la Lorena. En abril, ya eran suyas.

Carlos esperaba el ataque en ese mes, pero no en las fronteras del Rin, sino en Italia. Lo que no esperaba bajo ningún concepto era que Mauricio de Sajonia, su fiel amigo, formara un ejército. Y menos que atacara Innsbruck estando él allí.

El resultado de tal ignominia fue que el emperador tuvo que huir junto a su hermano Fernando. Lo hizo de madrugada para evitar ser capturado. Lo tuvieron que llevar en parihuelas, enfermo de gota, sin capacidad para caminar, utilizando andurriales y senderos.

Cuando se vio huyendo, como un cobarde, Carlos sintió un dolor profundo. Él, el más glorioso de los generales. Él, que siempre había acudido en ayuda de los demás cuando la solicitaban. Maximiliano se excusó diciendo que no fue avisado a tiempo. Pero muchos recordaron que no firmó los pactos de Augsburgo, como lo había hecho Felipe, el emperador y su propio padre. En el catecismo se dice que se puede pecar por acción o por omisión. Sin duda, este era un ejemplo de lo segundo.

Cuando el enviado del emperador, Manrique de Lara, contó la noticia a Felipe, este dio un puñetazo en la mesa.

—¡Juro que todos los culpables pagarán su traición!

Nadie había visto a Felipe mostrar su ira.

Inmediatamente, convocó con urgencia al Consejo de Estado y al de Hacienda. Su padre exigía revitalizar los viejos Tercios con más soldados españoles, los únicos que le garantizaban lealtad hasta la muerte cobraran a tiempo o no su soldada. Tan leales eran, que cuando no había fondos, repartían su sueldo con los mercenarios extranjeros. O renunciaban a él para ser pagados después que ellos.

Paradojas de la vida, el emperador que llegó de casi niño a Castilla mirando por encima a sus súbditos, ahora sabía que eran los únicos en los que podía confiar. Y estos le respondieron como un solo hombre. Para sorpresa de Felipe, acostumbrado a tener largas sesiones para conseguir dinero en las Cortes, estas no pusieron pegas a pagar. Tenían que vengar la ofensa hecha a su rey.

De este hecho, aprendió el príncipe dos lecciones. La primera, que, pese a estar en la miseria, Castilla ni las Españas no gustaban de ser humilladas por nadie. Podían discutir lavando la ropa sucia en casa, pero jamás lucir sus miserias a ojos ajenos.

La segunda lección era que no hay nada peor en tiempos de guerra que provocar al orgullo castellano. Todos aportaron algo. El obispo de Salamanca dio de su bolsillo 5.000 ducados que, sumados a los fondos cedidos por nobles y comerciantes que vieron el peligro que corrían sus negocios, sumaron la friolera de dos millones de ducados que fueron a parar al emperador, llevados por el propio Manrique de Lara a Bruselas.

El mismo duque de Alba partió con tropas en galeras para responder al ejército francés.

—No será la primera vez que les venzo. Ni será la última.

Felipe insistió en partir con él y ayudar en persona a su padre. Pero Manrique le dijo que no era posible. Traía órdenes estrictas del emperador al respecto: debía quedarse en Castilla, para no debilitar la retaguardia.

Recién llegados los refuerzos, Carlos intentó recuperar Metz. Cincuenta y cinco mil hombres lucharon a sus órdenes en una demostración de fuerza nunca vista. Fue inútil: los franceses resistieron.

Antes de la Navidad de 1552, Carlos se retiró a

Bruselas. La mitad de su ejército había muerto o desertado. Tantos fondos y tanto orgullo era digno de alabar, pero sirvió para poco contra unos ejércitos que tenían estudiada la estrategia desde hacía casi un año. Se la habían preparado a conciencia mientras el imperio perdía su tiempo en discusiones familiares.

Trípoli, Metz, Verdún... Luego, Innsbruck. Y después, otra vez Italia, donde una alianza de franceses y turcos atacó Génova. El imperio estaba siendo atacado por todas partes y con saña.

Felipe reaccionó en cuanto supo la noticia, enviando tres mil hombres bajo el mando de su amigo Luis de Requesens.

El emperador cayó en depresión profunda. La suma de tanta derrota y tantos frentes abiertos y de sus múltiples enfermedades se cebaron en él. A la pertinaz gota que atacaba sus nervios, se le añadió un duradero catarro y unas hemorroides sangrantes que le hacían llorar de dolor. En este estado, anuló durante meses cualquier recepción y no emprendió ningún negocio.

Todo se hubiera venido abajo si María de Hungría, la hermana pequeña del emperador, no hubiera asumido todas las responsabilidades de gobierno. Entre ellas, seguir pidiendo dinero a Castilla.

Felipe se repetía a sí mismo las palabras mágicas: seguridad y prudencia. Pero tan peculiar letanía no surtía ningún efecto. Siempre le venía otra palabra a la cabeza: dinero. Justo lo que no tenía.

El imperio era un pozo sin fondo. Así respondió a su tía María y, por lo tanto, a su padre. También les dio una noticia que más que eso era una recriminación: no estaban controlando los fondos con buen tino. Felipe había encargado a Ruy Gómez un seguimiento del dinero que enviaba al imperio. El resultado fue que se perdía por el camino de manera vergonzosa. Los ducados se perdían de bolsillo en bolsillo en numerosas corruptelas.

Felipe estuvo a punto de añadir más críticas sobre cómo funcionaba el imperio en esa carta. Como por ejemplo, ¿dónde estaban los espías del imperio mientras se urdía este ataque combinado? ¿Dónde sus vigías? ¿Cómo nadie pudo saber de la traición de Mauricio de Sajonia a tiempo? ¿Por qué su primo Maximiliano no había estado presto en socorrer al emperador en Innsbruck? ¡Bien rápido que viajó desde Valladolid a Innsbruck cuando se enteró de que se perjudicaban sus intereses en la Dieta Imperial!

Las preguntas surgían una detrás de otra en la cabeza del príncipe. ¿Cómo nadie supo de lo tratado en Chambord? ¿Por qué el Papa no actuaba contra el rey francés si pactaba con el turco para atacar Génova?

Felipe optó por ser prudente y no hacer esas preguntas. Solo escribió sobre el asunto de la falta de fondos y acerca de la corruptela detectada.

Dio igual. Carlos ni respondió a esa carta.

De inmediato, Felipe hizo llamar a Ruy Gómez: había que reaccionar. Si querían que el futuro fuera suyo, había que empezar a trabajar en ello.

—El emperador es un hombre enfermo y acabado. Está obsesionado con seguir las viejas costumbres que un día dieron frutos. Ya no lo darán más.

Es hora de cambiar de peones. De sustituir lo viejo por lo nuevo.

Ruy guardó silencio esperando órdenes. No tardó en escucharlas.

—Quiero que organicéis una nueva red de espías que avisen de los planes de nuestros enemigos. La de mi padre ya no sirve. Es algo tan claro como la sopa de los pobres.

Gómez se puso manos a la obra con Gonzalo Pérez. El objetivo era reclutar a los funcionarios más leales y a los aventureros más atrevidos que supiesen lenguas extranjeras. También a los mejores cronistas que edulcoraran lo que sucediera, probablemente más indigno que noble. Todos debían evitar mezclarse con los funcionarios y espías del emperador.

El imperio necesitaba sangre fresca. Y Felipe estaba dispuesto a dársela. No estaba seguro ya si lo heredaría ni qué reinos acabaría gobernando: fueran los que fuesen siempre le quedarían Castilla y España. Y, al otro lado del océano, las Américas. Suficiente.

Cuando él mandara en todos estos territorios, todo se organizaría de modo distinto. Y eso no iba a ser posible de inmediato. Había que empezar ya a preparar el camino.

No sería tan buen guerrero como su padre, pero viendo el declive de este, se juró a sí mismo no caer en sus errores. El hombre más desconfiado del mundo, el emperador, había sido abandonado por su familia y traicionado por su leal Mauricio de Sajonia. Eso nunca le pasaría a él.

Las personas que más quería ya no estaban con él.

Sus hermanas ya estaban casadas.

La mujer que amaba nunca podría ser su reina.

Su hijo no requería de su tiempo porque no estaba dispuesto a dárselo a quién tenía la certeza de que no le heredaría.

Debía tener nueva descendencia. Luego, esperaría el momento de aplicar sus normas.

Se había terminado el tiempo de soñar. Había llegado el momento de preparar el futuro. El problema era que, todavía, dependía de su padre en demasiadas cosas. Entre ellas, la de encontrar esposa.

VII

El año 1552 acabó con el emperador haciéndose fuerte en Flandes. Tanto dinero y tanto ejército no dieron para recuperar Metz, pero sí para defender lo que ya se tenía.

Se dice que en la guerra un ataque a tiempo es sinónimo de victoria. En eso, los franceses habían dado una lección. Pero los Tercios no eran alumnos que gustaran de recibir dos lecciones en un corto espacio de tiempo. Y defendiendo una plaza eran imbatibles.

De la ira se pasó a la amargura. Luego, a cierta tranquilidad. Mauricio de Sajonia había vuelto a cambiarse de bando por dinero. No le dio tiempo para gastarlo: murió combatiendo en una batalla que ganó. En Sieverhausen, contra el príncipe de Brandeburgo. Nadie lloró su muerte.

En Castilla, Ruy Gómez dedicaba su tiempo a dos bodas. La suya y la del príncipe.

En abril se firmaron las capitulaciones de la próxima boda de Gómez con Ana de Mendoza, la bella muchacha del parche en su ojo derecho. La corta edad de ella (apenas trece años) exigía que siguiera bajo la tutela de sus padres.

Tras haber conseguido su objetivo, Ruy marchó a Lisboa para concretar el matrimonio de Felipe con María de Portugal. Las negociaciones se habían ralentizado dadas las circunstancias bélicas, pero era necesario reorganizar el imperio y que Felipe estuviera al lado de su padre en Bruselas.

El agravamiento del estado de salud de Juana, la madre de Carlos, en su retiro-prisión de Tordesillas, aceleró la preparación de un cambio de poder.

Carlos, como rey de Castilla, no quería legar la corona a su hijo estando viva quien por ley (y si no hubiera padecido trastornos mentales) era la verdadera reina.

Pero si el príncipe iba a Bruselas, ¿quién gobernaría España? Sus hermanas ya estaban casadas y tenían otras obligaciones. El plan era que, una vez consumado el matrimonio, fuera María de Portugal quien asumiera un papel parecido al que en su día realizó Isabel de Portugal, la añorada esposa de Carlos. Preparada estaba, desde luego. No en vano era hija de Leonor de Austria, hermana de Carlos, y era reconocida como una mujer extremadamente culta, sensible e inteligente.

Estaba todo arreglado para la boda cuando una noticia sacudió las casas reales de Europa: la muerte de Eduardo de Inglaterra, enfermo de tuberculosis. Corría el mes de julio y todos los mecanismos del imperio empezaron otra vez a funcionar.

Con la muerte de Eduardo, la línea sucesoria indicaba que la heredera sería María Tudor, su hermana. Pero su fe católica provocó que tanto su padre como su hermano intentaran apartarla de la corona.

Eso suponía también apartar a su hermana Isabel, a la que todos veían como reina ideal de los ingleses. No le importó. Enrique VI decidió que, tras su muerte, fuera declarada reina Juana Grey, sobrina segunda suya.

La decisión fue muy discutida, pues legalmente era la quinta en orden sucesorio. Lady Grey apenas tenía dieciséis años, pero era reconocida por su preparación y cultura. Y valorada sobre todo, por no ser católica. Apenas duró nueve días en el trono: el 1º de junio se ungió la corona y el 19 se la quitó de su bella cabeza.

María Tudor heredaría la corona convirtiéndose en un plato apetecido de todas las casas reales: una reina soltera no se encontraba todos los días.

Carlos decidió que era la esposa ideal para Felipe. Unir Inglaterra con el imperio suponía sumar fortunas y ejércitos contra Francia. El emperador supo que el rey de Francia y su propio hermano Fernando habían enviado embajadores a Londres para ganarse los favores de la nueva reina. Él no podía ser menos y envió los suyos sin avisar previamente al propio Felipe.

Al principio, María Tudor se mostró remisa a casarse con Felipe. Católica radical y pudorosa por excelencia, no veía con buenos ojos casarse con un hombre más joven (once años) que ella. De hecho, cada vez que se le planteaba el tema, soltaba risitas nerviosas y su blanca piel se sonrojaba. Pero, al final, el hecho de casarse con un príncipe católico, hijo de quien había combatido como nadie por la cruz de Cristo, hizo que se decidiera por Felipe.

El príncipe empezó a ser informado por su padre cuando las negociaciones empezaron a tomar buen color. Carlos no quería que su hijo le viera en otra derrota.

Cuando Felipe dudó de seguir negociando con Portugal, el emperador le instó a que siguiera haciéndolo, no fuera a quedarse sin ninguna de las dos novias.

El problema era que si Felipe se convertía en rey consorte de Inglaterra, ¿quién gobernaría España? María Tudor exigía la presencia física de su marido en Londres.

—Quiero que esté a mi lado. Así me ayudará a perseguir a los herejes.

Con Felipe en Inglaterra, España se quedaría sin regente.

El destino y, otra vez, la tuberculosis vinieron en ayuda de las tesis del emperador. El joven marido de

Juana, Juan Manuel, enfermó y falleció el 2 de enero de 1554. Ni dos años había durado un matrimonio que había dado sus frutos: un niño al que el padre ni llegó a conocer. Juana volvería a Castilla para asumir la regencia.

Para entonces, Felipe ya había firmado los documentos por los que aceptaba su boda con María de Portugal. Si las palabras se las lleva el viento, en esta ocasión fue la firma de todo un príncipe la que acabó en la chimenea de palacio.

Ruy Gómez contuvo como pudo a los portugueses, que exigían marcar la fecha de la boda en su calendario. Su insistencia no obtuvo respuesta alguna. María de Portugal se quedó compuesta y sin novio por culpa de otra María apellidada Tudor e inglesa.

Y Felipe tuvo por fin la certeza de que pronto iba a ser rey. Pero no de Castilla, sino de Inglaterra.

VIII

El hombre elegido para cerrar las capitulaciones matrimoniales fue el conde de Egmont. Junto a él, Felipe hizo viajar a Antonio Moro para que le hiciera un retrato a la reina María. No había conocido pintor que captara mejor la realidad de las personas. Egmont llevó como regalo de bodas a Londres la Perla Peregrina, una perla en forma de gota y de extraordinario tamaño. También viajó con él a Londres el retrato de Felipe con armadura pintado por Tiziano en Augsburgo.

María Tudor se emocionó al ver la joya, pero aún más al ver el cuadro. De hecho, Egmont tuvo más dificultades en cerrar las negociaciones con los asesores de la reina que con ella, que ya empezaba a soñar con su joven marido, tan apuesto con su armadura.

Sin embargo, a nivel político nada fue fácil. Los ingleses temían la presencia de un rey extranjero y pusieron un primer obstáculo en el camino: María era reina, y su futuro marido, solo un príncipe. Carlos solventó este tema jurando que cedería a su hijo la corona de Nápoles.

Pese a ello, Egmont no pudo evitar unas capitulaciones matrimoniales humillantes. Según las mismas, Felipe sería rey, pero jamás gobernaría Inglaterra. Si su matrimonio daba frutos, el príncipe heredero recibiría los Países Bajos, además de la corona inglesa. Si el hijo de Felipe, Carlos, moría sin tener hijos, el hipotético hijo de Felipe y María Tudor sería el futuro rey de las Españas. Ningún español ostentaría cargos públicos en Inglaterra. Felipe debía comprometerse a no inmiscuir a Inglaterra en la eterna guerra con Francia. Y, el colmo de los colmos, si María moría, Felipe no tendría derecho alguno sobre la corona de Inglaterra.

Felipe creyó que su padre jamás aceptaría esas condiciones. Se equivocó. Carlos le instó a aceptarlas. Lo importante era casarse. Luego ya se arreglarían los demás asuntos. Lo fundamental era convertir al catolicismo las tierras inglesas. Una vez conseguido esto, todas las capitulaciones quedarían en papel mojado.

El príncipe quedó tan estupefacto como decepcionado. Mientras intentaba asimilar la noticia, Egmont le representó en la boda simbólica con la reina inglesa tras la aceptación de las capitulaciones. Yació a su lado en el lecho vestido con su armadura. María no dejaba de reírse, nerviosa. Egmont mostró entereza. Pero quien estaba verdaderamente nervioso era él. Por la risa compulsiva como una tos de María y por el futuro marital que le esperaba a Felipe.

Cuando volvió a Castilla, trajo consigo el retrato que Moro había realizado de la reina. El pintor prefirió que su obra hablara por él y marchó directamente a Bruselas.

Felipe vio el retrato acompañado del propio Egmont y Ruy Gómez. No alzó la voz, pero su cara era un poema. Cualquier pesadilla era más atractiva que esa mujer que le miraba desde el lienzo. Miró a Egmont.

—Tendré que dormir también con armadura, como vos yacisteis en su lecho.

Ni Egmont ni Gómez esbozaron una sonrisa ante la amargura del comentario.

Esa noche, Felipe pidió que le trajeran numerosas velas. Necesitaba ver a la Dánae de Tiziano. Su piel tersa y blanca, que imaginaba sonrojada ante la más leve caricia. Las mil promesas de placer que su vientre insinuaba. Sus pechos firmes que pedían ser besados. De repente, la cara de Dánae se convirtió en su imaginación en la de Isabel de Osorio, su amante. Su amor ya apagado por tantas obligaciones que tenía como príncipe. Y maldijo su destino como hombre.

En ese momento, supo que Antonio Moro era el pintor de la realidad, pero Tiziano lo era del amor y de los sueños. El italiano se convirtió en el acto en su pintor preferido por encima de su hasta ahora intocable Moro. Porque pronto necesitaría soñar para evadirse de la dura realidad de amar a la mujer más fea y desagradable que sus ojos habían visto jamás.

A la mañana siguiente, ordenó que el cuadro de Dánae fuera protegido y embalado. Viajaría a Londres con él.

IX

Felipe inició su viaje hacia Inglaterra citándose con su hermana Juana en Alcántara, adonde llegaría de vuelta de Portugal. Desde ahí, ella seguiría hasta Valladolid, donde se instalaría la corte. Él seguiría camino de La Coruña, desde donde zarparía a Inglaterra.

No confiaba mucho el emperador en su hija Juana. Le habían llegado informes de Portugal que hablaban de altivez y rebeldía. De ello avisó a Felipe, al que conminó a que hablara con ella. Cuando este recibió la orden no pudo evitar una sonrisa y recordar la frase de su hermana.

—Mi alma nunca será domada.

Al parecer, en Lisboa no la habían domado, desde luego. Cuando Felipe la informó de la mala opinión que tenía su padre de ella, Juana se enfurruñó. Cuando supo que el emperador exigía que la acompañara siempre una mujer de mayor edad y que los documentos oficiales nunca los firmara ella sino los secretarios, su enojo fue en aumento.

Felipe decidió que la mejor manera de calmarla era hacer un viaje juntos. Y le propuso ir a Tordesillas a ver a su abuela Juana, ya en un estado de debilidad evidente.

Aun así, mostró a sus nietos la mejor de sus sonrisas.

—Gracias por venir, no me queda mucho tiempo.

Luego les pidió que esperaran: tenía que probarse el sudario con el que quería ir vestida al otro mundo.

Solos, Juana y Felipe se miraron tristes.

—Prometedme una cosa, hermano.

—Lo que queráis.

—Pase lo que pase, que nadie me encierre como han hecho con nuestra abuela.

Felipe asintió. Con otro interlocutor hubiera sido suficiente. Con su hermana, no. Por eso reafirmó su promesa con palabras.

—Os lo juro, hermana.

Contemplando la tristeza de Juana, Felipe no pudo dejar de pensar en las dudas que su padre albergaba sobre ella. Comprendía por qué las tenía: su hermana tenía un carácter indómito, mostraba sus sentimientos, algo que desde la infancia tanto su madre, como su padre, en sus fugaces apariciones, les insistían en evitar.

Juana no tenía pudor en decir lo que le gustaba o no. En llorar o reír. Por su cara, en Portugal debía haber llorado. Felipe le preguntó por su marido, Juan Manuel.

—Estaba loco por mí desde que me vio.

Se le ensombreció la cara.

—Morir con diecisiete años y sin conocer a su hijo. Pobrecito.

Al día siguiente, cada uno siguió su camino no sin darse un emocionado abrazo.

Felipe pensó cada día en Juana. A sus diecinueve años ya era viuda y madre de un hijo de tres meses, Sebastián, pelirrojo como su padre, al que había tenido que dejar en Portugal al cuidado de su tía (y suegra) la reina Catalina. Era el futuro heredero de la corona tras la prematura muerte de su padre. Por lo tanto, al volver ella a Castilla como regente, no podía traerlo consigo. Demasiadas emociones y tristezas para tan corta edad.

Como premio, ahora le tocaba gobernar desde Castilla el resto de España. Tenía que hacerlo con la desconfianza del emperador, su padre. Alguien que apenas había despachado con una fría carta de duelo la muerte de su marido cuando había escrito docenas para avisar a Felipe lo poco que confiaba en ella. Alguien que la obligaba a dejar de ver a su hijo casi recién nacido por el bien del imperio.

Luego pensó que, como su hermana, él también era un juguete de las maniobras de su padre, obligado como estaba a casarse, tras aceptar unas capitulaciones matrimoniales infames, con la reina de la fealdad y de Inglaterra.

Su vanidad le recordaba continuamente sus deseos de ser rey y emperador. Pero en momentos como estos, sus sentimientos le susurraban si no hubiera sido más feliz siendo un campesino o un carpintero que hijo de rey.

7

Dios, llévame de aquí (1554)

I

Siete días tardó en llegar Felipe a Inglaterra, concretamente al puerto de Southampton. La flota la componían 125 barcos que partieron de La Coruña el 13 de julio de 1554.

En ellos, como ya ocurriera en el *felicissimo* viaje por el imperio, se podía encontrar lo más granado de la nobleza castellana además de asistentes y soldados que sumaban la cifra de tres mil hombres. En vez de a una boda, más bien parecía que iban a conquistar Inglaterra.

El estado de ánimo del príncipe no era bueno. Esta vez, Felipe no hizo bromas sobre el miedo a la mar del duque de Alba, ni sobre sus continuos paseos hasta la borda para vomitar. Él no estaba mejor.

No podía comprender cómo en un viaje tan terrible como el que le llevó a Génova no se había mareado ni un día y ahora que los vientos ayudaban y había bonanza, tenía que estar encerrado en su camarote. Ruy Gómez le dio la explicación.

—Vuestro ánimo no es bueno.

No lo era, no. Se deprimía solo de pensar en convivir en un lugar extraño y escuchar una lengua que las veces que la había oído le parecían gruñidos. Peor aún era cuando recordaba el retrato de su futura esposa, sonriente, con esa rosa roja, le daba vértigo. Y volvía a encerrarse en el camarote.

Su padre le había confesado que en su día él mismo había estado prometido con María Tudor cuando ella era apenas una niña. Lástima que no lo hubiera hecho: así no tendría que hacerlo él ahora, cuando ya era una vieja.

Tres de los siete días del trayecto los pasó tambaleándose y dio gracias a Dios por pisar tierra por fin. En el puerto esperaban los anfitriones ingleses, encabezados por sir Anton Browne. También esperaban allí enviados flamencos que traían consigo la renuncia de Carlos a sus derechos en Nápoles. Felipe se convirtió de repente, en las vísperas de su boda y en un puerto inglés, en rey de Nápoles. Felipe se preguntó de cuántos sitios sería rey antes de serlo de Castilla.

No fue el único regalo. Browne hizo traer de las riendas a un hermoso caballo blanco enjaezado de terciopelo carmesí y oro. Felipe lo contempló más enamorado que si hubiera tenido delante de él a su futura esposa. Browne le habló en latín: el caballo era suyo por cortesía de la reina. Felipe acarició con cariño el caballo.

A sus espaldas, los ingleses comentaron en voz baja su desacuerdo de que al futuro rey de Inglaterra se le hablara en latín y no en inglés. El cuchicheo llegó a los oídos del duque de Alba, que con su mirada torva hizo que volviera a reinar el silencio.

—Mal educados —susurró.

Ruy Gómez escuchó sus palabras y asintió mirando al de Alba. Era de las pocas veces que ambos estaban de acuerdo en algo.

De inmediato, el cortejo se dirigió a Londres. El viaje se convirtió en todo un espectáculo. Los españoles, predominantemente vestidos de negro, cruzaban las verdes campiñas erguidos, como si posaran para un cuadro. Los ingleses les miraban como si fueran comediantes disfrazados y sobreactuados.

Para los nobles españoles, los campesinos ingleses eran unos atrasados y los nobles que les habían recibido unos maleducados que no sabían sonreír.

Para los nobles ingleses, sus homólogos recién llegados eran unos descarados que sonreían demasiado y daban palmadas en la espalda sin venir a cuento. Para colmo, no entendían las caras de desagrado que los españoles mostraban cada vez que probaban la comida inglesa.

Bastó un día para que cualquier diálogo entre ambos bandos fuera acompañado con la mano diestra sobre la empuñadura de la espada.

Al llegar a Londres, los españoles iban a una fiesta. Los anfitriones que les vieron llegar pensaron que estaban siendo invadidos. Solo había un asunto en el que ingleses y españoles estuvieran completamente de acuerdo: los dos bandos opinaban del contrario que eran mala gente.

No dejó de llover en ningún momento desde Southampton a Winchester. Gonzalo Pérez bromeó diciendo que de seguir lloviendo así acabarían cayendo truchas del cielo. Y más de uno pensó que con la cuarta parte del agua que había caído sobre sus cabezas durante el camino, los campos de Castilla florecerían como si de un edén se tratase.

Felipe estaba empapado. Ruy Gómez le avisó de que se pusiera bajo cubierto en alguna carreta, para no sufrir un enfriamiento. No quiso. Como rey que ya era de Nápoles y futuro rey de Inglaterra debía encabezar la expedición. Como hombre, llegó a desear que ojalá una pulmonía retrasara su noche de bodas.

El príncipe secó su frente por la que caían gotas de agua. Luego intentó quitar la lluvia que se acumulaba en su traje de terciopelo negro.

Después, Felipe siguió cabalgando, digno, como un mártir que fuera al sacrificio. Vestido de negro sobre un hermoso caballo blanco, su rostro impregnado de una evidente melancolía, su imagen impresionó hasta a los que no querían su llegada.

II

Al llegar a Winchester, todos cambiaron su vestimenta empapada por otra seca. Inmediatamente, Felipe pidió ser guiado a un lugar donde pudiera rezar.

Después, acompañado de Egmont, del duque de Alba y Ruy Gómez fue llevado a una sala donde por fin conocería personalmente a su futura esposa.

Durante la espera, el duque intentó animar a Felipe.

—Ya veréis como no es tan fea. No puede serlo: la madre que la parió era hija de la gran Isabel la Católica.

Cuando llegó María Tudor, se arrepintió de haber dicho esas palabras. Envejecida, con algún diente que había decidido exiliarse de su boca y con una sonrisa que provocaba más terror que simpatía, la reina acudió a su encuentro. Lo hizo vestida con un traje granate que mostraba su delgadez y con una peluca teñida de un color tendente al pelirrojo sin llegar a ello.

—Madre del amor hermoso —musitó el duque de Alba tras una forzada sonrisa de cortesía.

Felipe también mostró cortés la mejor de sus sonrisas. En realidad, notaba como si unas agujas le estuvieran acribillando los riñones.

Ruy Gómez lo notó y quiso darle ánimos.

—Tal vez si usase los vestidos y tocados de nuestras mujeres, parecería menos vieja y flaca...

El príncipe le miró casi con odio. ¿No era tan evidente como para él lo que veían sus ojos?

Gómez se vio obligado a decir la verdad.

—... Pero si he de ser sincero, mucho Dios es menester para beber de este cáliz.

El cáliz llegó donde ellos. Felipe la besó en la mano. Ella le besó en la boca. Su rostro mostraba el sentimiento de un corazón embelesado.

La reina consideraba que la vida le había dado, ya madura, dos regalos que no esperaba: la corona y un marido joven y con poder, hijo del gran emperador del mundo.

María empezó a creer que por fin podía ser feliz tras una vida de desprecio y aislamiento, provocada por un padre que coleccionaba esposas como otros pinturas. Que cambiaba de opinión guiado por su vanidad y por su miembro viril más que por auténticas razones de Estado.

Famélica de amor toda su vida, por fin Dios parecía querer resarcirla. Y le enviaba a Felipe como premio.

A la espera de su llegada, María había contemplado el retrato de Felipe con su armadura. Lo había hecho cada noche, soñando con que Felipe saliera del cuadro y la abrazara. Ahora estaba delante de ella y tuvo que contenerse para no abrazar ella a su futuro marido.

Más de una hora hablaron los futuros esposos. Felipe se mostró encantador y cordial como era su obligación. María creyó que tal actitud era sincera. Ella sonreía sin parar y, de vez en cuando emitía esas pequeñas risitas que tan nervioso pusieron a Egmont cuando tuvo que representar a Felipe en la boda simbólica.

Subyugada, María escuchaba menos que pensaba.

Y pensaba aún menos que soñaba. El hecho de que la conversación fuera del castellano al francés pasando por el latín no ayudaba a la concentración. Por su mente, un deseo se convertía en pálpito en sus sienes: amaría a este hombre por encima de todo. No dudaría por un segundo en entregarse en cuerpo y alma. Se había jurado domar su mojigatería, su miedo al contacto carnal, ante los deseos de su esposo y futuro padre de sus hijos. Temblaba cuando pensaba en eso.

De momento, Felipe tenía que ser feliz y ella no iba a ahorrar esfuerzos para conseguirlo. Su mente volvió a la sala. Miró a uno de sus hombres de confianza, William Cecil que, a su vez, hizo un gesto a otro que, por su aspecto, pareció a Felipe un chambelán. De inmediato, el príncipe recibió un nuevo regalo: recibió la máxima condecoración inglesa, la Orden de la Jarretera.

Quienes saben del amor aconsejan que nunca se muestre demasiada dependencia del ser amado. Porque este, al saberse seguro de su conquista, inevitablemente buscará nuevos retos que alcanzar. Porque nadie ama a los sumisos, solo se les utiliza.

Nadie debió dar este consejo a María a lo largo de su vida. Por eso, su cara dibujó una embobada sonrisa cuando Felipe, al despedirse, dijo unas palabras en inglés:

—*Good night, my lordes all.*

Felipe se sintió tan ridículo diciéndolas que decidió no volver a hablar en inglés.

III

La boda se celebró poco después, el 25 de julio de 1554. Tras el banquete, los esposos pasaron su primera noche juntos. Nadie pudo criticar a Felipe que no pusiera empeño en sus obligaciones maritales: los cuatro días posteriores, María apenas pudo salir de su habitación, de agotada que estaba.

El príncipe fue cortés y cariñoso. Mientras la amaba, cerraba los ojos y buscaba en su memoria noches más excitantes con amantes más bellas. Fue la única manera de cumplir su objetivo.

Durante esos cuatro días, Felipe se dedicó a cazar y organizó una excursión con gran parte de su comitiva por aquellas tierras donde la imaginación de un escritor ubicó las aventuras de Amadís de Gaula. También visitó la famosa mesa redonda que se decía del rey Arturo.

Contemplar la realidad siempre rompe la magia de la imaginación. Ni le parecieron tan bellos los parajes ni la mesa gran cosa. Casi hubiera preferido caminar por los rastrojos del reino de Toledo que por los verdes campos de Amadís.

A sus veintisiete años, Felipe ya sabía distinguir entre las ilusiones de un adolescente y las tareas que su cargo le exigía. Era rey de Inglaterra y de Nápoles. Algún día (esperaba que pronto) lo sería de las Españas y sus territorios americanos y de Flandes. Tocaba trabajar, se dijo. Para ello, tenía que superar la melancolía.

Como siempre diseñó un mapa mental de sus objetivos. Luego dividió los mismos en relación a las obligaciones que debía cumplir para conseguirlos y los obstáculos que se encontraría.

En dicho mapa, tres asuntos superaban por importancia a todos los demás. Convertir Inglaterra al catolicismo, conseguir que fuera aliada de sus luchas contra Francia y tener un hijo con María.

El ya rey se impuso ser cariñoso con su esposa y ser un buen amante ya que tener un hijo siempre ayudaría a arreglar los problemas planteados por las duras capitulaciones de la boda, que le dejaban a la altura de un mayordomo de palacio. Como su padre, pensaba que el trato directo con su esposa y con su pueblo ayudarían a cambiar las cosas.

El problema era que se sentía como su padre cuando llegó de joven a Castilla: un extraño que no sabía el idioma de sus súbditos. Humilde, sabía que si tan mal se le habían dado los estudios de lenguas, no le iba a ir mejor con el inglés.

Ante esta cuestión, solo podía ganarse a su pueblo dando una imagen bondadosa y de cercanía. Para ello, había pensado en perdonar deslices heréticos anteriores y en sumar apoyos más que en restarlos. Por ello, gastó parte del millón de ducados que llevó a Inglaterra concediendo pensiones a sus leales e instando al perdón de los que no lo eran y habían sido perseguidos.

Un segundo objetivo sería limar asperezas entre los castellanos y los ingleses. Para ello organizó juegos y justas e intentó familiarizar a sus anfitriones con el juego de las cañas. Los ingleses lo consideraron una pantomima pero le siguieron la corriente.

María también quería ayudar a evitar encontronazos. El duque de Alba había exigido que todos los negocios de Inglaterra se trataran en lengua castellana. Lejos de ofenderse, como hicieron muchos parlamentarios, María decretó que todo lo que en el Parlamento se aprobara se tradujera al latín y al castellano y que su marido lo firmara con ella.

En agradecimiento, y como duque de Milán que era, Felipe ordenó al duque de Alba que dejara tierras inglesas y partiera hacia Italia, donde quería recuperar territorios recién tomados por los franceses. Refunfuñando, el duque obedeció.

Si Felipe hubiera sabido que en uno de los juegos de cañas que él mismo había organizado, se había preparado un atentado contra él y su esposa por parte de protestantes, tal vez no hubiera ordenado marchar al duque de Alba. Porque su sola presencia al lado de Felipe causó tal pavor que decidieron no seguir adelante con el atentado.

IV

A los tres meses, María anunciaba que estaba embarazada. Su vientre se había hinchado y contaba ya dos faltas. También sufría mareos. Los síntomas parecían evidentes.

Los reyes se trasladaron al palacio de Hampton Court en espera de confirmar tan buena noticia.

La reina hizo construir una cuna de madera, contrató amas de cría y pensando ya en el futuro, dictó testamento a favor de Felipe otorgándole la custodia del bebé si ella moría durante el parto. Felipe se lo agradeció mimándola como si fuera el amor de su vida. Conseguir su afecto era vital para su beneficio.

También era una respuesta a las dudas de su padre, que no creía en su capacidad de relación ni en la empatía de su hijo. De hecho, Carlos había enviado al secretario Eraso para recordarle sus obligaciones y que debía cumplirlas aunque no fueran de su agrado.

Felipe no se molestó ni en contestarle. Sencillamente, habló con Eraso.

—Decidle a mi padre que sé muy bien cuáles son mis obligaciones y lo que tengo que hacer para cumplirlas. No soy un niño ni un anciano, que al final ambas edades se confunden a la hora de hacer niñerías.

Evidentemente, Eraso sencillamente respondió al emperador que todo estaba correcto y que la reina esperaba un hijo. Carlos ya estaba viejo y si quería mantener su cargo debía caer en gracia a su hijo Felipe.

Tal vez por eso tampoco le envió las quejas de este por cómo se estaba tratando el asunto de Siena, dominada por los franceses.

—Resulta curioso que el emperador quiera ahora negociar cuando soy yo el duque de Milán y el rey de Nápoles. ¿No sería mejor emplear la fuerza?

Eraso dudó antes de responder. No debía parecer que tomaba partido ni por el hijo ni por el padre.

—Vuestro padre siempre gobernó con juicio y estoy seguro de que vos, majestad, también lo hacéis.

Felipe sonrió.

—Tranquilo, mi buen Eraso. No pretendo que cavéis una trinchera entre mi padre y yo.

Eraso volvió a Bruselas con la buena noticia de que Felipe cumplía su misión con creces. De otras cosas, prefirió no hablar al emperador, que las cosas de familia en la familia deben arreglarse.

Se fue sin tener tiempo para llevar a Carlos una mala noticia. María no dio a luz. No porque abortara, sino porque sencillamente, no estaba embarazada. Los médicos diagnosticaron que era sencillamente una hidropesía.

María no pudo soportar su fracaso. Ella, que había rezado por su futuro hijo, que había pensado en uno y mil nombres que ponerle, que había tenido obligada a su hermana Isabel haciendo punto a su lado, ahora se sentía la mujer más infeliz del mundo.

Felipe se vino abajo. No solo por el hecho de no resolver uno de sus grandes objetivos (tener un heredero), sino también porque empezó a dudar de la salud mental de su esposa.

María también se deprimió. Pero pronto pasó de la tristeza a la ira y ordenó encarcelar a su hermana Isabel, que no compartía su fe católica, en la Torre de Londres.

V

Dios creó al hombre, como acto de amor, a su imagen y semejanza. Pedro fundó la Iglesia para propagar la palabra de Dios. La fe, en ocasiones, es repetir frases hechas que no necesitan ser ciertas. Porque si el hombre es la viva imagen de quien lo creó, habría que dudar de la bondad de Dios. Y si la Iglesia fue fundada para propagar la palabra, nadie imaginó que dicha palabra fuera la de la muerte y el sufrimiento.

Siglo tras siglo, dos enfermedades devastaron la raza humana: la peste y la religión. La primera se decía que era un castigo de Dios por nuestros pecados. La segunda tradujo el amor por el prójimo en la persecución del mismo, solo porque tuviera otras ideas.

Lo que sucedió en Londres a partir del embarazo ficticio de la reina fue fiel reflejo de esto último. No andaba Inglaterra escasa de fanáticos, fueran protestantes o católicos. Ahora tocaba a estos últimos la venganza de ultrajes anteriores y empezaron las persecuciones y las ejecuciones.

En febrero de 1555 se ejecutó a un sacerdote por estar casado y no retractarse. Después le tocó el turno al obispo de Gloucester, que había declarado en su día que todo sacerdote católico debía ser ahogado en el Támesis. Por contraste, él no murió en el agua, sino en el fuego de una hoguera. El siguiente de la lista fue Thomas Cranmer, arzobispo de Canterbury. Este era un caso especial: tenía un problema conceptual con la transustanciación, es decir: con el hecho de que el pan y el vino se convirtieran tras la consagración en cuerpo y sangre de Cristo.

En su etapa católica azuzó para llevar a la hoguera a quienes no creyeran en ella. Como protestante, para que quemaran vivos a quienes creyeran en tal superstición. María, para sacarle de dudas le llevó a la hoguera donde él había llevado a otros. En realidad, la reina no podía olvidar que Cranmer se había pronunciado en su día a favor de invalidar el matrimonio entre su padre, Enrique, y su madre, Catalina.

La lista de ejecutados no acabó aquí y quien mostraba simpatía por los reos, era arrestado de inmediato. Todo eso había pasado estando la reina en supuesto estado de buena esperanza. Ahora, tras su fallido embarazo, la primavera de 1555 se avecinaba aún más sangrienta. De hecho, el nuevo obispo católico de Londres, al saber que la reina había perdido el hijo, atribuyó el hecho a un castigo divino por no castigar a los herejes como se debía haber hecho. No se detuvo a pensar que el embarazo nunca existió más que en la cabeza de María. El resultado fue que la reina ordenó llevar a la hoguera a cincuenta personas.

No le llamaban María la Sanguinaria solo por estas muertes. La historia de esta infamia venía de lejos. Antes de que Felipe pisara tierra inglesa, una rebelión encabezada por Thomas Wyatt había sido sofocada. No hubo perdón para los rebeldes ni, de paso, para quienes habían osado dudar de su derecho a ser reina de Inglaterra. La víctima más relevante fue Juana Grey, la joven de dieciséis años que se había atrevido a ser reina cuando no le correspondía. Fue decapitada en la Torre de Londres. No fue la única represaliada. Otras trescientas personas fueron quemadas en la hoguera.

Felipe sabía que la Inquisición española no podía presumir de benigna, pero no conocía caso igual al de ejecutar obispos y familia real. Sin duda, los ingleses no ponían límites sociales a su crueldad. Y si los antecedentes eran terribles, no lo era menos el presente.

El príncipe, y ahora rey de Inglaterra, nunca había sido partidario de limpiezas de sangre, ni de quemar gente viva por cuestiones de fe. Ahora, aún lo era menos. Sus agentes le informaron de la creciente impopularidad de su esposa por estos actos. Rápidamente intuyó que la mala imagen de la reina se convertiría en la suya y nada más lejos de sus intereses. Por ello, Felipe rogó a María que tuviera benevolencia con sus enemigos. Ella estaba tan enamorada que aceptó la sugerencia.

—Lo hará. Pero solo porque vos se lo pedís —dijo Egmont, traduciendo la respuesta de María.

Felipe también medió para que liberara a su hermana Isabel de su prisión en la Torre de Londres, ese lugar donde se entraba vivo y se salía con la cabeza separada del cuerpo. María sabía que muchos querían que fuera su sucesora y la encerró como aviso para navegantes.

A base de conversaciones, mimos y alguna que otra coyunda (Felipe era voluntarioso en esto), logró que Isabel saliera viva de la torre para ser vigilada en su domicilio. Al poco tiempo, logró su libertad absoluta.

Como en el asunto anterior, la actitud de Felipe no era fruto exclusivo de su bondad sino de su egoísmo. Quería tender lazos a Isabel por si el futuro la convertía en la siguiente reina de los ingleses. No se paró ahí. Aprovechando su influencia, logró liberar a muchos caballeros y nobles apresados por participar en rebeliones anteriores contra su esposa.

María estaba decidida a quitar de en medio a cualquiera que hubiera tenido que ver en lo desgraciada que había sido su vida. No solo era venganza personal. También tenía pánico por ser derrocada. Casarse con el hijo del emperador le aseguraba una fuerza militar imbatible en caso de guerra, pero tenía la certeza de que mientras existiera un hereje vivo, su corona estaba en peligro.

Cualquier rumor negativo sobre una persona equivalía a la muerte. A la reina no le temblaba la mano al firmar los castigos. Cuando lo hacía, su cara se transformaba en un gesto de seriedad. Sus ojos mostraban esa llama que solo enciende el odio y la venganza.

Felipe volvió a pensar en si la locura era algo consustancial a muchas mujeres de su familia. Isabel de Castilla sufría las apariciones de Álvaro de Luna, valido de su esposo. Su hija, la Católica, tenía ataques de ira, unos celos enfermizos y era tan buena gobernanta como dura en el castigo a quienes la desobedecían. María Tudor era nieta de ella. Y sobrina de su abuela Juana, encerrada en Tordesillas por sus problemas mentales.

En cualquier caso, pensó volviendo a la realidad, la crueldad de su esposa superaba cualquier imaginación. Algo que contrastaba con la amabilidad extrema que mostraba hacia su marido, del que estaba completamente enamorada.

Previniendo futuras crisis, Felipe llamó a Ruy Gómez para darle dos órdenes concretas: formar un consejo de vigilancia y pedir a Castilla que algunos de sus mejores teólogos visitaran Inglaterra.

El consejo de vigilancia se encargaría de supervisar el comportamiento de sus hombres, nobles y soldadesca, para que nadie pudiera acusarles de ningún agravio a hombre o mujer inglesa.

La misión de los teólogos sería evangelizar Inglaterra desde la palabra y nunca desde la fuerza. Quedaban excluidos aquellos cuya relación con la Inquisición hubiera sido estrecha. Ruy Gómez sugirió llamar a Bartolomé de Carranza, regente del colegio San Gregorio de Valladolid, famoso por su capacidad de diálogo. Felipe aceptó. Tenía que ganarse a su pueblo. Y la mejor baza era demostrar que paraba los pies a la reina.

VI

Todos sus esfuerzos no sirvieron de nada. Ya a su llegada, y con la intención de caer en gracia al pueblo inglés, había gastado medio millón de ducados en regalos y pensiones. Se había esforzado en beber esa cerveza negra que el duque de Alba había bautizado con acierto como orín de vaca. Hasta había chapurreado palabras en inglés, esa lengua infernal en la que las frases eran tan breves como un insulto. Por último, había salvado vidas y evitado que Londres fuera una sucesión de hogueras repugnantes. Tampoco eso había mejorado su imagen.

Lejos de conseguir cariño, Felipe solo obtuvo odio. El «demonio del mediodía», así le llamaban. Incluso le acusaban de ser cómplice de la persecución religiosa liderada por la reina. La leyenda de su padre y del duque de Alba no le favorecía mucho en este aspecto. Los españoles eran respetados por miedo, no por amor. Y él era el líder de todos ellos. Lo que más le decepcionó fue el desagradecimiento de los nobles cuyas vidas salvó. Ninguno de ellos habló en público a su favor.

Las condiciones de la expedición española tampoco eran buenas. Sus hombres odiaban la cerveza inglesa, el clima permanentemente lluvioso y un concepto de belleza femenina bastante alejado del suyo. Como muestra de su sentir, una copla se hizo popular entre los españoles allí presentes.

Que yo no quiero amores en Inglaterra,
pues otros mejores tengo en mi tierra.
¡Ay, Dios de mi tierra, llévame de aquí!
¡Ay, que Inglaterra ya no es para mí!

No se sentía mucho más cómodo el mismo Felipe, pero no cejó en el empeño de velar por sus súbditos aunque no encontrara recompensa.

Tampoco desistió en intervenir en la política del reino, siempre acompañado por su querido Egmont como traductor. En el Parlamento, sugirió medidas tan concretas como la renovación de la armada inglesa, con la misión de proteger mejor sus costas.

También mantenía reuniones secretas con el cardenal Reginald Pole, nombrado por el Papa para representarle en la nueva Inglaterra católica. Y cuando no era Felipe quien hablaba con Pole, lo hacía Carranza, que se convirtió en el brazo derecho del inglés en asuntos de la Contrarreforma. El Papa, para que tuviera más autoridad en sus actividades, había dado el cargo a Carranza de legado pontificio.

Pole era el único inglés con el que se permitía hablar confidencialmente de todo lo que le preocupaba. El único hombre, por supuesto. Porque con mujeres inglesas, Felipe ya había comenzado otro tipo de reuniones secretas.

La llegada desde Venecia de un segundo cuadro de Tiziano sobre *Las Metamorfosis* de Ovidio hizo renacer el deseo de conocer mujer. Y a ser posible, joven y hermosa. El tema mitológico tratado, la historia de Venus y Adonis azuzaba sus sentidos. Incluso Ruy Gómez, cuando lo vio, lo tachó de lascivo. Felipe sonrió.

—No me habléis de lascivia. A vos os espera en Castilla una bella niña. A mí me espera cada noche en el lecho un monstruo del Averno. Una mujer que solo se sonroja cuando le doy placer y cuando ejecuta a sus súbditos.

Ruy Gómez le avisó de las consecuencias de una supuesta infidelidad con la reina.

—Precisamente por eso os desaconsejo aventuras extramatrimoniales, majestad. Su carácter es imprevisible,

—¡¡¡Pues doblad la guardia a la puerta de mis aposentos!!!

Felipe miró a Ruy. Este reconoció en sus ojos esa mirada de cuando el príncipe tenía decidido hacer algo y nada se lo impediría.

—Vos me dijisteis hace años que un rey podía acostarse con la mujer que quisiera. Pues ya soy rey. De Inglaterra y de Nápoles. Así que me toca doble ración.

No fue ración doble sino triple, pues tres fueron las elegidas por Felipe para jugar a ser Venus mientras él sería Adonis. La esposa de un noble, una dama de compañía de la misma reina y una panadera que servía en palacio. Si su esposa ejecutaba a quien fuera sin pensar en su nivel social, él yacería con damas y con plebeyas.

No tardaron en llegar los rumores de sus escarceos a la reina, que nunca quiso creerlos. Su marido era el hombre de la armadura pintado por Tiziano, prueba inequívoca de que la pintura y el arte generan emociones intangibles que se convierten en comportamientos concretos. Él no podía engañarla.

Por si había dudas, pensó que lo mejor sería preguntar a Felipe. No quiso que ningún traductor estuviera presente en tan embarazosa conversación. Para ello, habló en excelente latín preguntando a su marido si la engañaba. Felipe respondió en un latín simplemente correcto que cómo podía decir eso. La amaba. Para que la creyera, la llevó a la cama fingiendo pasión.

Toda la noche estuvo Felipe amándola.

Para que su miembro viril no fallara, cerró los ojos para imaginar que con quien estaba haciendo el amor era con Catalina Leney, que así se llamaba una de sus amantes.

Luego, casi sin tiempo de espera, volvió a hacer el amor a su esposa. Esta vez lo hizo recordando su última coyunda con Magdalena Dacrey, una dama que esperaba siempre en la puerta de la habitación por si la reina necesitaba algo. Saber de su sola presencia tras la puerta excitó especialmente a Felipe.

Por la mañana, cuando despertó María, volvió a fornicar con ella. Esta vez pensó en la panadera, de la que solo recordaba sus pechos redondos como hogazas pero no su nombre.

Sin duda, sus escarceos le proveían de imaginaciones eróticas más que suficientes para lograr mantener su virilidad enhiesta.

Esta vez, María tardó más de una semana en recuperarse.

En cuanto lo hizo, mandó ejecutar a una docena de personas.

A partir de ese momento, cada vez que le llegaban noticias de las infidelidades de Felipe, alguien moría en la hoguera. Sin duda, unos pagaban por los pecados de otros.

Felipe nunca supo de esta extraña correlación de hechos. Pese a sus esfuerzos, eran tantos los represaliados por su esposa que no pudo llevar la cuenta. No podía entender esa rabia asesina de María. Nunca pondría la mano en el fuego por su hermosura, pero en la intimidad era de trato afable y exquisitamente culta. Muchas veces hasta le daba pena. Solo una vida de profundo sufrimiento, de sentirse en continuo peligro de muerte, podía deparar un odio tan monstruoso.

Su soledad no debía haber sido menos terrible. Era una mujer que al recibir el más mínimo gesto de cariño era capaz de devolverlo multiplicado por diez. Exactamente igual que con el odio recibido: solo que este lo devolvía multiplicado por cien.

Felipe llegó a la conclusión de que María, en realidad, era una víctima de los momentos que le había tocado vivir. Del mismo modo que, ahora, muchos de sus súbditos eran víctimas de sus tropelías.

Sin duda, era un alma enferma que ya no tenía cura. Así que mejor no pensar mucho en ello y dedicarse a asuntos de la política inglesa.

Una mañana, en la entrada del Parlamento, un hombre intentó atacarle con una daga. La escolta española que siempre le acompañaba protegió a su príncipe de inmediato, pero el agresor logró huir entre las calles con la ayuda de la gente.

María, ofendida por lo ocurrido, propuso a Felipe juzgar y sentenciar a la hoguera a una docena de vecinos como ejemplo. Felipe se negó. Pero no podía ocultar una enorme desazón y se recluyó en sus aposentos con orden de que nadie le molestase.

En soledad, su cabeza se llenó de preguntas.

¿Qué tenía que hacer para sentirse querido por sus súbditos ingleses?

¿No había evitado la muerte de muchos de sus caballeros?

¿No intentaba buscar la concordia y olvidar viejas pendencias?

Atormentado, llegó a la conclusión de que hiciera lo que hiciese, jamás sería amado por el pueblo inglés. Se acercó a una de las ventanas. Llovía.

Felipe pidió a Dios, como en la copla, que pronto le sacara de allí y le devolviera a su Castilla. Porque Inglaterra no era para él.

VII

Sin duda, en la primavera de 1555, en Castilla hacía un tiempo más soleado que en Inglaterra. Pero la vida política tenía tantos nubarrones como el cielo de Londres.

Su hermana Juana no cesaba de discutir con quienes querían controlar cada una de sus decisiones. Eraso se había plantado allí tras su visita a Londres por orden del emperador con el fin de controlar las finanzas del reino. Y miraba más por sus intereses políticos que por los de la corona.

Bien es cierto que procuraba no indignar en demasía a Juana. Ruy Gómez le había avisado que no lo hiciera, dada la adoración que Felipe profesaba por su hermana.

Sin duda era un buen aliado el portugués, pensó Eraso. En Londres, a espaldas de Felipe, había tratado a fondo con él. Si el futuro era del príncipe y Ruy era su mano derecha, no había camino mejor para mantenerse en la cima del poder.

Ruy Gómez, hábil negociador, exigió a Eraso que, a cambio de su apoyo, fuera leal a sus intereses. O, en otras palabras, que no lo fuera con el duque de Alba. Este seguía guerreando en Italia contra los franceses. Tras recuperar Siena, ahora tenía como misión defender Milán y Nápoles. A cambio de tan peliaguda misión, apenas obtuvo medios con los que acometerla.

Desesperado, no paraba de enviar cartas rogando que le enviasen el dinero necesario para pagar a sus hombres. Como no obtenía respuesta, escribió al mismo Felipe.

El duque no se anduvo con remilgos.

Ojalá no hubiera nacido para verme en esta situación. Estoy frenético ante tanta injusticia.

Ando tan estrecho de dinero y debo a mis hombres tantas pagas, que es mayor el miedo que tengo al fuego amigo que al de mis enemigos.

Felipe estaba tan atareado en sus problemas ingleses que le pasó la carta a Ruy Gómez para que se encargara del asunto. Evidentemente, este no hizo nada aparte de sonreír cuando se quedó a solas releyendo la carta del duque. Sin duda, Eraso estaba atendiendo bien sus instrucciones.

En lo familiar, tampoco había buenas noticias. Su hijo Carlos ya había cumplido once años y no parecía mejorar en sus excentricidades: había entrado en los establos del palacio real y cegado a varios caballos.

Juana ni escribió recibo a su hermano de la fechoría de su hijo. Francisco de Borja se lo aconsejó: sabía del amor de Felipe por los caballos desde que apenas era un niño.

Esta fue la única noticia positiva en la vida de Juana: la llegada de Borja. Pocos como él habían sido testigos del devenir de su familia. Primero fue destinado a acompañar, siendo un niño a Juana la Loca en Tordesillas. Luego fue hombre de confianza de Carlos, consejero de su esposa, tutor improvisado de Felipe y, ahora, allí estaba, en Valladolid, acompañando a una Juana que sin haber cumplido los veinte años tenía demasiadas responsabilidades a su espalda y muchas heridas sin cicatrizar en su alma.

Ella disimulaba su congoja. Cualquiera que la viera discutir sobre los asuntos del reino, especialmente de economía —su gran obsesión—, solo podría decir de Juana que era una mujer tan apasionada como inteligente. Su brillantez estaba fuera de duda hasta para quienes más la tenían que sufrir, los funcionarios de la corte y, sobre todo, Eraso.

Muchos pensaban que era fiel reflejo de su madre. Pero otros iban más lejos y la comparaban con la mismísima Isabel la Católica, una mujer que sobrevivió entre hombres demostrando a estos que nacer fémina no equivalía a ser inferior.

Sin embargo, Borja, apenas la vio a su llegada, notó su rabia contenida, su rebeldía. Pensó en su amado Felipe, al que imaginaba como pez fuera del agua en la lejana Inglaterra. Luego, sintió que padecía del mismo mal que el ahora rey de Inglaterra: la soledad.

Y, sobre todo, el gasto emocional que suponía el esfuerzo por luchar por un mundo mejor. Algo que siempre había obsesionado a Borja, que identificó ética con religiosidad. Tal vez porque sabía que era la única manera, en el tiempo que le había tocado vivir, de resolver los problemas de los demás. En eso, siempre había sido un especialista. Como soldado (tan fiero como respetuoso con el vencido), como consejero, como gobernante y, ahora, como hombre de fe.

Juana ya no estaría sola. Él la acompañaría. Era lo menos que podía hacer en memoria de su madre, a la que tanto amó.

No era solo cuestión de afecto, aunque con eso le hubiera sobrado. También era una misión ligada a su nueva responsabilidad como cabeza visible de la Compañía de Jesús en España y Portugal. Se la había encomendado su fundador, Ignacio de Loyola.

VIII

Hay hombres que pasan por la vida sin más obsesión que su propio beneficio. Francisco de Borja no era uno de ellos. No era extraño que acabara juntando su destino con la Compañía de Jesús y con Ignacio de Loyola.

Ambos tenían en común sus inicios militares. Tanto uno como otro acabaron cambiando la vida militar por la religiosa, la espada por la Biblia. No lo hicieron para tener una vida más fácil como tantos obispos o cardenales.

Borja se presentó delante de Ignacio de Loyola para expresarle su deseo de entrar en la Compañía de Jesús, Ignacio le preguntó los motivos que tenía para abandonar su fortuna y hacerse sacerdote. Justo se lo preguntó el 1 de mayo de 1546, noveno aniversario de la muerte de la emperatriz. Borja tuvo clara su respuesta.

—Por la emperatriz que murió tal día como hoy hace nueve años. Por lo que el Señor obró en mí por su muerte. Por los años que hoy se cumplen de mi conversión.

Ignacio sabía que Borja no había estado precisamente inactivo esos años pese a que le sobraba fortuna como para ser un hombre ocioso.

Tras la muerte de la emperatriz a la que tanto amaba, el emperador nombró a Borja virrey de Cataluña, donde acabó con el bandolerismo, asentó fortificaciones para defenderse de los continuos ataques franceses y controló los impuestos. No se conformó con eso: mejoró las condiciones de vida de sus gobernados. Mandó construir una vía que uniera Urgel con Barcelona. Persiguió el juego y la delincuencia. Vigiló la prostitución para que las mujeres de mala vida vivieran algo mejor. Controló la calidad del pan así como su precio.

Cuando en 1543 murió su padre, dejó Barcelona para asumir el condado de Gandía. Su labor fue similar: no solo mejoró sus defensas sino que fomentó la industria, fundó colegios, restauró hospitales. Era un gobernador eficaz y magnánimo. También un marido leal y un buen padre de sus nueve hijos. Por eso, pese a que tenía decidido entregar su vida a Dios desde hacía tiempo, no lo hizo hasta la muerte de su esposa, en 1546.

Ignacio sabía e intuía que Borja podía ser un miembro muy importante para los intereses de los jesuitas. Su íntima relación con la familia real podía ayudar a la causa frente a una Iglesia tradicional a la que los nuevos religiosos le resultaban incómodos por su carácter social y crítico. Así que aceptó que entrara en la Compañía, pero le pidió que, antes de hacer voto solemne, estudiara teología.

Borja aceptó, no sin antes legar todas sus posesiones a su primogénito Carlos para iniciar su carrera religiosa. El propio Papa, al saberlo, le ofreció altos cargos a su lado. Borja se negó: prefería ser un vulgar predicador y estudiar la palabra de Dios como le había aconsejado Loyola.

Sin embargo, le fue imposible guardar el anonimato. La Compañía le pidió que fuera otra vez un gobernador. Pero de almas. En 1554 ya era el responsable de la misma para España y Portugal.

Ese era el hombre que ahora acompañaba a Juana, más propenso al consejo espiritual que al político. La joven regente encontró en él a un confidente personal y a un confesor religioso. Tantas veces se les veía juntos que se rumoreó que tenían una relación más que espiritual. Cuando el rumor llegó a Juana, tembló: más de una vez había pedido perdón a Dios por soñar con que si existía un marido ideal ese era Borja.

Como sabía que era imposible decidió pedirle otro deseo: entrar en la Compañía de Jesús. Cuando oyó la petición, Borja se mostró sorprendido por la decisión de la joven. La Compañía no contaba con ninguna mujer entre sus filas.

—No importa ser hombre o mujer cuando se tiene fe en Dios.

—Podéis entrar en otra orden.

—Ninguna entiende el mundo como la Compañía de Jesús.

La obstinación de Juana tuvo sus frutos y Borja hizo saber los deseos de la princesa a Ignacio de Loyola. Este quedó pensativo. No le resultaba cómoda la situación. Hasta ahora siempre se había negado a que la Compañía admitiera mujeres. Pero Borja insistió.

—No conozco persona más creyente ni más justa. A su corta edad, tampoco he visto mente más preclara.

—Algún defecto tendrá, Borja.

—No es ser mujer uno de ellos. Su defecto es su ansiedad, que la impide estar en paz consigo misma. Su dolor por vivir tiempos de pobreza y no poder evitarlos han encendido su corazón. A veces eso le lleva a la rabia y la desesperación. También vive con la pena de ser una madre a la que se despojó de su hijo por ser heredero de la corona de Portugal. Sus heridas solo encuentran alivio en la palabra de Dios.

Loyola dio el «sí» a la petición de Borja. Lo hizo con una condición: el anonimato.

Juana aceptó e ingresó con el nombre de Mateo Sánchez, que luego cambió por Montoya. Hizo votos de pobreza, de castidad y de obediencia. Sus datos reales (en todos los sentidos) jamás se registraron en ninguna parte.

Ella juró guardar el secreto hasta la muerte. Ni su hermano Felipe lo sabría jamás.

IX

La situación de Felipe en Inglaterra era cada vez más insostenible, en lo político y en lo personal. Sin embargo, no todo eran malas noticias.

El papa Julio III, animado por la labor de Felipe en Inglaterra y contento del trabajo de Reginald Pole, promovió algo que el emperador y su hijo siempre habían deseado: un tratado de paz definitivo entre Francia y los Habsburgo.

Calais fue el lugar elegido para debatir el tema. Allí se llegaron a pactos basados en casar a Carlos, el hijo de Felipe, con Isabel de Valois, hija mayor de Enrique II.

Sabiendo del carácter de su hijo, Felipe pensó que nada le gustaría menos que estar en la piel de la pobre niña. Calló.

La otra condición, exigida por Francia, era que Milán fuera parte de la dote del príncipe español. Tantas ganas tenía Felipe de parar las continuas hostilidades con el vecino francés que aceptó.

Parecía que, por fin, uno de sus objetivos se iba a cumplir. El destino no quiso que fuera así. Julio III murió en el mes de marzo. Las negociaciones continuaron, pero se vislumbraba que todo lo pactado iba a quedar en agua de borrajas.

Aún se estaba lamentando Felipe de su mala suerte cuando de Castilla llegó el aviso de la muerte de su abuela Juana en Tordesillas el 12 de abril de 1555. Con ella en vida, Carlos, su hijo, jamás se sintió capacitado de dar a Felipe su corona de rey de las Españas: porque no le pertenecía totalmente. Aunque su madre fuera apartada de la corte, respetaba sus derechos y no deseaba dar a Castilla la imagen de querer lo que no era suyo, aunque ejerciera como rey en plenitud de facultades.

Ahora todo se clarificaba. Felipe no recibió orden de asistir al entierro, de eso se encargaría su hermana Juana y Francisco de Borja, sino de acudir a Bruselas a ver al emperador.

Felipe intuyó las razones de esa orden de manera clarividente y las expuso a Ruy Gómez, que no acabó de creerlas.

—¿Pensáis que vuestro padre va a abdicar?

—Estoy seguro de ello.

—¿Qué le vais a decir a vuestra esposa?

—Que me voy. Bastantes ganas tengo de ello desde hace tiempo. Solo de pensar en no tener que acostarme con ella y en que no beberé más esa apestosa cerveza negra me hace renacer.

Cuando María supo la noticia empezó a llorar y no paró hasta que le despidió el 29 de agosto en Greenwich.

Todo el mundo vio sus lágrimas y alguien, sabiendo de su dolor, compuso una canción en la que se decía:

Gentle prince of Spain
Come, oh, come again...

Felipe no lloró. Cuando sintió que la brisa del mar acariciaba su cara se sintió libre como jamás se había sentido. Y tarareó sonriente:

... ¡Ay, Dios de mi tierra, llévame de aquí!
¡Ay, que Inglaterra ya no es para mí!

8

Rey pero no emperador (1555)

I

Felipe llegó a Bruselas el 6 de septiembre de 1555. Cuando vio a su padre, supo que la abdicación era inminente. El emperador, a sus cincuenta y cinco años, parecía un anciano veinte años mayor. Apenas tenía pelo, ya le faltaban muchos dientes y su movilidad era escasa.

Pero sobre todas las cosas, lo que más impresionó a Felipe fue su mirada perdida. Dicen que los que ven llegar su final, miran para fuera pero ven para dentro de sí mismos, contemplan su temor y sus recuerdos.

—Estoy muy cansado, hijo.

No hacía falta que lo dijera: el emperador era la viva imagen del agotamiento absoluto.

—Cuando naciste, susurré unas palabras a tu oído. Heredarás el mundo, te dije. Ya es tuyo.

Carlos calló, agotado por decir una frase demasiado larga para sus escasas fuerzas. Luego, su mirada volvió a perderse en Dios sabe qué paisajes.

Felipe se acercó a él y le dio un sentido abrazo. Lo hizo más como hijo que como heredero. Porque creía que lo que heredaba no era el mundo, sino tal cantidad de problemas que no tardarían en envejecerle como a su padre.

La beligerancia de los príncipes alemanes. La eterna disputa con Francia, que afectaba a los territorios italianos. La inestabilidad en el Mediterráneo. El mantenimiento del catolicismo en Inglaterra, de la que era su sufrido rey. El crecimiento del luteranismo en los Países Bajos. Una Castilla en quiebra. Esa era la herencia que recibía. Unos problemas que lo habían sido de su padre y ahora iban a ser suyos. Porque durante décadas no se había encontrado solución a los mismos.

Para colmo, tras la muerte de Julio III, se nombró un nuevo Papa que adoptó el nombre de Marcelo II. Pronto, el mundo le añadió un apodo: el Breve. Su pontificado apenas duró veintidós días por culpa de un infarto. En Bruselas se recibió el nombramiento con preocupación (era enemigo de los Habsburgo) y su muerte como un alivio.

No tardó en volver la inquietud al emperador y los suyos al conocer que su sucesor iba a ser Gian Pietro Caraffa, que eligió el nombre de Paulo IV. Su odio hacia el imperio no era menor. Y su carácter y, desgraciadamente, su salud eran bastante más fuertes que los de su antecesor. Tenía alma de inquisidor y parecía muy orgulloso de ello.

Su primera acción de gobierno fue ir a Calais, a destrozar la conferencia organizada por el fallecido Julio III para conseguir la paz entre Francia y el imperio. Llegó el 5 de junio. El 10, los franceses abandonaron el lugar con una sonrisa en la boca y un mensaje para Felipe.

—El imperio es una casa vieja que, en cuanto se le quita una piedra, se cae rota en mil pedazos.

Todo el imperio se puso en estado de alerta. Pronto llegaron informaciones contrastadas de que el propio Paulo IV estaba organizando una alianza que uniría al papado, Francia, los estados italianos rebeldes y a la flota turca contra los Habsburgo.

Sin duda, el nuevo Papa tenía (no era novedad) más ambiciones políticas y bélicas que espirituales. Y para conseguirlas, no le importaba pactar con el infiel, mientras aún hacía colectas para reconquistar Constantinopla.

Felipe reaccionó rápido. Sabía que nunca iba a ser emperador. La discusión familiar en Augsburgo, el incumplimiento paterno de casarle con una hija de Fernando, su alejamiento en Londres... Todo eran señales inequívocas de ello, como también, en el terreno personal, que Maximiliano nunca respondiera a sus cartas. Felipe había escrito a Maximiliano cada año, pues cada año su hermana y él habían tenido un nuevo hijo. Seis componían su prole y solo uno, Fernando, había fallecido con apenas un año. A cada nacimiento, una carta. Ninguna tuvo respuesta.

Tras saber de la alianza organizada por Paulo, Felipe envió otra carta. Fue claro. No quería disputas con su familia. Ya había tenido suficientes en Augsburgo. Así que, como sabía que no iba a ser emperador (esto no lo escribió), renunciaba a serlo. Esto último sí lo escribió.

A cambio, exigía que no volvieran a pasar sucesos como el de Innsbruck, cuando su padre tuvo que huir en parihuelas para no ser preso. Exigía compromiso contra la nueva alianza.

Tampoco hubo carta de respuesta. Pero cuando se enteró de la convocatoria por parte de su tío Fernando de una reunión con los príncipes alemanes en Augsburgo, supo que todas sus cartas habían sido leídas. Y que su tío y su primo aceptaban las peticiones a cambio de los territorios alemanes.

La reunión se saldó con la llamada Paz de las Religiones, donde se pactó que cada príncipe alemán era libre de elegir su credo sin que ello supusiera beligerancia alguna por parte del imperio. Fernando, Rey de Romanos, se congratuló del acuerdo: gracias a él, ni él ni su hijo gobernarían una Alemania en guerra.

Felipe también suspiró aliviado: ya tenía un problema menos que resolver.

II

Pocas cosas aburrían más al príncipe que las ceremonias. Por él, todas deberían ser como su coronación como rey de Nápoles en Southampton: media docena de funcionarios esperando que bajara del barco para mostrarle los documentos de renuncia y cesión firmados por su padre. Veinte minutos tardó en ser rey. Mucho se temía que la ceremonia de abdicación de su padre, señalada en el calendario el 25 de octubre, duraría bastante más. No se equivocó.

No ayudó mucho la tardanza de Carlos en recorrer la gran sala del palacio de Bruselas apoyado en su bastón y en el hombro del príncipe de Orange. Detrás, le acompañaban su hermana María y Felipe. Cuando logró sentarse, un consejero hizo la introducción al emperador. Después, Carlos logró colocarse las gafas con dificultad y empezó a leer su discurso en francés. Felipe entendía ya ese idioma correctamente, aunque no lo hablara con soltura. Por si acaso, Antoine Perrenot, obispo de Arras, estaba sentado al lado de Felipe, para traducir lo que el emperador leía cada vez que el príncipe hacía un mohín de disgusto por no comprenderlo con exactitud.

Durante el discurso, Felipe constató que Carlos, pese a su deterioro físico, aún conservaba otros atributos dignos de admiración: una retórica exquisita, una memoria encomiable y una épica propia de lo que había sido, el gran emperador del mundo.

Si alguien no se acordaba de sus hazañas, Carlos se las recordó. Todas.

Entre el público predominaba la gente veterana sobre la joven. Oír resumido en un discurso, por muy largo que fuera, medio siglo de gloria y poder, les emocionó. Ellos habían vivido todo aquello que estaban oyendo. Eran la cima del mundo. Y lo eran gracias al hombre que ahora apenas podía leer dos frases seguidas porque se quedaba sin aire.

Hubo momentos estelares. Como cuando recordó el heroísmo del rey de Hungría, del que su hermana era viuda, por no consentir que los turcos tomaran tierra cristiana. Defender la fe católica, ese era el objetivo del imperio y si había que perder la vida en ello, no había honor más elevado. Y Luis de Hungría lo había hecho con apenas veinte años. María lloró desconsolada.

El emperador sacó fuerza de flaqueza para, con voz repentinamente atronadora, exigir unidad a los Habsburgo. Lo hizo mirando a su hermano Fernando, que no pudo mantenerle la mirada.

Por último, Carlos hizo mención de su familia, de la que se sentía orgulloso. Sus ojos se humedecieron al nombrar a Isabel de Portugal.

—Quiero recordar a Isabel de Portugal, mi muy amada esposa, con la que deseo encontrarme pronto. Fue la luz de mi vida y aún lo es porque es la madre de mis hijos, por los que rezo cada día. María, buena gobernadora y madre excelente. Juana, mi pequeña, ejemplo de sacrificio por el bien de las Españas.

Carlos miró a su hijo.

—Felipe, mi primogénito, que tanto ha luchado a mi lado y es mi digno heredero.

El emperador que estaba a punto de dejar de serlo informó de que transfería a su hijo Felipe sus territorios de los Países Bajos. No dijo que iría a España a morir ni que iba a nombrar a Felipe Vicario Imperial de Italia. Tampoco que su hijo pronto firmaría una cláusula secreta por la que renunciaba al título de emperador para evitar conflictos.

Por fin, Carlos acabó su discurso.

—Ha sido un honor ser el general de mis ejércitos, emperador de tantas tierras que ahora abrazan la cruz. El mismo honor he tenido de ser esposo de mi mujer y padre de mis hijos. He sufrido en cada derrota y he llorado la muerte de mis soldados. También he sufrido por no ser mejor padre y estar cerca de mi familia. No les pediré disculpas. Mis obligaciones atendían a un bien superior: defender la fe católica.

Felipe, conmocionado, rompió el protocolo y abrazó a su padre.

Las crónicas dijeron que luego le rogó llorando que no abdicara, que tenía que seguir aprendiendo de él. No fue cierto: solo le abrazó, emocionado.

Después, en un correcto francés ensayado durante días, Felipe leyó que Perrenot diría su discurso por él.

—Porque aunque puedo entender el francés correctamente, no lo hablo con la fluidez suficiente para dirigirme a ustedes.

No fue muy elogiado por este acto. Tampoco

porque durante la ceremonia estuviera más tiempo sentado que de pie. Todos consideraron que era muestra de altivez al no seguir el protocolo. Aquí, los cronistas flamencos sí acertaron.

En el discurso leído por el obispo de Arras fue donde Felipe declaró su deseo de que su padre no abdicara.

Lo hizo como mera gentileza. Sabía que su padre no daba más de sí y no quería su sufrimiento. Además, había luchado toda su vida por estar preparado para este momento. Y creía que lo estaba.

También prometió, a través de la boca de Antoine Perrenot, que permanecería en Flandes el tiempo que hiciera falta para garantizar su paz y prosperidad. Nobleza obligaba.

Sin embargo, un deseo crecía cada día más fuerte en su interior: volver a Castilla.

Un anhelo que el mismo Felipe sabía que iba a tardar en satisfacer.

III

Paz o dinero. Una cosa o la otra. Eso le rogaba desesperado el duque de Alba a Felipe, tras la abdicación de su padre. El gran general y sus Tercios aún seguían luchando a brazo partido en Italia sin apenas medios con los que mantener las plazas.

Felipe le pidió paciencia y, también, que se dirigiera a Nápoles. Temía que la alianza de Paulo con Francia eligiera su reino como primer objetivo militar. El duque obedeció. Siempre lo hacía, hasta en las circunstancias más humillantes. Esta lo era.

Dinero o dinero. Esto es lo que exigían Carlos y Felipe a Juana. Es decir, que Castilla siguiera pagando las cuentas del imperio.

El que había sido emperador aún tenía ínfulas como si siguiera siéndolo. No solo nombró cargos políticos y eclesiásticos antes de que su heredero pudiera reaccionar. También pedía a su hija 500.000 ducados para la defensa de Flandes.

Su hijo parecía haber aprendido rápido a pedir como su padre: solicitaba 600.000 para las guerras de Italia.

Felipe se dio cuenta de que estaba exigiendo a su hermana lo que no tenía, como cuando su padre se lo exigía a él.

Eso lo sintió solo la primera vez. A la segunda, ya ni se acordó.

Juana se dio cuenta de que Felipe ya había entrado en la senda de exprimir la ubre seca de la vaca que era el reino.

Mientras el dinero llegaba, Felipe y su padre discutían sobre quién regentaría los Países Bajos en su ausencia. María de Hungría también quería retirarse de la primera línea. Pensaron en Manuel Filiberto, duque de Saboya y primo de Felipe, al que Carlos había nombrado general de sus ejércitos. Pero decidieron que no lo harían oficial mientras tanto.

—No es bueno que piensen que hay tres cabezas al mando —dijo Carlos.

¿Tres cabezas? Felipe no le respondió, pero pensó que, en realidad, su padre solo abdicaría cuando se muriera. Y no descartaba que después se le apareciera su espíritu para seguir dictándole instrucciones.

Sin duda, el carácter de Carlos le impedía delegar. Había nacido para mandar y lo haría hasta la muerte. Su heredero contaba los días para que se fuera a Yuste, donde había elegido retirarse. El problema es que no había dinero para pagar una flota.

Irse a vivir a un monasterio, esa era la idea de Carlos. Felipe había pensado que su padre podía ir a vivir a la corte, para ayudarle en la educación de su hijo. A veces soñaba que la fiereza del joven Carlos solo podría ser domada con la mirada del viejo Carlos. Este se negó.

—Quiero pasar el resto de mis días meditando.

Felipe sabía que también los pasaría pescando y cazando, comiendo y bebiendo todo lo que su deteriorado cuerpo le permitiera. Y aceptó la negativa.

Primero, porque se lo merecía, tras una vida dedicada en cuerpo y alma al imperio.

Segundo porque tal vez así dejaría de entrometerse en sus decisiones.

Tras esta conversación, Felipe fue a ver a Antonio Moro. Quería ver sus últimas pinturas. Luego cenaría con *madame* D'Aller. Esa mujer le recordaba a Isabel de Osorio vagamente.

Tampoco es que ahora tuviera un buen presente: no había dinero, Francia seguía siendo un incordio, el Papa era un mal nacido y su padre aún le daba instrucciones como a un niño.

Desde luego, no era el mejor momento de su vida. Pero los había tenido peores.

IV

El 28 de marzo, Felipe fue nombrado solemnemente rey de España. El lugar elegido fue Valladolid, la ciudad donde nació, donde tanto tiempo vivió y adonde quería volver cuanto antes. Pero no podía: tenía que cumplir con sus obligaciones en Bruselas.

Felipe prefería la soledad de un despacho que el boato de una coronación, pero nunca pensó —cuando era niño— que la noticia de su coronación no la viviera en persona. Había sido nombrado rey de Nápoles camino de Winchester y sin celebración alguna. Su coronación como rey de Inglaterra no la había disfrutado. Era difícil hacerlo cuando tus súbditos se inclinan a regañadientes porque te odian.

Ahora era también rey de España, Sicilia y las Indias. Y mientras lo celebraban en Valladolid, él estaba comiendo acompañado solamente de media docena de criados y la perdiz que estaba devorando. Reglas de la etiqueta borgoñona, tan frías que parecían afectar hasta a su padre, que ni le felicitó por ser ya rey de manera oficial.

Carlos estaba más preocupado de pagar deudas y de preparar el viaje que le llevaría a su jubilación definitiva. Ya había llegado dinero desde Castilla, no tanto como el exigido pero bueno era.

Lo había traído Gonzalo Pérez por decisión de Felipe. Quería hablar con él. Antoine Perrenot le servía como experto en asuntos diplomáticos, pero quería que Pérez fuera su secretario para asuntos de fuera de España. Necesitaba hombres leales a su lado. Ojalá tuviera diez Ruy Gómez de los que disponer.

Felipe pensó en el portugués y en lo bien que le servía. Estaba enamorado de su esposa, Ana de Mendoza, una niña que se estaba haciendo mujer sin que él la viera ni la disfrutara.

Tendría que premiarle por ello por que, desgraciadamente, aún tardaría en ver a su esposa: le quería en Flandes cuanto antes. Los asuntos ingleses ya estaban seguros con Pole y, si hacía falta, dedicaría a esos menesteres al conde de Feria, que se apañaba en inglés.

Además, su esposa, la reina María, era ya para Felipe un caso perdido. No había semana que no recibiera carta de ella suplicándole, en un exquisito francés que el rey no llegaba a valorar, que volviera a Londres.

Él le daba largas. Le respondía diciéndole que la amaba, pero que sus tareas de gobierno eran tan grandes que no podía hacer lo que más le hubiera gustado: estar a su lado. En lo de las grandes tareas no mentía, en lo otro sí. Solo pensar en volver a abrazar a María le daba urticaria. Y más con la información que le llegaba de ella.

El conde de Feria le había contado en varios recibos el extraño comportamiento de su esposa. Tan pronto estaba amable como histérica. Besaba a todos los niños recién nacidos que veía. A veces hasta había insistido en asistir al parto de alguna de sus damas, donde pasaba de la risa al llanto más trágico. Y entre llantos y risas, dulzuras e histerias, continuaba persiguiendo a sus enemigos. Con lo vivido al lado de ella y estos datos, Felipe pensó que prefería remar en galeras antes que volver a verla.

Poco tiempo después recibió carta de Isabel de Osorio. Era breve. Le felicitaba por ser por fin rey y le deseaba todo tipo de parabienes. También le rogaba que cuidara de su salud y algo que conmovió a Felipe: le animaba a que el poder y la corona no le cambiaran nunca.

Felipe no respondió a la carta de su puño y letra. A cambio le asignó una cantidad de dos millones de maravedíes en forma de *juros* con el fin de que su querida y ya lejana amante pudiera vivir sin apuros durante años.

Cuando los sentimientos duelen, los hombres poderosos intentan curarlos con dinero. Cuando las personas cambian jamás asumen que lo han hecho.

Y menos si, como Felipe, se es tres veces rey.

V

En julio de 1556, el papa Paulo excomulgó a Carlos y a Felipe. Días después, Carlos salió de Bruselas camino de Flesinga, donde embarcaría a España para su retiro definitivo. Felipe le acompañó.

Carlos no dejaba de mascullar refiriéndose al Papa.

—Será el representante de Dios en la tierra, pero este cuarto Paulo es un hijo de puta.

Felipe se sorprendió de oír hablar a su padre, maestro en ocultar emociones, en estos términos. Sin duda, los viejos son como los niños y los borrachos, que ni callan ni mienten. Aunque él opinaba lo mismo del Papa, masticaba su odio en silencio.

Carlos suspiró, amargamente.

—Mi abuela decía que los curas tenían que dedicarse a rezar y no a tener ejércitos ni a provocar guerras. ¡Cuánta razón tenía!

Felipe se despidió de su padre en Gante. Tenía que volver a Bruselas: un mensajero le trajo noticias de la movilización de tropas francesas camino de Italia. Paulo IV no daba puntada sin hilo. Primero, les excomulgaba. Luego, el rey de Francia les atacaba. Todo era un plan perfectamente pensado.

Su padre siguió camino de Flesinga, donde una flota de más de cincuenta navíos le acompañarían hasta Laredo.

Antes de despedirse de Felipe, le dio un consejo.

—Ve a ver a tu esposa. La solución está en Inglaterra. Tu hermana no nos va a dar el dinero suficiente para hacer frente a esta guerra eterna.

Luego, se dejó dar un abrazo y se fue.

Felipe se quedó dudando ante el consejo recibido.

Cuando llegó a Bruselas, escribió una carta a su hermana Juana: necesitaba dinero. Todo antes que volver a Inglaterra. No tuvo mucho éxito.

Su hermana le respondió recordándole los tiempos en los que él se quejaba de las exigencias del emperador. Y, en los renglones finales, volvió a citar un tema incómodo para Felipe:

Veo que el poder y la responsabilidad os está cambiando, querido hermano. Nada más triste para mí que negaros lo que pedís. Si lo tuviera, os lo daría pues sé de las extrañas decisiones del Papa. Pero ni tengo dinero ni yo he cambiado.

Felipe no tenía paz ni dinero, así que tenía que volver a Inglaterra. No quedaba otro remedio.

VI

Felipe llegó a Greenwich en marzo de 1557. Habían pasado casi dos años desde que despidió a su esposa, María Tudor, en ese mismo lugar. Cuando la vio en el muelle, pensó que María había estado allí todo ese tiempo.

Como la última vez que la vio, la reina también lloraba. Pero esta vez era de alegría. De repente, Felipe se sobresaltó al oír unos cañonazos. Pensó que querían volver a asesinarle antes de pisar tierra. Luego se dio cuenta de que eran salvas celebrando su regreso.

Vio a su esposa desde cubierta: María se había arreglado como si fuera otra vez de boda: maquillada como nunca su esposo la había visto y con un traje nuevo con el que lucía su estilizada figura.

Nada más pisar tierra, Felipe la abrazó. Tenía tantas cosas que pedirle que pensó que cuanto antes, mejor. María no le dejó hablar. Le echaba tanto de menos que cogió su mano apretándola como un náufrago a la tabla de madera que acaba de encontrar en el mar cuando ya se creía muerto.

No soltó su mano hasta llegar a sus aposentos en palacio. Había que tener un hijo, esa era la obsesión de la reina. Y se puso manos a la obra para conseguir ese objetivo.

En esta ocasión, no solo ella quedó exhausta. Felipe también necesitó reposar unos días.

Una vez recuperado, Felipe no tardó en comprobar que sus soldados no eran mejor vistos que antes. Estaba orgulloso de ellos: no había ni una queja sobre su comportamiento. Por ello felicitó a Ruy Gómez y al conde de Feria.

El primero estaba un poco triste, ardía de ganas por consumar su matrimonio con Ana de Mendoza.

Ruy no era conocido por sus escarceos amorosos y guardaba fidelidad a su esposa. Lo peor era que sabía que tendría que seguir guardándola más tiempo. Tanto él como el rey no vislumbraban cuándo podrían regresar a España.

Para colmo, Ruy recibía cartas de la joven quejándose del mal trato que su padre daba a su madre y a ella. Felipe se mostró preocupado por ello: intervenir contra un Mendoza siempre traía problemas en Castilla. Sugirió a Ruy Gómez que enviara un hombre de confianza cerca de su esposa para que tomara testimonio de los hechos y la protegiera si llegara el caso.

Gómez escribió a su esposa sugiriéndole varios nombres de su confianza. El elegido fue Juan de Escobedo, un cántabro de familia hidalga que gozaba de las simpatías tanto del rey como de Gómez. De hecho, había formado parte de la comitiva de la boda de Felipe con María Tudor.

También tuvo Felipe que atender otra petición de Ruy Gómez. En esta ocasión no era en su favor sino en el de Gonzalo Pérez. Necesitaba un certificado de legitimación de un crío de quince años, al que no quería dejar desamparado y deseaba que constara que fuera considerado oficialmente su sobrino.

Felipe intuyó que los lazos familiares eran más directos que los que Gonzalo Pérez quería oficializar. Efectivamente, era su hijo.

—¿Por qué no me lo ha pedido en persona? Le acabo de nombrar mi secretario para asuntos de fuera de España.

—Supongo que como clérigo sentirá vergüenza de su pecado.

—Pues debe ser el único. ¿Cómo se llama el muchacho?

—Antonio Pérez. Me dicen que es de carácter estudioso y su mente es brillante. También que es hábil aprendiendo lenguas.

—Qué envidia... Decid a Gonzalo que no se preocupe. Mandad carta a Castilla para que sus deseos se cumplan.

—Mejor la enviaré a Aragón, pues dice que es natural de allí.

Felipe asintió.

Resueltos desde la lejanía los problema domesticos, el rey dedicó todo su tiempo en tratar de convencer a María de dos cosas. La necesidad de que Inglaterra apoyara a España contra Francia y lo conveniente de que hiciera las paces con su hermana Isabel por el bien del reino.

Lo primero lo consiguió. Las capitulaciones de su matrimonio indicaban que Felipe, como rey consorte, jamás pediría la implicación de Inglaterra en los conflictos ajenos. Y el de Francia y España, lo era. María no consideraba oportuno enemistarse con Francia, pero a Felipe le vino a ayudar el destino al descubrirse una rebelión de la católica Escocia contra Inglaterra auspiciada por el rey de Francia.

Respecto al futuro de Inglaterra poco pudo hacer. Cada vez que Felipe nombraba a su hermana Isabel, María mostraba gesto de disgusto. Después, o marchaba a rezar o exigía a Felipe que volviera a hacerle el amor. ¿No le preocupaba la sucesión de la corona inglesa?, se preguntaba la reina. Y luego, se respondía a sí misma: pues dejándome embarazada, el asunto estaría resuelto.

El optimismo de María respecto a sus posibilidades de ser madre no era compartido por su marido. Ella ya tenía más de cuarenta años y como se decía en Castilla, las yeguas viejas no paren si no lo han hecho de jóvenes.

Aun así, Felipe procuraba cumplir con el lecho. Sobre todo por si ello ayudaba a que su esposa atendiera sus ruegos en relación a su hermana Isabel. Debía dejar de ser hostil con ella. Tenía que atraerla a su lado, no importaba que no profesaran la misma fe. El poder todo lo arregla, repetía Felipe hasta el punto que su esposa ironizó sobre tanta insistencia.

—Tanto habláis de mi hermana que voy a terminar sintiendo celos de ella.

Aunque las más de las veces, ni respondía. Sonreía en silencio. O cambiaba de tema. O decía un «me lo pensaré» que era un «dejemos de hablar de ello». Felipe descubrió que María podía ser tan evasiva como él cuando hacía falta.

Harto de no encontrar solución, su estrategia viró hacia la propia Isabel. Hija de Enrique y Ana Bolena, tenía fama de ser tan nerviosa como contaban que lo había sido su madre. Siendo ese su carácter, y para no provocar conflicto, Felipe empleó al conde de Feria como interlocutor secreto con ella.

A través de él, le hizo saber lo mucho que había hecho porque la liberaran de su prisión en la Torre de Londres. Le demostró su respeto y su afecto. Incluso le dio un consejo: que abrazara la fe católica, por el bien de su alma y de su vida.

Isabel hizo caso a esto último, lo que supuso que Felipe creyera que su plan surtía efecto. Nada más lejos de eso: no era más que una simulación propia de quien quería sobrevivir a la locura de su hermana.

De quien esperaba el momento oportuno para dar un manotazo sobre la mesa y decir: «¡aquí estoy yo!».

VII

Mientras Felipe intentaba conseguir ayuda de Inglaterra, no cesó de pedir ayuda económica a su hermana Juana. Esta, como regente de España, pero a la vez partícipe de un poder que abarcaba más allá de los Pirineos, se debatía en un mar de dudas. ¿Cómo ayudar a su hermano sin dañar la salud económica de las tierras que gobernaba?

La ruina de Castilla y Aragón y del resto del reino venía de lejos. Ella lo había estudiado. Y siempre encontraba al mismo culpable: su padre. El mismo que no respondía a sus cartas pidiéndole audiencia. El mismo que se negaba a ver a su nieto Carlos. Escondido en Yuste, el que fuera emperador parecía desentenderse de los problemas que él mismo había generado.

Todo había empezado cuando Carlos, apenas un muchacho, había visitado por primera vez Castilla para esquilmarla. Tras hacerse con la corona de Castilla y Aragón tras la muerte de Fernando y la situación de encierro de su madre, Carlos tenía como única obsesión ser nombrado emperador del Sacro Imperio Germánico. Su principal contrincante era Francisco I, el rey de Francia. No era un cargo hereditario, sino electo, que daría al elegido tanto poder como responsabilidad: aunar las fuerzas de la Europa católica.

Para conseguirlo, no dudó en pagar a quienes podían ayudarle. Lo hizo con éxito: el 20 de octubre de 1520 era nombrado en Aquisgrán el nuevo Carlomagno. El dinero llegó de Aragón, y, sobre todo, de una Castilla en la que los llamados comuneros entendieron que los castellanos dejaban de mandar sobre su propio reino. Eso conllevó mayores favores y promesas de tierras y cargos a su nobleza para que pararan una revolución que bien podría haber cambiado para siempre el destino de Castilla y del resto de las Españas.

El saqueo de las arcas no acabó ahí. Para colmo, a cambio de satisfacer los gastos de sus campañas militares y de sus favores cortesanos, Carlos se había puesto en manos de banqueros genoveses, florentinos y alemanes. También había alguno castellano, pero eran minoría: la expulsión de los judíos había roto el músculo financiero propio.

La banca, hermanada como si fuera otro imperio paralelo, impuso un plan de préstamos cuyos intereses eran impagables, al llegar hasta el treinta por ciento.

El siguiente paso, auspiciado por Carlos y seguido por su esposa, fue enajenar la riqueza de la corona para asegurar que el dinero siguiera fluyendo. Así, los maestrazgos, antes propiedad de las órdenes militares, fueron concedidos a los Fugger, familia de banqueros que supieron ver en el imperio un negocio como pocos podían serlo.

Otra familia bancaria, los Welser, se hicieron con Venezuela y los beneficios que ella diera en 1528.

También se llegó a arrendar tras subasta las recaudaciones de los impuestos. Se emitieron los llamados *juros*, que posibilitaban a quienes los consiguieran un interés del diez por ciento a costa de las arcas del reino.

En definitiva, se vendió el reino a manos extranjeras y a los prebostes locales, más a las primeras que a las segundas.

¿Por qué se había llegado a la miseria en estos momentos y no antes? Juana, estudiosa como nadie, encontró las razones de ello. Entre 1530 y principios de 1540, el oro y la plata que llegaban del Perú habían equilibrado la balanza de pagos. Ahora, esa fuente había dejado de manar tanta agua. Los encomenderos, quienes se habían jugado la vida por colonizar América, también la consideraban su negocio.

Tal era la miseria en las Españas, que muchos se embarcaron (hasta llegar al casi medio millón de personas) hacia las antes llamadas Indias. Lo hicieron para buscar la fortuna que en su tierra se les negaba. Las tierras de Castilla y Extremadura se estaban quedando sin lluvia que regara sus cosechas y sin hombres que las sembraran.

Ante los datos que tenía encima de su mesa, Juana declaró la suspensión de pagos en el mes de junio de 1557. La deuda flotante pasó a ser deuda consolidada. Con ello consiguió la estupefacción de Felipe y la ira de su padre, que por fin se dignó a escribir una carta a su hija tachándola de enajenada.

Pronto, tanto hermano como padre comenzaron a suavizar las medidas en relación a los banqueros alemanes y genoveses. Y pronto encontraron estos medios para seguir saliendo beneficiados.

Pero, más allá del hecho financiero, Juana había tenido el valor y la inteligencia de recordar el estado de las cosas a quienes siempre habían mirado para otro lado.

VIII

Cuatro meses estuvo Felipe en Inglaterra intentando aclarar la cuestión sucesoria. Llegó a proponer la boda de Isabel con Manuel Filiberto de Saboya. Pero no fue esa la respuesta que se llevó a Flandes.

Al llegar a Bruselas, Felipe no sintió el alivio que la vez anterior tras dejar también Inglaterra. Eran muchas las cuestiones que había que dilucidar y debía hacerlo solo. A su lado estaba Ruy Gómez, que había dejado Londres con él. Y Antoine Perrenot que le esperaba en palacio para contarle todos los temas pendientes en litigio. Pero eran meros asesores que obedecían sus órdenes.

Felipe echaba de menos al emperador, al gran Perrenot de Granvela (capaz de gobernar en ausencia de su padre) y, ahora, a María de Hungría, que había decidido seguir la senda de su hermano Carlos y acabar sus días en Cigales, Valladolid.

Como le ocurrió con su padre, Felipe no podía criticar su decisión. Desde 1531, María había gobernado los Países Bajos con criterio, equilibrando el poder de sus hermanos Fernando y Carlos. Había sido el alma del imperio mientras el emperador iba de aquí para allá de batalla en batalla. Ahora, a sus cincuenta y dos años, se sentía demasiado cansada para seguir haciéndolo. Los tiempos habían cambiado y obligaban a que también cambiaran las personas al frente del imperio.

La marcha de su tía dejó a Felipe sin nadie que regentara la región en su ausencia. También sin la sabiduría y la experiencia de alguien que pudiera aconsejarle. Tanto ella como su padre tenían un prestigio ganado a pulso. Él todavía era considerado «el español» en el palacio que era su hogar en Bruselas.

No era un buen momento para encontrarse solo. Los Fugger fueron a verle para pedirle cuentas de la suspensión de pagos decretada por su hermana Juana.

Las amenazas fueron tan fuertes que temió que los banqueros ayudaran con su dinero a sus enemigos a un interés más bajo con tal de conseguir venganza. Era un lujo que no se podía permitir así que les excluyó de las medidas tomadas por su hermana. Sabía que esta decisión iba a molestar a los banqueros genoveses, pero ya hablaría con ellos cuando llegara el momento.

Paulo IV y Francia tampoco le dejaban dormir en paz. El duque de Alba resistía con heroísmo en Milán y Nápoles. Felipe había conseguido de su esposa cerca de diez mil libras y otros tantos hombres que llegaron a Bruselas a las órdenes de lord Pembroke. Ruy Gómez, por su parte, logró otros ocho mil hombres y fondos de Portugal y Castilla, recaudados entre nobles y la Iglesia. En total, sumadas las fuerzas que ya se tenían, Felipe logró reunir un ejército de sesenta mil hombres entre españoles, alemanes, flamencos e ingleses.

Manuel Filiberto de Saboya fue el elegido para mandarlo. Nombrado por Carlos —su tío—, comandante del supremo ejército imperial en el año 1553, cuando apenas tenía veinticinco años, ya había dado muestras de su lealtad en la victoria y en la derrota: había estado a su lado en las tristes jornadas del inútil asedio de Metz.

Cuando Carlos abdicó, Felipe siguió contando con él y el de Saboya aceptó encantado la oferta de su primo. Curiosamente, Manuel Filiberto también era primo del rey enemigo, Enrique II.

El rey de Francia pensó que Felipe era presa fácil, no como su padre, el emperador. No era el único que lo pensaba. Felipe jamás había sido visto en un campo de batalla. Solo había estado en uno cuando el duque de Alba lo llevó de visita casi de niño a guerrear en Cataluña contra unas débiles fuerzas francesas. Y contempló todo tan de lejos que el joven príncipe apenas podía distinguir a su propio ejército del enemigo.

Su imagen era la de un hombre tímido y víctima de la lucha de poder surgida en su propia familia. Es cierto que tenía fama de buen bailarín y amante, pero estas no son virtudes esenciales de reyes ni generales. En la guerra, cuando yaces es que estás muerto. No había duda: había que rematar a Felipe y había que hacerlo ahora antes de que aprendiera su oficio.

En un principio, Felipe pensó utilizar su ejército en actitudes defensivas. Una carta del duque de Alba le aconsejó lo contrario: había que dar el primer paso y atacar o quedarían apresados en una tenaza de la que no podrían escapar.

Manuel Filiberto opinó lo mismo que el duque. El rey asintió y se preparó para viajar al lado de su primo hacia el frente de batalla. No combatiría en primera línea. Su padre siempre le había aconsejado que no lo hiciera pese a que él se saltó estas instrucciones consigo mismo cuando el ardor guerrero le invadía. Sin embargo, estaría al lado de sus generales, escucharía la estrategia planteada por estos y sus soldados verían la cara del rey para el que luchaban.

El duque de Saboya marcó el objetivo: San Quintín. Lo hizo delante de su rey y del conde de Egmont, que también combatiría con ellos. Felipe se sorprendió ante la idea de su primo, ya que San Quintín era una plaza especialmente protegida por el ejército francés.

Manuel Filiberto le explicó su decisión.

—Por eso la atacaremos. El enemigo piensa que somos débiles. Después de San Quintín cambiará de opinión, os lo aseguro, majestad. O estaré vivo para ver vuestra gloria o muerto por haber intentado que la consiguierais.

IX

Jamás olvidaría Felipe la fecha del 10 de agosto de 1557, día de la gran victoria de San Quintín. Juró que la celebraría como si fuera su cumpleaños. En realidad, lo era pues ahí fue cuando nació como rey poderoso y respetable a los ojos de todo el mundo. También prometió construir un gran monumento en su honor.

Cuando todo el mundo le daba por muerto y a su sangre en decadencia, Felipe dio un puñetazo sobre la mesa a los treinta años. Lo hizo acompañado de Manuel Filiberto de Saboya, gran comandante con solo veintinueve años y con un lugarteniente como el conde de Egmont, de treinta y cinco. Una nueva generación exigía ser tenida en cuenta.

Felipe no estuvo en el campo de batalla hasta después de que esta hubo concluido. Pero dio órdenes a su comandante para que prometiera a sus hombres cinco días de saqueo si conseguían la victoria. Sin duda la promesa surtió efecto. Dio igual que un potente ejército protegiera la plaza y que otro acudiera en su apoyo bajo el mando del condestable de Francia, Anne de Montmorency. Más de cinco mil soldados franceses murieron en la batalla. Otros tantos fueron hechos prisioneros, entre ellos el mismo condestable y otros muchos nobles.

A cambio, solo unos centenares de hombres fueron las bajas del ejército considerado español, pero que reunía más mercenarios que soldados de los Tercios.

Fue un día triste para Francia. Y terrible para los que creen en la bondad del ser humano. Desde luego, los que sobrevivieron a la batalla no pudieron olvidarla. Para entrar en la ciudad había que pasar por un camino de casi una legua pisando cadáveres. Fueron tantas las moscas azules y verdes que surgieron de los cadáveres al calor del verano que alguien creyó que era niebla lo que ocultaba el sol.

La derrota de San Quintín fue una humillación para Francia. Para Paulo IV lo fue sentir los cañonazos de la artillería española atacando los muros de Roma. Si los jóvenes habían pasado su reválida en San Quintín, el duque de Alba seguía añadiendo victorias inverosímiles a su biografía. Primero se deshizo de un ejército francés, superior en fuerzas, cerca de Nápoles. Después, sin encomendarse a nadie, se plantó en Roma.

Desde allí escribió al rey contándole la hazaña. En su recibo, se ufanaba de haber ganado Italia sin más medios que la valentía y el esfuerzo de los Tercios españoles. Ya que no había dinero, le pidió al rey saquear Roma. No pretendía repetir la salvajada del famoso saqueo que casi le costó la vida al papa Clemente VII.

«Será solo un saquillo», le especificó el de Alba.

Felipe no se lo consintió, exigiéndole que no causara daño sino solo temor.

El 14 de septiembre, Paulo IV firmó un tratado en el que se comprometía a tres condiciones: no declarar nunca más la guerra a Felipe, no apoyar a quienes lo hicieran y no construir fortificación alguna en sus tierras. A Paulo le parecieron unas condiciones humillantes, pero no tuvo más remedio que firmarlas.

Felipe pensó que a partir de ahora el Papa tendría más tiempo para rezar. La ironía es un lujo que los vencedores siempre se pueden permitir.

9

Nada permanece (1557)

I

Muchos son los padres de las victorias y pocos los de las derrotas. Tras San Quintín, Felipe recibió dos cartas: una de su esposa desde Londres y otra de su padre.

En la primera, María celebraba la victoria de su marido y se ufanaba de la participación de los soldados ingleses que habían participado en la batalla. En realidad, no desempeñaron un papel excesivamente importante. Sin embargo, su presencia era un aviso a Francia de que los enemigos se le podían multiplicar si no cejaba en su empeño de atacar a los Habsburgo.

También le daba María otra noticia: estaba embarazada. Felipe cabeceó serio al leerlo. Nada le gustaría más que eso fuera cierto pero, con el penoso y falso embarazo vivido en Londres, pensó que seguramente era otra falsa alarma.

La otra carta era de su padre. El nuevo rey estaba tan decepcionado con el anterior que, displicente, pidió a su secretario que se la leyera.

Eraso obedeció. En su primer párrafo, Carlos se alegraba del éxito de San Quintín, sin duda heredero de las grandes hazañas que él, como emperador, había logrado. También se atribuía gran parte del mérito sin haberse movido de Yuste. Él había nombrado a Manuel Filiberto de Saboya general de sus ejércitos. Él había educado a Egmont como el gran soldado que era.

Felipe hizo a Eraso un gesto con la mano y este dejó de leer.

—Él, él, él... Siempre él. Si gano una batalla, la ha ganado él. Si negocio un tratado beneficioso, es gracias a él... Más le valdría a mi padre convencer a su hermana María de que volviera a Bruselas, ya que es tan brillante.

Eraso guardó silencio en un principio. Por experiencia sabía que un rey airado era siempre un mal compañero de conversación. Pero como estaba obligado a la pregunta, preguntó:

—¿Sigo leyendo, majestad?

—No. Ya tengo suficiente ración de mi padre.

El secretario selló la carta y la guardó en sus archivos. Lástima que no hubieran seguido leyéndola. Los siguientes párrafos eran una lección de estrategia. Hablaban de que de nada servía ganar una batalla si no se asentaban fuerzas de vigilancia en la plaza ganada. Que Francia siempre respondía. Y que pronto lo haría en el lugar de más débil defensa. De hecho calculaba que la respuesta sería en invierno, antes de que acabara el año.

Debéis seguir armando al ejército, porque si se encuentra desarmado, el enemigo juntará sus fuerzas este mismo invierno para recuperar territorio perdido o ganar otros de nuevo.

Carlos no era Malaquías adivinando el futuro. Sencillamente, era el mejor estratega que había dado el siglo, el emperador casi invencible. Nadie mejor que él sabía de la pertinaz sed de venganza de los reyes de Francia. Al fin y al cabo, él les había dado suficientes motivos para que la tuvieran.

Paradójicamente, si Eraso hubiera acabado de leer la carta al rey, habría dado lo mismo. La batalla de San Quintín y, por poco que se le financiara, la campaña del duque de Alba en Italia, habían vuelto a dejar sin fondos a Felipe.

Si hubiera querido hacer lo que su padre le aconsejaba, difícilmente habría podido. Habían pasado cinco semanas en Francia dejando a sus soldados que saquearan cada ciudad y cada pueblo que encontraban a su paso. No podía pagarles de otra manera. La ley de la guerra, nunca escrita pero consuetudinaria, permitía que las poblaciones que no se rindieran a la fuerza mayor del enemigo podían ser saqueadas. Aquí dieron igual las banderas blancas.

El caso es que la profecía se cumplió. El 31 de diciembre de 1557, un ejército francés de treinta mil hombres tomó Calais. Felipe fue avisado del movimiento de tropas y escribió al comandante inglés que guardaba la plaza ordenándole que pidiera auxilio si lo necesitara. No lo pidió. Pese a ello, Felipe ordenó a Manuel Filiberto de Saboya que fuera hasta allí. Llegó demasiado tarde. Los franceses ya habían tomado Calais sin apenas resistencia.

Felipe se enrabietó ante la negligencia inglesa. Perder Calais no estaba en sus planes.

María también sintió profundamente la pérdida de la única posesión que Inglaterra aún conservaba fuera de las islas. Cuando recibió al conde de Feria dijo unas palabras que conmovieron al español.

—Cuando muera, la palabra Calais aparecerá grabada en mi corazón.

II

La tristeza por la pérdida de Calais no arredró a María a la hora de seguir persiguiendo a sus enemigos. Ni siquiera una epidemia de gripe lo hizo. Mientras ella reposaba para que su embarazo diera el deseado fruto, las hogueras siguieron encendiéndose y no solamente para iluminar la noche o atenuar el frío.

El problema es que era tanto el público que acudía a ver cómo quemaban al prójimo que era altamente probable que más de uno tuviera gripe y se la contagiara a los demás. Cualquiera en su sano juicio, habría anulado las ejecuciones en la hoguera. Y no solo por la gripe. Pero el cardenal Pole prefirió que se siguiera quemando gente, pero en secreto. Así se evitaba propagar la enfermedad. Era su particular interpretación del «amarás a tu prójimo como a ti mismo».

María estaba tan preocupada por su embarazo que incluso previno la posibilidad de morir durante el mismo. Su salud y su edad eran factores evidentes de riesgo. Por ello, escribió su testamento. En él nombraba a Felipe regente de Inglaterra mientras el heredero fuera menor de edad. También ordenó a su flota que fuera a Dover, a esperar a su amado por si decidía volver en cualquier momento.

Tras las dudas iniciales, Felipe llegó a ilusionarse con el embarazo de María. No se sabe si fue por la insistencia de su esposa informándole de cada día de su embarazo o si fue por la necesidad de tener un heredero que le perpetuara en la corona inglesa. Pero el caso es que hasta soñó que tenía a su pequeño retoño inglés en sus brazos. Tan feliz estaba con la idea que prometió a María que pronto la visitaría.

Esta vez no se lo impidió el enemigo, sino una debilidad física que apenas le dejaba tenerse en pie. Tosía sin parar hasta que le dolía el pecho. Luego el dolor se extendió a sus piernas y la fiebre se cebó en él. La enfermedad le salvó de ser testigo del llanto de su esposa cuando se volvió a comprobar que su embarazo era otra vez imaginario.

María volvió a caer en depresión y enfermó. En

realidad, ya estaba enferma. El conde de Feria avisó a Felipe de que los médicos sospechaban que, detrás de esta nueva hidropesía, había una enfermedad estomacal de más calado que era la que provocaba la hinchazón de su vientre.

Felipe recordó la muerte de su bisabuela Isabel (abuela de su esposa), causada por un cáncer de ovario. Triste destino le esperaba a María.

En vez de acudir a consolarla, ordenó al de Feria que insistiese en la cuestión sucesoria: había que convencer a la enferma de que su hermana Isabel era la idónea para heredar la corona.

María no le hizo caso. Bastante tenía con su dolor y con preparar su alma para lo que pudiera venir. No sabía si le esperaba la muerte. Pero sí que no deseaba seguir viviendo.

III

El rey de Inglaterra se olvidó de su esposa. Lo que tenía que decirle, ya se lo diría el conde de Feria. Él tenía otros problemas que resolver. Sin duda, las obligaciones del poder endurecen el corazón del más sensible de los hombres. Y había muchos hombres que en ese duelo habrían ganado a Felipe.

Como era previsible, Enrique II de Francia volvió a hacer frente a los Habsburgo. Y Paulo IV amenazó con saltarse los tratados que le exigían que rezara más e incordiase menos. Su objetivo ahora eran los príncipes alemanes. No estaba de acuerdo con la paz de las religiones firmada por Fernando, Rey de Romanos, en Augsburgo. El Papa, que no había dudado en pactar con el turco en su odio hacia el imperio, renegaba de otros cristianos por el hecho de no ser católicos. Incluso se negaba a aceptar a Fernando como Rey de Romanos.

Los problemas con Roma los arregló Felipe por carta. En ella avisaba a Paulo que combatir con alemanes era mal negocio, «pues son pueblos seguros de sus opiniones y difíciles para enfrentarse a ellos».

Por si las palabras no le convencían, invitó al duque de Alba a que visitara los alrededores de Roma. No quería batallas, solo la mera presencia bastaría para que el Papa recordara contra quién se estaba enfrentando.

Desde luego, ni su tío Fernando ni su primo Maximiliano podrían quejarse de la lealtad de Felipe. Este les recordó que exigía el mismo comportamiento si a él le fuese necesario.

Con Francia, sin embargo, no bastarían las cartas. Enrique había reclutado nuevas tropas en la Picardía y puso al frente de las mismas al duque de Nevers. Por si fuera poco, había pedido ayuda marítima al sultán e instigado a los escoceses para que se levantaran contra María Tudor, ante el estado de debilidad de esta.

Los vigías no tardaron en informar de movimientos de tropas. Los franceses pasaron de Calais a Thornville, frontera con Flandes el 22 de junio de 1558.

Al poco tiempo, entraron en Flandes tras pasar el río Aa. Doce mil infantes, casi dos mil jinetes y sobrada artillería amenazaban a Felipe.

Felipe deseó una muerte lenta y dolorosa a Enrique II. Aunque también pensó que probablemente sus hijos heredarían el odio hacia su familia como él lo había heredado de su padre junto con la corona francesa.

Pero no era hora de maldiciones y lamentos. Reunido con Manuel Filiberto de Saboya y con el conde de Egmont, tomó decisiones drásticas.

Tras lograr reunir un ejército similar al francés, hipotecando lo que no tenía, el de Saboya diseñó un plan de engaño. Harían correr la noticia de que enviaban un ejército al río Aa. Así se hizo. No era una fuerza lo suficientemente grande como para hacer frente al invasor, pero lo importante era distraerle. Porque el enfrentamiento decisivo no iba a ser ahí.

—¿Dónde será entonces? —preguntó el rey.

Egmont puso su dedo en el mapa y señaló Gravelinas.

—Aquí.

El mismo conde de Egmont fue el encargado de mandar un ejército que se dirigió allí. Este era más disuasorio: más de trece mil infantes y tres mil jinetes. No había más, salvo los Tercios del duque de Alba, que se encontraban en Italia. Era todo o nada. Y fue todo.

El 13 de julio de 1558, Egmont dio una lección de

estrategia y cuando la batalla se convirtió en pugna enloquecida, aparecieron los arcabuceros españoles. Nadie como ellos sabía luchar en el desorden y la histeria. Pocos generales demostraron nunca tanta valentía como Egmont, cabalgando al frente de la caballería.

En previsión de lo que pudiera ocurrir, Manuel Filiberto de Saboya dio otra lección de estrategia: rogó a Felipe que movilizara fuerzas navales vascas e inglesas, que llegaron antes que las turcas.

Felipe no apeló esta vez al dinero para ganarse el apoyo. A los ingleses les recordó Calais. A los vascos, las continuas incursiones francesas en sus mugas.

El odio puede mover más fuerzas que el dinero. Gravelinas cayó en manos de Felipe.

IV

El odio también era protagonista en tierras españolas. Y la Santa Inquisición su máximo exponente.

Hacía tiempo que Castilla había negado ser la patria de las tres culturas para admitir una sola fe verdadera. Ahora trataba a otros cristianos como herejes tan odiados como lo eran los infieles.

Para muchos, viajar supuso el mejor remedio para abrir sus mentes. Para el Santo Oficio haber viajado era el primer indicio para detectar un hereje, no importaba que el sospechoso hubiera servido al mismísimo emperador. Este fue el caso de Agustín Cazalla, un clérigo acusado de promover un círculo protestante en Valladolid. Cazalla había sido capellán del emperador al que había acompañado por tierras alemanas, donde había contactado con luteranos.

No era el único ejemplo. En Sevilla se había apresado a Constantino de la Fuente, también capellán real y acompañante de Felipe en el *felicissimo* viaje.

Estupefacto por estas detenciones, el sobrino del fallecido De los Cobos, Juan Vázquez de Molina escribió a Felipe narrándole lo que estaba pasando. Gente que había prestado un indudable servicio al imperio ahora era considerada como enemiga. Vázquez era uno de los hombres más poderosos del reino, lo que hacía que su opinión valiera el doble a ojos del rey.

Felipe nunca había sido partidario de las limpiezas de sangre e incluso había desautorizado sobre estos asuntos a su antiguo confesor, Silíceo. En esta ocasión, llegó a la conclusión de que lo mejor era dejar campar por sus respetos al fanático Fernando de Valdés, inquisidor general y arzobispo de Sevilla. Ahora que pronto volvería a España, no quería problemas.

Además, Juana apoyaba completamente al Santo Oficio. En septiembre de 1558 ya había firmado una ley pragmática por la que prohibía imprimir o poseer los libros que la Inquisición considerara inapropiados. También se prohibía traer libros de fuera del reino, o intercambiar manuscritos de libros aún no impresos. Visitar bibliotecas en las que se encontraran dichos libros tampoco estaba permitido.

El término biblioteca se extendió hasta el de casa. Visitar a un familiar que tuviera un libro prohibido podía ser motivo de acusación por parte de la Inquisición. Tenerlo en el propio despacho, también.

La delación empezó a ser una constante. Bastaba una denuncia anónima para ser visitado por el Santo Oficio. Médicos, abogados, juristas enterraron sus libros bajo la tierra o los tiraban a los ríos ante la amenaza de que una discusión con un familiar que visitara su casa pudiera provocar su denuncia. Cuando un sospechoso de herejía era detenido, se revisaba a toda persona que hubiera visitado su casa, no importaba que fuera para llevarle una barra de pan.

El auto de fe que se celebró en Valladolid el 20 de mayo de 1559 fue una exhibición del gran inquisidor, Fernando de Valdés. Sin duda quería reverdecer los tiempos de Torquemada. A su lado, presidiendo el auto, estaba Juana de Habsburgo. En él se juzgó y condenó a Agustín Cazalla por albergar en su casa reuniones que, según la acusación inquisitorial, instigaban a la herejía.

Tras ser torturado, Cazalla abjuró de su herejía (que hubiera reconocido aun no habiéndola cometido). Como favor se le perdonó morir en la hoguera a cambio de ser estrangulado por el garrote vil. Tres de sus hermanos murieron con él. Su madre, que ya había muerto, fue desenterrada para que no reposaran sus restos en camposanto. También fueron ejecutadas varias monjas del monasterio de Belén y una dominica del monasterio de Siena, María de Rojas. La sobrina de esta, llamada Ana Enríquez, también acusada, se desmayó en el púlpito al saber de qué se le acusaba y de su segura muerte.

Cuando se recuperó casi volvió a desmayarse al saber que no moriría ese día. Su sentencia se limitó a subir al cadalso con el sambenito y ayunar tres días. Al parecer, era demasiado bella para ser quemada. Se dice que un tan humilde como brillante cronista vallisoletano, de apellido Delibes, dio cuenta de toda su historia. Pero nunca se encontraron sus escritos y pocos lo leyeron.

Más de cien mil personas contemplaron el espectáculo. Todos chillaron ofendidos cuando se le perdonó la vida a la bella.

El gran inquisidor tuvo que contener una sonrisa de satisfacción al oír tal griterío. Sin duda, el pueblo estaba con él. Y la hermana del rey, sentada a su derecha, rezando por la redención del alma de los pecadores.

V

El rey quería volver a España cuanto antes. No solo porque tenía añoranza de lo que consideraba su verdadero hogar, sino también porque le preocupaba profundamente la expansión luterana en la católica Castilla. Bastantes problemas le daba el protestantismo en los Países Bajos como para tener que sufrirlo en la propia España.

Sin embargo, sus obligaciones eran tantas que no podía.

Así de claro se lo expuso en una carta a su hermana Juana.

Mi deseo es dejar todo lo de aquí bien asentado, de modo que no me obligue a volver. Pero el trabajo que tengo es tan grande y el dinero tan poco, que no sé cuando podré hacerlo.

Juana se alegró al leer esto: estaba cansada del peso de la regencia y harta de ser puesta continuamente en tela de juicio por su padre.

Felipe entendió que, para volver, tenía que encontrar a alguien que ocupara su puesto en Bruselas. Pero no encontraba al sustituto idóneo. Manuel Filiberto de Saboya lo era. De hecho era el candidato que le había recomendado su padre y Felipe lo apreciaba. Pero si el duque se quedaba gobernando en palacio, ¿encontraría mejor comandante de sus tropas que él mismo? No quería vestir un santo para dejar desnudo a otro.

Al final, el rey no vio mejor opción que convencer a su tía María de Hungría para que volviera a Bruselas. Por ello, rogó a Juana que mediara en el asunto. El ruego se encontró con la negativa de su hermana. Nada anhelaba más que su hermano volviera a España, así ella podría dejar la regencia y dedicarse completamente a sus asuntos religiosos. Pero, en conciencia, no podía pedirle a su tía que abandonara su retiro espiritual cuando ella quería hacer exactamente lo mismo. Si Juana estaba agotada por ser regente unos pocos años, no quería imaginar cómo estaría su tía, que había gobernado durante tantos años los Países Bajos.

Juana de Austria deseaba dejar de ser princesa y convertirse en Mateo Sánchez, ese personaje imaginario, esa falsa identidad con la que había ingresado en secreto en la Compañía de Jesús porque en ella no se admitían mujeres.

Seguro que Francisco de Borja e Ignacio de Loyola no pensaban lo mismo. El hecho de tener de su lado a quien mandaba en el reino les suponía un gran beneficio. No habían sido pocos los servicios que Juana había hecho a la Compañía de Jesús desde el gobierno.

Había logrado que la Compañía abriera sede en Flandes. Había mediado con Paulo IV, enemigo de su hermano, consiguiendo que la atendiera con premura cuando le pidió recomendación para la Compañía en Roma.

Pero, sin dejar de estar contenta por estos logros, Juana lo estaba más por otros tres.

El primero, la creación o mejora de los monasterios de mujeres. De hecho, estaba a punto de abrir sus puertas uno nuevo en el que había puesto tanto empeño como ilusión: el de las Descalzas Reales, en la villa de Madrid.

El segundo, evitar que Francisco de Borja fuera postulado como cardenal. Tanto Roma como su hermano Felipe habrían estado encantados de ello. Juana les quitó la idea de la cabeza. Los miembros de la Compañía tenían prohibido aceptar altos cargos eclesiásticos y no quería ver a su amigo en el brete de tener que negarse. Hacerlo con un Papa y con un rey a la vez no solía traer buenas consecuencias. De paso, se aseguraba que siguiera en la corte a su lado, asesorándola a ella y al rey, quien, por correspondencia, le pedía consejo a Borja continuamente en nombramientos de cargos religiosos.

El tercero, ayudar a la Inquisición en el castigo a los círculos luteranos que empezaban a ser más de lo que hubiera podido imaginar. Francisco de Borja los definía como la lepra del reino. Ella no iba a llevar la contraria a quien consideraba más que a su propio confesor.

Esa lucha contra la herejía luterana había atemperado, gracias a Dios (pensaba Juana) las reticencias que el inquisidor Valdés tenía acerca de la Compañía de Jesús. Este era un asunto en el que, más de una vez, la princesa había tenido que mediar.

Tras pensar en todo ello, decidió empezar a redactar la respuesta a su hermano acerca del ruego que le hacía de que convenciera a María de Hungría para que aceptara volver a Bruselas. La respuesta sería negativa.

No había terminado de escribir la carta cuando un enviado del inquisidor general, Fernando de Valdés, vino a informarle de que habían descubierto otro sospechoso de herejía.

Como empezaba a ser costumbre, el acusado había formado parte del equipo más cercano del emperador y, ahora, de Felipe.

Cuando Juana oyó el nombre casi se desmayó: se trataba de Bartolomé de Carranza.

Cuando se repuso, siguió escribiendo la carta a su hermano. En ella, el tema de la vuelta de su tía a Bruselas pasó a ser un tema menor. El principal pasó a ser las sospechas sobre el arzobispo de Toledo, al que la Inquisición quería interrogar de inmediato.

VI

Fernando de Valdés creyó que su poder era tan grande que ya era el momento de comprobar si el rey también estaba a su lado. Se sentía tan poderoso que se atrevió a dar el siguiente paso: acusar a Bartolomé de Carranza. El hombre que Felipe había elegido para evangelizar Inglaterra. El principal asesor religioso del rey. Si lo conseguía, el mismo Torquemada sería considerado un aprendiz a su lado.

La inquina de Valdés hacia Carranza venía de lejos. Cuando el emperador fue humillado en Innsbruck, Castilla vació sus arcas clamando venganza. Unos aportaron más que otros, pero las Cortes fueron generosas y los grandes cargos de la Iglesia aportaron incluso dinero de su propio bolsillo. Hubo uno que no fue tan generoso: Valdés, ya por entonces arzobispo de Sevilla, presidente del Consejo de Castilla y, gracias al apoyo de los castellanos viejos, inquisidor general.

Cuando el arzobispado de Sevilla fue remiso a dar tanto como otros hacían para ayudar al emperador, alguien lo criticó. Quien lo hizo fue Carranza, elegido por Carlos para representarle en el Concilio de Trento.

Valdés rectificó y aportó más caudales. Pero juró odio eterno a Carranza.

Ahora, crecido por el apoyo de Juana, Valdés había decidido echar un pulso al poder. Mejor dicho, quería demostrar que nadie mandaba más que la Santa Inquisición. O sea, él.

Conocía bien a Felipe. Sin duda, pensó Valdés, el poliédrico carácter del rey le iba a ser de gran ayuda para convertir su intriga en éxito. Cuando había problemas difíciles de resolver, Felipe esperaba que fuera su silencio y el tiempo quien los resolviera. Y cuando el asunto era urgente y de difícil resolución adoptaba actitudes salomónicas.

Pero, sobre todo, el inquisidor sabía que el rey nunca se opondría a los designios del Santo Oficio.

Así fue. Pese a que Felipe dudó de la veracidad de las acusaciones, no protegió a quien tantos servicios le había hecho.

El rey tenía ahora dos problemas: convencer a María y convencer a Carranza de que se pusiera en manos de Valdés. Y si lo primero era difícil, lo segundo le parecía tarea imposible.

Carranza residía en Bruselas como consejero del emperador. Jamás volvería a España sabiendo que el Santo Oficio le esperaba. Tampoco podía detenerle para que viajara obligado: el arzobispo tenía una fama excelente en Bruselas por su capacidad de negociación, sabiduría y buen carácter.

¿Qué podía hacer? Felipe ideó un plan más propio de Maquiavelo que de Amadís. Diría a Carranza que fuera a Valladolid a convencer a María de Hungría. Nadie mejor que él para hacerlo. Una vez lo hubiera hecho, ya se encargaría Juana del destino del arzobispo.

Carranza no debía tener sospechas de lo que le esperaba. Felipe solo le habló de lo mucho que esperaba de su capacidad de convencimiento. Por si acaso no era suficiente. Le adiestró al respecto.

—Decidle que aquí estamos en paz y que ningún conflicto amenaza nuestro gobierno.

Luego, el rey siguió inventando sobre un país imaginario, bien distinto del real. Carranza tenía que convencer a María de que la situación actual de los Países Bajos era poco menos que el paraíso terrenal. El lugar donde todo conflicto había sido olvidado tras la alegría de las victorias de San Quintín y Gravelinas.

El arzobispo se sorprendió. Lo que decía el rey no era verdad. Los franceses se negaban a rendirse. Los luteranos seguían ganando adeptos y pensaban que su rey no era más que un invasor que les obligaba a pagar impuestos y a una fe religiosa que cada vez aborrecían con más fuerza. Carlos siempre había podido atenuar esos problemas con dinero. Ahora no sobraba.

Carranza quedó perplejo. Él era un hombre de Dios y la falsedad es cosa del diablo.

—¿Me está pidiendo vuestra majestad que mienta a vuestra tía?

—Con la verdad no volvería nunca a Bruselas.

Lo que no le dijo a Carranza es que, muy probablemente, él tampoco volvería jamás.

VII

Cuando, en Cigales, María escuchó al arzobispo sonrió. La mentira era tan grande que le hizo hasta gracia. ¿Ahora Bruselas era un mar en calma? A Noé venían ahora a hablarle de la lluvia.

Cortés, María le dijo a Carranza que agradecía su visita y que respondería a su sobrino por carta. No tardó en hacerlo.

Vuestra alteza me perdone el atrevimiento de hablar de esto con tanta determinación, pero lo hago con la que me otorga haber gobernado veinticinco años esas tierras. El destino de los Países Bajos depende solo de vuestra alteza, al que aconsejo que remedie los problemas que tiene que remediar y no me pida que sea yo la que asuma una responsabilidad que ya no me corresponde.

María pensaba que tras su negativa, Carranza tendría órdenes de su sobrino para coaccionar a Carlos de que le ayudara a convencerla. Por eso envió copia de su respuesta a Felipe también a su hermano.

Fue en vano. Carlos recibía en Yuste continua información de lo mal que andaban las cosas en los Países Bajos y logró hacerla cambiar de opinión.

No obstante, María puso tres condiciones para su vuelta. La primera es que mandaría ella y nada más que ella. La segunda, que Felipe permanecería allí mientras ella gobernara. La tercera, tener dinero suficiente y al contado para, a las buenas, pagar favores. Y, a las malas, poder disponer de un ejército para sostener la guerra.

Todo lo escribió en un papel que dio a Carranza para hacer llegar a su hermano en Yuste con las condiciones de su sí.

Carlos esperaba la carta para saber a qué atenerse.

El destino quiso que el sí de María no sirviera para nada. Carlos no pudo llegar a enviar la respuesta afirmativa a su hijo. El arzobispo tenía litigios en Valladolid sobre unos terrenos de su propiedad y eso le obligó a permanecer demasiado tiempo por esas tierras. Tanto que no llegó a Yuste hasta el 20 de septiembre.

Carlos estaba muy enfermo. Aun así, sacó fuerzas para, al ver a Carranza, decirle con sorna:

—Mucho os habéis tardado, arzobispo.

Luego, su cabeza cayó hacia un lado de tal manera que Carranza le creyó muerto. No lo estaba, pero no le faltaba mucho.

El gran emperador del mundo tuvo tiempo para ordenar que enviaran seiscientos ducados a Bárbara Blomberg, madre de su hijo Jeromín. También para que un mensajero avisara a Luis de Quijada, su antiguo y leal mayordomo para que pusiera todo en marcha en relación a su hijo bastardo.

Ni leyó la carta de María ni Carranza se la envió a Felipe.

Esa misma noche murió aferrado al crucifijo que guardaba como recuerdo de su esposa Isabel, a la que había pertenecido. Lo agarró con la misma fuerza que empuñaba la espada. Probablemente por si en el viaje al más allá se encontraba con tantos enemigos a los que había matado y tenía que defenderse de su venganza.

La tardanza del arzobispo de Toledo había evitado a María de Hungría la mayor de sus pesadillas. A cambio, Felipe no podría cumplir con su deseo de volver a Castilla cuanto antes.

Solo a Carlos le sirvió la presencia del arzobispo. Le dio la extremaunción y ofició un funeral por él en la pequeña capilla del monasterio de Yuste.

VIII

La noticia de la muerte de Carlos llegó a Juana acompañada de un sobre lacrado. Al abrirlo recibió otra noticia que la dejó pasmada: su padre tenía otro hijo cuya existencia había guardado en riguroso secreto.

Juana se puso rápidamente en contacto con Luis de Quijada, quien había asumido durante los últimos años —la carta de su padre lo contaba— la educación de Jerónimo. Quijada le llamaba Jeromín pues como a un hijo le quería. Había cumplido las órdenes de su emperador a rajatabla.

Tras los primeros años bajo la tutela del violinista Massy y su esposa, en el verano de 1554, Quijada se había hecho cargo del crío cuando apenas tenía siete años. Lo había llevado a vivir a su castillo de Villagarcía de Campos, en Valladolid, donde su esposa, Magdalena de Ulloa se hizo cargo de su educación bajo la demanda de Carlos de educarle como un príncipe.

No lo había hecho nada mal Magdalena: Jeromín tenía ya once años y sabía hablar latín y francés como el castellano. También ya era ducho en la palabra de Dios y desde que tenía fuerzas ya empuñaba pequeñas espadas, ambas enseñanzas básicas para el caballero cristiano que Carlos quería hacer de él.

Juana pidió verle de inmediato. Cuando le tuvo frente a ella, lo primero en lo que se fijó fue en su mirada, viva y apasionada. Luego comprobó lo exquisito de su comportamiento, pese a lo cohibido que estaba.

—¿Tú eres Jerónimo? —preguntó Juana.

—Sí, señora. ¿Quién sois vos? —preguntó el niño.

—Alguien que va a velar por vuestro futuro.

No le informó de quién era: antes tenía que consultarlo con el rey, su hermano. Prefirió que el niño siguiera al lado de los Quijada hasta que el rey volviera a España. Ella tenía otros asuntos que resolver: que no se le escapara Carranza.

IX

Tres meses, tres muertes.

Carlos, su padre, el gran emperador que había dado sentido a su vida, había muerto el 20 de septiembre.

Su tía, María de Hungría, la persona que necesitaba a su lado en Bruselas, ya no vendría nunca. Quedó tan apenada por la muerte de su hermano que su gastado corazón dejó de latir el 18 de octubre.

Su esposa, María Tudor, reina de Inglaterra murió el 17 de noviembre después, sin reponerse del dolor de su nuevo embarazo imaginario.

Sin embargo, a Felipe las noticias de las tres muertes le llegaron casi al mismo tiempo, lo que aumentó su dolor. Sin duda, Juana había hecho bien en ocultar el descubrimiento de la existencia de Jeromín.

El motivo de la tardanza en saber de tan dolorosas pérdidas fue, como siempre, Enrique II. Pese a la derrota de Gravelinas, todavía azuzaba al ejército de Felipe, convirtiendo las fronteras de los Países Bajos en un avispero. Las comunicaciones con el exterior se resintieron de ello.

Manuel Filiberto de Saboya decidió zanjar el asunto atacando cada reducto francés y obligando a Francia a empezar negociaciones de paz en Arras. Allí estaba Felipe cuando le llegó, con mes y medio de retraso, la noticia de la muerte de su padre. Era el 1 de noviembre.

Felipe se quedó sin habla. No podía asumir que no vería más a quien había sido el referente de toda su vida. Todo buen hijo sufre cuando pierde a su padre. En este caso, aparte de la pena, Felipe sintió un gran vacío, un vértigo que casi da con sus huesos en tierra. Carlos no solo era su padre sino también su maestro, su obsesión, su guía. Consternado, se recluyó en el convento agustino de Groenendaal.

A las dos semanas, el 25 de noviembre, Manuel Filiberto fue a visitarle y a darle la noticia de la muerte de María de Hungría.

Aún en el convento, el 7 de diciembre supo de la muerte de su esposa, la reina de Inglaterra. Felipe dejaba de ser rey de Inglaterra.

X

El 29 de diciembre, Bruselas rindió homenaje de despedida a su emperador. La multitud asistió en silencio a un desfile a la altura del fallecido. Miles de antorchas le dieron luz.

Primero desfilaron los poderes religiosos.

Tras ellos doscientos pobres, sin justicia en la tierra pero símbolo de la justicia divina que habría de resarcirles de su penosa vida.

Después desfilaron todos los funcionarios de la Casa del Rey.

A continuación, las trompetas anunciaron con toque fúnebre el paso del estandarte imperial.

Sin perder la solemnidad, el pueblo pasó a contemplar el resto del desfile admirado. Al igual que a la llegada de Felipe a Bruselas en su *felicissimo* viaje, empezaron a desarrollarse estampas vivas. Atravesó Bruselas una nao que mostraba imágenes de todos los logros y conquistas del fallecido. A trote lento, veinte caballos enlutados representaron todas las posesiones que fueron del emperador. Tras ellos, desfilaron los tres símbolos del poder imperial: el escudo, la espada y la corona en manos de otros tantos caballeros.

La emoción se desbordó cuando el caballo de Carlos, enlutado, cruzó la calle en solitario. Tras él un caballero encapuchado al que no se le veía la cara. Era Felipe. Tras él iban el duque de Alba y Ruy Gómez, enemigos pero ahora compañeros de duelo.

No muy lejos del rey caminaban los caballeros del Toisón de Oro, flamencos y españoles, cubiertos con capas y capuchas negras. Egmont y Horn eran unos de ellos. Guillermo de Orange llevaba en sus manos un globo terráqueo, simbolizando que el imperio había llegado a cada rincón del mismo.

Tras los caballeros, los grandes consejeros que aún quedaban vivos caminaron el trecho a paso menos vivo.

Por último, cerró el desfile la doble guardia real: la alemana y la española.

Todos entraron a duras penas en la iglesia de Santa Gúdula y oyeron misa.

Al día siguiente, Felipe y los caballeros del Toisón de Oro, vestidos de la misma guisa repitieron el desfile, la iglesia y la misa. Al acabar el oficio, todos rodearon el catafalco. Guillermo de Orange, encapuchado, golpeó con su mano el ataúd y dijo:

—Está muerto.

Calló unos segundos y volvió a hablar:

—Muerto seguirá.

Volvió a callar para al poco tiempo sentenciar:

—Está muerto y otro se alzará en su lugar más grande de lo que él fue nunca.

Entonces, uno de los encapuchados dio unos pasos hacia delante. Otros dos le descubrieron la cabeza: era Felipe.

Luego volvieron en desfile a palacio.

El rey, Egmont, Horn, Guillermo de Orange... Solo faltaba Manuel Filiberto de Saboya, aún en

Londres. Allí estaban todos juntos. Unidos en las alegrías y el dolor. En la paz y en la guerra.

Caminando junto a ellos, el rey se sentía orgulloso de serlo y de tener tan grandes hombres a su lado.

Su depresión fue absoluta. Y su ira creció por momentos, ofendido porque en Inglaterra ni se hubieran molestado en hacer un funeral por su padre. Para su sorpresa, una carta de pésame de Isabel, la hermana de su difunta esposa, le tranquilizó. Todavía había esperanza.

Escribió al conde de Feria para que hiciera un acercamiento a Isabel, la nueva reina de Inglaterra. También pidió al de Feria que le buscara perros de caza, dos sabuesas inglesas para traerlas a Bruselas a criar cachorros. Ya volvía a ser el de siempre.

XI

Felipe empezó el año 1559 apareciendo en público por primera vez. Lo hizo en una cena. Sabía que tenía muchas cuestiones que resolver por delante. Pero también que ahora él era el rey. Oficialmente ya lo era desde la abdicación de su padre, pero mientras este y su hermana María vivieran, cada paso que daba sentía que era objeto de examen.

Había llorado la muerte de los dos, sobre todo —no cabía duda— la de su padre, pero en cierto modo ahora se sentía libre e independiente como nunca se había sentido antes.

Difícilmente, pensaba, cualquier otro golpe podía derribarle. Cuando por fin recibió la carta en la que se le informaba que tenía un hermano, se dio cuenta de que había sido demasiado optimista.

Felipe leyó la carta de su hermana una y otra vez. No se lo podía creer. Tenía un hermano casi de la edad de su hijo. Y por lo que le contaba su hermana era vivaz e inteligente, amable y con unos modales exquisitos. Además, pese a su corta edad, ya mostraba maña con el arco y en la esgrima. Y sabía castellano, francés y latín perfectamente. Esto último llegó incluso a perturbarle aún más.

Cuando se repuso del impacto recibido por la noticia, contestó a su hermana. Esta le pedía consejo sobre cómo actuar. Ella era la regente, pero estos no eran solo asuntos del reino, también lo eran de familia.

Felipe escribió su carta de respuesta. Mientras la escribía, pensaba una cosa y la contraria. Tachaba y volvía a escribir, tantas eran sus dudas. Sin quitar borrones ni tachados, envió la carta a Juana. En ella, ordenaba a su hermana que se ocultara la identidad del niño hasta su llegada a España.

La existencia de Jerónimo podía acarrear graves consecuencias dinásticas. Si su hijo Carlos no era capaz de heredar su corona, como él y toda Castilla pensaba, podría hacerlo este advenedizo. Que no fuera hijo de la misma madre que Felipe no suponía nada. Isabel de Inglaterra tampoco había nacido del mismo vientre que María Tudor y ya era reina de Inglaterra. Isabel la Católica tampoco había tenido la misma madre que su hermano Enrique y había heredado su corona. Incluso había luchado por ella antes de que muriera Enrique, llegando a generar una guerra que había desunido a Castilla.

La solución al dilema solo era una: tenía que volver a casarse y tener descendencia.

XII

El primer paso para buscar esposa supuso volver a mirar a su odiada Inglaterra. Isabel, la hermana de María Tudor, le había enviado una carta de duelo escrita por ella misma.

Ya había encomendado al conde de Feria que empezara a tener contacto con ella. Era hora de acelerarlos. Pronto las cartas no cesaron de viajar de Londres a Bruselas y viceversa. El conde le informaba de cada negociación y el rey daba al de Feria nuevas instrucciones. Todo parecía bien encaminado. Lo que no sabía es que Isabel estaba jugando con él.

Felipe no intuyó el engaño y creyó que lograría convencerla. Tanto, que incluso se atrevió a imponerle condiciones para que la boda se realizara.

Nunca debió haberlo hecho con una mujer tan orgullosa.

La condición esencial que quiso imponer el rey de España a Isabel era que debía profesar la fe católica. Luego había otras, como que el hijo que primero tuvieran heredaría la corona de Flandes y la de Inglaterra y que tenía que decidirse después del verano puesto que él tenía que volver a España. Demasiadas imposiciones para una reina.

Isabel recibió las condiciones de mano del conde de Feria. No tardó en decirle que no las aceptaba. Ninguna. Y dio sus razones para no casarse con Felipe. Eran varias, pero las más importantes fueron tres.

La primera, que no tenía voluntad de casarse con nadie. Pero que si alguna vez lo hiciera sería con un esposo que no tuviera asunto más importante que resolver que los propios del reino de Inglaterra.

La segunda, que no renunciaría a su fe protestante según la cual el Papa no tenía potestad alguna sobre sus acciones ni las de sus súbditos.

La tercera, que los ingleses no querían que ella casara con un extranjero.

Después de explicar sus condiciones, Isabel despidió cordialmente al conde de Feria. Incluso le mostró su aprecio a Felipe, a Flandes y a España, de los que quería ser amiga. También prometió su apoyo al rey de España en las negociaciones de Cateau-Cambresis en las que se negociaría la paz con Francia. Como prueba de ello, renunció a Calais para que fuera parte de los tratos de España y Francia.

El conde fue a ver personalmente a Felipe a Bruselas para informar del no de Isabel de Inglaterra.

Felipe no pudo evitar su decepción. Como buen cazador no le gustaba que se le escapara ninguna presa.

Su diplomático intentó consolarle.

—Por lo menos mantenemos viva su amistad.

Felipe ni contestó. En su cabeza solo estaba el pensamiento de encontrar una nueva esposa.

Ni el rey ni el conde entendieron las verdaderas intenciones de Isabel de Inglaterra. Llevarse bien con España le garantizaba un aliado esencial contra Francia. Por eso su cínica amistad.

En Escocia reinaba María Estuardo que se había casado un año antes con Francisco, heredero de Enrique II, rey de Francia. La madre de la Estuardo era María de Guisa, francesa y de inquebrantable fe católica. Suya era la culpa de las buenas relaciones de Francia con Escocia, que era animada continuamente por el rey francés para alzarse contra Inglaterra.

Si el conde de Feria hubiera escuchado la conversación de Isabel con sus asesores nada más salir él de la sala, se habría dado cuenta de su falta de perspicacia.

Porque Isabel no tenía ningún cariño por Felipe.

—¿Quién se cree ese imbécil para ponerme condiciones? ¿Cómo puede anhelar ser el rey de Inglaterra? No ha aprendido nuestro idioma. No ha venerado a nuestros santos. No se ha rodeado de nuestros hombres, sino de los que trajo con él de España. ¿Y ahora quiere ser mi esposo?

Hizo una pausa, enfurecida.

—¿Cómo pretende Felipe que sea católica después de toda la sangre que ha derramado mi hermana? Juro que mientras reine, Inglaterra no se postrará ante el Papa de Roma. Y que cuando el reino sea más fuerte, Felipe tendrá en mí una enemiga hasta su lecho de muerte.

Un buen diplomático no debe serlo por entender las palabras que se dicen, sino por intuir lo que hay detrás de ellas. Esta lección no la había estudiado el de Feria.

XIII

Desechada la esposa inglesa, Felipe pasó a preparar la opción francesa. Aconsejado por Antoine Perrenot y por Gonzalo Pérez, decidió incluir en el tratado de paz su matrimonio con Isabel de Valois, hija de Enrique II. Había pensado en que fuera para su hijo, ya que Isabel tenía apenas trece años, uno menos que Carlos, pero no podía dejar de pasar la oportunidad. Así se garantizaba una mujer joven que sin duda pariría buenos hijos, no como María Tudor.

No era la única cláusula matrimonial del tratado. Manuel Filiberto, duque de Saboya, casaría con Margarita, hermana del rey de Francia y duquesa de Berry.

El resto de cláusulas se referían a cuestiones territoriales. España devolvía a Francia San Quintín, Ham y Châtelet, así como los obispados de Metz, Toul y Verdún. Cuando se nombró Metz, Felipe no pudo evitar acordarse de su padre. Allí había iniciado su declive.

Hasta aquí llegó la mano blanda de Felipe. El resto de condiciones fueron férreas e innegociables. Enrique se comprometía a devolver el resto de plazas conquistadas en Flandes, así como los territorios italianos invadidos. También combatir como aliada de España contra la herejía protestante.

Todo se firmó el 3 de abril de 1559. Un día antes, representantes de Inglaterra habían acordado con los de Francia el traspaso de Calais (tan querida por María Tudor), a manos francesas durante los siguientes ocho años. Si después Francia quería que siguiera siendo suyo debería pagar 500.000 escudos de oro a Inglaterra.

Eso ya a Felipe le daba igual. Había conseguido lo que quería: una esposa joven y la paz con Francia, lo que suponía un alivio para las arcas del reino. Porque bien sabía que no hay negocio más ruinoso que las guerras.

XIV

El 22 de junio se celebró por poderes la boda de Felipe e Isabel de Valois. El lugar elegido fue majestuoso: la catedral de Notre Dame. Si con María Tudor el representante del entonces príncipe de España había sido Lamoral, conde de Egmont, esta vez el elegido fue Fernando Álvarez de Toledo y Pimentel, el gran duque de Alba.

Felipe habría querido que Egmont repitiera ceremonia, pero Antoine Perrenot le aconsejó que podía ser humillante para el rey de Francia que quien representara al futuro marido de su hija fuera el general que derrotó al ejército francés en Gravelinas, origen del tratado de paz posterior y de esta boda.

El rey de España aceptó y ordenó ir en su lugar al duque de Alba. Este, tan ansioso estaba de recibir cariño de su rey, lo tomó como un premio a su campaña italiana y, también, como promesa de unas mejores relaciones futuras. Nada más lejos de la realidad.

El de Alba cumplió con el rito de pisar con el pie derecho de su armadura el lecho matrimonial en ausencia del esposo.

A partir del día siguiente se organizaron grandes fastos en París. Entre ellos, la celebración de múltiples torneos en los que participaba la nobleza francesa e incluso el propio rey.

El duque de Alba se conformó con el discreto papel de espectador, pese a que muchos le animaban a combatir en las justas. Querían ver que el gran soldado mostrara en público sus dotes guerreras.

El duque fue escueto en la respuesta.

—No.

Cuando, en privado, fue preguntado por el rey francés por su ausencia en los combates, el duque fue más explícito.

—Yo no juego a la guerra. La hago.

Para el de Alba la guerra era algo muy serio que no había que tomar a broma. Era victoria o desolación. Vida o muerte. Sangre y barro. Y miedo, mucho miedo. Él siempre lo tenía cuando combatía. Pensaba que ese miedo era el que le hacía, paradójicamente, ser más valiente. Cada una de sus batallas las había afrontado con tanta fiereza en el combate como con humildad antes del mismo. Tal vez por eso aún vivía para contarlo.

Lo que no esperaba el duque, era que este juego de niños, se convirtiera en un duelo de sangre y muerte.

En uno de los torneos celebrados tras la boda, el rey francés combatió contra el conde de Montgomery. La lanza de este traspasó el visor del casco de Enrique II, atravesándole el ojo.

Inmediatamente se llamó a Ambroise Paré, cirujano real. Paré era considerado una eminencia médica pese a que no tenía formación académica ni sabía griego ni latín. Sus inicios habían sido los de cirujano barbero, de poco aprecio para los académicos porque lo mismo curaban una herida que cortaban el pelo.

Ahora todos le respetaban por haber inventado un remedio para aliviar las heridas por arma de fuego, basado en una mezcla de yema de huevo, trementina y aceite de rosas. O por descubrir que la ligadura de las arterias en los muñones era un método más efectivo que cauterizarlos con hierro al rojo vivo. Su última y celebrada hazaña había sido salvar la vida al duque de Guisa en la toma de Calais.

El conde había recibido una terrible cuchillada en la cabeza. Los médicos allí presentes (todos académicos) le dieron por muerto. El antiguo barbero logró lo que ellos consideraban imposible.

Al ver la herida del rey, Paré pidió herir de igual manera a presos condenados para ver si podía salvarlos. Se le concedió. Todos murieron sufriendo. Como el rey.

Quien tantas guerras había provocado contra España ahora moría en un torneo celebrando la boda de su hija.

Felipe, al saber de la muerte de quien iba a ser su suegro, recordó cuanto había deseado a Enrique una muerte dolorosa y lenta.

No pudo evitar una sonrisa al pensar en ello.

10

El regreso (1559)

I

Por fin encontró Felipe a quien le relevara en Bruselas. Como era habitual, fue alguien de su propia familia: Margarita de Parma, hija natural del difunto emperador y de Juana van der Gheist, una bella dama flamenca.

Margarita era la persona más idónea porque, entre otras cosas, se había desvelado como la única opción posible. No había tenido Felipe mucho trato con su hermana. Su padre la había reconocido oficialmente dos años antes de que él naciera, cuando ella tenía siete años. No lo hizo por bondad. Inmediatamente, la prometió con Alejandro de Médicis, primer duque de Florencia, con el que se casó en 1536. La boda formaba parte del plan de emparentar a los Habsburgo con la familia del Papa: Alejandro era también hijo natural de Clemente VII.

El matrimonio duró poco. Su marido murió al año siguiente asesinado por uno de sus confidentes. Pocos sintieron su muerte, tal era su despotismo.

Viuda con quince años, Margarita siguió siendo moneda de cambio. Carlos la casó con Octavio Farnesio, nieto del papa Paulo III. Con Octavio, Margarita pasó a ser duquesa de Parma y Piacenza y fue madre de dos hijos gemelos: Carlos y Alejandro. El primero había muerto al año de nacer. El segundo tenía ya catorce años.

Pese a su relación con la vida y política italianas, Margarita había nacido y se había educado en los Países Bajos. Agobiado por las presiones de la nobleza flamenca, que exigía mantener sus privilegios y costumbres ante un rey al que consideraban extranjero, Felipe respondió con el nombramiento de Margarita.

Sabía que le dejaba una agenda llena de problemas. Y dudaba de que pudiera resolverlos. Pero el rey no podía pasar más tiempo sin regresar a España.

Allí había asuntos importantes que resolver y que requerían de su presencia. Tenía que conocer a su nuevo hermano y atajar la presencia de focos luteranos que estaban surgiendo por doquier en las ciudades con universidad. Bastantes problemas causaba la herejía fuera como para tenerla en su propia casa.

Tenía que darse prisa en instruir a Margarita antes de darle el relevo.

II

Quién se lo iba a decir a Carranza. Él que había dedicado su vida a Carlos y a su hijo, se veía ahora indefenso. Él, que en Inglaterra tanto había insistido para que el arzobispo de Canterbury, Thomas Cranmer, fuera quemado en la hoguera, estaba camino de sufrir el mismo castigo. Y los dos por el mismo supuesto motivo: ser herejes.

El mismísimo Papa y religiosos del prestigio de Bartolomé de las Casas pusieron el grito en el cielo ante su detención. Muchos altos cargos de la Iglesia comentaron en privado de la injusticia del asunto. Tal reacción hizo que Valdés fuera prudente y no acelerara el proceso.

También Carranza movió sus piezas con diligencia. Eligió como abogado a Martín Azpilicueta quien —a sus más de sesenta años— era uno de los intelectuales más respetados del momento. Los dos urdieron una estrategia que dilató la causa: recusar a quien le acusaba, el propio inquisidor general. Eso paralizó el proceso, pero no supuso que le liberaran ni que dejaran de interrogarle. A cambio de no sufrir torturas, Carranza renunció al arzobispado de Toledo. Valdés se sintió satisfecho con el regalo.

Había parado el primer golpe, pero Carranza sabía que le esperaba un proceso tan largo como su propia vida. Conocía cómo funcionaba la Inquisición: había trabajado muchos años en ella.

Valdés también sabía que la cosa iba para largo,

así que se dedicó a otros asuntos. El primero, confeccionar y hacer pública una nueva lista de libros prohibidos. Entre los autores se encontraban Copérnico, san Juan de Ávila, fray Luis de Granada, Erasmo (referente de la educación de Felipe), Lutero y, entre otros más, Carranza y Francisco de Borja.

Borja había recibido cartas del rey pidiéndole consejo para la elección de nuevos altos cargos eclesiásticos. Paradójicamente, el jesuita le había aconsejado, dado el crecimiento luterano, que eligiera «obispos puros».

En opinión de Borja para cumplir esa condición de pureza debían reunir tres condiciones. La primera tener buena reputación, lo que implicaba no tener demasiadas posesiones terrenales ni una vida amorosa que no fuera dedicada a Dios.

La segunda que tuvieran formación y estudios verdaderos, pues más de uno de los que ahora ejercían, no tenían ni conocimientos, ni dominio del latín.

La tercera, que nunca fueron cristianos nuevos. Es decir, que no fueran conversos. Esto limitaba la elección a los que eran cristianos viejos o a sus hijos.

Borja pecó de ingenuo: la tercera condición era *per se* una contradicción con respecto a las dos anteriores.

La vieja Castilla, la de los castellanos que no eran nuevos, se había perpetuado a través de una nobleza en la que, en cada una de sus familias, se legaban las posesiones y las armas al primogénito. A los segundones y tercerones se les daba carrera eclesiástica. No hacía falta que Borja sugiriera que los nuevos obispos fueran cristianos viejos.

Además, ese apoyo tampoco se lo iban a agradecer estos, que le veían como un peligro al estar tan unido a la familia real. Fernando de Valdés, el inquisidor general, decidió que Borja tenía demasiado poder en la corte y había que cercenar su influencia.

Juana quiso mediar ante la Inquisición, pero ya era demasiado tarde. Borja le prohibió que lo hiciera y empezó a preparar su hatillo. Juana intentó evitar su marcha.

—No os vayáis, os lo ruego... Mi hermano no tardará en regresar. Él os protegerá.

Borja pensó que si le protegía como había hecho con Carranza, apañado estaba. Pero no le culpaba. Era el rey y Borja, en el fondo, nunca había dejado de ser un disciplinado soldado de Castilla.

—Bastantes problemas tiene el rey como para que yo sea otro más de ellos —respondió Borja.

Luego, cogió su hatillo y se despidió de Juana con una petición.

—Rezad por vuestro hermano. Lo necesitará. Yo también lo haré.

Borja marchó para refugiarse en Portugal. Desde allí viajó después a Roma. Era un buen sitio para esperar a que el río bajara menos turbulento.

III

El 8 de septiembre, Felipe volvió a pisar tierra española en Laredo. Cuatro días después, se volvió a encontrar por fin con su hermana Juana en Valladolid. Ambos se fundieron en un abrazo.

Ruy Gómez, que le acompañaba en el viaje, también se fundió en otro con su esposa Ana de Mendoza. Se había casado cuando ella era una niña de doce años. Habían pasado siete y Ana era ya una mujer. Tras tantas noches en vela pensando en ella, Gómez por fin pudo consumar su matrimonio. El futuro que les esperaba, pensaba, era esplendoroso. La unión de una familia tan poderosa y rica como los Mendoza y del preferido del rey auguraban que así sería.

Mucho le había costado al portugués llegar a donde estaba. Podía estar satisfecho. Felipe había sido especialmente pródigo con él. Cuando era príncipe, Felipe siempre le había tenido a su lado como paje y sumiller. Coronado rey, le convirtió en el segundo hombre más poderoso de España. Gómez multiplicaba su fortuna cada año que pasaba al lado del rey y acumulaba cargos y responsabilidades.

Al ser nombrado rey de Nápoles, Felipe le concedió el título de príncipe de Éboli, convirtiéndole en noble. Ya nadie miraría por encima del hombro a Ruy Gómez. El muchacho que estuvo a punto de ser apartado definitivamente de la corte por casi dejar tuerto al niño Felipe, ahora era respetado y temido.

Y, además, disfrutaba por fin de la felicidad de poder estar con su preciosa esposa.

IV

Eran muchas las obligaciones que tenía que atender el rey en Valladolid. Pero había una por encima de todas: conocer a Jeromín.

El encuentro fue frío. No se podía esperar otra cosa del carácter desconfiado de Felipe aun cuando quien tenía enfrente era un niño de doce años. El rey había estado unas horas antes con su hijo, poco mayor que Jeromín. El contraste era evidente.

Carlos tenía de su abuelo solo el nombre. No miraba directamente a los ojos. Parecía que la vida tenía que pagar una deuda con él, de tan amargado como se le veía. Apenas tenía amigos. Sí tenía muchachos a su alrededor, la nobleza castellana siempre colocaba a sus vástagos al lado de los futuros reyes. Pero Carlos apenas conversaba con nadie. Sus juegos eran tan privados como sus pensamientos. Peleaba con su espada de madera contra enemigos invisibles. De hecho tenía que ser de madera tosca porque se le apartaron todo tipo de objetos punzantes tras dejar sin ojos a más de un caballo en las caballerizas reales cuando era más niño. Día y noche, siempre tenía dos guardias a su lado. Su función no era proteger al príncipe de nadie sino de sí mismo.

Jeromín era todo lo contrario. Su mirada era directa como la de su padre. Su educación, exquisita. Sin duda tenía capacidad de conversación: se le notaba por lo bien que hilaba frases y pensamientos. Pese a ello, lejos de alardear de ello, mostraba una discreción impropia de un niño.

Luis de Quijada, su tutor (casi un padre para Jeromín), le había dado la educación exigida por Carlos. Viendo al niño, se apreciaba la labor del que fuera fiel mayordomo del emperador en Bruselas.

Al revés que el príncipe, Jerónimo tenía amigos. Jugaba y se relacionaba con otros chicos que le mostraban la lealtad que él les ofrecía. Actuaba así sin saber que era el hijo del emperador. Por naturaleza.

Cuando Felipe le dijo que era su hermano y como tal, hijo de emperador y del rey de España, Jeromín siguió siendo el mismo. Pero empezó a soñar despierto. También ató cabos sobre lo que había sido su vida. Su raciocinio, pese a su naturaleza despierta, era el de un crío. Pero esa misma noche todos las penas de haber tenido unos padres y luego otros, se le reveló como una aventura que merecía la pena ser vivida.

Felipe tenía una mosca detrás de la oreja que le zumbaba diciéndole que desconfiara. Todos los reyes tenían hijos fuera del matrimonio. ¿Por qué tanto secreto en este caso? Aun así, era tanto el respeto que Felipe tenía a su padre que no dudó en cumplir las condiciones que le pedía, en la carta que le había mostrado Juana.

En ella, Carlos rogaba a Felipe que considerara a Jerónimo como un hermano más y que le facilitara una carrera eclesiástica. En este punto, Felipe se relajó: era costumbre que los bastardos se dedicaran a labores religiosas apartándoles de la competición con los herederos legítimos.

También le pedía su padre que el niño tuviera casa propia. Felipe lo admitió, colocando al mando de la casa al mismo Luis de Quijada. La asignación para gastos propios fue de quince mil ducados anuales, los mismos que tenía Juana. El reconocimiento público de su nuevo hermano era absoluto, como deseó el emperador.

Felipe solo exigió una cosa: que cambiara de nombre. Rebautizó al niño como Juan de Austria.

Esa misma noche, Jeromín se acostó repitiendo para sí su nuevo nombre.

—Juan, Juan, Juan...

Siempre había sido un niño aplicado. Ningún maestro le había tenido que recriminar por no saberse la lección. No iba ahora a ser la primera vez que decepcionara a nadie. Y menos a su hermano, el rey.

V

Juana insistió a Felipe para que Juan de Austria se educara al lado del príncipe Carlos. El rey dijo que ya se lo pensaría.

Cuando el rey decía eso significaba que aunque el mismo Solimán invadiera España y, al mismo tiempo, Dios decretara el fin del mundo, él seguiría pensándose el asunto.

Felipe creía que su vida había sido atropellada demasiadas veces por los acontecimientos. Ahora había decidido ralentizar todo lo que pasara a su alrededor. Ser él quien domara el vértigo del día a día, como si tuviera en su poder un reloj mágico que parara el tiempo. No tenía tan mágico artefacto, pero al fin y al cabo era el rey: todos tendrían que vivir al compás del tiempo que él marcara.

No tardaría en recibir la visita del inquisidor Valdés. Felipe le recibió junto a su hermana Juana. Los dos creían que venía para hablarle del caso Carranza o de Borja. No lo hizo, así que el rey tampoco habló de ellos para desesperación de Juana que pasó toda la reunión mordiéndose la lengua.

Valdés solo venía a proponerle presidir el auto de fe que se iba a celebrar el próximo 8 de octubre de 1559. Era una continuación del realizado en mayo y presidido por Juana.

Felipe aceptó. Sabía de la popularidad de los autos de fe y pensó (esta vez rápidamente) que sería un buen momento para que el pueblo estuviera con su rey.

Nada más marchar el inquisidor general, Juana le criticó no haber sacado el tema de Borja y la prohibición de su libro.

El rey la miró con cariño.

—Tiempo al tiempo, hermana.

—¡Pero es una injusticia! Él os ayudó en todo momento y ahora no le defendéis.

Felipe la miró con seriedad.

—Lo único que un rey tiene que defender es su corona.

—¡Pero es una injusticia!

—No dudo de que lo sea, pero también tengo la certeza de que no es la única injusticia que se comete en Castilla. Además, mal haría si nada más llegar a España contradijera una ley que firmasteis vos.

Hizo una pausa ante la estupefacción de Juana.

—Vos firmasteis la pragmática por la que la Inquisición podía prohibir los libros que considerara impíos. ¿Queréis ahora decidir cuáles merecen serlo o no?

Juana ni le respondió. Se marchó dando un portazo llena de rabia. Por lo que le había dicho su hermano y porque se sentía cómplice de un inmenso error.

VI

A las cinco y media de la mañana comenzó el trasiego de gente camino del auto de fe. El cadalso, los postes de los reos, la hojarasca seca para que prendiera rápido... Todo estaba preparado.

La expectación que se había despertado era máxima. Todas las pensiones de Valladolid y sus alrededores estaban llenas. Las tabernas no daban abasto para atender a tanto cliente desde hacía varios días. El hecho de que se supiera que el rey iba a presidir el acto trajo aún más público y toda la nobleza preparó sus mejores galas para estar presente.

Entre unos y otros, varias decenas de miles de personas habían llegado a la ciudad a presenciar el espectáculo. Porque eso es lo que eran los autos de fe para muchos: un espectáculo. En la Antigüedad, luchaban gladiadores o se organizaban carreras de cuadrigas. La Constantinopla de Justiniano era famosa por sus carreras de caballos. Ahora, el espectáculo era quemar seres vivos como siglos antes crucificarlos.

Alrededor de la muchedumbre proliferaban ladrones, descuideros y limosneros. Los autos de fe también eran su negocio.

Cuando todo estuvo preparado, empezó el ceremonial y el pueblo aclamó a su rey. Fue un rugido tan impresionante y continuado, que retrasó la llegada del desfile de los condenados. Cuando el pueblo dejó de rugir, empezaron a escucharse los habituales insultos a los condenados y sus familias.

Antes de comenzar las acusaciones, el rey empuñó su espada, ayudando al espectáculo, para jurar que siempre defendería la autoridad del Santo Oficio. Pero no se quedó a ver las ejecuciones. Le repugnaba el olor a carne quemada.

Mientras marchaba, a sus espaldas, cuarenta personas fueron juzgadas y trece quemadas vivas en la hoguera. Entre ellos, fray Domingo de Rojas.

Fray Domingo era alumno del arzobispo de Toledo, Bartolomé de Carranza.

El reo que, meses antes de que el rey regresara a España, había sido preso por hereje. Con la colaboración final del hombre al que tan fielmente había servido: su rey.

VII

No se sabe si por conseguir información o por dolor de conciencia, a los pocos días, Felipe ordenó a Ruy Gómez visitar a Carranza. Sabía que si no había muerto aquel día en la hoguera no había sido por su intercesión, sino por la del Papa y por la habilidad de su abogado.

Nada más ver a Ruy Gómez, Carranza no pudo evitar decir lo que sentía.

—Todo es una farsa. No soy hereje ni lo era fray Domingo de Rojas.

El príncipe de Éboli guardó silencio. En las mazmorras de la Inquisición las paredes escuchaban y cualquier palabra suya podía hacer cambiar su posición de visitante a preso.

—El rey me envió a evangelizar Inglaterra y ahora el gran inquisidor dice que allí me contagié de los protestantes. Dios sabe que me guarda rencor desde hace tiempo.

Esta vez, Ruy le respondió.

—Haré como que no he escuchado vuestras palabras. Y espero que estas paredes tampoco lo hayan hecho.

Ruy Gómez se volvió hacia la puerta. Antes de que saliera, Carranza le hizo una pregunta. La desesperación hablaba por su boca.

—El rey me envió a España sabiendo que la Inquisición me estaba esperando, ¿verdad?

Ruy volvió a callar y salió de la celda. Su silencio fue el sí más doloroso que Carranza había escuchado nunca.

El príncipe de Éboli respiró profundamente al salir a las calles de Valladolid. Pensó que era testigo principal de una injusticia. Pero jamás le diría nada al rey. ¿Cómo iba él a criticar a quien le había dado tanto?

Además, su bella esposa le esperaba de vuelta. Un hombre solo no puede cambiar el mundo, sino disfrutar de las alegrías que la vida le regala. Y de los dineros y títulos que le otorga un rey.

Por una nueva intercesión del Papa, a la que no se opuso el rey, la prisión de Carranza se atenuó.

Cuando no tuvo carceleros cerca, en un momento de amargura, escribió un poema:

Son hoy muy odiosas
cualesquiera verdades,
y muy peligrosas
las habilidades,
y las necedades
se suelen pagar caro.
El necio callando
parece discreto.
Y el sabio hablando
se verá en aprieto.
Y como será el efecto
de su razonar
que le ocurra cualquier cosa,
aprende a callar.
Conviene hacerse
el hombre ya mudo,
y aún entontecerse
el que es más agudo
de tanta calumnia
como hay en hablar:
solo una pajita
todo el monte prende
y toda palabrita
que el necio no entiende
gran fuego prende
y, para se apagar,
no hay otro remedio
si no es con callar.

Nunca se lo enseñaría a nadie. Callar era el único remedio para seguir vivo.

VIII

De vez en cuando, Felipe echaba de menos mujer. Había ido a ver a Isabel de Osorio a Saldañuela, donde ella se había construido un palacio con las dádivas que el príncipe y ahora rey le había otorgado.

Fue una visita breve y que, a diferencia de todas las anteriores, no acabó en el lecho. Isabel seguía siendo una mujer preciosa a sus casi cuarenta años. Pero el rey pensó que las cosas habían cambiado tanto que, repetir determinadas acciones, le hubiera supuesto volver al bies su cerebro. Y le daba miedo hacerlo.

Isabel lo intuyó y guardó una distancia prudencial con su amado mientras le mostró el palacio de su propiedad.

—Todo esto se lo debo a vuestra majestad.

A Felipe le chocó que quien había sido su amante más querida ya no le hablara de vos. Pero no dijo nada: era el rey e Isabel le estaba dando el trato correcto como dama bien educada que era.

Él le prometió seguir pagando sus gastos. Ella se lo agradeció.

Felipe marchó, no sin antes recibir un consejo de

Isabel. Fue un arrebato de orgullo herido que Isabel no pudo evitar.

—Tened cuidado de quien elegís como amante ahora que sois rey. Es mejor ir de furcia en furcia que disponer de una sola mujer que se crea más de lo que es.

Felipe asintió, incómodo. Pero sin duda tomó buena nota del consejo. Esa misma noche se acostó con una dama de la que no quiso saber su nombre para luego no tener que recordarlo.

Mientras, sola en su cama, Isabel lloró. La llamaban la puta del rey ahora que ya no lo era. No lloró por el insulto. Lo hizo porque deseaba seguir siéndolo.

IX

Al rey no le faltaba trabajo. Gobernaba un imperio que albergaba cincuenta millones de almas y que se extendía por lugares que el mismo rey jamás tendría tiempo de conocer.

Felipe atendía las visitas justas y cada vez se mostraba más remiso a hacer apariciones públicas. Su trono era su despacho, donde revisaba cada informe, cada carta, cada cuenta, hasta altas horas de la madrugada.

Algunos vieron en ello un signo de responsabilidad. Otros, una evasión de los problemas de su reino y de su propia corte.

En esta, sus más allegados se habían dividido en dos bandos que fueron llamados «albistas» y «ebolistas», dejando a las claras quiénes eran sus líderes.

El duque de Alba tenía tras de sí a la nobleza castellana y era buen amigo de Antoine Perrenot, hijo del principal asesor del emperador Carlos. También tenía una gran amistad con los principales caballeros del rey en los Países Bajos: Guillermo de Orange, Egmont y Horn. Más de una vez había combatido al lado de estos dos últimos.

Ruy Gómez era el adalid de la rama portuguesa de la corte, bien extendida por los continuos matrimonios de princesas portuguesas con reyes españoles. Él había venido a Castilla siendo un niño formando parte del séquito de Isabel de Portugal. En su día había sido apoyado por Francisco de los Cobos. Ahora, lo estaba por su sobrino, Vázquez de Molina, que había heredado la responsabilidad de llevar las cuentas del reino. No tenía gran relación con los caballeros del Toisón de Oro, clave para la política en los Países Bajos, pero a cambio había equilibrado el peso del duque de Alba en la nobleza castellana tras su matrimonio con una Mendoza. Y Francisco de Borja, tanto por lazos familiares como personales, siempre había sido un buen aliado.

Cada decisión era una disputa. Todos estaban con el rey, pero cada bando defendía sus intereses y su riqueza. Felipe procuraba tener satisfechos a todos. Aunque sin duda su predilección por Ruy Gómez desequilibraba la balanza. Además, en lo personal, nunca había soportado al duque de Alba. Sin embargo, sentía que no podía prescindir de él. Su lealtad era intachable. Su eficacia en tiempos de guerra, una garantía.

Felipe pensó que era hora de realizar una acción que uniera ambos bandos y a España entera. Aún más, que elevara su prestigio a las mismas alturas que el conseguido por su padre en toda la cristiandad.

Decidió que ya era hora de recuperar Trípoli.

X

Habían pasado casi diecinueve años del desastre de Argel. Desde aquel momento, Carlos había decidido centrarse en sus conflictos europeos.

Hacía apenas nueve años que Trípoli había caído en manos de Solimán gracias al corsario Dragut. Como premio a su hazaña, el sultán le había concedido ser gobernador de la ciudad. Felipe ni respondió agobiado por otros problemas.

Trípoli había sido conquistada por Fernando el Católico. Cuando Dragut la tomó estaba en manos de los Caballeros de Malta. Su pérdida hirió el orgullo castellano y el entonces príncipe sintió como pocas veces no tener medios para dar inmediata respuesta a la afrenta.

Tras unos años de relativa calma, los otomanos volvieron a redoblar sus ataques. En 1558, la Ciudadela de Menorca fue arrasada por el corsario Piali. Dragut había elegido el Levante

Otra humillación en la zona podía animar a los turcos a llegar más lejos. Las repercusiones económicas que estaban suponiendo los ataques de los corsarios eran, también, un problema para las arcas del reino. No solo se perdían barcos y se destrozaban puertos sino que, ante el temor de volver a ser atacados, los pobladores de esas zonas las abandonaban dejándolas estériles. Las costas italianas eran víctimas del mismo problema.

Felipe llevaba tiempo preparando una respuesta. No quería dar un paso en falso. Desde 1559 llevaba negociando como rey de España y de Nápoles la formación de un ejército que reuniera fuerzas napolitanas, sicilianas y genovesas. Para ello negoció con el mismo Papa para pedir su apoyo a través de Gonzalo Pérez. También se sumaron los Caballeros Hospitalarios de la Orden de Malta.

El 10 de febrero de 1560, una flota —compuesta por más de cien navíos— se dirigió a Trípoli desde Mesina al mando de Juan Andrea Doria, sobrino del gran Andrea Doria. El incombustible marino ayudó en la organización de la expedición, pero a sus noventa y cuatro años no se le podía pedir que siguiera entrando en combate.

Recuperar Trípoli era una cuestión de prestigio para Felipe. Sus tropas volverían a conquistarla y él sería el nuevo Fernando el Católico. Desgraciadamente para sus intereses, nada salió como se había calculado. La batalla se perdió en unas horas. La mitad de la flota fue hundida o capturada por los turcos.

La idea era desembarcar cerca de Trípoli y atacarla por sorpresa. El primer paso se dio sin problemas: el ejército pisó tierra. Sin embargo, las inclemencias del tiempo obligaron a retrasar el ataque. Las enfermedades aparecieron. La falta de provisiones y, sobre todo, de agua potable reflejó una lamentable organización de la intendencia.

Ante la imposibilidad de tomar Trípoli, las tropas viajaron hasta la isla de Los Gelves. Allí, ya en marzo, Juan de la Cerda, duque de Medinaceli y virrey de Sicilia, ordenó levantar una fortificación. No sirvió para nada. Una gran flota turca dirigida por Piali llegó desde Constantinopla el 11 de mayo.

En el mar, la mitad de la flota cristiana fue hundida o capturada. En tierra, la cosa no fue mejor. Los turcos recibieron refuerzos. En el fuerte, dos mil hombres con Álvaro de Sande al mando resistieron como pudieron durante tres meses sin comida y sin agua.

El resultado final fue de diez mil hombres muertos y cinco mil prisioneros. Piali ordenó levantar a los derrotados una pirámide con los huesos y calaveras de sus compañeros muertos.

Entre los presos que fueron llevados a Estambul se encontraban nombres ilustres como los del propio Álvaro de Sande, Berenguer de Requesens y Rodrigo Zapata, considerados héroes en España.

El rey quería recuperar Trípoli para agrandar su figura. Lo que consiguió fue empequeñecerla.

XI

Felipe jamás pudo imaginar una derrota tan grave. España veía a sus héroes humillados por el infiel, tratados con una crueldad inusitada. Y no podía soportarlo. La nobleza se escandalizó de que no se negociara rápidamente la libertad de los nobles y comandantes apresados y llevados a Estambul. Un nombre estaba en boca de todos: Álvaro de Sande.

Junto al duque de Alba, Sande era la otra gloria de los ejércitos de Castilla y un emblema de los Tercios. ¿A qué esperaba el rey para liberarlo?

El orgullo herido de la vieja Castilla se hacía otra pregunta: ¿cuándo iba Felipe a responder con sus ejércitos a la derrota?

Todos sabían que España no nadaba en la abundancia, pero también estaban cansados de dar dinero al imperio y que este mirara para otro lado cuando era España la que necesitaba ayuda.

La respuesta del rey echó más leña al fuego. Ante el desastre de Trípoli, autorizó el abandono de Orán, consciente de que no podía defenderla.

Tal actitud fue tachada de cobarde. Al parecer, no era el único defecto del rey, que de aclamado en Valladolid pasó a ser objeto de dolorosas críticas.

Nadie se atrevió a decírselas a la cara. Si hubieran querido, tampoco habrían podido. Entre la etiqueta borgoñona y su carácter, Felipe era un ermitaño para su propio pueblo.

Todos esos rumores llegaron a oídos del rey quien, pese a su habitual encierro, se enteraba de todo. Ruy Gómez había estructurado una red de información eficaz. En cada taberna, alguien escuchaba por él. En casa de cualquier noble, siempre había un criado con buen oído.

La crítica que más le dolió al rey fue que no daba la talla de su padre. Que no tenía su carácter. Parecía un escribano y no un rey porque se pasaba el día encerrado en su despacho.

Felipe estaba indignado. Más aún lo estuvo cuando supo de ciertas coplillas en las que se le tachaba de vago. De ineficaz en el gobierno tanto en la guerra como en la paz.

En la guerra, por Trípoli.

En la paz, porque la miseria aumentaba cada día.

Rey cobarde, rey de pobres. Pocos insultos podían ser más dolorosos.

Felipe estalló. Lo hizo delante de su hermana Juana, cada vez más apartada y triste por la marcha de Borja. Por haber servido a una Inquisición que solo la había utilizado como mero instrumento.

—¡¡¡Cómo se atreven a decir esto de su rey!!!

Juana intentó calmarle. Sabía que su hermano trabajaba sin cesar, pero no tenía claro que lo hiciera en la dirección correcta.

—Cuando no hay harina, todo es mohína, hermano. Llevo tiempo avisando de la pobreza del reino. Cuando quise poner en vereda a los banqueros que nos chupan la sangre, poco tardasteis vos y nuestro padre en llegar a acuerdos con ellos.

—Siempre habláis del mismo asunto... ¿Qué tiene que ver con que se me falte al respeto?

—El corazón de España es Castilla. Y los castellanos pueden soportar la miseria, pero no que su gloria se vea humillada al mismo tiempo. Son dos heridas muy profundas como para soportarlas juntas.

El rey siguió rabiando.

—¡¡¡Soy el rey!!!

Juana le miró apenada.

—Eso todos lo sabemos y yo más que nadie. Pero como rey vos debéis saber también quién es vuestro pueblo.

Antes de que Felipe pudiera responder, Juana llamó a una de sus damas que le trajo un libro envuelto en un pañuelo

La princesa quitó el pañuelo y dio el libro a su hermano. Este se quedó boquiabierto leyendo el título.

—*La vida de Lazarillo de Tormes y de sus fortunas y adversidades.* ¿No es este un libro prohibido por el Santo Oficio?

—Lo es. Y también un libro que cuenta la miseria de nuestro pueblo.

—Veo que no seguís los consejos de la Santa Inquisición.

—Denunciadme si queréis. Pero leed el libro antes.

XII

Felipe soñaba con una España que no anduviera a la zaga de la culta Bruselas. No solo él, muchos de los nobles que habían estado con el rey en los Países Bajos y ahora estaban de vuelta renegaban de la incultura y el atraso en la que estaba sumido el reino. Valladolid y, ahora, Toledo (donde se había trasladado la corte) eran ciudades hermosas, pero muy lejos del cosmopolitismo de Bruselas. Los nobles apenas disponían de colecciones que se pudieran comparar con las de allá. Los pintores le parecían de menor alcurnia. Las propias ciudades carecían de servicios que ahora le parecían imprescindibles.

Sabía que limar esas diferencias iba a ser una tarea difícil. Cuando Felipe acabó de leer *El Lazarillo*, pensó que era una misión imposible.

El rey quedó estupefacto. El libro había sido impreso por primera vez en Burgos hacía ya casi seis años, pero la edición que el rey tenía en sus manos era otra edición realizada en Amberes. Felipe no quiso ni imaginar que la imagen de su reino en el extranjero fuera esta.

No tenía la seguridad de que la realidad fuera esa. Siempre encerrado en su despacho, no pisaba la realidad de la calle. Pero solo con que fuese verdad en una cuarta parte, ya sería una realidad terrible. Caballeros sin honor, pícaros sin vergüenza y clérigos con demasiada avaricia eran sus protagonistas.

¿Dónde estaba la España del honor y la fe en

Dios? ¿Dónde los servidores de ella? Juana le animó a salir de palacio camuflado para que él mismo lo viera.

Felipe ya sabía que su reino no era un paraíso, pero no que se había convertido en tal infierno. Y lo peor, no atinaba sobre qué arbitrios dictar para solucionar el problema. ¿Tal vez una política de limosnas?

—No es limosna lo que necesitan nuestros súbditos. Son medidas que cambien cómo se trabaja en nuestro reino —le respondió Juana.

También le aconsejó que conociera a un tal Luis Ortiz, contador de Hacienda que había escrito un memorial titulado *Memorial al rey para que no salgan los dineros de España*.

Lo había hecho tras la bancarrota declarada por Juana.

Felipe ordenó que se presentara en palacio.

XI

Hombre instruido y de fácil palabra, Luis Ortiz reunía en su persona ese requisito que define la inteligencia: ser capaz de explicar lo complicado de forma entendible.

Felipe lo escuchó con atención y Ruy Gómez con precaución. Cada vez que aparecía alguien nuevo en palacio lo veía como un riesgo para su posición de privilegio. No obstante, no podía negar (pensaba para sí mismo) que el economista hablaba con una propiedad que ya hubiera querido para sí el mismísimo De los Cobos y su sobrino, Vázquez de Molina.

A sus más de cuarenta años, Ortiz había investigado los males de España y había llegado a un diagnóstico: el reino necesitaba un buen repaso.

Hubo un momento que el rey se incomodó: el discurso que escuchaba le pareció que alababa a los judíos y a sus aspectos económicos. Cuando objetó sobre el asunto, Ortiz moderó sus palabras.

—Nada más lejos de ello, majestad. Pero hay que aprender de los actos de todo el mundo. Todo sea por el beneficio del reino.

El rey sonrió: le gustaba el atrevimiento de ese hombre. La pasión con la que defendía aquello en lo que creía. Se había atrevido a escribir un memorial para él. Ahora, a presentarse ante el mismo rey sin tapujos. Aun así, Felipe no pudo evitar soltar una gracia.

—Os aconsejo que no os expreséis de igual manera ante el inquisidor Valdés. Si lo hicierais, toda vuestra inteligencia ardería como una antorcha.

La broma causó en Ortiz tal pavor que se quedó en silencio que el propio rey rompió.

—Era una chanza, podéis estar tranquilo. Lo que aquí digáis no saldrá de estas cuatro paredes. Seguid aconsejándome sobre mis arbitrios.

Luis Ortiz siguió desplegando todo su saber.

Propuso que España se organizara administrativamente en forma de consejos como ya lo habían hecho sus bisabuelos Isabel y Fernando.

Con respeto, remarcó que la causa de la miseria era las ingentes cantidades de dinero que de España salían al exterior.

Acusó a la nobleza de improductiva y de abandonar la tierra. Si ellos no la hacían productiva, alguien tendría que transformar esa tierra en fértil.

Había que repoblar España y extender los regadíos. La sequía solo se podía paliar con el agua subterránea y de los pozos, además de canalizando los ríos.

Esto último le gustó a Felipe, le recordó a los Países Bajos.

Ortiz siguió hablando. Como Juana, se quejó de los excesivos intereses de la banca extranjera. Por eso y porque fuera extranjera. Había que potenciar una banca propia, pese a la opinión de la Iglesia, que igualaba banco a usura.

Apoyó intervenir en América para que los particulares o encomenderos solo se enriquecieran si el reino no se enriquecía menos que ellos.

Propuso restringir la expansión monetaria. No hacer más monedas que dinero real hubiera para controlar el consumo.

Sugirió una mejor política aduanera e impulsar la economía interior. Para eso, había que equilibrar impuestos. Puso como ejemplo el agobio de los pecheros, aquellos plebeyos que sin grandes rentas pagaban más impuestos que los que disponían de grandes riquezas.

Tan impresionado quedó el rey que, tras felicitarle, le animó a que siguiera trabajando en ello como funcionario suyo que era. También, que mensualmente le presentara propuestas.

Ortiz salió de la sala con una sonrisa de oreja a oreja. Por fin el mismo rey asumía las teorías que tantos años había tardado en elaborar.

Tras la entrevista, el rey paseó con Ruy Gómez por los jardines de palacio.

—El tal Ortiz es un hombre inteligente, no cabe duda —dijo el rey.

Gómez mostró sus dudas con prudencia.

—Sin duda. Pero si me permitís decirlo, majestad, también me ha resultado un tanto ambicioso.

—Lo es. Ortiz quiere cambiar España. Y no sé si eso es posible.

No obstante, pidió a Ruy que guardara los informes que Ortiz enviara. Ya se los leería cuando tuviera tiempo.

La conversación se interrumpió al llegar donde ellos la esposa de Ruy Gómez. Ana se inclinó ante el rey, que la saludó con cariño.

Luego, dio licencia a su valido (que en el fondo lo era, aunque fuera un término de vieja usanza) para que marchara con ella. Ya habían tenido un hijo y al parecer, estaban en espera de otro. Desde luego, pensó el rey, Gómez se estaba esforzando en recuperar el tiempo de amor perdido.

Felipe les vio alejarse del brazo. Sobre todo se fijaba en ella. Era una mujer hermosa, no cabía duda. Muy hermosa.

Tanto, que esa noche soñó que yacía en su lecho.

11

El ángel (1560)

I

Érase una vez que, en Bizancio, hubo una discusión tan apasionada sobre el sexo de los ángeles que todos sus habitantes quisieron dar su opinión sobre el tema. Filósofos, políticos, teólogos y hasta el pueblo se encelaron tanto en defender una opinión y la contraria, que no se dieron cuenta de que los turcos invadían la ciudad. Fue un fatídico 29 de mayo de 1453.

Dicen las crónicas, que en Guadalajara (el 31 de enero de 1560), Felipe vio un ángel delante de él. Y era una hermosa niña. Se llamaba Isabel de Valois y había llegado a Guadalajara para ser la nueva reina de España. Si hubiera podido viajar en el tiempo, habría zanjado la discusión bizantina y evitado la victoria turca.

Isabel tenía catorce años y toda la vida por delante. Verla era amarla. Esbelta y delicada, parecía deslizarse cuando caminaba. Su mirada era curiosa, pero en un segundo podía trocarse en pícara. Entonces, la niña se convertía en mujer. No duraba mucho el encantamiento. A continuación, la risa afloraba en su boca, tan melodiosa que parecía compuesta por Antonio de Cabezón. Y volvía a su edad verdadera.

Unos días antes de la boda, recién llegada de Francia, Isabel se quedó mirando, curiosa, a quien iba a ser su marido.

Felipe forzó una sonrisa para ocultar su inseguridad.

—¿Qué miráis? ¿Si por ventura tengo canas?

Un traductor hizo amago de trasladar las palabras del rey al francés. La muchacha no le dejó, contestando en un perfecto castellano.

—Estaba pensando lo mucho que os favorecen, majestad.

El rey quedó asombrado de su dominio del idioma y de la elegancia de sus palabras.

«Cómo cambian las cosas», pensó Felipe observando a Isabel. Su padre y él se habían pasado toda su vida combatiendo contra su abuelo y contra su padre. Ahora, la nieta del primero e hija del segundo iba a ser su esposa.

Y no cabía duda: era un ángel que había bajado del cielo.

II

La boda se celebró en el palacio del Infantado de Guadalajara. La misa la ofició el cardenal Mendoza, actuando el duque del Infantado como padrino y la princesa Juana como madrina.

Tanto la ceremonia como sus festejos fueron una fuente de recuerdos para sus principales protagonistas. Casi ninguno era dulce.

Juana recordó su boda. Ella también se había casado siendo apenas una niña con un marido más niño aún que ella. Los dos eran conscientes de las razones del compromiso: el futuro de sus reinos. Pero pocos lo eran de su presente y de las obligaciones que hombre y mujer tienen cuando se unen.

La hermana del rey se alegraba de la boda. Aparte de suponer la necesaria paz con Francia, no era bueno que Felipe estuviera solo. Sin embargo, aunque su educación como princesa le dijera lo contrario, su moral no veía con buenos ojos que una niña de catorce años se casara con un hombre que iba a cumplir los treinta y tres. Un hombre, Felipe, que tenía un hijo solo tres meses menor que la que ahora sería su madrastra.

Felipe, por su parte, recordó sus bromas a Ruy Gómez cuando descubrió que se había enamorado de una niña. Ahora, era él quien se casaba con otra.

También las celebraciones posteriores al acto se vieron marcadas por los recuerdos. El padre de la novia había muerto el verano anterior en una justa, festejando esta misma boda por poderes. Como muestra de respeto y para que Isabel no recordara tan infausto momento, se prohibieron justas y torneos. A cambio se celebraron juegos con inofensivas cañas en vez de lanzas, corridas de toros, bailes y banquetes. La niña recordó a su padre, pero nadie lo notó. Una princesa que se preciara no debía llorar celebrando la boda que le acababa de convertir en reina.

Desde el primer momento, Isabel de Valois hizo buenas migas con Juana. Para no molestar a su esposo, ella era el objetivo de sus múltiples preguntas sobre el reino, sus costumbres, la salud de su hijastro Carlos... Con él había estado prometida y ahora se casaba con su padre. Una buena princesa sabía que estas cosas pasaban y que su deber era aceptar y no elegir. Por el bien de su reino.

Juana era inteligente y no tardó en darse cuenta de que Isabel también lo era. Pronto discernió que algunas de las preguntas de Isabel eran propias de la curiosidad de una niña. Pero también que la gran mayoría de ellas eran pura retórica, pues quien las hacía sabía sus respuestas. La educación de Isabel era exquisita y sus conocimientos del reino al que acababa de llegar eran tan avanzados como el conocimiento de su lengua. Su madre había hecho un buen trabajo como profesora.

Dada la edad de su esposa, no se consumó el matrimonio en Guadalajara. Hasta que la esposa no tuviera su primera menstruación su relación tenía que ser casta.

Tras los festejos, los reyes y su comitiva viajaron a Toledo, donde aún seguía instalada una corte que no tardó en ser otra con la llegada de Isabel.

Pese a dormir en habitaciones separadas, Felipe se divertía conversando durante el día con su nueva esposa. Pronto cayó en la cuenta de que la deseaba como mujer. Rezó para evitarlo, pero no pudo evitar que ella lo notara. Lejos de ruborizarse, la niña coqueteaba. Nunca la etiqueta borgoñona se vio más aliviada por miradas, picardías y sugerencias. Tanto, que Juana les vigilaba por lo que pudiera pasar.

Pero no pasó nada que no fuera feliz. Muchos temían la inadaptación de Isabel a la corte castellana. Nada más lejos de la realidad. Pronto se hizo amiga del príncipe Carlos, que parecía otro a su lado, para felicidad de Felipe.

También entraron en su círculo de juegos y chanzas Juan de Austria y Alejandro Farnesio (el hijo de Margarita de Parma que gobernaba en ese momento a duras penas Bruselas). No era de extrañar. Isabel era de la misma edad que el príncipe y que Alejandro y dos años mayor que Jeromín.

Cuando no estaba con ellos, oía música o pintaba. Al poco tiempo de llegar a Toledo hizo venir a su lado como dama de compañía a una pintora genovesa, Sofonisba Anguissola. El rey pasaba horas hablando de pintura con ella y con Sánchez Coello, afamado pintor castellano.

No era la única dama que tuvo a su lado. Isabel requería mucho acompañamiento. Incluso lo exigía como reina que era. En ese asunto, mostraba un carácter tan caprichoso como en el vestir, pues no había día que no se cambiara de traje. De todas las damas, pronto eligió su preferida: Ana de Mendoza, la esposa de Ruy Gómez.

—¡Es tan bella! —exclamó tras conocerla.

Una vez, estando solas, la joven reina preguntó a Ana el motivo del parche de su ojo derecho. La princesa de Éboli sonrió y se lo contó al oído. Era un secreto que solo sabían sus padres y el médico que la trató y Ana quería que siguiera siéndolo.

Isabel le juró que lo guardaría aunque la torturaran, lo que provocó la sonrisa agradecida de Ana. La niña cumplió su palabra. Ni a su marido, el rey, le contó el misterio.

Lejos de la vista de los demás, Isabel jugaba a las muñecas, como niña que era. Juana se enterneció al verla jugar la primera vez. Isabel la miró como un perro perdido que ruega una caricia.

—¿Queréis jugar conmigo?

Juana no pudo negarse y retornó a la infancia jugando con la niña.

Pero lo que más divertía a la reina era ir de excursión. Isabel preparaba cada expedición con la meticulosidad que el duque de Alba lo hacía con sus campañas militares. El día anterior, ordenaba preparar el almuerzo a los cocineros de la corte. Antes de partir, pasaba revista a sus compañeros de excursión. Estos eran un divertido Felipe, Juana, Carlos, Jeromín, Farnesio, Sofonisba y la princesa de Éboli.

Cuando no eran excursiones, Isabel se las apañaba para celebrar bailes, juegos de máscaras y representaciones teatrales. Para alegría de Felipe, su nueva esposa adoraba a los bufones como él y estos paseaban por la corte como un príncipe por su palacio.

Isabel nunca perdía la compostura delante de su marido: cuando bailaba, siempre lo hacía con mujeres. Trató a Carlos con amor, pero jamás confundió términos. A todos les parecía exquisita y todos la querían tanto que parecían olvidar sus envidias, problemas y mezquindades cuando ella estaba presente.

Fuera de la corte, la vida era un infierno. Dentro, un ángel había prohibido la infelicidad a todos los que allí vivían.

Isabel también era feliz y quería que Catalina de Médici, su madre, lo supiera. Por eso, le escribió una carta:

> Este lugar me parecía uno de los más aburridos del mundo. Pero os aseguro, señora, que tengo un marido tan bueno y soy tan feliz que, aun cuando fuese cien veces más aburrido, yo no me aburriría nada.

III

La felicidad, como las buenas obras, cuesta mucho trabajo conseguir que florezca. En cambio, apenas necesita tiempo para que se marchite.

Por mucho que intentara evadirse de la realidad, como gobernante, Felipe se topaba con ella de continuo. Entonces, la sonrisa se le borraba. No era para menos.

Los héroes de Los Gelves seguían presos y la nobleza clamaba por su liberación tanto como España por devolver cada golpe recibido a los turcos. Ojo por ojo, diente por diente.

Margarita de Parma apenas podía con la situación en Flandes. La nobleza flamenca se preguntaba por qué a los príncipes alemanes se les permitía tener libertad religiosa y a ellos se les imponían hasta los obispos desde España. Más de una vez pidieron el mismo trato y no habían recibido siquiera respuesta.

Solo Francia daba al rey un respiro. Entretenida en sofocar sus propios focos protestantes, había olvidado su política expansionista. Además, la reina de España había nacido en Fontainebleau: no había lugar a beligerancia alguna.

En la corte, volvieron las maledicencias. Sobre el rey, fueron las ya conocidas: su falta de acción, la lentitud de sus reacciones políticas exasperaban a más de uno. Para mayor despropósito, ahora se entretenía en excursiones y haciendo chanzas con los bufones.

Una cuestión no menos espinosa era la ausencia de un plan de futuro. ¿Quién heredaría su corona?, se preguntaban muchos en el reino. Felipe, a menudo, se hacía la misma pregunta.

Carlos parecía más tranquilo, pero eso no garantizaba su aptitud para ser rey. Dentro de él parecían convivir dos personas distintas. Una, tranquila y cariñosa. Otra, violenta e irascible, que mostraba hasta con los seres que más le amaban.

La llegada de Isabel de Valois había maquillado todo. Pero la tormenta podía volver a desatarse en cualquier momento.

En esta ocasión, no fue el culpable Carlos sino la esgrima. Todos sabían que jamás sería buen espadachín. Su cuerpo desproporcionado impedía la armonía necesaria de movimientos. Casi siempre practicaba con caballeros que tenían instrucciones de dejarse vencer, para que no se enfadara. El propio Juan de Austria, hábil con la espada, también lo hacía. No solo por no desagradar al rey, también porque sentía verdadero afecto por Carlos.

El príncipe, de tantos combates ganados, creyó que su habilidad era mayor de la que realmente tenía.

Un mal día, mientras practicaban tío y sobrino, se acercaron a verles el rey y la reina. Emocionado por la presencia de Isabel, Carlos se sobreexcitó. Juan movía la espada con mano blanda para no resolver una lucha que no le habría costado ni medio minuto vencer. Carlos lo aprovechó para de un mandoble desarmar a su tío. Luego, le empujó dando con sus huesos en tierra.

Juan entendió que una cosa era la elegancia y otra la estupidez. Se levantó y sin necesidad de espada, solo con su cintura y sus reflejos, esperó el momento para dar un puñetazo en la nariz a Carlos y dejarlo humillado en tierra.

El rey no pudo evitar una carcajada. Carlos salió corriendo hacia donde nadie le viera. Había intentado mostrar a su querida madrastra que era un hombre y, a cambio, había hecho el más absoluto de los ridículos.

Juan quiso pedirle perdón, pero no lo aceptó. Su padre ni siquiera se acercó a calmarle. Solo aceptó el consuelo de Isabel.

A solas, esta intentó animarle en su depresión.

—Nunca seré un buen rey.

—¿Por qué no?

—No manejo la espada. Me muevo como un bufón.

Hizo un silencio tan largo que la tristeza se sintió a sus anchas en él. El remate de sus pensamientos alcanzó unos tintes trágicos.

—Si muriera ahora mismo, le haría un gran favor a mi padre y al reino.

Isabel estaba a punto de llorar de pena, pero se sobrepuso como solo ella sabía hacerlo.

—No digáis eso, os lo suplico. Sois el heredero y yo os ayudaré a serlo. No temáis por vuestro futuro mientras yo viva, Carlos. Seréis rey y lo seréis bueno, como buenos son vuestros sentimientos.

—No seré rey. No sirvo para ello.

—Sí que servís. Distinguís el bien del mal y lo justo de lo injusto. Amáis a Dios sobre todas las cosas. ¿Qué más dones de Dios necesita un rey para reinar?

Carlos, emocionado, la abrazó. Pese a que eran de la misma edad, lo hizo como si abrazara a una madre o a una hermana. No había maldad, sino agradecimiento.

Pero las apariencias engañan, sobre todo si los ojos que las ven tienen la maldad en su mente. No se sabe quién fue testigo del abrazo. Pero alguien lo vio y habló de él a alguien que no lo vio. Y este a otro. Así sucesivamente hasta que aquel abrazo se convirtió en prueba de una relación de enamorados.

Felipe nunca dudó de su hijo ni de su esposa. Del primero, porque le consideraba capaz de muchas maldades, pero no de esa. De su esposa porque sabía de su inocencia y de su fidelidad. Era una niña que ni había tenido su primera regla.

El rey tomó una decisión para que el pueblo supiera que confiaba en Carlos: nombraría a su hijo heredero. Inmediatamente.

IV

En mayo de 1560, las Cortes de Castilla nombraron a Carlos heredero del reino. La catedral fue el lugar elegido para una larga ceremonia de nueve horas que aburrieron tanto a Felipe como emocionaron a su hijo y a su esposa.

El rey disimuló convenientemente sus dudas sobre la capacidad de su hijo para ser un digno heredero.

Luego llegaron las habituales celebraciones en las que el pueblo pudo ver a su rey y al nuevo príncipe de Asturias. Muchos volvieron de inmediato a la catedral a rezar para que el príncipe no llegara a ser rey.

Ser reconocido oficialmente como heredero supuso un cambio de actitud en Carlos. No le duró mucho: la falta de voluntad era uno de sus principales rasgos. Pronto volvió a saltarse los consejos de los médicos respecto a su alimentación y a la necesidad de que hiciera ejercicio para fortalecer sus enclenques piernas.

El resultado fue que la fiebre se convirtió en su continua compañera. Como cada vez que enfermaba, el carácter del príncipe se tornó en imposible. Y sus ínfulas al saberse heredero tampoco agradaban a su padre.

Discusión tras discusión, el humor del rey se fue amargando tanto como iba empeorando la salud de su hijo. Felipe pensó en enviarle a Valencia, para ver si su clima mejoraba el estado del príncipe. Y, de paso, descansar de su presencia.

El paraíso se convirtió en infierno y la reina empezó a quejarse de lo que antes no lo hacía. Sobre todo, de Toledo. La estrechez de sus calles impedía el paso de carruajes obligando a caminar por sus cuestas. Había escasez de agua potable y arreglar ese problema hubiera supuesto un costoso trabajo de ingeniería. Pero lo que menos soportaba era la continua presencia de basura en sus calles. Isabel empezó a añorar París.

En sus *Ejercicios espirituales*, Ignacio de Loyola había recomendado que en tiempos de tribulación, mejor no hacer mudanzas. Felipe no hizo caso al consejo. Para evitar que la melancolía de su esposa fuera a más trasladó la corte a Madrid

V

Oficialmente, el rey avisó de que la corte se trasladaba a Madrid el 6 de mayo de 1561. Sin embargo, era algo que tenía planeado desde hacía tiempo.

Cualquiera que hubiera analizado las cuentas del reino, tendría esa certeza. El Alcázar llevaba remodelándose desde hacía décadas con su consiguiente gasto. El hecho de que Felipe hubiera visitado las obras durante la última Semana Santa, mostraba la claridad de sus ideas. El duque de Alba, pese a ser su mayordomo mayor, quedó al margen. Gonzalo Pérez le comunicó que el rey tenía prisa en acabar las obras del Alcázar.

El duque se sorprendió.

—¿Su majestad va trasladar la corte a Madrid? ¿Y por qué no me lo ha dicho a mí primero?

Pérez le podría haber dicho la verdad: el rey quería mantener la duda hasta el final para no despertar recelos en la nobleza castellana. El duque de Alba era el máximo exponente de la misma y si hubiera sido partícipe del plan rápidamente lo hubieran sabido todas las grandes familias.

En cambio, Pérez siguió alimentando la duda.

—No conviene descartar Segovia.

Las razones de tanto secretismo eran que el rey sabía que Madrid no era del gusto de los nobles. La aristocracia no tenían sus casas cerca, exceptuando los Mendoza que tenían su sede en Guadalajara. Y los Mendoza estaban bien avenidos con la corte gracias al matrimonio entre Ruy Gómez y Ana de Mendoza de la Cerda.

El rey quería a la aristocracia cuanto más lejos mejor. También le gustaba repartir ciertas capitalidades.

Barcelona seguiría siendo el imprescindible enclave marítimo hacia el norte como siempre había sido.

Sevilla no podía dejar de ser la gran capital económica puesto que allí tenía su sede la Casa de Contratación de Indias. Toledo no iba a dejar de ser la ciudad de mayor riqueza. Y Santiago se mantendría como capital religiosa por excelencia, compartiendo tal rango con Sevilla y Toledo, donde la Inquisición era más fuerte.

Pero Madrid sería sede de la corte. Su hogar. No tenía obispo. Los nobles estarían lejos. Perfecto. Así no le darían más dolores de cabeza que los justos, pensaba Felipe.

Además de estas razones políticas, había otras objetivas que reforzaban la idea de que Madrid fuera la elegida. Su territorio era una meseta y la canalización del agua no requería grandes obras de ingeniería como ocurría con Toledo. La cercanía de la sierra garantizaba la calidad de su aire. Y su centralidad la convertía en el punto equidistante del resto del reino.

Ninguna de estas razones hubieran sido suficientes si Madrid no hubiera satisfecho sus caprichos personales.

Cerca estaba El Escorial, donde tenía prevista la construcción de un gran edificio como recuerdo de la victoria de San Quintín.

Desde la guerra de las Comunidades, la Casa de Campo había sido expropiada a su dueño legítimo y se había convertido en un extenso coto de caza. Si el rey se aburría de cazar allí, siempre tendría El Pardo no mucho más lejos.

Por último, Felipe recordaba Aranjuez como el sitio preferido de su infancia. Y pensaba aplicar allí todo lo que había aprendido en Flandes de urbanismo, jardinería...

Siempre con Flandes en la mente. Incluso sus cortesanos hubieran vuelto gustosos a Bruselas, tanto la añoraban. Pero ya que la vuelta era imposible (Felipe no mostraba ningunas ganas de regresar a la capital de sus problemas), Madrid les parecía mejor elección que cualquier otra de las posibles.

VI

El cambio le sentó bien a Isabel de Valois. Las excursiones eran más variadas y no tenía que subir cuestas. Esto último no era cuestión de capricho. Pese a que en el tiempo que llevaba en España su cuerpo ya se había convertido en el de una mujer, su salud no aguantaba grandes esfuerzos.

La única pena que tenía era no poder ver al príncipe. El rey lo había mandado a Alcalá de Henares junto a sus inseparables Juan de Austria y Alejandro de Farnesio.

Alcalá no estaba lejos, pero Felipe prefería que la reina no fuera a verle. Quería evitar maledicencias y, de paso, no ver a su hijo con el que las discusiones habían ido en aumento.

Carlos sabía de los rumores que más dolían a su padre. Y se los repetía en cada disputa. Le criticaba su indecisión en Flandes. Le recordaba los héroes apresados en Los Gelves, ahora cautivos en Estambul.

Discutiendo de los asuntos del reino, el príncipe se convertía en el vocero del pueblo delante de su padre. En defensor de la dignidad del reino. Curiosa actitud para quien era conocido por otorgar un trato infame a sus sirvientes. Hasta había estado a punto de tirar por la ventana a uno de sus pajes por no servirle como quería.

En lo personal, las discusiones aún eran peores. Carlos supo que su padre había tenido puntuales amantes a la espera de poder hacer suya a la bella

Isabel. Y se atrevió a decirle lo que ni siquiera Juana se había planteado insinuar.

—Seréis rey, padre. Pero no un hombre digno. ¿Cómo podéis ser infiel a ese ángel que tenéis por esposa?

Un discurso tan digno hubiera merecido mejor orador que el príncipe. Las erres y las eles se le seguían enredando en su boca, convirtiendo lo épico en cómico. Aun así, a su padre no le hizo ninguna gracia y le soltó una bofetada.

—¿Cómo os atrevéis a hablarme así? Como hijo, como príncipe y como hombre... Todos los burdeles de Madrid saben de vuestros gustos y de lo difícil que es satisfacerlos.

Lejos de arredrarse, Carlos se desató y por su boca salieron palabras que nunca debió haber dicho.

—Peleáis conmigo porque soy más débil que vos. Pero no sois más fuerte que yo, padre. Si lo fuerais, se hablaría de vuestras hazañas en el campo de batalla. ¿Cuáles son que nunca he sabido de ellas?

Felipe le hubiera matado allí mismo, pero se contuvo. Carlos le siguió dando razones para que el odio paternal creciera.

—Mi abuelo, vuestro padre... Él sí que era un gran rey.

Su padre salió de la sala decidiendo que a partir de ahora vería a su hijo lo menos posible. ¿Cómo había podido engendrar un monstruo así?

Mejor no verle. Ni él ni Isabel. Prefería que esta jugara a las muñecas con Juana y la princesa de Éboli. O que pintara con la dama genovesa que había hecho venir a España. O que correteara detrás de los bufones.

Hasta prefería que fuera al teatro, que en Madrid nunca faltaba y de buena calidad. Eso decían, pensaba Felipe, porque a él ver saltimbanquis subidos a unas tablas le parecía lo más absurdo que había visto en su vida.

Pero mejor ver las ocurrencias de ese tal Lope de Rueda que aguantar las impertinencias de su hijo.

VII

En agosto de 1561 la naturaleza decretó que Isabel ya era mujer. Por fin había llegado el momento tan deseado por Felipe como hombre y como rey.

No era Dios para saber los años de vida que le quedaban a su hijo, pero sí era el rey y tenía decidido desheredarle en cuanto tuviera más descendencia.

Felipe rezaba para que Isabel le diera un hijo cuanto antes. Y él pondría todo su empeño en ello.

No fue un camino de rosas. Su esposa aguantaba a duras penas sus embestidas. Podía ser reconocida mujer, pero su cuerpo (aunque había crecido) seguía siendo el de una niña. Sufría terribles dolores cada vez que sus cuerpos se unían. ¿Eso era el amor?, pensaba Isabel a la que más le parecía un castigo.

Aun así, no decía nunca que no. Sabía cuál era su

misión: parir príncipes. La habían educado para eso. Entre la constancia de Felipe y la capacidad de sacrificio de Isabel, el cuerpo de esta exigió una tregua refugiándose en la enfermedad.

La reina sufría dolores de cabeza, fiebre y su piel mostraba erupciones. Cuando Catalina de Médici se enteró, puso el grito en el cielo de París. Su yerno tenía fama de mujeriego y pensó (no fue la única) que se trataba de sífilis.

Catalina no se fiaba de los médicos españoles y envió a Madrid a los suyos. Afortunadamente, tras muchas disputas, unos y otros diagnosticaron lo mismo: la reina tenía varicela. O, como se decía en Castilla, payuelas.

Ahí empezó la segunda discusión entre los galenos sobre cómo prevenir que la enfermedad no dejara huella en el bello rostro de la reina. Al final, llegaron a un nuevo pacto. Se le aplicaría clara de huevo mezclada unas veces con miel y otras con leche de burra.

Felipe acompañaba siempre a su esposa. Cuando no, a su lado estaba la princesa de Éboli, alguna más de sus damas o la princesa Juana. Todos habían tenido la enfermedad de niños y no corrían riesgo de contagio. Se relevaban unos a otros con la disciplina de la guardia real.

Cuando quien la acompañaba era el rey, costaba definir quién era el enfermo, si la reina o Felipe.

Isabel, pese a su debilidad, conservaba su belleza delicada.

Él estaba envejecido. Le sobraban dolores de cabeza y le faltaba pelo y algún diente.

Como su padre, las responsabilidades le estaban envejeciendo prematuramente.

VIII

Pasó la varicela y acabó el año. Isabel seguía sin quedarse embarazada. Nadie quería hablar del tema, porque era sabido que, en estos casos, la obsesión es enemiga de la fertilidad.

Que no se hablara de la cuestión no supuso ninguna tregua en el lecho de los reyes. Incluso quebrantaron la etiqueta borgoñona, que les obligaba a dormir separados. El esfuerzo físico del rey fue tan pertinaz que sufrió más de una lumbalgia.

Justo se recuperaba de una de ellas cuando llegaron malas noticias de Alcalá de Henares. Hacía más de una semana que el príncipe Carlos había caído por unas escaleras persiguiendo a una doncella. En su caída se había dado un fuerte golpe en la cabeza con una herida abierta.

Tras el coscorrón, no había perdido el sentido. Incluso había podido hablar con Daza y Chacón, los médicos que le atendieron. Estos limpiaron la herida y vendaron su cabeza no dando más importancia al asunto.

Informado del hecho, Felipe fue a verle. Una vez que comprobó que no era grave volvió al Alcázar.

Demasiado optimismo para un paciente tan endeble. Pasados unos días, el pus salía de la herida y apareció la fiebre. La infección se había extendido por todo el cuerpo y el príncipe empezó a delirar.

Felipe regresó al galope a Alcalá acompañado de Ruy Gómez y la princesa Juana.

En la puerta de los aposentos del príncipe, les esperaba Juan de Austria, que resumió el parecer de los galenos.

—Lo siento, majestad. Hay malos augurios. Los médicos dicen que no sobrevivirá a esta noche.

Juana rompió a llorar. Felipe no pudo. Pero por dentro sintió un dolor profundo. Por mucho que le odiara era su hijo. Y se propuso salvarlo con los medios que hicieran falta. Divinos y humanos.

De lo primero se encargaron unos franciscanos que acudieron al lugar, solícitos, portando los restos momificados de san Diego de Alcalá. Al parecer poseían unas propiedades de sanación inauditas.

Por si las reliquias del santo no eran suficiente, el rey llamó para que acudiera a Alcalá el insigne Andrés Vesalio. Felipe le conocía de Bruselas, donde el médico había nacido de padres germánicos. Su padre era el boticario del emperador Carlos, al que pidió los medios para que su hijo fuera más que él y estudiara medicina.

Carlos quiso conocer al muchacho. El joven André no tenía por entonces ni quince años. Buen analista del ser humano, vio en el hijo del boticario dos cosas que le llamaron la atención: claridad de ideas y voluntad. Con su intercesión, Andrés estudió en las mejores universidades: Lovaina, París y Padua, centro de vanguardia en estos asuntos.

La apuesta trajo sus frutos. En 1533, con apenas diecinueve años, el joven Vesalio había diseccionado su primer cadáver. Con veinticuatro ya era catedrático de Anatomía en Padua. El emperador le incorporó como médico particular en sus campañas militares.

Vesalio basaba su trabajo en el conocimiento directo del cuerpo humano y la comparativa del mismo con los cuerpos de animales como el cerdo o el perro. Eso le costó más de un percance con la Iglesia. El emperador siempre le protegió mostrando esa cualidad familiar de tener una opinión y la contraria en asuntos de ética.

Ahora, delante de él, Vesalio no tenía un perro ni un cerdo. Ni siquiera uno de los soldados del emperador, que no era egoísta cuando veía a uno de sus hombres en problemas. A quien tenía delante era al hijo del rey. Al príncipe de Asturias.

Por cómo le analizó, le hubiera dado igual tener delante una gallina. A sus cincuenta y ocho años veía el cuerpo como una suma de músculos, nervios, sangre y huesos, no le importaba a quien pertenecieran.

Su diagnóstico fue que el príncipe no tenía una erisipela, como habían dictaminado los galenos de la corte, sino un absceso extradural. Nadie de los presentes entendió la nomenclatura. Entonces, Vesalio fue más claro:

—Necesita que le haga urgentemente una trepanación.

Daza y Chacón se negaron: eso supondría su muerte.

Felipe miró luego a los otros doce médicos que se habían presentado. Ninguno avaló a Vesalio.

Por último, se le solicitó la opinión a un curandero que tenía tan pintoresco nombre como el de Pinterete.

Vesalio salió de la sala diciendo que esperaba en el pasillo: si un curandero tenía que decidir sobre la vida del príncipe, prefería no ser cómplice de la infamia. Estaba tan seguro de sí mismo y tan cansado que le era indiferente hasta cumplir con el protocolo. Se sabía débil y viejo y solo quería acabar su vida con un viaje a Tierra Santa.

Tras salir Vesalio, Felipe preguntó a la pléyade de médicos, curandero incluido.

—¿No dicen vuestras mercedes que en este estado mi hijo morirá antes de que se haga de día?

Los médicos asintieron.

—Entonces, les ruego que salgan de aquí lo más rápido que puedan o yo mismo les mataré con mi propia daga. ¡Sarta de imbéciles! ¡Incompetentes!

En el pasillo, Vesalio sonrió al oír las voces. Luego, vio salir cabizbajos de los aposentos del príncipe a la ristra de galenos y a Pinterete. Tras ellos, salió Felipe, que puso una mano sobre el hombro de Vesalio.

—Mi hijo es vuestro. Haced lo que creáis conveniente. Sé que si le salváis será un milagro. Y si no lo hacéis, jamás dudaré de vuestro esfuerzo ni de vuestro conocimiento, pues me habéis servido tan bien como hicisteis con mi padre.

Vesalio procedió con la mayor premura posible.

Mientras Felipe y sus allegados rezaron. Por si la calidad de sus oraciones no alcanzaba para que Dios intercediera por su hijo, pagó para que en todos los conventos cercanos rezaran.

Carlos sobrevivió. Alguien escribió que lo hizo en cuanto tocó la momia del santo. Otros, hasta la beata princesa Juana, pensaron que quien le salvó fue san Vesalio.

IX

Isabel lloró de alegría al saber que apenas dos meses después, el príncipe se había puesto en pie y había recibido a unos embajadores que habían viajado hasta Alcalá a felicitarle por su recuperación.

Poco después, hasta asistió a una corrida de toros.

Pero su estado era de extrema delgadez. Los médicos se alarmaron y le subieron a una báscula: apenas pesaba tres arrobas y una libra.

Ya nunca fue el mismo. Su mal humor crecía mientras su cuerpo se debilitaba.

Felipe repitió el mismo proceder que ya había realizado tras la muerte de la madre de Carlos, su primera esposa. Empezó a sentirse culpable de todo. Hay que regar el jardín y amar a tu familia. Sin agua y sin amor, el jardín se seca y la familia muere.

Isabel le consolaba en todo momento.

En un acto mezcla de pena y redención, intentó que su hijo viajara a Monzón, donde las Cortes debían recibir a su futuro rey. Su salud estaba tan resquebrajada que los médicos recomendaron que siguiera guardando reposo. Felipe decidió hacer el viaje solo.

Ni consiguió que las Cortes reconocieran a Carlos ni logró el agradecimiento de este porque, a su vuelta, su hijo le esperaba para lanzar sobre él una lluvia de reproches.

Le acusó de querer apartarle de la corona. Sacó a colación hechos del pasado de los que ya ni su padre se acordaba. Le acusó de no buscarle mujer de sangre real para preparar el futuro. Y que lo hacía porque sabía que no contaba con él para el futuro. Hasta le amenazó enloquecido.

—Yo os arrebataré esa corona.

Felipe no respondió. Hundido, se encerró solo en su despacho y lloró sin que nadie lo viera.

Esa fue su actitud a partir de entonces. Encerrarse en sí mismo. Lo había aprendido desde niño. Solo que ahora lo hacía fruto de la desesperación más absoluta.

X

Si en el cuerpo del príncipe Carlos parecía que convivieran dos personas, la mente de su padre se había dividido en dos archivos.

En uno, ordenaba sus problemas. En el otro, sus evasiones.

Su hijo y el hecho de que Isabel no le diera descendencia, pese a su tenacidad sexual ocupaban un lugar estelar en el archivo de sus problemas. Cuando se acumulaban las malas noticias, se deprimía y enfermaba. En esta ocasión, la gota hizo presencia por primera vez en el cuerpo de Felipe, que pronto intuyó que su futuro no sería muy distinto del de su padre.

Flandes se resquebrajaba. Hasta su amigo, el conde de Egmont cuestionaba su actitud ante las peticiones de la nobleza flamenca. Lo hizo con una misiva llena de cariño y tacto. Pese a ello, al rey le dolió en el alma la lectura de la carta.

En el Mediterráneo, aunque pareciera imposible, las cosas se complicaban aún más. Su padre sufrió el desastre de Argel y él la humillación de Trípoli. Ahora estaba a punto de ganar a su padre en el terreno de las derrotas inolvidables.

En el otoño de 1562, Hasán Bajá propuso tomar los enclaves españoles de Orán y Mazalquivir. Era hijo de Jeireddín Barbarroja y un ejemplo más de que las guerras, como las coronas y las deudas, se heredan de padres a hijos.

Felipe reaccionó reuniendo una flota en Barcelona. Veintisiete galeras y cuatro mil hombres se embarcaron como fuerzas de apoyo para prevenir el ataque. Nunca llegaron a su destino. Una tormenta redujo la flota al ridículo número de tres galeras. Las pérdidas humanas fueron demoledoras. El rey había perdido una flota sin tan siquiera combatir.

También perdió el respeto del sultán, muchos en España rechinaban los dientes de rabia pensando en que debía estar riéndose ante las continuas calamidades de la marina español. Tres tormentas y tres hundimientos de flota. Trípoli, Argel y, ahora, camino de Orán. Una vez, pensaban en España, podía pasar que el destino y los vientos hicieran de las suyas. Tres veces implicaban una mala decisión y una impericia al mando.

El resultado, esta vez, fue que el enemigo redobló sus fuerzas bajo el auspicio del mismísimo Solimán, reclutando un enorme ejército. Cuarenta mil hombres atacarían por tierra. Cincuenta naves lo harían por mar. El objetivo era llegar a Mazalquivir y, desde ahí, tomar la cercana Orán. Ante la debilidad cristiana, la ostentación de una fuerza invencible.

Lo que no imaginó el hijo de Barbarroja era que allí le esperaban unos héroes, bajo el mando de Alonso de Córdoba y su hermano Martín. Tras recibir municiones y unos cientos de soldados llegados desde Málaga, se prepararon a resistir hasta la muerte.

Hábiles estrategas, construyeron dos fortificaciones. El fuerte de San Miguel sobre una colina que separaba ambas ciudades. La Torre de los Santos frente a Mazalquivir.

Cuando el enemigo ya estaba cerca, Alonso de Córdoba reunió a sus hombres. Quería que supieran la verdad.

—Antes de que empiece la batalla, rezad. No pidáis a Dios por vuestra vida. Todos vamos a morir.

Si os dijera lo contrario os mentiría. Y yo nunca miento a mis soldados.

Sus hombres no daban crédito a lo que estaban escuchando: ¿esa era la arenga de un comandante? ¿Con qué moral combatirían?

Alonso siguió gritando emocionado a su escaso ejército.

—No os pido que luchéis ni por el rey ni por la cruz.

Un rumor se elevó entre los presentes: definitivamente, su jefe se había vuelto loco, pensaron muchos. Se equivocaban, porque iban a escuchar una de las más emocionantes arengas que jamás un soldado pudiera escuchar.

—Moriremos, sí. Y las crónicas dirán que perdimos la batalla pero no será cierto. Porque aquí van a morir más infieles que cristianos. Somos apenas mil. Ellos son casi cuarenta veces más. Con que cada uno de vosotros maté a dos enemigos, sus bajas serán superiores a las nuestras. No pido que ganéis la batalla. Pido que haya más moros que se vayan al infierno que cristianos al cielo. Así, ante Dios, ganaremos esta batalla.

Los hombres se fueron enardeciendo.

—Pensad en Trípoli. En cómo los castellanos, los vascos, los catalanes, los sevillanos, los napolitanos que allí sobrevivieron fueron obligados a levantar una inmensa torre con los huesos de sus compañeros muertos. Pensad que es posible que alguno de los hideputas que matéis sea uno de los que obligaron a los nuestros a levantar esa infamia.

Hubo un silencio, mezcla de odio y de tristeza. Muchos tenían amigos entre los que allí murieron.

—¡Matar y morir!

Todos los presentes reaccionaron al unísono.

—¡Matar y morir!

Cuando llegó el enemigo lucharon con miedo. Pero, sobre todo, con rabia y odio.

Alonso de Córdoba no solo sabía motivar a sus hombres: también era un buen estratega. Ordenó una defensa escalonada. La Torre de los Santos cayó en abril. Los supervivientes huyeron hacia el fuerte de San Miguel, este cayó en mayo. Los que aún quedaron, corrieron a la ciudad de Mazalquivir. Sabían que no llegarían vivos a Orán. Pero también que, aunque ellos contaban sus bajas por cientos, el enemigo las contaba por miles.

Quinientos hombres lucharon en Mazalquivir contra doce mil árabes. Entre ellos, se encontraban los temibles jenízaros, las tropas de élite turcas. De los doce mil, tres mil murieron. Las cuentas le estaban saliendo a Alonso de Córdoba.

El 6 de junio, la situación era ya desesperada. Ante lo que sabían era la última batalla, los sitiados se abrazaron, despidiéndose de esta vida. Algunos se consolaban diciendo que eran tan pocos los que quedaban que la torre que construyeran con sus huesos muy alta no iba a ser. Otros decían que antes de morir a manos del enemigo, preferían el suicidio. Otros estaban tan agotados de pelear durante meses que no tenían fuerza ni para abrir la boca. Todos sabían que no había salida.

Cuando oyeron nuevos cañonazos desde el mar, pensaron que eran refuerzos del enemigo. No lo eran. Bajo el mando de Francisco de Mendoza y el apoyo del insigne marinero granadino Álvaro de Bazán, treinta galeras con cuatro mil hombres lograron la retirada de los infieles. Muchos eran voluntarios.

Ganada la batalla, los supervivientes se abrazaron a sus salvadores llorando de alegría. Los recién llegados se quedaron boquiabiertos. De camino, habían contado tantos cadáveres enemigos que jamás hubieran podido imaginar que los sitiados fueran tan pocos.

La noticia de la victoria hizo que Felipe mejorara de salud. Y se fue a cazar. No esperó alabanzas de nadie. Ya le importaban lo mismo que las críticas.

XI

Los libros, la jardinería, la pintura y la arquitectura: esas eran las grandes pasiones del rey. Unas las había cultivado desde niño, otras las había descubierto en el primer viaje que le llevó a Flandes.

Unas eran meros pasatiempos propios de un príncipe. Otras, las obras de un rey que anhela pasar a la posteridad. Todas, símbolo de una grandeza que solo puede ser disfrutada por los elegidos.

Toda monarquía exige símbolos. Crear paisajes inalcanzables para cuya construcción no se repara en gastos. Porque, hasta en tiempo de miseria, una cosa es el rey y otra el reino.

Fiel a esta premisa Felipe no había escatimado en gastos desde su condición de mero príncipe. Asumir la regencia le permitió destinar fondos a la mejora de sus lugares predilectos.

En 1550, él mismo había dado instrucciones para la plantación de numerosos árboles en Aranjuez. Entre la sequía y que algunas especies demandaban mayor riego, ordenó años después la construcción de una laguna para surtir de agua tanto a los jardines, como al arbolado y las fuentes. Ahora, jardineros llegados de Flandes cuidaban las plantas que el rey había hecho traer de allí tras su estancia en Bruselas.

Otra pasión casi tan vieja como él era la caza. La elección de Madrid como capital le suponía espacios donde poder satisfacerla. Su gusto por los animales no había decrecido y encontró un hueco entre sus problemas en Orán y en su propia corte, para inaugurar un zoológico en la Casa de Campo. Rinocerontes, elefantes y leones fueron sus primeros huéspedes. En Aranjuez, otro más pequeño, se fundó con apenas cuatro dromedarios.

Desde niño, la lectura había sido una de sus grandes pasiones. Ahora su biblioteca había crecido tanto que pensaba en construir un lugar donde fuera la verdadera protagonista. Tanto amaba los libros que se acordaba de cada uno de ellos, por muchos que fueran. En un traslado se perdió uno: el rey se acordó de su número de archivo y hasta en qué estantería estaba antes de la mudanza. Algunos pensaron que —a cambio de ganar un rey que aún tenía mucho que demostrar— España había perdido a un gran bibliotecario.

No se conformó con disfrutar de su biblioteca. Meticuloso como un archivero, pensó en un proyecto que diera una imagen real y documentada de su reino a través de la geografía, la historia, la economía, las antigüedades que se conservaran en todas sus provincias peninsulares y de Perú y Nueva España. Él mismo había supervisado un documento a rellenar por los encuestados y dedicó fondos a mensajeros y funcionarios que agilizaran la labor.

También encargó a los mejores cartógrafos el dibujo de mapas detallados de España, las Indias, Flandes... Su destino sería el Archivo de Simancas, que su padre había promovido hacía más de veinte años. En evidente decadencia, el rey invirtió para que recuperara su brillo.

Sin embargo, por encima de todo, el rey tenía una obsesión. La realización de una obra que simbolizara su grandeza. No encontró mejor motivo que la primera vez en la que se sintió verdaderamente rey: la batalla de San Quintín. Ante el dolor del presente, el recuerdo de un pasado brillante que no quería que se olvidara durante siglos.

Primero pensó que fuera un palacio con sus necesarios jardines. Luego, una basílica. Después, un monasterio. Al final, el rey decidió que fuera las tres cosas a la vez en lo que algunos consideraron un repentino delirio de grandeza. Puede que fuera un delirio, pero el deseo del rey no tenía nada de repentino.

El 23 de abril de 1563 fue el día elegido para poner la primera piedra de la obra. Estudios astrológicos auguraron que era el momento indicado para disfrutar de un buen futuro. Por si acaso, el rey también ordenó que se bendijera la piedra.

Era el fruto de cuatro años intensos de trabajo. Felipe había mandado a Gaspar de Vega, su maestro de obras, a visitar y estudiar los principales monumentos que existieran en otros reinos. El objetivo era aunar las técnicas más avanzadas y los hallazgos más eminentes en un estilo propio y único. Un rey, un estilo.

El arquitecto elegido para tan gran responsabilidad fue Juan Bautista de Toledo, apasionado seguidor de Vitrubio, que contó con la indispensable ayuda de su trazador principal, Juan de Herrera.

Una vez colocada la primera piedra, la obra comenzó con una actividad inusitada. El rey no escatimó en medios. Veinte grúas se encargaban de levantar la iglesia. Los obreros eran numerosos para poder hacer los turnos necesarios para trabajar día y noche. El rey exigió que sus condiciones de trabajo fueran dignas, obligando a que tuvieran vacaciones. Tanto quería mimarles, que el propio rey se acercaba a hablar con ellos.

El Escorial se convirtió en una de sus dos principales obsesiones para pasar a la posteridad. La otra era tener un hijo de Isabel.

Mientras las obras del edificio daban sus frutos, en el mes de mayo de 1564, Isabel anunció que estaba embarazada.

Tres meses después abortó. A punto estuvo de perder la vida.

Antes y después de tan mala noticia, las obras de El Escorial nunca se detuvieron.

12

Las furias (1565)

I

¿Era mala la semilla del rey o Isabel de Valois no tenía la capacidad de parir un hijo? Esas eran las preguntas que todos se hacían, pero que no se atrevían a pronunciar. Desde luego, la tardanza en el embarazo no incitaba al optimismo, cualquiera que fuera su causa.

Felipe parecía un padre avejentado al lado de su esposa. Isabel tenía una salud delicada y pasaba la mayor parte de su tiempo en cama atendida por los médicos.

Pese a los malos augurios que ambos hechos vaticinaban, ninguno de los dos se dio por vencido. En cuanto Isabel se recuperó del aborto, volvió a compartir lecho con su esposo. Ambos estaban tan tristes que la obsesión y la tristeza se convirtieron en dulzura y en complicidad. Tan distintos y tan unidos.

En esa tesitura, Felipe se preguntó si alguna vez había amado tanto a una mujer. *Ipso facto*, apareció en su mente, otra Isabel, la Osorio. No podía negar el amor que había sentido por ella. Ni el afecto que aún le profesaba. Pero para él, su antigua amante era símbolo de fortaleza. Ella le había adiestrado en el arte del amor siendo apenas un niño. Su esposa, en cambio era la niña a la que él había tenido que cuidar hasta que se había convertido en mujer. Se sentía marido y padre protector.

Y, por mucho que le pesara la comparación, de Isabel de Valois dependía el futuro de España. De la Osorio, no.

Sin duda, de quien no dependía dicho futuro era de su hijo Carlos. El rey había apalabrado su boda con Ana de Austria, hija de María y Maximiliano. No se sintió capaz de hacer un regalo tan envenenado a su hermana. Por eso, la escribió avisando de la anulación del trato.

Desconfiado, Maximiliano envió un embajador a Madrid para que conociera en persona al príncipe de Asturias. El elegido fue el barón Adam von Dietrichstein, que gozaba no solo de su confianza sino también de la de Felipe. El barón había prestado buenos servicios al emperador Carlos y en toda Europa se le consideraba hombre prudente y de fiar.

Dietrichstein tuvo largas conversaciones con Carlos. Tras ellas, sus informes no fueron especialmente negativos en cuanto a su carácter, pero sí en cuanto a su salud. Sobre todo, tras la confirmación de su inoperancia sexual. Un príncipe difícilmente podía llegar a rey si no garantizaba la descendencia. La boda quedó cancelada.

Pese a tomar esta decisión, al rey no dejaba de dolerle su hijo. Pocos como él habían dado ánimos a su esposa tras el aborto. Su presencia alegraba a Isabel de Valois más que la de ningún otro.

¿Por qué no podía ser así siempre? ¿Por qué no era tan amable y esforzado como Juan de Austria?

Felipe miraba de reojo cada acto de su hermano. El hecho de que Ruy Gómez ejerciera de mayordomo de su hijo y que este siempre estuviera acompañado de Juan, le permitía un control absoluto de su vida.

Sabía que cada vez manejaba mejor la espada y que su mente era cada vez más despierta. Tenía sangre real, pero también la actitud humilde de un chico de la calle al que el destino le brindaba una oportunidad de oro. De ahí que Juan de Austria procurara aprender con humildad de todas las cosas.

El rey también sabía que su hermano estaba enamorado. Al parecer, bebía los vientos por María de Mendoza, una bella muchacha que era dama de su hermana Juana. También tenía lazos familiares con la princesa de Éboli.

No había detalle de la vida de su hermano que no conociera. Le agradecía su actitud con su hijo Carlos. Pero no era suficiente para evitar que siguiera desconfiando de él. Como lo hacía de todo el mundo.

II

Desde Flandes llegaron noticias inquietantes. Tras un invierno especialmente duro, las cosechas habían sido escasas. Si los nobles flamencos ya habían dado muestras de disconformidad por la política del rey, ahora iban a contar con un aliado de lujo: el hambre del pueblo.

La respuesta del rey a cada queja no había ayudado a suavizar las tensiones. El mantenimiento de la pena de muerte en casos de herejía y la reorganización de los obispados flamencos desde Madrid sin consultar con sus súbditos flamencos, habían empeorado aún más la situación.

Tan polémicas decisiones las tomó el rey, pero había cómplices en la sombra tras las mismas. En lo referente a las penas de muerte, el inquisidor general Fernando de Valdés. En lo relativo a los obispados, su querido Francisco de Borja, quien había sido nombrado, el año anterior, general de la Compañía de Jesús.

Borja aún seguía en Roma, adonde había llegado huyendo de la Inquisición a la que tan poco había criticado. Ahora era una celebridad respetada por todos. Sin duda, su habilidad en la negociación y su capacidad organizativa le venía de familia.

Ojalá Felipe hubiera tenido esas mismas cualidades. La disensión entre *albistas* y *ebolistas* continuaba. Sin embargo, el rey obró el milagro de ponerles a todos de acuerdo: su inoperancia era preocupante.

Uno de los más preocupados era Gonzalo Pérez. Con cuarenta años de servicio a la corona a sus espaldas, no podía entender que las decisiones se dilataran eternamente. De esta manera, lo que era solucionable se convertía en irreversible. Había intentado hablar con el rey para remarcar aquellos asuntos importantes que debían tener preponderancia sobre los que no lo eran. La respuesta habitual siempre era la misma.

—Ahora estoy ocupado, mi buen Gonzalo.

Tenaz como pocos, Pérez insistió e insistió hasta que consiguió que el rey le recibiera. Cuando entró en su despacho, se encontró a Felipe absorto mirando unos planos que reposaban sobre su mesa. Eran las trazas de Juan de Herrera sobre la obra de El Escorial. Sin levantar los ojos de ellos, Felipe le ordenó que hablara.

Pérez le expresó su preocupación sobre Flandes. Eran muchas las cartas que había recibido con quejas.

—El mismo conde de Egmont, buen amigo de vuestra majestad, es el autor de una de ellas.

—¿Qué quiere Egmont?

—Dice que os envió una carta personal hace más de un mes y no ha tenido respuesta, majestad.

—Todo a su tiempo. ¿Algo más?

—No, majestad.

Gonzalo Pérez no se atrevió a decir que sí, que había muchas cosas más de las que hablar. Pero la frialdad con la que le había tratado el rey le había alertado de que era mejor no insistir.

El duque de Alba tampoco era merecedor de la atención de Felipe. Un día, llamó a la puerta del despacho del rey para tratar un asunto urgente. Nadie le abrió. El de Alba oyó voces dentro, reconociendo las del rey y del secretario Eraso. Volvió a llamar sin éxito.

Maldijo a Eraso: demasiados asuntos trataba el rey con él cuando todo el mundo sabía que no era trigo limpio. Airado, sacó la llave del despacho (que tenía como mayordomo mayor que era) e intentó abrirlo. No pudo. Un cerrojo se lo impedía.

Poco a poco, la situación empezó a resultar humillante para el insigne soldado. Por el pasillo pasaban sirvientes y funcionarios alarmados ante el revuelo y los continuos golpes.

El duque se sintió en ridículo. Cuando estaba a punto de marchar, Eraso le abrió la puerta.

—¿Qué queréis?

—Debo hablar con su majestad.

En voz baja, Eraso le avisó de que el rey no quería recibir a nadie mientras durara la reunión.

—¡No seáis cretino! ¡Soy su mayordomo mayor! ¡El comandante de sus ejércitos! ¡Sois vos quien no quiere que pase!

—Os digo la verdad —le respondió Eraso agobiado.

Y volvió a cerrar la puerta en las narices del duque. Este siguió aporreando hasta que se volvió a abrir. Esta vez fue el rey el que ejerció de portero. Sus palabras dejaron atónito al de Alba.

—Me cuenta Eraso que no os creéis que soy yo el que no os quiere abrir. Creedlo.

Y le cerró la puerta.

El duque supo luego del tema que tan celosamente trataba el rey con Eraso: la necesidad de dinero para traer nuevas plantas y jardineros de Bruselas. Flandes estaba a punto de arder y al rey solo le interesaba su botánica.

En un hecho sin precedentes, Gonzalo Pérez y el duque expusieron sus quejas a Ruy Gómez. El primero, porque le tenía confianza. El segundo porque estaba tan preocupado por el devenir de las cosas, que se tragó su orgullo a favor del reino.

Gonzalo Pérez fue claro.

—Esto es un desastre. Dios sabe mi lealtad al rey. Toda mi vida he servido a su padre y ahora al hijo. Pero los problemas no se solucionan mirando hacia otra parte. Los asuntos de las Indias requieren medidas. Flandes, también. No responde ni a las cartas del conde de Egmont, que ha arriesgado su vida por el imperio.

El duque de Alba añadió leña a la hoguera.

—Opino lo mismo. Y lo que es peor. Cuando por fin trata un asunto, lo divide en partes. Y a mí me cuenta una, a vos otra y a cada secretario otra, de manera que ninguno conocemos el todo. Solo él lo sabe, pero no ordena solución alguna a los problemas.

Ruy Gómez era conocedor del caos, pero no se había atrevido a hablar de ello con el rey. Pero ver al duque y a Pérez en total acuerdo le impresionó. Así las cosas, planteó con tacto el problema al rey.

Tras escuchar la queja, Felipe le miró serio. Ruy Gómez temió por su respuesta.

—Es posible que no les falte razón. Veré cómo arreglar las cosas.

El rey tomó una medida con la que estaba seguro de resolver el asunto. Nombró a Diego de Espinosa consejero personal y coadjutor del ya anciano inquisidor general, Fernando de Valdés. La elección de Espinosa fue otra recomendación de Francisco de Borja, que seguía moviendo sus hilos desde Roma.

La función de Espinosa era recibir toda la información, ordenarla por orden de importancia y reunirse con el rey.

No cambió nada. Ahora, la botella no tenía un tapón, sino dos. Todo se paralizaba en Espinosa. Y lo que no, lo ralentizaba el propio rey, que siguió negándose a delegar el más mínimo de los asuntos. Desde la compra de un libro hasta una declaración de guerra.

Las dos cosas parecían importarle lo mismo.

III

Harto de no tener respuesta, el conde de Egmont se presentó en la corte a finales del mes de febrero. Venía con peticiones de Margarita de Parma y con un mensaje que aunaba las posturas de Guillermo de Orange, el conde Horn y la suya. El espíritu del mensaje era lograr un diálogo que evitara problemas mayores.

Egmont llegó en mal momento. Desde Constantinopla, espías del reino avisaron de un nuevo ataque turco. Esta vez el objetivo era Malta.

No era el único problema en la agenda del rey: Francia se debatía en una guerra religiosa. La madre de Isabel, Catalina de Médici, había intentado una política de pactos, pero estos no daban fruto. Por ello, Felipe había ofrecido un encuentro franco-español en Bayona.

Llegó marzo y el rey seguía sin atender a Egmont. Hablaba con él, eso sí. Le transmitía simpatía y confianza. Pero a sus espaldas, le criticaba acusándole de consentir a los herejes. Al final, Felipe decidió decir a Egmont las palabras que el conde quería oír para que volviera de una vez a Bruselas, no porque creyera en lo que decía. Así que le prometió abolir la pena de muerte por herejía.

Gonzalo Pérez supo de la estrategia y fue cómplice de ella. Eraso no fue informado: se había comprobado su enriquecimiento ilícito. Todos en la corte sabían que el hasta hace poco hombre de confianza del rey era una fruta madura a punto de caer del árbol.

Egmont volvió a su tierra eufórico creyendo que contaba con el favor del rey. Nada más lejos de la realidad.

Felipe se olvidó de él en cuanto se marchó. Su atención estaba centrada en Malta hacia donde partió la flota turca comenzado el mes de mayo. Apenas un mes después estaba previsto un encuentro con la regente de Francia, su suegra, en la ciudad de Bayona. El trabajo se amontonaba.

Como era habitual en estos casos, el rey empezó a sentir un profundo dolor de cabeza. Isabel se preocupó al verle así y se ofreció para ir a Bayona en su lugar a negociar con el país donde había nacido. El rey quedó estupefacto. ¿Qué diría la corte? Una francesa negociando con Francia y con su madre iba a ser objeto de indudable recelo. Isabel insistió y el rey aceptó, pero ordenó a Gonzalo Pérez que la vigilara de cerca. No fue necesario.

Cuando Isabel volvió a Madrid en julio, acabadas las Vistas de Bayona, Pérez volvió impresionado. Más que francesa, Isabel había actuado como si hubiera nacido en Valladolid. Había cumplido todo lo que le había ordenado Felipe, aconsejando a su madre que aplicara la fuerza contra los hugonotes. Con ella fue cariñosa como hija, pero inflexible como reina. Tanto que su madre llegó a exclamar:

—Muy española venís.

Felipe sintió que no había amor suficiente en el mundo para regalárselo a su esposa. En la corte, todos siguieron inclinando su cabeza ante ella. No era ninguna noticia: su obligación era hacerlo.

Pero antes lo hacían obligados por el protocolo. Ahora, como muestra de admiración y respeto. No solo era su reina: era una castellana más.

La reina supo que su marido no le negaría lo que le pidiera. En esta ocasión, no le pidió dinero para nuevos trajes sino que trajera a la corte los restos de san Eugenio, mártir. Primer arzobispo de Toledo allá por el año 649, la arqueta con sus huesos se encontraba en París.

A él le rezaría todos los días Isabel para quedarse embarazada.

IV

El odio genera odio. La muerte, venganza. Tras la derrota de Orán, Solimán puso sus ojos en Malta, sede de la Orden Hospitalaria de San Juan. Pese a saber del ataque con tiempo, tampoco se actuó con la diligencia debida por parte cristiana. El resultado fue, otra vez, una gran inferioridad de fuerzas.

Malta solo disponía de seis mil hombres para su defensa. Entre ellos, la mitad eran soldados reclutados entre la población maltesa sin experiencia y seiscientos no eran militares, sino sirvientes y esclavos de galeras. El resto daba un total de poco más de dos mil soldados de diversas nacionalidades: españoles, italianos, griegos y sicilianos.

Por el contrario, las fuerzas turcas sumaban doscientas cincuenta naves y más de veinte mil hombres. Todos sabían a dónde iban y estaban preparados para ello.

El 18 de mayo comenzó un sitio que siempre sería recordado por la heroicidad de los sitiados y por la crueldad exacerbada de los combates. Más de seis mil turcos murieron en la toma del fuerte de San Telmo. En venganza, Mustafá Bajá crucificó los cadáveres de los caballeros cristianos y los arrojó al mar. No se detuvo ahí: compró todos los cautivos y los degolló.

Al ver tal crueldad, el gran maestre La Valette, que dirigía la defensa, decidió no quedarse atrás y ordenó matar a los presos turcos. Luego, les cortó sus cabezas, armó los cañones con ellas y disparó en dirección al fuerte.

En la corte se vivía con temor lo que ocurría en Malta. La ciudad ya había soportado dos ataques y aún no había caído. Felipe organizó una flota de refuerzo para soportar un tercero. Otra vez, cientos de voluntarios se embarcaron para luchar contra el turco. Algunos eran creyentes que querían defender la fe de Cristo. Otros eran hidalgos que ejercían con honor su condición. El mismo Juan de Austria pidió embarcarse en un barco. Sus razones no solo eran cuestión de fe y de honor. También eran fruto del dolor de ser abandonado por la mujer que amaba.

María le había dejado sin dar explicaciones. Solo en una carta le había dicho que se iba de la corte, donde ejercía de dama de la princesa Juana. Lo que no le contó fue que estaba embarazada. No fue muy lejos. María se escondió en el palacio de la princesa de Éboli para ocultar su embarazo. Sus planes eran dejar la corte tras el parto, dejando su futuro hijo a una orden religiosa. María rogó a Ana de Mendoza que guardara el secreto. Esta se lo prometió, pero hizo una excepción: se lo contó a su esposo, Ruy Gómez.

—Este secreto no lo debe saber ni el rey.

Ruy juró que por su boca no lo sabría.

Mientras todo esto ocurría, Juan de Austria fue a ver a su hermano, el rey, para pedirle que le dejara combatir en Malta. Felipe se negó: su obligación era estar al lado de su hijo Carlos.

Mostrando una rebeldía que nadie le suponía, Juan desobedeció al mismísimo rey y viajó a Barcelona. Llegó cuando la flota ya había zarpado.

Testarudo, intentó ir a Italia donde la flota haría una parada antes de llegar a su destino. Pero fue reconocido y llevado a Madrid por la fuerza.

Eso evitó que Juan contemplara la retirada de las tropas turcas ante el heroísmo de los sitiados. Que combatiera al lado del gran Álvaro de Sande, superviviente del desastre de Trípoli, que devolvió ojo por ojo, diente por diente, cada golpe recibido en su amarga derrota y en su duro cautiverio.

A cambio, Juan de Austria obtuvo como dudoso premio una gloriosa regañina del rey.

La resistencia cristiana convirtió a Malta en un símbolo y a La Valette en un héroe. En señal de agradecimiento, Felipe regaló a La Valette una espada y una daga de acero toledano con detalles en oro y pedrería. En ellas se podía leer: «*Plus quam valor Valetta valet*» (Más que el mismo valor vale Valetta).

El encargado de llevar el regalo fue fray Rodrigo Maldonado. Cuando vio a La Valette quedó impresionado. La mirada perdida, delgado como un esqueleto, sin fuerza ni para sonreír de agradecimiento. Era un muerto viviente. Cuando el fraile regresó a Madrid y contó la escena al rey, su diagnóstico fue claro.

—No disfrutará mucho de vuestro regalo. Todas sus fuerzas las gastó defendiendo Malta.

V

Mientras unos hombres morían, otros conspiraban. Ruy Gómez era el campeón en esa lid. Tanto le había costado llegar a donde estaba que no estaba dispuesto a que nadie le arrebatara ni un gramo de poder.

Las intrigas de la corte dieron un triunfo a los *albistas*: Francisco de Eraso, secretario de Hacienda, fue destituido por sus oscuros negocios. Su ambición fue la culpable de su humillante caída. Eraso había creído hasta el final que el rey le salvaría. No lo hizo.

El duque de Alba consideró su destitución como un triunfo. No debió hacerlo. Rápidamente, Ruy Gómez colocó en el puesto a un hombre de su confianza: Juan de Escobedo. Él había vigilado a su esposa Ana del desagradable temperamento de su padre. Ahora recibía su premio.

Ruy Gómez había atraído a su causa hasta al mismísimo Juan de Austria. Y cuando la muerte se llevó a Gonzalo Pérez, no dudó en proponer a su «sobrino» (en realidad, su hijo) Antonio Pérez como su sustituto. Con tan solo veintiséis años, su padre le había enviado a estudiar a las mejores universidades europeas. Tan ambicioso como inteligente, Antonio había aprovechado bien sus años de formación: dominaba el italiano y el francés y tenía amplios conocimientos de los asuntos del estado. En eso había tenido al mejor profesor: su padre.

Los *albistas* reaccionaron con agilidad y, para evitar el nombramiento de un nuevo Pérez, propusieron a Gabriel de Zayas.

Salomónico, el rey no nombró a ninguno, pero sí ordenó que acudieran a los consejos de Estado aún sin cargo.

El duque de Alba definió certeramente la actitud del rey.

—Este hombre se cae en un río y no se moja.

VI

En abril de 1566, trescientos caballeros flamencos se presentaron en el palacio de Bruselas. Iban armados hasta los dientes, pero no desenvainaron sus espadas. Solo querían hacer una demostración de fuerza delante de Margarita de Parma.

También le llevaron un escrito que ellos mismos nombraron como el Compromiso de Breda. En él, exigían la anulación del delito de herejía y la libertad religiosa. También, la abolición de la Inquisición en sus tierras.

Horn, Guillermo de Orange y Egmont, caballeros del Toisón de Oro, apoyaron la petición pero no les acompañaron. Querían dejar una puerta abierta a la negociación, pero ya estaban cansados. Sobre todo, Egmont quien se sentía herido en su amor. Apenas un año antes había recibido la promesa de Felipe, a quien creía su amigo y por el que tanto había luchado, de abolir la pena de muerte por herejía. Le había engañado. Y no estaba dispuesto a que lo hiciera más.

Sin duda, no se habrían decidido a dar este paso si el protestantismo no hubiera crecido de manera inimaginable. Sin duda, la represión religiosa había ayudado a ello.

Margarita de Parma se negó a aceptar la petición.

Un mes después, la furia de Flandes se encendió hábilmente orquestada por los calvinistas. Seguidores del ya fallecido Juan Calvino, seguían a este en sus convicciones que mezclaban a Erasmo con Lutero.

Exiliado en Ginebra y después en Lausana, Calvino propugnaba que se reformaran las leyes que afectaban al matrimonio en contra de las decretadas por el Papa, que los niños fueran instruidos en la fe por sus padres y no por los curas y que el pueblo participara tan activamente como los sacerdotes en los actos religiosos con la lectura de salmos. El pueblo contra una Iglesia ávida de riquezas y de poder.

Expulsado de Ginebra, radicalizó su postura. No tardaría en volver a la ciudad aclamado por sus leales. En 1553, había instigado a que Miguel Servet fuera llevado a la hoguera.

Triste destino el de Servet. Había abandonado Aragón en busca de aires de libertad y acabó como muy probablemente hubiera terminado si hubiera permanecido en España: convertido en antorcha humana.

El calvinismo se había convertido en Flandes en una doctrina que ya reunía a miles de personas. En un movimiento que respondió a la violencia de la Inquisición con más violencia. Las iglesias católicas empezaron a ser saqueadas y sus iconos destrozados.

Egmont intentó poner freno a tanta vehemencia. Primero la rechazó, incluso enviando una carta a Felipe. Segundo, expuso a sus compañeros que, si los calvinistas eran sus compañeros de viaje, mejor no iniciarlo. También remarcó que jamás se levantaría en armas contra Felipe.

Horn se deprimió y se retiró a su casa de campo.

Guillermo de Orange, esperando lo peor, sondeó la posibilidad de contratar tropas en caso de que el conflicto las requirieran. Sabía que para Felipe toda liga de caballeros que se formara sin su consentimiento era sinónimo de traición. Y toda traición a un Habsburgo implicaba una guerra.

Para evitarla, Egmont propuso hacer a Margarita de Parma una nueva petición. Horn y Guillermo aceptaron, pero este siguió calibrando las posibilidades militares en caso de choque armado y envió al barón de Montigny a sondear un posible apoyo de los hugonotes franceses. La ola del protestantismo se extendía por Europa y convenía que los protestantes de un país ayudaran a los de otros, en caso de necesidad.

En julio, los mismos caballeros llevaron esta nueva petición a Bruselas. Esta vez, Guillermo de Orange y los condes de Horn y de Egmont cabalgaron a su lado.

Margarita volvió a rechazar la petición. Esta vez lo hizo de forma iracunda, pues había sido informada de los movimientos de Guillermo de Orange.

Horn le hizo ver lo que suponía su negativa.

—El diálogo es lo único que puede evitar el derramamiento de sangre en estas tierras. Si no aceptáis, seréis culpable de miles de muertes. Si no aceptáis, toda la lealtad que os hemos mostrado durante tantos años no habrá servido para nada.

No fue escuchado. Margarita envió de inmediato a Felipe una carta acusando a sus viejos amigos de traidores. También informó de que, según su información, la mitad de la población era hereje y que sabía de la posible formación de un ejército de doscientos mil hombres preparados para levantarse en armas.

El pronóstico de Horn se cumplió. Los calvinistas siguieron expresando su furor iconoclasta fuera de control. Se convirtieron en una fuerza desatada.

Sin duda, Felipe había aprendido muchas cosas de su padre pero no todas. El rey no había heredado, por ejemplo, su capacidad de negociación. La virtud de dar antes de perder.

El emperador, viendo llegar su final, quiso enseñar a su hijo que una buena negociación era mejor que una guerra.

Sin duda, no lo había logrado.

VII

Siempre había sido amante de las reliquias. Desde hacía años que incluso las coleccionaba. Pese a ello, Felipe no dejaba de sentirse incómodo compartiendo lecho con los huesos de san Eugenio Mártir cada vez que hacía el amor con su esposa.

Cuando Isabel dio a luz a su primer retoño, Felipe asumió esa incomodidad por bien empleada. Sin embargo, la alegría no fue completa pues el fruto de su amor no fue varón sino hembra. La bautizaron con el nombre de Isabel Clara Eugenia.

Felipe disimuló su decepción. Quería a Isabel y no deseaba repetir el desapego que su padre había mostrado con sus hermanas María y Juana. Además, soñaba Felipe, este era un primer paso. Pronto intentarían repetir la hazaña.

Mientras, en Flandes los calvinistas seguían expandiendo su furia. El rey era informado al detalle por Antoine Perrenot de cada acto vandálico. Felipe abominó de todos, pero hubo uno que le enfureció sobremanera. Había ocurrido en la ciudad de Gante, donde había nacido su padre, para mayor tristeza.

En ella, unos niños sacaron de las iglesias católicas las estatuas de los santos. Luego las colocaron en plena calle. Allí ofrecieron a las estatuas un trato. Si gritaban «¡viva los mendigos», serían indultadas. Era evidente que la negociación era pura retórica porque las estatuas nunca han tenido el don de la palabra. Ante su obligado silencio, los niños decapitaron las estatuas.

Desde Flandes habían llegado a Madrid dos emisarios con una propuesta para que los males no fueron mayores. Montigny y Berghen, que así se llamaban, propusieron a Felipe que enviara a Ruy Gómez a Bruselas. Y que lo hiciera sin ejército que le acompañara. Creían en su capacidad política para arreglar los problemas y prometieron la colaboración de la nobleza flamenca contra los calvinistas.

El rey se cerró en banda y decidió responder como creía que habría hecho su padre: defendiendo a sangre y fuego la fe católica. Nadie mejor para tal labor que el duque de Alba, siempre dispuesto a dar lo mejor de sí mismo en estos menesteres.

En esta ocasión, el duque no necesitó de su llave para entrar en el despacho del rey. Al contrario, este le abrió la puerta como si de un criado se tratase.

Como Felipe, el de Alba estaba asqueado por las noticias que llegaban de Flandes. Nada más recibir el mensaje de que el rey quería verle, intuyó el motivo de la llamada.

Como el duque suponía, Felipe le ordenó que

empezara a organizar un gran ejército que viajara a Flandes para sofocar la situación.

El duque aceptó encantado. Para él, un hereje era peor que un musulmán, porque conociendo la verdad de Dios, la había despreciado. En cambio, consideraba en sus adentros que el infiel no era muy diferente a él: defendía la fe en la que había sido instruido.

Para él, ir a combatir a Flandes no era ni una orden ni un sacrificio: era un regalo. No fue el único que recibió: el rey nombró a su esposa, María Enríquez de Guzmán, aya de su hija.

Así mismo, le informó de que había decidido nombrar a su protegido Gabriel de Zayas como sustituto del puesto dejado vacante por Gonzalo Pérez. Eso sí, compartiría el puesto con el hijo del fallecido, Antonio.

—No es momento de disputas, sino de unión. Nuestros verdaderos enemigos son el hereje y el infiel.

El duque quedó satisfecho con la argumentación.

El rey también se mostró feliz por la predisposición del mejor comandante de sus ejércitos.

No quería estar enfrentado a él. En tiempos de paz era un estorbo. Pero en tiempos de guerra le resultaba imprescindible.

Montigny y Berghen no tardaron en saber que el duque de Alba preparaba un ejército para ir a Flandes. Sus gestiones habían fracasado. Por eso decidieron dejar de centrarse en Felipe y hacerlo en su hijo. Sabían de sus problemas de salud y también de su carácter inestable, pero tenía el título de príncipe heredero. Con eso les bastaba.

VIII

Cuando Dios creó al hombre, inventó la guerra. La ambición, el poder, la riqueza, el odio, la venganza... Una de estas palabras siempre está detrás de cada guerra. A veces, más de una. Y en no pocas ocasiones, todas.

Toda guerra es infame salvo la que se libra por defender lo que a un hombre le pertenece. Pero sin duda la más abyecta es la que hace contra otro simplemente porque es diferente. Porque adora a otro dios o simplemente habla en otra lengua. Porque sus pensamientos no son los mismos que los del que le ataca.

Esto ocurrió con los moriscos. En 1502, la pragmática de los Reyes Católicos les había dado a elegir entre dos opciones: la conversión al catolicismo o el exilio. Siendo Granada el último reino islámico de la Península, gran cantidad de ellos eligieron como hogar las Alpujarras. Otros decidieron ir a Aragón o Valencia.

A lo largo del tiempo, los moriscos habían conservado su lengua, su cultura, su cocina y sus celebraciones. Habían visto crecer a sus hijos y a sus nietos hasta conformar una población de casi medio millón de personas. Sus negocios eran prósperos, tanto en el comercio, la agricultura y la artesanía. Y quien tiene un buen negocio, tiene dinero. Carlos, el padre de Felipe, decidió hacer con ellos un pacto. A cambio de conservar sus costumbres, pagarían más impuestos. Aceptaron. El plazo pactado fue de cuarenta años.

Esa decisión nunca fue del gusto de la Inquisición, que siempre les había acusado de fingir su conversión. Era cierto, pero no se les podía acusar de más. En su trato con los cristianos siempre se habían atenido a las buenas costumbres.

El inquisidor general apeló al emperador, con la garantía de que siempre había apoyado su labor. No consiguió que cediera. Si había algo que Carlos valorara más que la propia Inquisición era el dinero. Con él, podía seguir defendiendo su imperio, su principal obsesión.

Tras heredar Felipe la corona, las presiones para cambiar el estatus de los moriscos se acrecentaron en boca de Fernando de Valdés. El rey respondió que no iba a cambiar nunca aquello que hubiera sido firmado por su padre y que los contratos se hacían para cumplirse hasta el final.

Desgraciadamente para los moriscos, ese final tenía una fecha cercana marcada en el calendario: el 31 de diciembre de 1566. Mala época para intentar conseguir una nueva prórroga.

Por entonces, los conflictos en Flandes convirtieron la religión en la principal razón de Estado de Felipe. Los cruentos episodios de Trípoli, Orán y Malta estaban grabados a sangre y fuego en la memoria del pueblo. El odio hacia el infiel era tan grande que nadie, ni noble ni plebeyo, se quejaría jamás por que se quemara a alguien solo por el hecho de portar turbante.

La Inquisición supo que este era el momento de conseguir su viejo sueño de acabar con los moriscos. Durante todo el año 1566, Fernando de Valdés había preparado el camino. Alentó al rey a que no prorrogara el pacto con el fin de que prohibiera a los moriscos el uso del árabe y de vestimentas y ceremonias propias. Antes incluso le había rogado que dictara una orden por la que sus hijos primogénitos fueran apartados de sus padres y educados en Castilla en casa de cristianos puros.

Sabiendo de esto, los moriscos enviaron negociadores para evitar el desastre. Uno de ellos, Núñez Muley, acusó de irracional y de ignorante la idea de considerarles enemigos del reino. Hasta se atrevió a escribir una carta al rey defendiendo la continuidad del pacto firmado por su padre.

Cada día se nos trata peor desde la justicia seglar y la religiosa. Esto es tan notorio que vuestra majestad no tiene siquiera necesidad de que le informe de ello. Solo haré unas preguntas, pues conociendo la predisposición de su señor padre de la que confiamos sea heredero, creo que las considerará dignas de ser pensadas. ¿Es justo prohibir a un pueblo que sus gentes hablen en la lengua con la que nacieron y se criaron? Los egipcios, sirianos, malteses y otras gentes cristianas hablan, leen y escriben en arábigo. Y son tan cristianos como nosotros.

Felipe leyó la carta, pero no la respondió. A quien

sí lo hizo para que no dudara de su apoyo fue al inquisidor Valdés.

—No me importaría perder cien mil veces la vida por defender la fe verdadera.

Quien le hubiera conocido de joven jamás habría imaginado esta postura. Pero quien conozca qué es el poder sabe que es una enfermedad que cambia a quien lo ejerce. Que convierte verdad en falsedad según la conveniencia del momento. Y que obliga a decir frases grandilocuentes que no tienen la obligación de ser ciertas.

Porque el rey no iba a perder cien mil veces la vida en el campo de batalla. Ni siquiera perdería la única vida terrenal que como todo ser humano tenía. La perderían otros por él mientras bostezaba en su despacho.

Cuando el primer día del año 1567, se hizo pública la nueva pragmática sobre los moriscos, estos se vieron desposeídos por la fuerza de sus costumbres y su lengua y se convirtieron en territorio de guerra dentro del reino

Muchos abandonaron sus casas y se refugiaron en las montañas. Sus líderes prepararon la sublevación. Poco podían hacer contra un ejército en campo abierto, pero sí podían hostigarle con emboscadas. Se adiestraron para ello.

Las primeras tropas cristianas que llegaron a las Alpujarras hicieron del robo y el pillaje su norma de conducta.

Como respuesta, los que antes eran ciudadanos pacíficos empezaron a perseguir curas, hacer prisioneros y destrozar todo lo que fuera cristiano. Ya no tenían que disimular sus creencias, porque hacerlo no les había servido para nada.

Una nueva guerra había comenzado. Una vez más, la religión fue la causante de ella.

IX

Los soldados empezaron a prepararse para ir a las zonas de combate a matar o morir. Unos irían a Flandes, otros a Andalucía. Mientras tanto, en la corte, todo seguía su curso como si no pasara nada.

Felipe no tardó en mostrar su predilección por Antonio Pérez en perjuicio de Gabriel de Zayas. Ruy Gómez sabía mejor que nadie cómo presentar un manjar en la mesa del rey.

Tal vez por tanto yacer con su esposa al lado de los huesos de un santo, Felipe mostraba actitudes cada vez más religiosas. Por eso, en un principio, no miró con buenos ojos al nuevo Pérez. Sabía que había tenido un hijo lejos del sacramento del matrimonio con una joven llamada Juana Coello. Antonio se casó de inmediato con ella para legitimar a su hijo.

No iba a ser un accidente de este tipo lo que le hundiera la carrera, pensó el nuevo secretario. Había llegado a la corte para quedarse.

Su capacidad de palabra, su dinamismo, su inteligencia, hicieron que Felipe tuviera un trato casi de amigo con él. Para que Ruy Gómez no tuviera celos de ello, Pérez cuidaba mucho su relación con él y con su esposa. Lo hizo hasta el punto de ser su principal protegido.

El príncipe Carlos veía todo lo que sucedía como si fuera una obra de teatro en la que no tuviera texto que recitar. Exceptuando a Juan de Austria, nadie hablaba con él aparte de los meros formulismos del protocolo.

Pronto empezó a considerar enemigo a todo el mundo. Tenía celos de Antonio Pérez porque trataba con el rey de asuntos de Estado que él nunca llegaba a conocer.

Cuando quería hablar con su padre, este apenas tenía tiempo: su hija y su esposa eran su prioridad. Cuando quería hacerlo con Isabel de Valois, siempre estaba rodeada de damas y sirvientes. Sin duda, pensaba, su padre la rodeaba de gente para que él no pudiera acceder a ella. Tenía razón.

Lo único que mantenía su ilusión viva era su posible boda con Ana de Austria, su prima. Estaba aprendiendo alemán, interesándose por la historia del Sacro Imperio Romano e incluso tenía en su cuarto un pequeño retrato de la que pensaba iba a ser su esposa.

Iba a conseguirlo, se animaba a sí mismo. Se había comportado lo mejor que había podido con el barón Von Dietrichstein, el embajador de su supuesto futuro suegro. Esperaba haber pasado el examen con nota. Ingenuamente, había sido tan sincero con él que hasta le había hablado en confianza de sus problemas de erección.

Sus ilusiones eran vanas. La boda se había truncado hacía tiempo, pero Felipe no se había atrevido a decirle a su hijo que la boda jamás se celebraría. No soportaba discutir con él, tal vez porque era el único en el mundo que le echaba en cara todas sus indecisiones, todos sus defectos. No gozaría de buena salud mental, ni tenía especial habilidad verbal, pero el príncipe, cuando se enzarzaba en una discusión podía herir con cada una de sus palabras.

Mientras esperaba noticias de la boda, Carlos pasaba el tiempo acumulando deudas en juegos de dados y de cartas. Cualquier otro con su deuda, habría amanecido muerto de una puñalada en cualquier callejón oscuro. Pero con el príncipe nadie se atrevía.

Era tanta la tardanza en la respuesta, que Carlos se presentó donde su padre interrumpiendo una de sus eternas charlas con Ruy Gómez y Antonio Pérez. Felipe se ofendió por la mala educación de su hijo, este le respondió con la falta de templanza que era habitual en él y la discusión fue a más.

Carlos acusó a su padre de dilatar la fecha de su boda con Ana. Felipe le respondió que dejara de soñar con la boda, porque no se iba a celebrar nunca. Consiguió lo que no había logrado jamás: callar a su hijo, tal fue el dolor que le causó la noticia.

A partir de aquí, Carlos perdió el control y se sucedieron sus actos de indisciplina y de soberbia. Airado como nunca, su furia no tenía medida.

Intentó agredir al mismísimo duque de Alba por una discusión sobre Flandes. Carlos había decidido de forma adolescente que si todos en la corte le odiaban a él y a Flandes, estas tierras debían de ser amigas.

Un día paseando por las calles de la villa de Madrid, el azar quiso que sobre su cabeza cayera el contenido de un orinal. Su respuesta fue quemar la casa. A duras penas se logró salvar a sus habitantes.

El rey reprendió a su hijo una vez más. Este ni se dignó a mirar a su padre.

Esa noche, estando en sus aposentos con Isabel, Felipe no pudo evitar decir que tal vez la única solución era encerrarle.

Su esposa se echó a llorar suplicándole que no lo hiciera. Como siempre, Felipe hizo caso a Isabel.

Pero en su cabeza no dejaba de preguntarse cuál iba a ser la siguiente fechoría de Carlos.

X

El duque de Alba llegó a Bruselas en el mes de agosto de 1567. Lo hizo acompañado de ocho mil hombres de los Tercios Viejos, los más leales.

Para los flamencos, la llegada del duque era equivalente a una declaración definitiva de guerra: estaban en lo cierto. Antes de partir, el duque de Alba se había despedido del rey con una promesa.

—Esos herejes pagarán sus delitos. Su furia va a ser respondida por otra furia: la española.

Dos semanas después de llegar, el de Alba creó un nuevo tribunal al que llamó Consejo de Trublas para juzgar a quienes hubieran cometido actos de herejía o de rebelión. Era una de las órdenes recibidas del rey. No era la única.

El duque debía poner en marcha nuevos impuestos para que Flandes pagara la campaña de los Tercios. No dejaba de ser una ironía que las víctimas pagaran el sueldo de sus verdugos.

Le instó a que obligara a los libreros a enseñar todos sus fondos y entregar aquellos textos que la Inquisición no considerara dignos de leer por un católico. También que buscara las imprentas de dónde habían salido.

De todas las instrucciones, había una que el rey había remarcado con insistencia: detener a los culpables de instigar a la herejía y a la rebeldía, fueran nobles o plebeyos. Tenía que hacerlo sin excepción, no importaba que hubieran servido en tiempos pasados a su padre ni a él.

Sin dar nombres, Felipe le estaba demandando que detuviera a sus viejos amigos los condes de Horn y de Egmont. Sin ellos no hubiera triunfado en San Quintín o en Gravelinas. Ellos, caballeros del Toisón de Oro, le habían acompañado junto a Guillermo de Orange el día de los funerales de su padre. Ninguno de sus logros pesó más que lo hubiera hecho una pluma en la balanza del rey.

Preguntado por el duque si se permitía la tortura con ellos, Felipe contestó sin inmutarse:

—Lo dejo en vuestras manos.

Conociendo los métodos del duque, el rey se podía haber ahorrado esas cinco palabras y decir simplemente sí.

De hecho, Felipe consideraba esta tarea como prioritaria. Por ello, antes de cumplir con el resto de las instrucciones, el duque de Alba convidó a cenar a Egmont y a Horn. Como viejos amigos que eran no era la primera vez que lo hacían.

Los caballeros flamencos comenzaron la cena cohibidos, pero poco a poco, el duque empezó a contar viejas hazañas, a recordar batallas que habían compartido. Egmont y Horn se relajaron y le comentaron sus temores. Incluso confesaron al duque que el pueblo temía por su llegada.

—Solo vengo a poner orden. No podemos permitir que se quemen iglesias y que se falte el respeto al rey.

Egmont le dio la razón. Incluso maldijo la violencia calvinista, que no compartía en absoluto. Pero se quejó de que Felipe no hubiera escuchado sus consejos.

—Su majestad debería haber sido tan dialogante como lo fue su padre.

Horn se mantuvo en silencio. Tanto, que el duque llegó a preguntarle si no tenía nada que decir.

Los tres mantuvieron las formas. Pero los condes no eran tan necios como para ignorar a qué había venido el duque a Bruselas. Si Felipe hubiera querido negociar, no habría enviado hasta allí a sus Tercios comandados por su general más glorioso.

El duque tuvo dudas de si estaba cenando con

dos aliados o con dos intrigantes. Le daba igual. Cuando salieran de la cena iba a detenerlos.

Acabada la cena levantó su copa y lanzó un brindis.

—¡¡Por los viejos tiempos!!

Horn y Egmont respondieron al brindis.

—¡¡Por los viejos tiempos!!

Egmont apostilló en su perfecto castellano.

—¡Y porque los nuevos sean mejores!

Luego salieron a la calle. Allí, soldados de los Tercios les esperaban para detenerlos.

Egmont no podía creérselo.

—¿Os habéis vuelto loco?

—Yo solo obedezco a mi rey —respondió el duque de Alba.

Junto a Egmont y a Horn, las fuerzas españolas detuvieron a sus secretarios. Y, al día siguiente a medio millar de personas. El duque quería tener cuanto antes nombres para acabar con el mal de raíz. Quería ejemplarizar para que todo Flandes supiera que no haría excepciones a la hora de hacer justicia.

Tras la detención, llegó la hora de la tortura. Egmont acusó a Horn y Horn a Egmont. Luego cada uno se acusó a sí mismo. Hubieran reconocido cualquier culpa tal era el padecimiento que estaban sufriendo.

Al final, el duque tuvo en sus manos sus confesiones. Se culpaban de no haber apoyado lo suficiente a Margarita de Parma, de haber instigado a la sublevación y de tener simpatía por el movimiento calvinista. Un día de tortura más y habrían reconocido haber crucificado a Cristo.

El informe escrito del proceso llegó a Felipe a finales de octubre. Para entonces, Isabel había parido su segunda hija, bautizada con el nombre de Catalina Micaela.

La mañana que leyó todo lo ocurrido con sus viejos amigos Egmont y Horn, tenía a su esposa frente a él, haciendo arrumacos a la pequeña.

Al ver a su esposo con gesto serio, Isabel se preocupó.

—¿Malas noticias?

Felipe levantó su mirada de la carta para contemplar a su esposa y a su segunda hija. Sonrió.

—No puede haberlas estando en vuestra compañía.

Cuenta la mitología que las Furias eran tres: Tisifone, Alecto y Megera. Su aspecto era aterrador: cabeza de perro, grandes alas de murciélago y su cabello eran serpientes.

Tisifone tenía como misión castigar a quienes habían cometido el mal y vengaba a las víctimas de sus actos.

Alecto también perseguía a los autores de actos infames hasta llevarles a la locura.

Megera se encargaba de que sus dos compañeras tuvieran trabajo, pues su misión era sembrar el odio entre los mortales.

Nadie reconocía haberlas visto jamás porque eran fruto de la imaginación del hombre y, como tal, solo habitaban en libros y cuadros. Mentira. Habían vuelto a la tierra en forma de guerra.

Se habían vestido de púrpura para encender hogueras donde quemar ideas y personas. La religión era su principal arma, tal vez consciente de que no era un invento menos mitológico que ellas.

Ahora, campaban por sus respetos en Granada, nadaban entre galeras hundidas por el Mediterráneo y en Flandes instigaban a decapitar estatuas de santos y cuerpos de herejes.

Feliz con su esposa y sus hijas, Felipe habría dicho que jamás las había visto si se le hubiera preguntado.

Sin embargo, cada noche sacaba a la puerta de palacio una escudilla llena de odio para alimentarlas.

Pensaba que así nunca le atacarían a él, que nunca entrarían en palacio. Se equivocaba. Desatada una furia, a esta le da igual una cabaña que un palacio.

XI

El duque de Alba decidió convertir en nimios los logros de la Inquisición española. Tras abdicar Margarita de Parma, el duque pasó a ser gobernador general. Margarita había dimitido ante el hecho de que en tiempos de guerra poco podía hacer ella allí. Acusada de ser cómplice en la detención de Horn y Egmont, nadie la respetaba como interlocutora. Así las cosas, decidió retirarse a Italia para que el duque de Alba estuviera a sus anchas.

Bien que lo estuvo. En apenas unos meses, en Flandes, había ajusticiado en la hoguera el doble de personas que Valdés en dos años. Plantar un mundo nuevo, así de poético definía el duque su obra.

Un mundo nuevo en el que los libros se quemaban, los profesores sospechosos eran expulsados de los colegios y las viejas amistades se pudrían en mazmorras. Egmont y Horn podían dar fe de esto último.

En su ausencia, Guillermo de Orange se vio en la obligación de liderar lo que en España se llama rebelión y en Flandes defensa. Para ello organizó un ejército reclutando tropas en Francia, Alemania e Inglaterra, con las que ya llevaba contactando hacía casi un año.

Bien educado por el emperador Carlos, el padre de su ahora acérrimo enemigo, Guillermo sabía que no bastaba la fuerza militar en campo abierto, sino también la de conspiración en palacios.

Por eso envió un mensajero a Madrid para que, en el mayor de los secretos, informara al barón de Montigny de lo que estaba ocurriendo en Flandes. Este, solo tras el regreso de Berghen a Bruselas, decidió reunirse con el príncipe Carlos. Mostrar discrepancia entre un rey y su hijo siempre había sido una buena táctica para desestabilizar a un reino.

Para su sorpresa, encontró al príncipe completamente predispuesto a ir a Flandes. En España, le dijo el príncipe, su padre le tenía apartado de toda decisión y quería demostrarle que estaba más capacitado que él para resolver el conflicto.

También definió a su padre como un hombre incapaz y lleno de odio. Montigny pensó que, pese al riesgo de la operación, había que seguir adelante con ella.

Montigny le recomendó que fuera prudente y que estuviera a la espera de conseguir un transporte para sacarle de Madrid. Más le hubiera valido a él salir corriendo de Madrid.

El representante flamenco ignoraba de la dualidad del príncipe. Mientras con él se mostró sereno e inteligente, la emoción de la propuesta le excitó tanto que no tardó en contársela a su fiel amigo, su tío Juan de Austria.

En un principio, Juan pensó que todo era una fantasía del príncipe. Pero por si acaso no lo era, dio parte a su hermano el rey.

Felipe pensó, como Juan, que Carlos deliraba. ¿Quién en su sano juicio podía querer tener a su hijo como aliado? Sin embargo, desconfiado como era, decidió actuar con cautela. Hizo vigilar a Montigny y a su hijo. No les pilló reunidos, pero interceptó una carta del primero destinada a Guillermo de Orange. Montigny fue detenido de inmediato.

Antes de hacer nada contra su hijo, decidió interrogar al preso. Le prometió libertarle si confesaba la verdad. Montigny habló. A cambio, el rey no cumplió su promesa.

El flamenco le contó la conversación con su hijo. Escuchándole, el rey reconoció la forma de expresarse de Carlos. Cada palabra en boca de Montigny le recordaba los ataques de odio del príncipe.

Cuando abandonó la mazmorra, Felipe supo que estaba en la obligación de detener a su propio hijo. Podía haber imaginado cualquier cosa de él. Pero nunca que le traicionara con el enemigo.

XII

Carlos esperaba noticias de Montigny. Al no saber de él se puso en estado de alarma. Pidió a un criado una pistola. Este se vio obligado a dársela.

A las pocas horas, recibió la visita de Juan de Austria. Solo a él le había hablado del tema, solo él podía haberle traicionado.

—¿Habéis hablado con mi padre?

Juan se sorprendió de que su sobrino supiera que lo había hecho. Sacó fuerzas de flaqueza y se sinceró.

—Nunca creía que lo que me contasteis fuera verdad.

—¡Lo era! Yo... yo confiaba en vos y me habéis traicionado...

Carlos apuntó a su tío con la pistola y disparó.

Del cañón no salió ninguna bala: el criado la había descargado para evitar una desgracia.

Sabía lo que le podía ocurrir en cuanto el príncipe supiera de su treta. Un compañero suyo estuvo a punto de ser lanzado por la ventana por el pecado de servir una sopa fría al príncipe. Pero temía más al rey que a su hijo. Eso salvó la vida a Juan de Austria.

Esa misma noche del 18 de enero, el rey fue a ver a su hijo. Lo hizo acompañado de cuatro hombres armados.

El príncipe se despertó al oír los pasos y se esperó lo peor. Cuando cruzó la puerta su padre con los guardias, sus temores se confirmaron.

Extrañamente, él —tan habituado a perder los nervios— mantuvo la compostura. Miró a los ojos a su padre y le habló:

—¿Qué va a hacer vuestra majestad? ¿Matarme o prenderme?

Felipe no tuvo fuerzas ni para responder.

Tras salir de la habitación, ordenó que su hijo quedara confinado en sus aposentos.

XIII

Isabel de Valois, al saber de la situación de Carlos, decidió llevar luto por él.

Felipe le prohibió que lo hiciera.

A cambio, la reina no dejaba de llorar ni de rogar a su marido que le permitiera visitar a Carlos.

El rey se negó. Pero tanto insistió Isabel que, al final no tuvo más remedio que aceptar.

Isabel creía que su visita iba a servir de consuelo a

su hijastro. Sabía que su salud era cada vez peor porque se negaba a comer. Que le habían retirado del alcance de su mano todo objeto punzante.

Cuando le vio, se encontró un fantasma del muchacho que conocía. Si delgada había sido siempre su estampa, ahora Carlos estaba esencialmente consumido.

Carlos se acercó a ella y con la poca voz que le quedaba, le pidió un favor.

—No quiero que volváis a verme.

Isabel intentó contestarle. No pudo. Rompió a llorar.

Efectivamente, la reina no volvió a ver al príncipe vivo. Murió el 29 de julio de 1568. Para entonces, Isabel estaba embarazada de siete meses.

El rey no lloró la pérdida de su hijo como no había llorado la muerte de sus amigos Horn y Egmont, decapitados un mes antes en la plaza mayor de Bruselas. Los tres le habían traicionado.

Además, ya había llorado tanto por Carlos que había prometido no derramar ninguna lágrima más por él. A veces hasta pensaba si sería capaz de derramar una lágrima por alguien. No tardó en comprobar que sí lo era.

El 3 de octubre, apenas dos meses después, murió Isabel durante el parto del que iba a ser su tercer hijo. Sin duda su ánimo no era el mejor desde la muerte del príncipe.

Antes de morir, tuvo tiempo de dictar sus dos últimas voluntades: que la amortajaran con el hábito franciscano y que la enterraran en el monasterio de las Descalzas Reales, fundado por Juana de Austria.

Por último, pidió despedirse a solas de su marido. Solo le dijo una frase.

—Siento no haberos dado un hijo varón.

Luego cerró los ojos para siempre. Entonces, el rey supo que sí era capaz de llorar. Y que podía hacerlo durante horas y días. No le importó que todos le vieran llorando.

De hecho, se olvidó de que hubiera nada ni nadie en el mundo aparte de él y su dolor.

Las furias habían entrado en palacio.

13

Funerales, bodas y bautizos (1569)

I

Nadie lloró la muerte del príncipe Carlos más sentidamente que Isabel de Valois, su amiga y madrastra.

Nadie derramó más lágrimas por Isabel que su amante esposo, el rey Felipe.

Nunca Flandes se sintió más unida por el dolor que por la pérdida de sus dos mejores caballeros: los condes de Egmont y Horn, decapitados en el mercado de caballos de Bruselas.

Toda muerte tiene su duelo, pero también sus consecuencias. Y más cuando se convierte en espectáculo en forma de ejecución en una plaza pública.

El duque de Alba pensó que con la muerte de ambos condes eliminaba a las únicas personas que podían ganarle en el campo de batalla. Tenía razón. Guillermo de Orange era un temible enemigo en lo político, pero un nulo estratega en tiempos de guerra. Así, con Horn y Egmont en un calabozo, la campaña de 1568 fue un éxito para las tropas españolas, pese al recrudecimiento del conflicto y a las ayudas que llegaban a los insurrectos desde Francia.

Lo que no previno ni el de Alba ni Felipe es que matando a Horn y a Egmont, habían cercenado toda posible negociación futura. Como si quisiera recordárselo, Egmont, antes de morir a golpe de hacha, pidió decir unas últimas palabras:

—Muero por orden del rey al que seré leal hasta que separen la cabeza de mi cuerpo. Muero acusado de atacar la fe católica, en la que creo y por la que arriesgué mi vida tantas veces.

Luego miró al duque de Alba.

—Os ruego que mis posibles culpas no las hereden mis hijos y no se les quite ninguna de las posesiones que les corresponden.

Sus palabras no hicieron mella en el duque, pero sí en el público presente. Quienes acudían a una ejecución pública solían ser presos del morbo o acudían a vitorear al ejecutor e insultar al ejecutado. Los autos de fe eran una buena muestra de esto. En este caso, solo hubo silencio y lágrimas. No solo morían dos caballeros, sino también toda esperanza de paz.

Egmont y Horn vivieron y murieron como caballeros. Se dice que incluso Egmont fue avisado el día anterior a su apresamiento de lo que iba a suceder. No hizo caso al aviso porque no se consideraba culpable de ningún cargo.

Según rodaron sus cabezas por el cadalso, de caballeros pasaron a ser mártires de la libertad y de la independencia flamenca. ¿Si el rey de España era capaz de matar a sus viejos amigos, qué no haría con otros? Egmont no había logrado salvar su vida ni declarando su fidelidad al rey que le ejecutaba. ¿Qué podía esperar el pueblo de tanta intolerancia?

El duque de Alba había ganado una guerra, pero jamás imaginó que su acción era la garantía de muchas otras. Felipe no escuchó a su tío Fernando, que le aconsejó que no ejecutara a Egmont ni a Horn. Hasta Margarita de Parma al saber de su detención, dijo al duque:

—Esos hombres son católicos. E inocentes de cualquier cargo.

Ni siquiera los buenos momentos vividos con los ahora sus enemigos hicieron mella en él. El rey se sentía traicionado. Y se había jurado a sí mismo hacía mucho tiempo que la traición se pagaría con la muerte.

La misma mañana que recibió noticias de la ejecución de sus viejos amigos, Felipe escribió dos cartas. Una para felicitar al duque por sus obras.

Me ha pesado su muerte, pero son tan ciertas sus culpas que solo cabe rezar porque Dios les perdone.

La otra carta era para Catalina de Médici, madre de su fallecida esposa.

Mis hijas, vuestras nietas, son todo el consuelo que me ha quedado tras haberme privado Dios, Nuestro Señor, de la compañía de su madre.

Dios siempre estaba presente en sus pensamientos. A Él le rezaba para ganar sus guerras. El problema es que hubiera necesitado cien vidas para rezar por tantos problemas que le acuciaban.

Desde Inglaterra, Isabel Tudor se empeñaba en hacerle la vida imposible. Había decidido que Inglaterra fuera una gran potencia y, para ello, le daba igual pactar con Dios que con el diablo. Las Indias y el comercio marítimo eran españolas. Difícilmente podía competir con la tradición marinera de Portugal. Tal vez por esas razones, acudió al espíritu de Maquiavelo en cuanto que la consecución de un fin justifica los medios empleados para alcanzarlo.

Mientras preparaba una gran armada siguiendo (ironías del destino) las órdenes dadas por Felipe cuando era rey de Inglaterra, Isabel convirtió a piratas en señores del reino, con Francis Drake o William Hawkins como principales exponentes. De villanos pasarían a héroes por decreto real.

Drake ya había intentado hacer negocio en las Indias, saltándose la ley española. No tuvo éxito y todos sus beneficios fueron confiscados. Ahora, había decidido atacar en plena mar a los barcos que volvían de América.

Curioso juego de nombres el de estas tierras. Las Indias (pues allí creía viajar Colón) se habían rebautizado como América en honor de Américo Vespucio, que definió el continente como Colón no lo había hecho. Desde hacía ya más de treinta años, cartógrafos tan afamados como Waldseemüller o Mercator utilizaban el nombre de América en sus mapas. Sin embargo, jurídicamente, en España no se dejó de llamarlas reinos castellanos de las Indias. La ciencia no había podido con la tradición castellana.

En realidad, a Drake le daba igual cómo llamaran a aquellas tierras: solo le interesaba su riqueza. Y apropiarse de ella como hiciera falta.

La reina de Inglaterra siguió su ejemplo y ordenó a Hawkins capturar los barcos que llevaban el dinero de banqueros genoveses al duque de Alba para pagar las nóminas de sus soldados en Flandes. Un corsario convertido en funcionario real como símbolo de la nueva economía inglesa: si no produces, hazte con la riqueza de los demás.

Un nuevo frente se añadía a Flandes y a las Alpujarras.

Un nuevo sumidero donde los ducados desaparecían para no volver.

La economía de la corona se resintió tanto entre guerras y robos, que Felipe mandó a sus nobles que restringieran gastos. Pero quien está acostumbrado a comer carne no se conforma con algarrobas, así que era imposible cuadrar tanta deuda.

Felipe supo que tenía que actuar y tomó tres decisiones.

La primera, exigir al duque de Alba que incrementara los impuestos en Flandes.

La segunda, corregir el rumbo de su guerra con

los moriscos, que siempre creyó ganada pero que se estaba convirtiendo en un profundo dolor de cabeza.

La tercera, volverse a casar. Necesitaba un hijo varón y se sentía terriblemente solo.

Antes de tomar estas tres decisiones, pidió consejo a Dios. Sin duda, lo había convertido en su mejor consejero de Estado.

II

A diferencia del resto de los humanos, un soldado es bautizado dos veces. La primera, como hombre, ungido con agua bendita tras venir al mundo. La segunda, como militar, con sangre la primera vez que lucha en una batalla.

Juan de Austria fue bautizado como Jerónimo de recién nacido. Ahora debía hacer honor a su nuevo nombre como soldado.

Muerto Carlos, su función de acompañante del príncipe de Asturias desaparecía. Abandonado por su amada, María de Mendoza, había intentado encontrarla. Había preguntado a Ruy Gómez, esposo de una Mendoza. Todo fue en vano. Era hora de combatir para olvidar. Ya que no había triunfado en el amor, esperaba tener más suerte en la guerra.

Ya había intentado combatir en Malta. Ahora insistía en luchar en las Alpujarras. Para su sorpresa, esta vez Felipe cedió. Tuvo muchas razones para hacerlo, más allá de la insistencia de su hermano. Pero este no las sabía.

La primera gran razón no era otra que la guerra en las Alpujarras estaba siendo un desastre. Los moriscos se habían organizado por encima de las previsiones de Felipe, que creyó que con la milicia local al mando del marqués de Mondéjar bastaría para someter a unos hortelanos.

Si le hubieran dicho al rey que lo que creía una fácil incursión en las Alpujarras se iba a convertir en tal dispendio, se lo hubiera pensado dos veces.

Maestro de la desconfianza, el rey no había calculado que los moriscos desconfiaban de él mucho más que de su padre. Primero, negociaron prorrogar el pacto de no injerencia firmado con Carlos. En cuanto vieron que la Inquisición dictaba las órdenes del nuevo rey, sospecharon que en España no había lugar más que para una ley, un credo y unas costumbres. Y empezaron a preparar la respuesta.

Su única posibilidad era anticiparse a los hechos. Antes que el ejército real llegara, se rebelaron. Por ello, nombraron rey a Aben Humeya, cuya primera decisión fue visitar el Albaicín para convencer a sus habitantes de unirse a su causa. Tras fracasar, Humeya supo que solo le quedaba la opción de conseguir ayuda turca.

La ayuda vino de Argelia, protectorado otomano. En apenas un año se pasó de cuatro mil insurgentes a más de veinte mil. Esto obligó a Felipe a mandar una flota que evitara que llegara más ayuda.

Luis de Requesens fue el encargado de llevar a cabo dicha tarea.

La guerra avanzó imparable. El lema de ambos bandos fue el mismo: «ojo por ojo, diente por diente». El saqueo fue la norma de los españoles, ante la imposibilidad de cobrar el sueldo real a tiempo. Incluso jefes del ejército negociaron con los presos como esclavos. La venganza morisca se tradujo en los asesinatos de curas y frailes y en la quema de iglesias. Sus prisioneros también fueron vendidos a mercaderes del norte de África a cambio de armamento: un español, una escopeta.

El marqués de Mondéjar, tras tomar Guajar, había ordenado matar a todos los supervivientes, fueran hombres o mujeres. Los moriscos hicieron lo mismo como respuesta.

Ambos bandos quemaban molinos y cultivos para generar el hambre en el contrario. La tierra que generaba riqueza ahora era territorio baldío donde solo crecía el odio y la miseria. El gran mercado de la seda, que sumaba casi cuatro mil telares y daba jugosas ganancias al reino, había sido destruido. Los únicos gusanos eran ahora los que surgían de los cadáveres.

En medio de la pelea, una buena noticia llegó a Madrid desde Granada: los moriscos se habían dividido en dos facciones. Pronto se convirtió en mala. La facción rebelde, animada por los turcos, asesinó a Aben Humeya, tomando el poder Aben Aboo, con el consentimiento del propio sultán. El rey comprobó que para combatir contra el infiel ya no necesitaba viajar en barco por el Mediterráneo: lo tenía en su propia casa. Como en los viejos tiempos.

Ante tal deriva de las cosas, Felipe destituyó a Mondéjar y relevó a la milicia por un ejército regular reclutado en Italia y el Levante. Con mucho gusto hubiera ordenado que el duque de Alba estuviera al frente, pero Flandes no permitía licencia alguna. Eso hizo que decidiera que Juan de Austria se bautizara como comandante de sus ejércitos y no que, simplemente, cediera a sus caprichos de amante despechado.

Compasivo, el rey no ocultó a su hermano la dificultad de la empresa.

—No es una excursión por El Pardo, Juan.

—Lo sé, majestad.

Nada arredraba a Juan. Felipe suspiró.

—Y pensar que nuestro padre quería que fuerais cura.

—Cura sería si así os sirviera mejor, pero el reino necesita soldados antes que religiosos.

No le faltaba razón, pensó Felipe. Le despidió con un abrazo.

Ruy Gómez criticó levemente la decisión: apreciaba a Juan y creía que era demasiado joven para tal tarea. Incluso dudaba de que volviera con vida.

—Es demasiado impulsivo. Eso es un peligro... Y no podemos olvidar que es vuestro hermano.

—¿Qué queréis decir?

—Si el enemigo le vence no le habrá ganado a un general cualquiera. Se ufanará de haber vencido al hermano del rey.

Felipe estuvo tentado de responder que Juan no

era su hermano, porque no había tenido la misma madre. Pero se calló. Sabía que era una opinión personal que nadie valoraría. Sí, Juan era su hermano por muy ilegítimo que fuera su nacimiento. La sangre del gran emperador corría por sus venas.

En el acto, dio la vuelta en su cabeza a la argumentación de su buen Ruy. Y empezó a dudar si deseaba la victoria o la derrota de su hermano en la guerra a la que le acababa de mandar.

Porque si perdía, la tesis de Ruy Gómez cobraba peso. Pero si ganaba, podía ocurrir algo que solo de pensar en ello, le amargó: todos valorarían que su hermano era el gran soldado que él no había sido nunca.

III

Pese a haberse retirado de la política, Juana siempre estaba en palacio. Primero, para cuidar de la fallecida Isabel, a la que adoraba. Ahora, para servir de consuelo a su hermano viudo.

—Debéis casaros. La soledad no es buena compañía.

Felipe sabía que Juana tenía razón. Y que necesitaba un heredero varón. Pero aún estaba dolido por la pérdida de Isabel. Se había casado tres veces, todas por conveniencia política o económica del reino. Los dos primeros matrimonios habían sido un tormento.

Las continuas intromisiones de su padre habían truncado su relación con María Manuela, llevándole a buscar el amor en brazos de Isabel de Osorio. Para colmo, el fruto de esa maldita boda había sido Carlos, un tormento que le había amargado la vida.

El segundo matrimonio fue con María Tudor, una mujer con la que, cada vez que se acostaba, tenía que pensar en otras para cumplir con su deber como esposo. Una loca que fingía estar embarazada. Una pobre mujer marcada por el abandono y por el odio que había recibido desde niña.

Sin embargo, con Isabel de Valois todo había sido diferente. Era la alegría de la corte. Había logrado que hasta Carlos fuera uno más de la familia. El rey nunca podía olvidar las excursiones que su esposa organizaba. En ellas todo era felicidad. Al lado de Isabel, de Juana, de su hijo, de su hermano, de Ruy Gómez y de su esposa, Felipe por fin se había sentido parte de una familia.

Dulce, delicada, alegre para los demás hasta cuando su corazón estaba triste, Isabel había cambiado su vida. Desde que pudo yacer a su lado, jamás pensó en otras mujeres. Cuando dormía junto a ella, descansaba como hombre y se olvidaba de que era rey. La amaba con todas sus fuerzas. Aún lloraba cuando recordaba sus últimas palabras pidiéndole perdón por no haberle dado un hijo varón. Solo le consolaba la certeza de que Dios la tendría en su gloria.

¿Cómo sustituir a alguien tan amado? Juana sugirió que la elegida fuera la hermana de la propia

Isabel de Valois, Margarita, que apenas tenía dieciséis años.

Felipe se negó.

—Me recordaría demasiado a Isabel.

Juana pensó entonces en otra opción: su sobrina Ana, hija de María y Maximiliano. Si el objetivo esencial era que le diera hijos, a sus veinte años estaba en la edad ideal. Además, con que hubiera heredado solo un poco de la fertilidad de su madre, sin duda, sería capaz de ello: María y Maximiliano habían tenido quince vástagos.

El rey aceptó. Ironías de la vida, su destino era casarse con la que había sido prometida de su hijo Carlos. No era la primera vez: Isabel también lo fue con el objetivo de conseguir la paz con Francia.

El problema ahora era conseguir permiso del papa con el que sus relaciones subían y bajaban como la marea en una playa. Fuera quien fuera, uno tras otro, cada Papa era un dolor de cabeza para Felipe como antes lo había sido para Carlos.

Pío V no era una excepción. Si bien había aprendido, en las carnes de su antecesor del mismo nombre, que más le valía no emprender acciones de guerra contra España, no cesaba de apremiar a Felipe para que invadiera Inglaterra. Felipe siempre le daba la misma respuesta: el silencio.

Mal asunto pedir un favor a quien no se le atienden sus caprichos. Ruy Gómez le tranquilizó descargándole de la más mínima tarea: él se encargaría de todo viajando a Roma inmediatamente.

Felipe acudió a despedirle para desearle una buena gestión. Junto a Gómez se encontraba su esposa Ana de Mendoza y sus cinco hijos. Pese a su labor como madre, la princesa de Éboli seguía manteniendo su figura y su belleza.

El rey no pudo evitar mirarla con deseo.

Ella lo notó. Ruy Gómez, no.

IV

Ana de Mendoza siempre le había parecido a Felipe una mujer hermosa. Pero, pese a tener algún pensamiento impuro al respecto, el hecho de que fuera la esposa de su amado Ruy Gómez era una barrera que no quería traspasar.

El cariño que la pobre Isabel había mostrado con la princesa de Éboli fue otra barrera infranqueable. Hasta que Isabel tuvo su primera menstruación, el rey se había desahogado con un par de amantes. La reina niña lo supo, pero nunca le pidió explicaciones. Cuando Felipe supo que Isabel sabía de sus andanzas, se juró no volver a caer en ellas. Y había cumplido con el juramento pese a que su propio hijo le echara en cara su promiscuidad.

Sin embargo, la princesa Juana tenía razón cuando había diagnosticado que no era buen asunto que Felipe estuviera solo. La soledad, la tristeza y la lujuria se mezclaron en el interior del rey, hombre al fin y al cabo. Y las barreras levantadas en relación a la hermosa tuerta cayeron como si hubieran sido bombardeadas por los Tercios del duque de Alba.

El resultado fue un odioso episodio que Felipe no hubiera provocado nunca, pero que el destino le regaló en bandeja: Ana de Mendoza visitó a Felipe en su despacho para saber de su destino en la corte tras la muerte de Isabel. Ojalá no lo hubiera hecho.

El rey se acercó a ella, acarició sus cabellos e intentó posar su boca en la de ella. Ana se apartó.

Felipe dio un paso adelante y volvió a intentar besarla. Ana reaccionó de inmediato.

—Soy una Mendoza, no una puta, majestad.

Él pensó en pedir excusas. Pero su boca decidió lo contrario.

—Soy el rey.

Ana le miró con los ojos vidriosos de la rabia.

—Y yo la esposa del hombre que mejor os sirve. ¿Es así como le recompensáis?

Luego, se giró hacia la puerta para huir del infierno.

Felipe la llamó, consiguiendo que Ana se detuviera en el umbral.

—Juradme que nadie sabrá de esto.

Enrabietada, Ana no pudo evitar que su orgullo herido se convirtiera en un puñal. Recordó de inmediato a la hija oculta de don Juan de Austria. Ella se había encargado de buscarle nada más nacer una madre adoptiva, doña Magdalena de Ulloa, mientras su madre se recluía en un convento.

—Soy buena en guardar secretos. Conozco algunos que vos no sabréis jamás.

Felipe se quedó rumiando, intentando intuir qué se ocultaba tras tan acerada respuesta.

Ana, al salir al pasillo, rompió a llorar. El destino quiso que su llanto tuviese un testigo: Antonio Pérez.

El joven secretario la consoló y quiso saber el motivo de su llanto. Ana, en un principio, calló. Pero la capacidad de seducción de Pérez hizo que contara lo ocurrido. Ella le rogó que nadie supiera de ello. Antonio juró que así sería.

Pero cuando una noticia es patrimonio de tres deja de ser un secreto. Y, en manos de alguien tan ambicioso como Pérez, un arma que podría utilizarse en el momento adecuado.

V

Asesino de su propio hijo. De eso acusaba Guillermo de Orange a Felipe. La reacción de este fue inmediata: poner precio a la cabeza de Guillermo.

¿Hay mayor crimen a ojos de Dios que matar a tu descendencia? ¿Cómo se atrevía a propagar tal infamia? Dios ya se encargaría de ajustar las cuentas cuando muriera. Él se encargaría de que esto último ocurriera cuanto antes.

Sin embargo, había algo que le descentraba tanto como ese rumor: lo ocurrido con Ana de Mendoza. Se sentía incómodo consigo mismo por no haber podido controlar sus instintos. Le azoraba que su imagen dependiera del silencio de otra persona. Pero, sobre todo, no dejaba de pensar qué secreto de la corte conocía la princesa de Éboli que él no sabía.

Cuando llegó Ruy Gómez, apenas supo disimular su tribulación. Ni siquiera ante las buenas noticias que traía de Roma: el Papa estaba dispuesto a conceder la bula para su casamiento con Ana de Austria.

Gómez, que le conocía como un hermano, notó algo raro en su comportamiento. Felipe disimuló.

—Quiero la cabeza de Guillermo de Orange.

Esa fue la petición que hizo al duque de Alba por carta. En ella, aconsejado por Ruy Gómez, informaba al duque que Pío V había accedido a su petición de bula. Por lo tanto, habría que empezar a pensar en corresponderle, *quid pro quo*, atendiendo a sus peticiones de invadir Inglaterra.

El duque tenía buenos contactos tras su estancia en Londres y el embajador español, Guerau de Spes, había enviado un informe de que se podía tomar Irlanda, como cabeza de puente con apenas tres mil hombres.

Cuando el duque leyó la carta, pensó que era una broma. ¿Invadir Inglaterra? Pero ¿qué se pensaba el rey? ¿Que tomar un reino era cuestión de proponerlo y todos se rendirían ante sus deseos? Lo primero que se necesita para invadir hasta el pueblo más pequeño es un ejército. Y no hay tropas sin dinero.

Apenas un mes antes, había recibido carta de Espinosa, el *alter ego* del rey, exigiéndole que estuviera más presto en la recaudación de impuestos en Flandes. Y ahora, se le pedía crear un ejército de la nada.

No le gustaban los mensajes contradictorios, porque le dejaban en tierra de nadie. De hecho, se sentía así lejos de la corte, donde los *ebolistas* campaban a sus anchas. Odiaba a esos advenedizos casi tanto como a los herejes.

Por eso, tras conseguir —con la amenaza de la fuerza— que los estados flamencos aceptasen pagar nuevos impuestos, pidió al rey regresar a España, ofreciéndose voluntario para llevar a Ana de Austria, la futura reina, a Madrid.

Felipe se negó, adulándole:

Tras la gran obra realizada, temo que si regresarais todo volvería al estado anterior, es tan grande el respeto que los naturales de Flandes os tienen.

El duque de Alba, siempre leal, aceptó quedarse.

Pero por su cabeza empezó a pasearse una idea recurrente: no podía fiarse de Felipe. No era un hombre de honor, como lo había sido su padre. Le daba la sensación de que jugaba con sus hombres como si fueran meros peones de ajedrez.

Pensó repentinamente en Egmont y en Horn, a los que había ajusticiado sin remilgos. Y dudó de si algún día no se vería él en una situación parecida. O peor. Ellos habían sido íntimos amigos del rey, algo que él jamás había conseguido. Y ahora estaban muertos.

Sonrió orgulloso. Por mucho que lo intentara el rey no conseguiría que él tuviera el mismo final. Él era una leyenda en Castilla y esta no permitiría que nada malo le ocurriese.

Pero, por si acaso, tomó una decisión: a partir de ahora se guardaría las espaldas ante su propio rey.

VI

Si alguien pensaba que la rebelión de las Alpujarras era un trabajo demasiado grande para don Juan de Austria se equivocaba. A sus veintitrés años parecía un veterano. Probablemente si hubiera combatido con dieciséis, también lo hubiera parecido.

Su hermano, el rey, había arropado la empresa con Luis de Requesens que había traído refuerzos al mando de ilustres militares como Gonzalo Fernández de Córdoba, duque de Sessa, y Antonio de Luna. Pero, por encima de todos ellos brilló la determinación de Juan.

«A sangre y fuego», ese era el grito de guerra del joven comandante. Luchó como si no hubiera un mañana y a punto estuvo de que no lo hubiese, pues fue herido de un balazo que le rozó la cabeza y que bien le podría haber matado. Lejos de asustarse, ni se inmutó redoblando sus ataques como un poseso.

Tal determinación mostraba en la lucha que, de boca en boca, la fama del hermano del rey creció. Primero entre sus soldados, luego entre los otros comandantes que no dudaron en acogerse a su mando. El nuevo duque de Alba, le llamaban algunos. Otros le comparaban con leyendas como el Gran Capitán. Él diseñaba la estrategia de cada ataque. Luego, se colocaba en vanguardia, animando a sus soldados.

Luis de Requesens comentó en privado su actitud con Antonio de Luna.

—Parece que busca la muerte.

—Os equivocáis: la muerte combate a su lado —respondió un admirado Luna.

Parecía que la sangre le estimulaba. No hacía prisioneros. Aquellos a quienes perdonaba la vida, los convertía en esclavos, no importaba que fueran mujeres o niños. Los cultivos eran rociados de sal para que no dieran frutos. Combatía por Dios, pero parecía un emisario del mismo diablo.

El último día del verano, la mayor parte de los rebeldes se habían rendido. Otros se escondieron en cuevas. Juan de Austria ordenó prender fuego en la entrada de las mismas, para que el humo penetrara en ellas. Quería cazar a sus enemigos como si fueran hurones. A los que salían huyendo de ellas, les mataba. Los que no, morían asfixiados dentro.

El rey dio orden de pactar la rendición. Juan de Austria lo hizo. Poco a poco, la rebelión fue sofocada.

Fue el regalo de bodas que Juan le hizo a su hermano Felipe.

VII

Ana de Austria llegó a Segovia a primeros de noviembre de 1570. Cuando Felipe la vio no pudo evitar recordar la única vez que había visto a su sobrina y futura esposa. Ana tenía apenas dos años y estaba al lado de su madre, María, esperando en Zaragoza a su esposo Maximiliano y a él, que volvía de su *felicissimo* viaje por tierras imperiales, allá por 1551.

Habían pasado muchas guerras, demasiadas penas y alguna alegría desde aquel entonces. Pero la memoria del rey viajó rápida al pasado para recordar la frase que le había dicho a la niña.

—Qué preciosidad. Vas a ser una mujer muy bella, sobrina.

Ahora comprobaba que lo que no habían sido más que unas palabras de amabilidad se habían convertido en un acertado vaticinio.

A sus veintiún años, el cabello de Ana era tan rubio como cuando era niña. Incluso parecía haberse aclarado aún más. Su piel era pálida, como la de su madre y su abuela. Parecía haber nacido en tierras germanas y no en la vallisoletana Cigales.

María, al ver a Felipe, sonrió.

—Parece que pronto os tendré que dejar de llamar tío para llamaros esposo, majestad.

Juana, allí presente, suspiró aliviada ante estas palabras. Su sobrina parecía tener un carácter abierto y alegre. Sabía mantener la compostura y el protocolo y, a la vez, ser cordial y directa.

Su físico era muy distinto al de Isabel de Valois, lo que ayudaría a Felipe a no buscar en ella similitudes dolorosas para su espíritu. También parecía más fuerte, de caderas más anchas, atributos necesarios para parir príncipes.

La misma noche de bodas, en el lecho, Ana de Austria dejó claro a su esposo que sabía a qué había venido y que estaba feliz por su destino.

—He venido a daros un heredero y os lo daré.

Luego, se desnudó.

Nada más verla, al rey se le borró de la memoria aquella niña a la que había conocido y se alegró de tener delante de él a una mujer de veinte años.

En el lecho, la sorpresa continuó. Ana actuaba con elegancia pero sin remilgos, apasionada y cariñosa. Tanto, que Felipe tuvo que pedir una tregua ante las exigencias de su joven esposa.

—Calma, Ana... Tenemos más noches por delante.

Ella hizo un gracioso mohín de decepción.

—¿Qué ocurre? ¿No os gusto?

El rey la miró acaramelado. Una joven veinteañera dudando de su belleza ante él, un hombre que le doblaba la edad. ¿Qué más podía pedir?

—Me gustáis mucho. Pero soy ya viejo y necesito descanso entre combate y combate.

Ella le miró embelesada.

—No sois viejo: sois el rey del mundo. Y yo vuestra esposa. Nuestros hijos gobernarán tierras que no conocerán porque necesitarían de tres vidas para viajar de un extremo a otro de sus posesiones.

No sois viejo: sois eterno. Como vuestro padre lo fue. Como nuestros hijos lo serán.

Emocionado ante estas palabras, Felipe la abrazó. Ella, se acurrucó contra su pecho.

El rey no sabía si verdaderamente sería eterno. De momento, desgraciadamente no era así como se sentía: perdía piezas de su dentadura, soportaba ataques de gota y solía tener jaquecas a menudo. Malos síntomas para hablar de eternidad.

Lo que sí supo en ese momento es que Dios le había hecho otro regalo en forma de mujer. Y que era feliz otra vez.

VIII

La consecuencia principal de la victoria cristiana en las Alpujarras fue la deportación de los ochenta mil moriscos supervivientes a otros territorios de la corona. A cambio, se repobló la zona con cristianos de Galicia y Asturias.

Los moriscos marcharon hacia sus diferentes destinos. Atrás dejaban sus hogares y sus bienes. También a los viejos y a los enfermos, ante la imposibilidad de sobrevivir al viaje.

Sin duda, hubieran muerto, porque otros más jóvenes y fuertes jamás llegaron a sus destinos: Sevilla, Valladolid, Palencia, Salamanca, Albacete, Toledo...

El pueblo morisco quedó diseminado cuando no muerto. Atrás quedaban unas tierras quemadas que sus nuevos habitantes difícilmente podrían recuperar.

Juan de Austria, el implacable guerrero, quedó impresionado ante las condiciones del traslado. Se dio cuenta de que podía soportar una guerra como soldado, pero no comprobar sus efectos como hombre. Decidió volver a la corte: prefería pensar en nuevas empresas antes que en el daño que había causado.

Sabía de la caída de Famagusta y de la toma de Chipre por los turcos. Sin duda, sería un buen lugar para seguir buscando la muerte. Si no la encontraba, tenía asegurada la victoria.

Cuando el rey le recibió, acompañado de Ruy Gómez y de Antonio Pérez, todo fueron parabienes. Pero la insistencia de Juan en buscar un nuevo destino, molestó a su hermano que se lo quitó de encima con la promesa de un «me lo pensaré», su frase preferida.

Tras salir Juan del despacho real, Antonio Pérez concretó en palabras los pensamientos de Felipe.

—Demasiada ambición tiene don Juan.

Felipe le miró de soslayo.

—Cuidado con lo que decís: estáis hablando de mi hermano.

—Lo sé, majestad. Por eso me preocupa más aún.

Ruy Gómez mandó callar a Pérez y le instó a que abandonara la sala, malhumorado. Ya a solas, el rey miró a Ruy Gómez, que se disculpó.

—Lo siento, majestad. Nunca debí hacer de rey en vuestro propio despacho. Solo vos podéis decir a quien queréis aquí o no. Pero la labor de un secretario es aconsejar, no decir aquello que vuestros oídos...

Ruy Gómez calló. Se dio cuenta de que estaba entrando a pasear en jardines que no le convenían. Demasiado tarde.

—Continuad, mi buen Ruy...

—Será mejor que no lo haga.

—Vos me habéis aconsejado desde niño. A nadie aprecio más que a vos.

—Y toda mi fortuna es regalo vuestro, majestad. Sin vos yo no sería nadie.

Felipe sonrió.

—Juro no desposeeros de ella por ser sincero conmigo. Creéis que el joven Pérez es demasiado ambicioso y que dice lo que yo quiero escuchar.

—No soy quién para acusarle de ello porque entonces podría parecer yo el ambicioso —respondió Gómez, retrocediendo. Tras un silencio en el que se podía sentir cómo el portugués buscaba las palabras adecuadas, este continuó hablando—: No estoy en buena disposición de dar consejos, pero si queréis que sea sincero, creo que haríais bien en apoyar a vuestro hermano, majestad. Le conozco bien: es leal. Lo fue cuando os avisó de las intrigas de los sediciosos flamencos con vuestro hijo Carlos. Pero aún hay más razones para que confiéis en don Juan.

Al oír el verbo confiar, el rey casi dio un respingo. No era un verbo que le gustara demasiado conjugar.

—¿Cuáles son esas razones?

—No podéis confiar siempre en el duque de Alba cada vez que el reino tiene amenaza de guerra. El propio Requesens, amigo vuestro desde la infancia, ha dado informes de que no había visto desde el duque a nadie que combatiera con tal fiereza como don Juan.

Conocedor de las disputas entre *albistas* y *ebolistas*, el rey le lanzó una puya.

—Nunca fue el duque de Alba buen amigo vuestro.

Gómez le miró triste y vencido.

—No hay ambición detrás de mis palabras, majestad. Estoy cansado de disputas. Ya soy demasiado viejo. Solo quiero lo mejor para vos cuando yo deje de estar a vuestro lado.

El rey empezó a preocuparse.

—¿Estáis enfermo?

—Sí. De pena. Pero no quiero molestaros con mis cuitas personales.

Felipe insistió: era su mejor amigo. ¿A quién mejor que a él podía contarle sus problemas? Por fin, el portugués cedió.

—Creo que mi esposa me engaña.

El rey se quedó boquiabierto y disimuló como pudo.

—No puede ser. Si os hubiera sido infiel, se sabría en la corte.

—Lo sé. Y estoy moviendo todas mis influencias para saber si lo que sospecho es cierto.

Bajó la cabeza, amargado.

—No la culpo: ella sigue siendo bella y yo un viejo. Pero la conozco. Está nerviosa, me rehúye. Sé que me está ocultando un secreto. Y debo saber qué es.

Felipe siguió disimulando. Pero esta vez le costó más que de costumbre.

IX

El rey acabó haciendo caso a Ruy Gómez. Nombró a Juan de Austria capitán general de la Armada de la Santa Liga que embarcó rumbo a Chipre.

Mientras tanto, siguió vigilando el desarrollo de las obras de El Escorial, donde cada vez permanecía más tiempo. Tras la muerte de Juan Bautista de Toledo, Juan de Herrera había asumido la dirección de la obra, lo que equivalía atender en cada detalle al rey, que bien parecía ser el mismo arquitecto y aposentador de la obra.

También mostró Felipe a su nueva esposa sus refugios de primavera (Aranjuez) y de verano (Valsaín). Era lo menos que podía hacer por las largas noches de amor que Ana le ofrecía y que habían concluido con su embarazo. Cuando recordaba a Isabel, aún le dolía el alma. Pero al ver la naturalidad con la que Ana llevaba el estado de buena esperanza, no podía dejar de sentir alivio. Su nueva esposa era una fuerza de la naturaleza. Eso le inspiraba confianza a la hora de pensar en el parto.

Pero lo que más le enamoraba de su nueva esposa era la grandeza de sus sentimientos. Al llegar a la corte se había encontrado con las dos hijas que Isabel había dado a Felipe. Lejos de sentir celos de ellas o apartarlas de su vida cotidiana, Ana se había convertido en una nueva madre para ellas.

Isabel Clara Eugenia tenía cuatro años y Catalina Micaela, tres. Ver a las niñas buscar y abrazar a Ana como si fuera su madre era el espectáculo preferido por el rey.

Felipe también tomó otra decisión: parar lo justo en el Alcázar con el fin de ver lo menos posible a Ana de Mendoza, la esposa de Ruy Gómez.

Así mismo, indicó a su esposa que eligiera entre ciertas damas a las que quisiera que fueran de su compañía. Excluyó de la selección a la princesa de Éboli.

Como un niño, Felipe creía que no dejándose ver evitaba todos los problemas.

Ahora a quien tocaba seguir demostrando su valía era a Juan de Austria.

No le faltaron medios, gracias a las exigencias de Felipe al Papa para liderar la flota: la guerra de las Alpujarras y Flandes habían conseguido que las arcas estuvieran casi con telarañas. Al lado del genovés Andrea Doria y con Luis de Requesens como primer ayudante, Juan comandó una flota cristiana cuyas fuerzas empalidecían a todas las anteriores. Doscientas galeras, cien embarcaciones de transporte y más de cuarenta mil soldados, que se sumarían a las flotas genovesa y veneciana. Mesina era el lugar elegido para partir hacia Chipre. Allí esperaban los turcos, que tras haber tomado Famagusta habían torturado a sus líderes y esclavizado a sus defensores. No habían perdido sus «buenas» costumbres.

Los problemas comenzaron cuando el mando de la flota cristiana entró en discordias. Doria y Juan de Austria empezaron a tener discrepancias. El primero era demasiado prudente. El hermano del rey, demasiado arriesgado. Los venecianos de la flota apoyaban a Juan de Austria. Paradójicamente, Requesens creía que la actitud defensiva de Doria era la más acertada. Demasiados gallos para un solo gallinero. Pero entre todos ellos, Juan de Austria cantaba más alto y logró imponer una condición: que en los barcos venecianos y genoveses combatieran soldados españoles. Para ello, ordenó a Requesens que repartiera las tropas entre tantos barcos como hubiera. Quería, con esta medida, conseguir una superioridad militar en la batalla.

En ese debate se encontraban cuando el azar quiso que todo se desencadenara. El azar y la torpeza de los vigías de ambos bandos. Quienes se encargaron de atisbar las fuerzas turcas, vieron galeras fondeadas en los golfos, pero no calcularon la grandeza de su número. A su vez, los espías turcos pensaron que la flota cristiana estaba incompleta. Ninguno calculó las fuerzas verdaderas del otro.

Al amanecer del 7 de octubre de 1571, en el golfo de Lepanto, toda la flota turca salió a encontrarse con la cristiana por orden del sultán: había que hacerlo antes de que recibieran más refuerzos.

Cuando Juan de Austria vio venir al enemigo, un nudo se instaló en su garganta. Sus fuerzas eran superiores y las tenía enfrente. Doscientas treinta galeras y sesenta naves ligeras se acercaban a toda velocidad.

Sin experiencia en la mar, Juan se giró hacia Sebastián Veniero, viejo comandante veneciano.

—¿Qué hacemos? ¿Luchamos?

Veniero tragó saliva y le respondió.

—¿Acaso tenemos otra alternativa?

Juan volvió a contemplar la flota turca. Y pensó en su amada María de Mendoza, su gran amor. De repente se dio cuenta de que por ella había emprendido una carrera hacia la muerte. E intuyó que iba a ser aquí cuando la encontraría.

Se arrodilló y encomendó su alma a Dios. Este debió apiadarse de él, porque como si fuera un milagro, el viento paró. Los remeros sustituyeron a las velas, lo que suponía una ventaja para la flota cristiana, inferior en fuerzas.

Cuando ambas flotas se encontraron frente a frente, los turcos dispararon una vez al aire, retando a la batalla. Los cristianos estaban tan asustados que su artillería no respondió hasta que Juan de Austria lo ordenó.

—¡Disparad en respuesta! ¡Aceptamos la batalla!

Muchos de los allí presentes hubieran remado ellos mismos sustituyendo a los galeotes de vuelta hacia Mesina. De repente, un grito les despertó. Quien lo lanzaba no era otro que don Juan de Austria.

—¡Victoria o muerte!

Se equivocó al lanzar la arenga. Porque obtendría la victoria y, también, la muerte de muchos de sus hombres.

Nunca se vieron dos flotas tan enormes ni batalla más confusa. Pocas veces un mar cambió de color en apenas unas horas: del azul pasó al rojo de la sangre de los combatientes.

Contaron las crónicas que cerca de doscientos mil hombres lucharon por ambos bandos y sesenta mil murieron o fueron heridos. De estos, ocho mil muertos y veinte mil heridos eran cristianos.

Los turcos que huyeron a nado fueron ejecutados en tierra por los chipriotas, en venganza de recientes afrentas.

La flota de la Liga logró capturar más de cien galeras enemigas, cuatrocientas piezas de artillería y más de tres mil prisioneros, entre ellos los principales mandos de la marina otomana.

Todos felicitaron a Juan de Austria por su determinación en la lucha y por su decisión de repartir sus soldados en cada embarcación. También por una medida que había tomado antes de zarpar en Mesina: había ordenado rebajar los espolones, las prolongaciones de la proa de las galeras y quitar las esculturas de sus proas para tener más campo de tiro.

Después, los supervivientes volvieron a Mesina, de donde habían partido.

Juan lo hizo en silencio. Manchado de sangre hasta las cejas, sus ropas estaban rasgadas. Sus ojos aún mostraban el miedo sufrido. Aún estaba impresionado por la batalla.

Y más aún, por seguir vivo.

X

Venecia mandó a un embajador, Leonardo Donà, a informar al rey de todo lo ocurrido en Lepanto.

Felipe ya lo sabía, pero le escuchó como si fuera un completo ignorante para que su interlocutor no pensara que había hecho el viaje en balde.

Al final de la charla, el veneciano le pidió ayuda para convencer al Papa para asesinar a los prisioneros turcos. Les habían torturado para saber quiénes de ellos mandaban los barcos. La idea era privar al sultán de sus mejores hombres. Pero las torturas no habían servido para nada y lo mejor era matarlos a todos. Felipe asintió.

A los pocos días, el Papa exigió que no fueran ejecutados y que los llevaran a Roma. Por casta, pedía al rey apoyo al respecto. Felipe respondió que sí.

Era su manera de quedar bien con todos.

Pronto llegaron las celebraciones y las fiestas populares por tan sonado triunfo. El rey encargó a Tiziano un cuadro conmemorativo. El Papa se lo encargó a Giorgio Vasari. Juan de Austria envió desde Mesina el gran estandarte del almirante otomano y faroles de las galeras turcas. El Escorial sería su destino.

Felipe encargó a Ambrosio de Morales y Fernando de Herrera que redactaran crónicas del gran triunfo. Hasta un poeta portugués dedicó al rey un poema épico, *Felicissima victoria*, como si el mismo rey hubiera comandado la flota. El Papa atribuyó la victoria a la Virgen del Rosario aunque nadie la viera combatir.

Nadie cantó a los miles de muertos. La Historia la escriben quienes ganan las batallas y suelen olvidarse de sus pérdidas. La guerra es amarga y terrible. La victoria, dulce para quienes la sobreviven y, sobre todo, para quienes nunca se han manchado sus manos de sangre.

Entre tantas celebraciones, tres obsesiones martirizaban al rey. La tristeza cada vez mayor de Ruy Gómez, la popularidad creciente de su hermano Juan y que el embarazo de su esposa llegara a buen puerto. Es decir, que el hijo naciera sano y varón y que su madre sobreviviera al parto. La muerte de María Manuela e Isabel de Valois en esas circunstancias le aterraban: no quería perder del mismo modo a Ana.

Respecto a Ruy Gómez, su melancolía era tanta como su ignorancia. Porque si no era eso, sabía fingir mejor que él. Nunca notó en él sensación de agravio ni de mal trato.

Con su hermano Juan decidió tenerle bajo vigilancia y, sobre todo, ponerle a prueba en cuanto a su lealtad. A espaldas de Ruy Gómez, ordenó a Antonio Pérez que le enviara cartas hablando mal de él.

Hasta alguien tan atrevido como Pérez se extrañó ante la propuesta.

—¿Me pedís que escriba a vuestro hermano hablando mal de vuestra majestad?

—Sí. Decidle que soy injusto con él. Que desconfío de mi hermano. Que cada triunfo suyo me amarga como una derrota porque creo que su ambición pone en peligro mi corona.

El secretario se sintió superado ante estas palabras. Más que fruto de la inventiva, las palabras del rey eran una sincera confesión de sus verdaderos sentimientos sobre Juan de Austria.

Pérez quedó pensativo, intentando adivinar las intenciones de Felipe. Resuelto el acertijo, interpretó tan peculiar encargo.

—Queréis que me responda criticando a vuestra figura. Que saque de dentro lo que verdaderamente piensa al sentir que puedo ser su mejor aliado.

—Así es. Si tiene esos sentimientos, los desvelará. Y sabremos de sus verdaderas intenciones.

Antonio Pérez asintió admirado. Ni a Maquiavelo se le hubiera ocurrido semejante estratagema.

XI

El 4 de diciembre de 1571, Ana de Austria dio a luz un varón. Lo hizo sin aparente esfuerzo y nada más parirlo, pidió verlo para abrazarle.

Felipe decidió bautizarle con el nombre de Fernando, en honor del Rey Católico.

Poco tiempo después, en Navidad, Ruy Gómez y su esposa recibieron una visita. Se trataba de Magdalena de Ulloa que venía a traerles una niña cuya sangre no era menos real que la del pequeño Fernando.

Se trataba de la hija de María de Mendoza y don

Juan de Austria. María Ana tenía ya cinco años. Parecía despierta aunque la tristeza habitaba en sus ojos.

Ana de Mendoza lo notó.

—¿Es así de melancólica siempre o es la timidez por encontrarse con quien no conoce?

—Es su naturaleza —respondió quien la había adoptado hasta ese momento—. Yo ya he cumplido mi labor, ahora es decisión vuestra qué hacéis con la niña.

Ana decidió que lo mejor era llevarla a un convento. Así se hizo.

Ruy Gómez estaba atormentado por ocultar un secreto tan grande al rey. Ana le respondió con rabia.

—A veces pienso que amáis a Felipe más que a mí.

—A él se lo debo todo y por él daría todo lo que tengo.

—¿También le daríais a vuestra esposa?

—¿Qué queréis decir?

—Que el rey os oculta un secreto, así que no debéis sentir remordimientos por ocultarle otro a él.

Ruy la miró aterrado.

—¿Qué secreto es ese?

Ana calló. En ese momento habría querido no haber dicho nunca esas palabras. Pero Ruy insistió, a gritos.

—¡¡¿Qué secreto es el que vos sabéis y yo no?!!

—Intentó tenerme nada más partir vos a Roma.

A Gómez se le congeló el gesto en la cara. Apenas pudo balbucear unas palabras en voz baja...

—¿Y vos...?

No se atrevió ni a acabar la frase.

Ana cogió las manos de su esposo entre las suyas.

—No acepté. Os seré fiel hasta la muerte. Lo juro por nuestros hijos.

Ruy Gómez ni reaccionó.

—¿Me creéis? Decidme que sí, por Dios.

—Os creo.

Tras un largo silencio lleno de dolor, Ana mostró su arrepentimiento.

—No debía habéroslo dicho. ¿Qué pensáis hacer?

—Guardar el secreto. Ahora yo tengo dos y el rey uno. Salgo ganando.

14

Nadie es de fiar (1572)

I

Vigilar a tu vecino e informar de sus pecados. Estas eran las reglas no escritas de la Inquisición. Con estas premisas había muerto en la hoguera más de un inocente. Suponiendo que pensar distinto era suficiente delito como para ser considerado culpable.

Eran tiempos de desconfianza y de temor en los que un hombre de la calidad humana e intelectual de fray Luis de León podía ser perseguido por el Santo Oficio. En los que una mujer tan religiosamente apasionada como Teresa de Jesús podía contemplar con amargura cómo se desvalijaba su pequeña biblioteca para despojarla de los textos de fray Luis de Granada, un dominico cuyos principales pecados eran poseer una excelente retórica y defender la creación de la Compañía de Jesús.

Felipe podría haber reparado estas bajezas. Nunca le interesó desde que fue coronado rey. La Inquisición era su policía, igual que lo había sido para su padre. Educado en la desconfianza, ¿cómo iba a criticar a una institución que hacía de ella su *modus operandi*?

Qué lejos estaban los años en los que, de joven, soñaba con gestas propias de Amadís. En los que, siendo príncipe, se negó a la limpieza de sangre propugnada por Silíceo. O a esquilmar las arcas del reino en las guerras interminables de su padre. El poder había cambiado a Felipe. Antes había lugar para idealismos. Ya no. Gobernar se basaba para él en dos verbos esenciales: prevenir y desconfiar.

El rey conjugaba esos verbos hasta límites casi incompatibles con la diplomacia que se le exige a un gobernante. Tanto, que era famoso por ello en otros reinos. Los embajadores que le trataban destacaban de él lo prudente y receloso que era. Le diagnosticaban las mismas peculiaridades de su padre: la desconfianza y el hermetismo.

Tras una visita a la corte madrileña, el embajador francés llegó a definirle por escrito, en carta a Catalina de Médici:

> El rey guarda sus pensamientos para sí y nunca dice lo que piensa. Es uno de los mayores disimuladores del mundo. Sabe fingir y ocultar sus intenciones mejor que ningún rey que haya conocido. Las oculta hasta el mismo momento que le conviene darlas a conocer.

Si el emperador Carlos hubiera tenido constancia de esta carta, se habría levantado de su tumba para abrazar a su hijo.

Hermético para los demás, no permitía que estos lo fueran para él. Tenían que ser transparentes y, si no lo eran, ya se encargaba él de arreglar ese problema. Su curiosidad no tenía límites ni se sometía a ningún principio ético: el fin siempre justificaba los medios. Así, violaba la correspondencia privada y, con frecuencia, interceptaba cartas de sus ministros. Incluso lo había hecho con la correspondencia de su difunta esposa Isabel de Valois y lo hacía con la de Ana de Austria. Carta que iba o venía de París o Viena, carta que era abierta y leída.

No había nada que se dejara a la improvisación. El rey había contratado y adiestrado a media docena de funcionarios que se encargaban de abrir las cartas y volver a cerrarlas sin dejar huella. Felipe no trabajaba menos que ellos. No solo estaba atento a desvelar secretos de los demás, también asumía la lectura de todo tipo de documentos y correspondencia. No importaba que sus secretarios hicieran una lectura previa de todo ello, excepto de las cartas personales del rey, él lo leía todo.

A veces su lectura era más rápida y fragmentada gracias a las notas sobre el texto de sus secretarios. Estos resumían y categorizaban lo leído en cada documento según su importancia. Otras veces, Felipe leía cada recibo. De cabo a rabo.

Su capacidad de lectura no tenía parangón. Antonio Pérez calculó que Felipe había llegado a firmar más de cuatrocientas cartas en un día. Y que no eran menos de mil documentos los que pasaban por su despacho cada veinticuatro horas. Una jornada incluso llegaron a ser dos mil. No era de extrañar que muchos le llamaran el rey papelero: la información era su espada.

Saber de los demás y que nadie supiera de él. Obsesionado con esta máxima, exigía a sus ministros para que no se dejaran vigilar por nadie. Y más, cuando salían del reino.

Siempre que daba una orden, añadía:

—Cumplidla con secreto y disimulación.

Dios, secreto y disimulación. Esas eran las tres palabras que más repetía. Bien podía haberlas mandado grabar en escudos y monedas.

Para no dejar prueba de nada, el rey procuraba dar las órdenes de palabra y no por escrito. Cuando escribía, solía ordenar a los suyos que una vez leída la carta, la destruyeran. Lo había aprendido de su padre, cuando le había enviado sus primeras instrucciones secretas, aquellas que ni su esposa María Manuela debía conocer.

Con el paso del tiempo, Felipe mantuvo esa costumbre: destruía todas aquellas cartas que podían traerle problemas. Incluso ordenó tirar al mar toda su correspondencia con su esposa María Tudor. Si la Historia quería hablar de él, que lo hiciera de su grandeza, no de sus secretos ni de sus pequeñas miserias.

Sin embargo, toda su pericia investigadora no le dio como para saber del secreto sugerido por Ana de

Mendoza. Tampoco pudo conseguir pista alguna de si la princesa de Éboli había contado a alguien lo ocurrido entre ellos.

Incluso llegó a indagar de manera disimulada acerca del asunto con el propio Ruy Gómez.

—¿Todo bien con vuestra esposa?

—Sí, majestad. Todo eran imaginaciones mías.

—Me alegro, Ruy. Vos siempre os merecéis lo mejor.

—Gracias, majestad.

Cuando bajó su mirada hacia el documento que Ruy le había traído para leer, el portugués sonrió feliz sin que el rey le viera: estaba engañando al mayor fingidor que existía en el mundo.

O, por lo menos, al que más poder tenía.

II

Tras el triunfo de Lepanto, la gran armada de la Liga Santa mantuvo su sede en Mesina bajo las órdenes de don Juan de Austria. Pese a los destrozos de la batalla, aún constituía una fuerza militar de primer orden. Y todos desconfiaron de ella. ¿Qué hacía allí? ¿Cuál era el motivo de que no se dispersara? ¿Por qué todos los soldados españoles que habían sobrevivido a la batalla no volvían a casa?

Parecía poco probable que estuviera esperando

un nuevo ataque turco. Si bien el sultán había ordenado construir una nueva flota tras la derrota, no tendría tan fácil relevar a sus mandos, casi todos presos y enviados a Roma.

En cada reino, se pensó lo peor ante el mantenimiento de tan gran fuerza en un enclave tan estratégico.

Los protestantes franceses, que iba a intervenir contra ellos por su apoyo a los rebeldes flamencos.

Los flamencos, que eran tropas de refuerzo dispuestas a viajar a su tierra para ponerse a las órdenes del duque de Alba.

Los italianos sospechaban siempre de cualquier acuartelamiento de tropas españolas.

El Papa no sospechaba. Quería insistentemente que, una vez arreglados los destrozos, la flota partiera hacia Inglaterra para derrocar a la reina Isabel.

Finalmente, quien más temía a una flota tan potente era la propia reina de Inglaterra, que sabía de la obsesión del Papa por que Inglaterra volviera a ser católica.

Razones no le faltaban a Isabel para la desconfianza. Recientemente, había descubierto un complot contra ella organizado por Roberto Ridolfi, un banquero florentino que se encargaba de llevar a Inglaterra los fondos secretos que Pío V donaba a los católicos ingleses. Junto al banquero, formaron parte de la conspiración la propia María Estuardo y el duque de Norfolk.

Los planes eran atentar contra la misma reina y esperar a que el duque de Alba llegara desde Flandes con sus tropas. El duque, cansado de que le pidieran siempre el mismo imposible, aconsejó por carta aplicar la diplomacia en vez de la fuerza.

Os aconsejo que enviéis carta a la reina de Inglaterra para tenerla contenta en lugar de emprender sueños imposibles de realizar. Tomar un pequeño pueblo es difícil, un reino como Inglaterra aún lo es más. Y no os lo va a conquistar un banquero.

Muy harto debía de estar para dar este consejo alguien que prefería matar antes que negociar.

Felipe no solo no le hizo caso, sino que incluso reunió expertos en El Escorial para planear paso a paso la conjura. Para su pesar, Ridolfi creyó tener como aliado al corsario y mercader John Hawkins.

Cuando el duque de Alba supo de ello, no pudo evitar una carcajada. Buenos aliados tenía el rey, pensó irónicamente. Daba por hecho que el florentino o el corsario eran agentes dobles. Eso, si no lo eran los dos. ¿Qué se podía esperar de la unión de un banquero y un corsario? Ambos oficios se distinguen por buscar el beneficio y no el honor de unos ideales, por muy religiosos que fueran. El de Alba volvió a escribir a su rey.

Cuidad de las compañías en esta intriga, que banqueros y corsarios son veletas cuyo viento es el dinero.

El rey tampoco atendió estos consejos del duque. Pronto comprobó que debía haberlo hecho: Isabel supo de la conspiración y la abortó. Tal y como había intuido el duque de Alba, Hawkins había fingido ser aliado de la trama con pleno conocimiento de la misma reina.

Como resultado, fueron apresados Norfolk y María Estuardo. A esta le perdonó la vida. Al primero, no.

De Francia llegaron mejores noticias para los enemigos de la fe católica. Gaspar de Coligny había sido una de las víctimas de la matanza de San Bartolomé, en París. Máximo representante hugonote, era considerado por el duque de Alba una gran amenaza para la seguridad de los Países Bajos.

Ajenas a todas estas intrigas, las tropas españolas acuarteladas en Mesina intentaban olvidar los horrores de Lepanto. Nadie les había dado órdenes de nada y no recibían más cartas que las de sus familias. Y Juan de Austria ni eso.

Su inquietud contrastaba con la tranquilidad de sus soldados. Su indignación no era menor que su nerviosismo. Había terminado con la rebelión morisca de las Alpujarras. Era el héroe de Lepanto. Y solo había recibido una fría felicitación. Sabía que su nombre estaba en boca de toda España, pero no en la de su hermano, el rey.

Sin duda, pensó, Felipe estaba confuso. No amaba a su propio hermano que había arriesgado la vida por él y mantenía a su lado a ese intrigante de Antonio Pérez.

Juan había recibido cartas del secretario del rey alabando sus hazañas y criticando al rey. Le decía que Felipe estaba celoso de él y que no consentiría lo que bien se merecía: el tratamiento de alteza.

Algo le decía a Juan que todo era una trampa de Antonio Pérez y no pensaba caer en ella. Sin embargo, ¿cómo sabía Pérez que su deseo era que el rey le concediera el título de infante y ser tratado de alteza? Sin duda, Pérez tenía tanta ambición que podía adivinar las aspiraciones de los demás.

Juan recordó el primer consejo que, siendo un niño, recibió de su hermano mayor, el rey: «no os fiéis de nadie». Y lo aplicó.

El problema era que, efectivamente, quería ser algo más que el hermano del rey. Su sangre era la del emperador Carlos, ¿por qué no se le daba un rango en consecuencia? Maldijo a Antonio Pérez y a su carta. Juan iba a pedir esos honores al rey, pero ahora no debía hacerlo. Bastaría que su infame secretario le mostrara las cartas para que pareciera sospechoso de estar conchabado con él en una intriga. Conocía bien a Felipe: quien no estaba con él, estaba contra él. No había término medio ni agua templada.

Por eso, sencillamente, contestó a Pérez que todo lo que el rey decidiera bien hecho estaba. Y esperó un mejor momento para cumplir su sueño.

No tardó en llegar: el reino de Albania le ofreció su corona.

III

—¿Rey de Albania? ¿Mi hermano?

Ruy Gómez asintió ante la mirada sorprendida del rey y la expectante de Antonio Pérez.

—Así es, majestad.

El silencio reinó en la sala. Antonio Pérez, curioso como nadie, lo rompió.

—¿Cuál será vuestra respuesta, majestad?

—Que no, por supuesto.

El ceño de Ruy Gómez no pudo fingir indiferencia y se frunció sin avisar a su dueño. Felipe lo advirtió.

—¿No estáis de acuerdo?

—Por supuesto que sí, majestad. Aunque aconsejo que pese a que no acepte la corona, mantenga un trato cordial con los albaneses. Pueden ser buenos aliados en un futuro.

—Buen consejo —reconoció Felipe.

«Especialista en consejos: eso soy yo», pensó Gómez.

Mientras Pérez se enredaba en una de sus largas conversaciones con el rey, Ruy se abstrajo. Cada vez le aburría más su trabajo. No podía negar que la ambición había sido la guía de su vida, pero al lado de Pérez se consideraba un eremita.

Sin duda, se estaba haciendo viejo. Solo quería volver a sus aposentos con su esposa y con sus hijos. Soñaba con el día en el que el rey le liberara absolutamente de sus obligaciones. ¡Quién se lo iba a decir a él! Algo había cambiado, no cabía duda. No soportaba estar al lado de quien consideraba su amigo y había intentado seducir a su mujer. Perdido en sus pensamientos, recordó que él había sido quien le había dicho a un joven Felipe que un rey puede acostarse con quien quiera. «Todos somos culpables», se dijo en silencio a sí mismo.

Miró a Antonio Pérez. Él mismo le había elevado a las alturas. Parecía que el joven secretario se había olvidado de eso. La nueva generación del poder era más fuerte que él y su influencia en el rey no era tanta como antes.

Con Pérez y con Espinosa su ascendiente había menguado considerablemente. Solo era ya el desfacedor de entuertos del rey en el extranjero. Sobre todo con el papa de turno.

Odiaba a los papas, aunque tuviera que ser amable con ellos. Religioso desde niño, había dejado de serlo tras conocer a tanto papa. Se jactaban de ser los intermediarios de Dios en la tierra. Ruy Gómez no sabía si lo eran de Dios, pero tenía la certeza de que intermediarios eran, porque siempre se llevaban su tanto por ciento de cada negocio.

Pese a todo, debía cumplir con su trabajo. En eso seguía siendo muy bueno, pese a que el rey ahora prefería a Diego de Espinosa, obispo de Sigüenza. El segundo rey llamaban a ese sacristán venido a más con su capelo cardenalicio. Todos le alababan porque no se le conocía tacha... Y no es que no las tuviera, precisamente.

Él sabía de sus debilidades más íntimas. De saberse, podían haber llevado a Espinosa a la hoguera... si la justicia fuera igual para todos, claro. No, pensó: probablemente antes ardería él por denunciar al obispo por sus largas charlas con sus acólitos más jóvenes.

Nunca le había deseado la muerte a nadie, pero no podía negar que le gustaría que ese beato de Espinosa muriera. No necesariamente en la hoguera (tampoco deseaba ese mal ni al peor de sus enemigos), pero que muriera. Sin más. Odiaba su manera de hablar en voz baja, su silabeo que parecía que estuviera confesando hasta para dar los buenos días.

Pero ya se sentía viejo para luchar contra quienes le habían quitado trozo a trozo gran parte de su poder. Ver, oír y callar. Eso es lo único que podía hacer. Y volver cada noche con su mujer y sus hijos. Amaba a Ana sobre todas las cosas: había sido su padre y su esposo. Pero no su maestro: ella era más inteligente que la mayoría de hombres que había conocido.

Era en lo único que creía: en su familia. En todo lo demás, había perdido la fe que una vez tuvo.

Estaba absorto en sus asuntos, cuando en la puerta sonaron varios golpes. El rey mandó pasar. Un criado cruzó el umbral para dar una mala noticia: Espinosa acababa de morir.

El rey exclamó un lamento.

Antonio Pérez preguntó qué había pasado.

Ruy Gómez logró fingir seriedad cuando estaba a punto de darle un ataque de risa. Acababa de desear su muerte y Espinosa se había ido a hablar con Dios más de cerca.

Irónicamente, pensó que si tenía esos poderes, al llegar a casa haría una lista con su esposa de todas aquellas personas que desearían ver muertas.

Miró al rey. Sin duda, él sería el primero.

Pero antes, Ruy Gómez siguió disimulando.

—Pobre Espinosa. Sabía que estaba enfermo, pero no tanto...

IV

El rey rezó abatido por Espinosa. En su funeral le dedicó unas sentidas palabras.

—Ha muerto el mejor de mis ministros. Nunca pidió nada, solo me sirvió.

Como era habitual en su vida, no fue la única muerte que tuvo que lamentar en un corto periodo de tiempo. El 30 de septiembre murió Francisco de Borja.

Esta vez, Ruy Gómez sí sintió la pérdida. Pocos le habían ayudado más que él. Pocos tan bondadosos y rectos. Solo le podía criticar que durante sus últimos años, como líder jesuita, no hubiera estado más atento a predicar para los pobres (como tan bien había hecho) en vez de negociar cargos eclesiásticos con el papa y el rey. Pero, por lo menos, había tenido siempre la deferencia de tenerle informado, pensó Ruy Gómez.

Si Felipe quedó profundamente apenado por su muerte, la princesa Juana entró en depresión profunda. De inmediato, se recluyó en su monasterio de las Descalzas Reales.

De buena gana hubiera hecho el rey lo mismo. Cada día recibía una mala noticia, un problema que resolver. Una nueva carta de su hermano Juan le tenía a mal traer. Le pedía directamente que le diera el título de infante y, con ello, el tratamiento de alteza.

Tras leer la carta, miró a Antonio Pérez, que estaba frente a él.

—Teníais razón. Mi hermano es un hombre demasiado ambicioso.

Pérez sonrió.

—¿Qué le responderéis?

—Tengo problemas más importantes que atender. No mentía. Tropas protestantes francesas e inglesas habían acudido en socorro de los rebeldes flamencos. Era la venganza de la reina Isabel por haber querido atentar contra ella.

El duque de Alba resistía como podía. Había pedido el relevo para acompañar a Ana de Austria cuando esta viajó a España para casarse con Felipe. Su petición fue denegada.

Luego, siguió insistiendo y el rey prometió enviar al duque de Medinaceli en su lugar. Pero tardó tanto en darle instrucciones que hacía apenas un mes que el de Medinaceli había partido hacia los Países Bajos.

Sin duda, leer cientos de documentos hacía que el rey estuviera bien informado, pero también hacía que sus decisiones fueran demasiado lentas. Como en este caso.

A su llegada a Flandes, el duque de Medinaceli se

encontró en medio de una batalla encarnizada. Cuando el duque de Alba se topó con su sustituto, no le miró con mucho cariño. Nunca se había llevado bien con él, pues era aliado de Ruy Gómez, su enemigo en la corte.

Más allá de que el de Medinaceli perteneciera al partido enemigo, lo que molestó profundamente al de Alba fue su tardanza en llegar a Flandes.

—A buenas horas llegáis.

—Cuando me lo ha ordenado el rey.

—Por lo que veo sigue Felipe tan lento de reacción como un anciano.

El duque de Medinaceli se ofendió por estas palabras.

—¡Cómo os atrevéis a hablar del rey de esa manera!

—Porque me da la gana y puedo. Bastante me juego la vida por él.

—Veo que vuestro orgullo sigue siendo desmesurado.

—No más que vuestra simpleza. ¿Qué creéis el rey y vos? ¿Que los flamencos son bobos? Tienen espías, como nosotros. El de Orange sabe desde hace tiempo que ibais a venir.

—¿Ahora vuestras acciones dependen del enemigo?

—Toda guerra tiene un enemigo y hay que respetarlo y temerlo. Decidme: ¿cómo me pueden temer los flamencos a mí, que soy su enemigo, si me han destituido hace meses y ven que mi relevo no llega? Flandes entera cree que Felipe se ha dado por vencido cuando no se molesta ni en esa minucia que haría cualquier funcionario tuerto en un par de horas. Ahora, Guillermo de Orange cree que solo el orgullo de Felipe le impide dar la orden de retirada.

El duque de Medinaceli bajó la cabeza: el de Alba tenía razón.

—El arte de la guerra es mucho más que pegar tiros y dar espadazos. Es hacer que el enemigo te tema antes de que empuñes las armas. Estos herejes hideputas ya han perdido el miedo. Piensan que soy un despojo del rey. Eso les ha dado más moral que mi muerte.

Cuando el de Medinaceli ofreció al duque de Alba el relevo, este se negó para sorpresa del recién llegado.

—Las guerras que yo empiezo, las acabo.

Pasaron los meses y el «despojo del rey» siguió luchando en Flandes. Enclaves tan importantes como Malinas, Naerden, o Haarlem fueron tomados y saqueados por el duque de Alba y su hijo don Fadrique. Sus soldados no cobraban: el reino había empleado sus fondos en la lucha contra el turco en el Mediterráneo y a Flandes solo llegaban migajas. Permitir que sus soldados robaran y violaran era la única manera de mantenerles satisfechos. Porque aun sin dinero, un español siempre combatía.

Esa era la diferencia de los Tercios españoles con los alemanes o de otro origen. Cuando no cobraban, los extranjeros se sublevaban antes de la batalla. Los españoles lo hacían luego.

V

Felipe quería acabar con la guerra de Flandes a toda costa. Para ello, estaba dispuesto a perdonar y a pactar todo lo que no había hecho antes. Lo que la lógica política no había podido conseguir, lo estaba logrando la precaria situación económica.

Lo que no se esperaba es que, aparte de los rebeldes, su principal problema iba a ser el duque de Alba, quien, obsesionado por acabar «su» guerra cuanto antes, había olvidado su papel de gobernador para convertirse en el azote de Flandes.

Daba igual que la villa que se levantara contra él fuera pequeña o grande: allí acudía en persona para arrasarla. La última plaza masacrada había sido Haarlem. El duque estaba anteponiendo su honor a las necesidades del gobierno y de su rey. Y su política de mano dura, en vez de pacificar Flandes, lo estaba convirtiendo en un polvorín a punto de estallar. No cabía duda. La política de mano dura, lejos de dar sus frutos, encaminaba el proyecto hacia un callejón sin salida.

La negativa del duque ante la orden de abandonar su puesto de gobernador en manos del duque de Medinaceli había contrariado al rey y alegrado a sus enemigos. Ruy Gómez y Antonio Pérez ya no tenían que desacreditar al de Alba: él se bastaba solo.

Lejos de darse cuenta de la situación, enviaba cartas a Madrid quejándose de la falta de hombres y de dinero. Los exigía de tal manera al rey que este pensó que ni siquiera su padre, el emperador, había llegado tan lejos.

Felipe tampoco estaba muy contento con el duque de Medinaceli. En vez de controlar al otro duque, parecía gastar sus fuerzas en largas misivas al rey en las que criticaba ferozmente al de Alba.

Como respuesta, el rey decidió que no siguieran en Flandes ninguno de los dos y nombró como gobernador a su amigo de la infancia, Luis de Requesens, al que hizo llegar desde Milán de inmediato.

—Conseguir la paz en Flandes es el mayor negocio que he podido tener y tendré. Esa es vuestra misión.

Luis le hubiera respondido con un «¿por qué me hacéis esto a mí, si soy vuestro amigo?» Pero calló.

A Requesens le daba pánico ir a Flandes. Como gobernador de la Lombardía, hasta allí llegaban noticias de la barbarie de la guerra. Todo observador sensato llegaba a la misma conclusión: Flandes estaba perdida. No tenía sentido más derramamiento de sangre. La única posibilidad era pactar una retirada honorable. Pero no fue esa la orden que le dio su viejo amigo, el rey. Las instrucciones con las que partió Requesens fueron las de levantar la mano, conceder perdones y bajar impuestos.

—No tenemos dinero para dos guerras —remarcó Felipe a Luis—. Debéis pacificar la región.

Cuando el gran amigo del rey llegó a Flandes se dio cuenta de que ya era demasiado tarde para eso. La rabia contra todo lo que fuera español crecía cada día. Y sucedió algo inesperado: la ciudad de Alkmaar resistió a los invencibles Tercios. A la rabia se le sumó un convencimiento: podían ganar la guerra.

No obstante, Requesens hizo todo lo posible para reconducir la situación. Ofreció un perdón general y clausuró el Tribunal de Trublas, pues había generado más tumultos que los que había corregido. No sirvió de nada. Cada cesión de poderes que hacía, cada perdón que daba no era para los flamencos símbolo de generosidad, sino de debilidad. Y redoblaban sus ataques.

Así las cosas, Requesens se vio obligado a dejar a un lado la diplomacia y a luchar. No le quedaba otra posibilidad. Entonces, el hijo de Juan de Zúñiga y de doña Estefanía, casi unos padres para Felipe, maldijo al rey. Si a él, que era su amigo de la infancia, le trataba así, Dios sabría lo que haría con sus enemigos. La pregunta era mera retórica. Lo sabía. El duque de Alba era su emisario del horror. Solo con ver las ciudades arrasadas se dio cuenta de ello.

De repente le vinieron a la cabeza Egmont y Horn. En todas las veces que el rey se había negado a negociar con ellos, hasta llegar a la ofuscación. En su ejecución pública llevada a cabo por el duque de Alba, que les había convertido en mártires de la causa flamenca. Pensó en todas las muertes habidas y por haber en una guerra que se podía haber evitado con pactos.

Contemplando los verdes campos de Flandes y los pueblos aún humeantes por la batalla, no se sintió gobernador. Pensó que, sencillamente, era un mártir.

Como Egmont y Horn. Pero con una diferencia: él iba a ser un mártir sin causa.

VI

Antonio Pérez era tan inteligente como listo. Tan ambicioso como preparado. Pero la experiencia es un grado y, en eso, Ruy Gómez le llevaba muchas leguas de ventaja.

El que fuera su protector en sus primeros pasos en la corte, conocía todos los pasillos del Alcázar. A cada uno de sus criados y a cada una de sus damas. Les saludaba cada vez que se cruzaba con ellos. Si alguno de ellos había estado enfermo, le preguntaba por su salud. Les felicitaba cuando tenían un hijo y mandaba un regalo a sus esposas.

Todo el mundo le apreciaba. A una palmada suya, todos acudían en su ayuda. Y Gómez la dio.

Quería saber qué ocurría en las cada vez más numerosas entrevistas a solas entre el rey y Pérez. Fue un mensajero el que le desveló el secreto. Tenía que viajar hasta Mesina para llevar una carta de Pérez a don Juan. Antes de partir, se la dejó ver a Gómez.

Este la leyó, tan hábil en la negociación como diestro en abrir y cerrar cartas sin dejar huellas.

No dio crédito a lo que veían sus ojos. Pérez hablaba mal del rey a Juan. Su cerebro, tantos años al lado de la mente del rey, empezó a pintar el cuadro de la intriga.

Era imposible que Pérez escribiera esas barbaridades contra Felipe si este no se lo hubiera ordenado. Esencialmente, porque podría quedar expuesto si don Juan le enseñaba las cartas a su hermano.

Y Pérez no era tan tonto como para apostar con malos naipes.

Volvió a dar la carta al mensajero y le dio las gracias. Este dejó clara su lealtad.

—Me conseguisteis un médico cuando mi hija lo necesitaba. Si sigue viva es gracias a vos.

Ruy Gómez acudió de inmediato a ver a Pérez.

—¿Se puede saber qué tramáis contra don Juan? Decidme, ¿cómo os habéis implicado en esta majadería?

Antonio se quedó estupefacto.

—¿Cómo lo habéis sabido?

—Eso no importa ahora.

—Porque el rey me lo ordenó. Palabra por palabra.

—Sois un estúpido, Pérez. Vuestro padre habría venido a mí antes de obedecer una orden de este jaez.

—Mi padre hubiera hecho lo mismo con tal de salvar el cuello y de ganar más dinero.

—No. Él tenía una virtud que vos no poseéis: la prudencia.

—Leed vuestra homilía a otro.

—No seáis necio. ¿Es que no os dais cuenta?

—¿De qué?

—Os lo explicaré. Vos escribís a don Juan faltando al rey con la esperanza de que él os conteste cosas peores. Así le ofrecéis a Felipe el regalo que quiere tener: pruebas de que no puede confiar en su hermano.

Pérez calló.

—La pregunta es: ¿qué ocurriría si don Juan no cae en la trampa y envía al rey las cartas en las que le difamáis?

—Nada. Él me lo ordenó.

—¿Os lo ordenó por escrito? ¿Tenéis prueba de ello?

Pérez volvió a callar.

—Por vuestro silencio, veo que Felipe os dio las órdenes de viva voz. Es lo habitual en él cuando trata asuntos delicados. Así, si salen torcidos, nadie puede probar que el rey es culpable de nada.

Tras una pausa en la que Ruy se deleitó comprobando la tribulación de Pérez, continuó martilleándole.

—¿Ha caído en la trampa don Juan? ¿Ha faltado por carta a su hermano?

—Será mejor que os marchéis —respondió Pérez humillado.

—Me iré. Pero como sois tan inteligente, espero que hayáis entendido en qué posición podéis veros en un futuro. Don Juan de Austria tiene pruebas de que conspiráis contra el rey. Vos no tenéis pruebas de nada. Ni de que don Juan aspire a la corona ni de que el rey os ordenó esta intriga. El juez más ciego vería quién es el culpable.

—¡Marchaos de una puñetera vez!

La ira de Antonio Pérez demostraba que todo lo que Ruy Gómez decía era cierto. Tal vez por eso, este saliera tan sonriente de la sala. No llegó muy lejos.

La emoción de humillar a Pérez le sobreexcitó. Las muchas noches en vela, preparando el contraataque, le habían agotado. Se había propuesto oír, ver y callar. Pero eso es pedir demasiado a alguien que durante tantos años ha manejado el timón de la corte. Y su corazón lo pagó.

No había dado diez pasos por el pasillo cuando un dolor en el pecho hizo que sus piernas se doblaran. Le faltaba aire. Un criado acudió raudo en su ayuda y rápidamente fue llevado a sus aposentos de palacio.

Cuando el rey acudió a ellos, el médico le dejó a las claras que su viejo amigo estaba moribundo.

—Su corazón ya no tiene fuerzas.

El rey se acercó a Ruy y puso la mano en su hombro.

—Tranquilo. Saldréis vivo de esta.

—Sé que no —respondió Ruy con un hilo de voz.

Felipe calló: podía fingir, pero hasta un cierto punto. Egoísta, miró a su fiel servidor e indagó sobre lo que tanto tiempo llevaba obsesionándole. Lo hizo sibilinamente.

—Yo, el rey, os pido perdón si alguna vez os he fallado. Si lo he hecho, ha sido sin ser consciente de ello.

Sin fuerzas, Ruy Gómez esbozó una leve sonrisa como pudo.

—Yo, vuestro servidor, os pido perdón por los secretos que guardo y no os he contado.

A Felipe le cambió la cara y, por primera vez, miró con ira a su siempre querido Ruy Gómez.

—¡Contadme! ¿Qué sabéis?

—Que nadie es de fiar. Ni siquiera vos.

Fueron sus últimas palabras.

Indignado, el rey salió a grandes pasos de la habitación.

Durante el funeral mantuvo un gesto serio y no le dedicó ninguna semblanza de despedida a quien mejor le había servido.

Sí miró de vez en cuando a su afligida esposa. Ahora ella sumaría a su riqueza todos los bienes que él había concedido a Ruy Gómez.

Felipe tenía la certeza de que ella era la culpable de todo. De que había enredado en los pensamientos de Gómez como Eva incitó a Adán a comer del fruto prohibido.

El rey había pedido a Ana que guardara un secreto. Y ahora sabía que Ruy Gómez y su esposa le ocultaban otros. ¿Qué era lo que él no sabía?

No hubo día a partir de aquel que no pensara en ello. Ni tampoco en el que no creciera su odio por Ana de Mendoza, princesa viuda de Éboli.

El mes de agosto estaba a punto de llegar. Y con él, el segundo hijo del rey, si las cuentas no fallaban.

Era el año 1573.

VII

Un remanso de paz. Eso era la vida en familia del rey. En contraste con sus otros asuntos, por fin había encontrado un equilibrio en sus horas de intimidad. Lástima que fueran demasiado pocas.

Ana, su sobrina y ahora esposa, le había prometido en la noche de bodas que iba a darle un heredero. Ahora estaba a punto de dar a luz otra vez. Sin duda, era una mujer que cumplía sus promesas. Para ello, se afanaba varias noches a la semana en que su esposo plantara la semilla de un posible nuevo embarazo. Felipe se sentía rejuvenecer: Ana le hacía desplegar una energía que ni él mismo creía tener. Y menos tras tantas horas de trabajo en su despacho, en el que apenas se recibían buenas noticias.

Como esposa del rey, Ana se ceñía a su función meramente familiar. No preguntaba por las cosas de gobierno, porque era tal la tensión que veía en su marido, que prefería que el tiempo que estuviera con ella y los niños le sirviera para relajarse. Y a fe que lo conseguía.

Clara y Catalina, las hijas de Isabel de Valois, estaban encantadas con el pequeño Fernando. Y con Ana. Para ellas, no era su madrastra: era su nueva madre. Tanto, que apenas se acordaban de Isabel. Sin duda, la corta edad que tenían cuando murió había ayudado a ello. Pero también la predisposición de Ana, que cuidaba de ellas hasta el más mínimo detalle.

Felipe adoraba a sus dos hijas, pero tenía especial predilección por la mayor. A sus siete años recién cumplidos, Clara leía con soltura, tenía una gran facilidad de palabra y una capacidad para dominar idiomas impropia de su edad. No es que Catalina fuera torpe ni poco laboriosa. Es que Clara tenía un don especial.

Sin duda, Isabel había tenido gran mérito en que sus hijas hablaran varias lenguas. Cuando estaban en presencia de Felipe se hablaba castellano, pero cuando estaba a solas con ellas, el francés era obligado. Para que fueran haciendo oído. Tras la muerte de su amada esposa, Felipe había continuado con esa labor imponiendo damas francesas a su lado, junto a las castellanas. Además, cuando querían contarse sus secretos, hablaban en francés. Y la mayor corregía a la pequeña para que lo hablara mejor.

Al contrario que la madre de Felipe, Isabel de Valois no era propensa a ocultar sus emociones. Era una niña a la que Dios solo le permitió veintidós años de existencia. Solo tras el desgraciado accidente de Carlos, su carácter se amargó.

Hasta entonces, era habitual que siguiera vistiendo a sus muñecas y jugando con los bufones de palacio. Sus hijas crecieron más con una feliz hermana mayor que con una madre inflexible. El poco tiempo del que pudo disfrutar Isabel con sus dos hijas fue de juegos y zalamerías. Las hablaba de tú a tú, como si pudieran entender todo lo que les decía. Ruy Gómez la alabó por eso: para él hablar a un niño y tratarlo con cariño en sus primeros años les hacía más seguros e inteligentes.

Cuando llegó Ana a la corte, empezó a enseñar a las dos hermanas palabras en alemán. Catalina lo chapurreaba un poco. Clara empezaba a escribirlo con soltura. Sin duda, su conocimiento del latín y sus declinaciones le había ayudado a avanzar más rápidamente.

Otra característica llamativa de Clara era su prudencia. No hacía alarde de sus conocimientos y no era propicia al halago. De hecho, durante las clases de latín no hacía especial lucimiento de lo que sabía por discreción y porque su hermana no se sintiera incómoda.

Un día, la pequeña Catalina cayó enferma de un enfriamiento. Para que no se contagiara, el rey se llevó a Clara a su despacho. Mientras él leía unos documentos, ella hacía lo propio con varios libros. Felipe sonrió. Creía que le estaba imitando. Sin embargo, pronto se dio cuenta de que Clara había desechado todos los libros y centraba su mirada en uno.

—¿Qué leéis? —preguntó sonriente.

—Un libro sobre Cristo, padre.

A Felipe ya le fallaba la vista, así que, curioso, se acercó a Clara. Efectivamente, en sus manos estaba el *De Imitatione Christi*, de Tomás de Kempis. El rey se dio cuenta de que el libro estaba en latín y bromeó.

—Veo que vuestro latín es mejor de lo que esperaba. ¿Podéis leer un poco en voz alta?

Felipe intentó pillarla en falta. Para su sorpresa, Clara le respondió:

—¿Queréis que lea en latín o en castellano?

El rey preguntó estupefacto a su hija si entendía lo que leía.

—Hay unas palabras muy raras, pero sí, padre.

Su padre, aún incrédulo, le respondió que en castellano. Había leído tantas veces ese libro y era tan excelente su memoria, que cazaría a su hija en el primer gazapo.

Clara empezó a traducir al castellano, solo balbuceando en frases complicadas o en conceptos que una niña de su edad no podía comprender. Pero traducía de corrido, como si el libro estuviera escrito en su lengua paterna.

Asombrado, esa misma tarde, Felipe hizo llamar a sus maestros en privado.

—Mi hija habla el latín mejor que algunos obispos que conozco. ¿Cómo no se me ha informado? ¿Es que al rey solo se le viene a contar malas noticias?

Los maestros quedaron tan extrañados, que el rey les tuvo que contar lo ocurrido. Nueva sorpresa. Ni sus maestros sabían de la destreza de Clara. La consideraban estudiosa y siempre cumplidora con los ejercicios que se le ordenaban, pero no le intuían tal maestría.

Felipe llamó a su hija Clara, a la que pidió que tradujera el libro de corrido. Los maestros quedaron boquiabiertos. Cuando se fueron, Clara estaba confusa y ruborizada.

—¿He hecho algo mal, padre?

El rey la miró con todo el amor del mundo.

—No, hija. Estoy orgulloso de vos.

Luego, la abrazó.

—Ser inteligente es un don de Dios. Serlo y tener la humildad de no mostrarlo a los demás, es doble don divino.

Clara no entendió un pensamiento tan alambicado, pero por la dulzura con la que le hablaba su padre, debía de ser algo bueno.

A partir de ese momento, rara era la semana en la que Clara no acompañaba una jornada a su padre en el despacho. Felipe dio a una de sus damas una llave de su biblioteca para que su hija pudiera acceder a ella cuando quisiera.

Antes, Felipe despidió a los profesores de su hija.

Pensó que aquel que es incapaz de ver el talento de sus alumnos, difícilmente puede ser un buen maestro.

VIII

Cuando Ana rompió aguas antes de su segundo parto, las niñas estaban jugando con el pequeño Fernando, que en diciembre cumpliría dos añitos. El niño reía a cada zalamería. El rey observaba complacido la escena, cuando la princesa Juana entró en la habitación para dar noticia de que la reina empezaba a tener los primeros dolores propios del parto.

Antes de la muerte de Francisco de Borja, Juana dividía el día entre su retiro monacal y palacio. Su dolor por la pérdida del jesuita fue tan grande que apenas se dejaba ver ya por la corte. Solo cuando Ana salió de cuentas, volvió a estar permanentemente al lado de su hermano. Pero, sobre todo, de su cuñada.

Al ver a su hermana, a Felipe le impactó su aspecto. Más delgada que nunca, su carácter se había endulzado y su rebeldía se había calmado. Parecía menos preocupada por las cosas de este mundo, tal vez porque daba por imposible arreglarlas. Quizá, porque —aunque no lo dijera en voz alta— dudaba de si era lo mismo amar a Dios que a determinada parte de su Iglesia.

El rey acudió al parto junto a su hermana. Estaba tranquilo: Ana afrontaba su maternidad con una naturalidad contagiosa. Desde las primeras contracciones hasta que parió, no hubo ningún sobresalto. Otra vez vino al mundo un varón. Felipe se preguntó por qué no podían ser así de sencillas las demás tareas de su vida.

El nombre elegido para el infante fue el de Carlos Lorenzo. Catalina y Clara ya tenían otro juguete con el que entretenerse. Ana las hizo llamar para que le conocieran. Cuando entraron en la sala, el bebé estaba en manos de su tía Juana, que había pedido cogerlo en sus brazos.

—Cada vez que nace un niño, es un milagro.

Y rompió a llorar.

Pasados unos días, tras la adaptación a ser de nuevo padre, Felipe hizo un hueco entre sus muchos quehaceres para hablar con su hermana. Estaba preocupado por su salud, por su incontinencia emocional, algo que al rey le sorprendía más que si lloviera con un cielo sin nubes.

—¿Estáis bien, Juana?

—Estoy donde estoy.

A Felipe le extrañó que dijera «donde» en vez de «cómo». Y que no definiera ese «cómo». Un estado de ánimo va del mal al bien. Una estadía suponía un grado, un venir de un sitio para, probablemente, viajar hacia otro. Si estaba preocupado antes de hablar con Juana, ahora empezaba a estarlo más.

—Saboreo cada momento, cada sabor, cada olor... Cada paso que dan mis pies en esta tierra.

Hizo un silencio para coger fuerzas, tan débil estaba.

—Cuando abracé a vuestro hijo recién nacido, me acordé del mío al que nunca he vuelto a ver. Sueño con momentos de nuestra niñez. Aquellos viajes que tanto os molestaban.

No era solo con el pasado feliz con lo que soñaba. Mientras dormía, eran habituales las visitas de su marido y de Francisco de Borja.

—Vienen a darme ánimos. A consolarme en mi dolor.

«Mal asunto —pensó Felipe—. Cuando los muertos visitan a los vivos en la realidad, es un milagro. Cuando lo hacen en sueños, es un mal augurio.» No se atrevió a expresar su pensamiento en voz alta. No hizo falta. Como si Juana pudiera leer su mente, le respondió.

—No os preocupéis. Estoy preparada para marchar.

—No digáis esas cosas. Aún os necesito. Mi esposa, mis hijos... os han echado de menos todo este tiempo tras la muerte de Borja. Debéis recuperaros y hacer vida normal.

Juana sonrió con dulzura.

—No sé si he hecho poco o mucho. Pero sí que he hecho todo lo que tenía que hacer. Alguien nace, alguien muere. Es la ley natural.

Cuando oyó estas palabras, Felipe supo que se estaba despidiendo de su hermana. También que probablemente había esperado a ver nacer a su nuevo sobrino para irse tranquila.

Carlos Lorenzo nació el 12 de agosto. Juana murió el 7 de septiembre. Ni siquiera esperó un mes para marchar. Felipe quiso que estuviera a su lado y a su lado murió en El Escorial para luego ser enterrada en el monasterio de las Descalzas Reales, la obra de la que Juana se sentía más orgullosa.

Felipe creía en Dios. De hecho decía consultar con Él sus grandes decisiones. Nunca dijo si se había atrevido a preguntarle sobre lo injusto que es que mueran antes los jóvenes que los que son más viejos. El dolor por la marcha de un ser querido es terrible. Pero lo es aún más cuando quien se va es más joven que el que se queda.

Con Juana murió un tal Mateo Sánchez, el nombre elegido para pasar desapercibida como jesuita: como la única mujer que había conseguido tal honor. Un secreto del que su hermano, el rey, jamás supo, bien guardado por Ignacio de Loyola y Francisco de Borja.

Desde luego, nadie es de fiar. Ni siquiera la gente que más quieres.

15

Intrigas y desatinos (1573)

I

Tras las muertes del propio Espinosa y de Ruy Gómez, Felipe decidió añadir a Mateo Vázquez a su equipo junto a Zayas (el protegido del duque de Alba) y Antonio Pérez. El principal aval del nuevo secretario era haber sido secretario del cardenal Espinosa. Felipe fue conservador en este sentido: no tenía que explicar nada al recién llegado, porque sabía perfectamente sus funciones a través del difunto.

La elección fue una prueba más de ese extraño sentido del equilibrio del rey, al que le gustaba tener fuerzas contrapuestas a sus órdenes. Aún más, les azuzaba para que desconfiaran los unos de los otros. Así, Zayas desconfiaba de Pérez y viceversa bajo la lógica de que el primero era *albista* y el segundo *ebolista*. Vázquez no pertenecía a ninguno de los dos bandos. Así que debía desconfiar de todos.

Cuellicorto, achaparrado y siniestro, Mateo Vázquez era considerado por unos como un hombre eficaz, leal y trabajador. Para otros, como alguien ambicioso e intrigante. Probablemente todos tenían su parte de razón, pero ignoraban la motivación que había logrado que el nuevo secretario llegara tan alto. No era la ambición. Ni la vanidad. Era la lucha de alguien que, gracias al sacrificio de su madre, había logrado sacar la cabeza de la pobreza.

Isabel, que así se llamaba ella, solía decirle:

—Hijo, me ha costado mucho conseguir una vida digna. Y todo lo he hecho por ti. No me decepciones, Mateo.

A Mateo le encantaba oír a su madre. Tenía una voz dulce y hablaba un castellano en el que se mezclaban el italiano de sus orígenes corsos y un deje sevillano, fruto de los años viviendo en el barrio de Triana.

Ahora, como nuevo secretario del rey, todos inclinaban la cabeza ante él. Pero no le había resultado fácil llegar hasta ahí. Incluso se decía que, para conseguirlo, había comenzado falseando sus orígenes.

Sobre este tema, había dos escuelas de pensamiento. Una, apoyaba la versión oficial sobre su infancia, no por aceptada poco confusa. En ella se decía que era hijo de Santo de Leca Ambrosini y de Isabel de Luchiano, quienes fueron capturados por piratas berberiscos junto a su hija mayor (María) estando la madre embarazada de Mateo.

Lo siguiente (y único) que se sabía de la familia, era la liberación de la madre embarazada y de la hija en tierras sevillanas. Del padre nada más se decía. Si había muerto, si siguió siendo esclavo o si había embarcado a América... Algunos incluso pensaban que nunca existió.

Lo único cierto es que ya en Sevilla, Isabel consiguió trabajar de criada al servicio del canónigo de la catedral llamado Diego Vázquez de Alderete. A la muerte de este, madre e hija heredaron dinero suficiente y el hogar del fallecido en pleno barrio de Triana. Antes aún, el canónigo había dado su apellido al niño, al que convirtió en su paje.

Esta era la historia oficial, elaborada para que Mateo pudiera acceder a cargos cercanos a la Iglesia. La Inquisición exigía a quien aspirara a ellos evidencias de su origen, sobre todo para evitar que nadie de sangre judía llegara a tales cargos. También, en lo posible, la Inquisición pedía a los aspirantes no ser fruto del pecado de algún miembro de la Iglesia, aunque esto era relativo. Todo se camuflaba dependiendo de la altura del cargo que ostentara el que pecase de lujuria. Si el pecador era obispo, los hijos se reconocían. Según se iba descendiendo en la escala del poder, los hijos se convertían por arte de birlibirloque en sobrinos o en hijos adoptivos como si estos fueran de otros que no suyos.

Las malas lenguas (esa era la otra escuela de pensamiento) decían que este era el caso de Mateo Vázquez y que toda la historia del padre corso era tan fruto de la imaginación como una novela de caballerías. Muchos pensaban que todo era un bulo para limpiar su verdadero origen que no era otro que ser el fruto de las relaciones del canónigo con su criada. Porque, si no, muy bien le debió de servir Isabel para tener un testamento tan favorable y para que su hijo fuera ascendiendo en la escala social.

Primero, entró al servicio de Juan de Ovando, amigo del canónigo y provisor del arzobispado hispalense en ausencia de su titular Fernando de Valdés, más ocupado en hacer fogatas con herejes que en atender a sus fieles.

Luego, en 1565, consiguió un nuevo ascenso: servir a Diego de Espinosa, por entonces presidente de la Casa de Contratación de Sevilla, entre otros muchos cargos. Cuando, por consejo de Francisco de Borja, Espinosa fue llamado por el rey a la corte, para ser presidente del Consejo de Castilla, Vázquez le acompañó.

Si es cierto el refrán de que a quien buen árbol se arrima, buena sombra le cobija, a Vázquez nunca le volvió a cegar el sol.

Junto a Espinosa, Vázquez elaboró la Pragmática Sanción de 1567, que abolía las tradiciones moriscas. Vio cómo su señor ascendía a regente en ausencia del rey. Como era nombrado cardenal y obispo de Sigüenza, cargo que generaba gran riqueza. Vázquez siempre fue leal al cardenal, pero sonreía cuando oía hablar de la falta de ambición de Espinosa. ¿Cómo iba a querer más si no le faltaba de nada?

A su muerte, Vázquez pensó que se le había acabado su buena fortuna. Para su sorpresa, el finado le había hablado al rey tan bien de él, que este le llamó a su servicio.

Ahora estaba frente al rey, a solas. Recibiendo la noticia de que sería uno de sus secretarios.

Felipe procuró dejarle claras sus funciones.

—Habéis servido bien a mi añorado Espinosa, ahora me serviréis a mí.

—Yo os he servido siempre, porque haciéndolo con mi señor, lo hacía con vuestra majestad, que el cardenal solo vivía para resolver los asuntos que le encomendabais.

—Lo sé. Pero debo avisaros de que pocos hombres o ninguno he encontrado como Espinosa. Jamás quiso tierras ni recompensa económica. Nunca se inmiscuyó en intrigas ni formó parte de bandos.

En realidad, el rey no solo estaba alabando al fallecido, sino también dando instrucciones claras de lo que le exigía a Vázquez en su nuevo cargo. El nuevo secretario lo entendió a la perfección.

Vázquez salió de la reunión con las ideas nítidas. Nunca sería ni *albista* ni *ebolista*, si es que así se iban a seguir llamando tras la muerte de su príncipe. Sería *felipista*. O *filipino*, como se llamaban a los habitantes de aquellas islas nombradas Filipinas en honor al rey.

Nunca se sobrepasaría en las lisonjas. Y aceptaría lo que el rey le diera, pero nunca le pediría nada. Sabía que Felipe era generoso con aquellos que le servían bien, en eso no iba a tener queja.

Nada más salir del despacho del rey con su nuevo cargo, Vázquez se acordó de su madre, que tanto había luchado por él. Ojalá estuviera viva para ver dónde había logrado llegar. Ella que había luchado tanto por su hijo. Que había fregado, lavado, cocinado y no quería imaginarse qué cosas más.

Creyente, Mateo miró al cielo como si allí estuviera su madre rodeada de querubines. Y le dijo:

—Madre, no os he fallado. Podéis estar orgullosa de mí.

II

Pronto supo Mateo Vázquez cuál era su primera misión.

—Vigilad a la viuda de Ruy Gómez. No me fío nada de esa señora.

Así de claro fue Felipe en sus órdenes.

Poco tuvo que vigilar Vázquez. Ana de Mendoza, nada más enviudar, decidió meterse a monja en uno de los dos conventos carmelitas (uno para hombres, otro para mujeres) que se habían fundado bajo el patrocinio de su difunto marido en Pastrana.

Lo paradójico es que, pese a tomar los hábitos, no renunció a sus privilegios de gran dama. Tanto fue así que obligó a su madre y a dos de sus damas a que la acompañaran.

Al saber de su llegada, la priora del convento exclamó:

—¿La princesa monja? Yo doy la casa por deshecha.

Lejos de la austeridad y sacrificio propios del lugar, vivía de forma relajada y cómoda. Pronto dejó la austera celda para acondicionar aposentos más confortables donde instaló armarios para guardar vestidos y joyas. Después, no era raro ver a la princesa y a sus damas pasear por la villa lejos de la clausura.

No contenta con eso, se comportaba como si ella fuera la priora y exigía a las monjas que la trataran con el respeto debido.

Su orgullo innato parecía que había sido domado por Ruy Gómez. Desaparecido este, volvió a aflorar como por ensalmo.

Ante esto, muchas de las monjas que allí habitaban antes de la llegada de la princesa viuda pidieron ser acogidas en otros conventos bajo el auspicio de Teresa de Jesús, que no tardó en alzar la voz como fundadora de las carmelitas descalzas.

Ya se había quejado cuando Ruy Gómez se había entrometido en su obra, pero el portugués, buen negociador, había evitado el conflicto. También ayudó a que aceptara la intercesión de su confesor, que la hizo ver que tener al príncipe de Éboli de su lado podría beneficiarla en la creación de próximos conventos.

Aun así, muy comentada por todos fue la escena que tuvieron Ana y Teresa antes de la fundación de ambos conventos carmelitas. La primera quería decidir el tamaño de las celdas como si estuviera construyendo un palacio.

Teresa la respondió:

—Yo sé cómo ha de ser un convento. Y como yo diga se hará.

No cabía duda de que ambas eran mujeres de carácter. Y ahora volvían a chocar. Ana estaba orgullosa de su rango. Teresa de su fe. Ninguna cedió.

Viendo Teresa que las hermanas de Pastrana se sentían cautivas en su propia casa, aceptó su petición de traslado y las acogió en una nueva fundación con sede en Segovia.

La princesa, despechada, ordenó traer monjas franciscanas como quien pide a su criado un vaso de agua.

Vázquez procuró estar informado de todo lo que pasaba en Pastrana y se lo hizo saber al rey, que ordenó de inmediato que la princesa saliera de allí y cuidara de sus hijos como debía hacer una buena madre.

Pero si en el cielo mandaba Dios, en la tierra tenían más poder los Mendoza y Ana era una de ellos. No podía desobedecer al rey pero sí vengarse de Teresa, a la que consideró culpable de todo lo que había pasado. E hizo una denuncia anónima al tribunal de la Inquisición en Madrid acerca del *Libro de la Vida*, texto que la princesa había pedido leer, hacía años, a Teresa.

Aparte de controlar todo lo que sucediera con la viuda de Ruy Gómez, Vázquez decidió encomendarse a sí mismo otra instrucción: vigilar a Antonio Pérez. No se lo dijo al rey pues sabía de su predilección por el aragonés. Su poder era tan indiscutible, que muy a menudo el rey decidía solo con su consejo sin reunir al resto de sus secretarios y ministros.

Vázquez consideraba a Pérez un intrigante. Alguien que había tenido una vida fácil desde niño, no como él. El primero había estudiado sus primeras letras con su padre adoptivo y luego en un colegio de jesuitas en Sevilla. Pérez había estudiado en universidades extranjeras y sabía idiomas. Él no. Para colmo, Pérez era refinado y seductor. Tenía gran éxito con las mujeres y disfrutaba de él pese a estar casado. Solía vestir con gusto, a lo que le ayudaba su delgada figura.

Pérez parecía un príncipe y Vázquez, a su lado, se sentía el dragón.

No cabía duda: Pérez no era solo su enemigo coyuntural. Lo era también de forma natural.

Zayas, el otro secretario, no le preocupaba. El protegido del duque de Alba contaba poco para el rey, por no decir nada.

Felipe dividió los problemas en dos. Unos, los de fuera de la corte. Flandes y el Mediterráneo eran los dos asuntos que más le preocupaban.

Los otros problemas tenían nombre propio: Ana de Mendoza, Juan de Austria y el duque de Alba, que había vuelto por fin a Castilla sin ganar la guerra que había iniciado en Flandes.

El rey, como tenía costumbre, repartió las tareas sin que Vázquez supiera las de Pérez ni este las de Vázquez.

Mientras el recién llegado se encargaba de Ana de Mendoza, Pérez debía seguir vigilando a Juan de Austria.

El propio Felipe se encargaría del duque de Alba.

Es bien sabido que no hay corte sin intrigas. Lo que no es tan común es que el principal intrigante sea el propio rey. Este era el caso.

III

Felipe planificaba sus intrigas más que sus estrategias de gobierno. En el caso del duque de Alba, sabía que debía andarse con cuidado. Quería hacerle desaparecer de la escena política y eso podía ser peligroso: el duque era una leyenda viva de Castilla.

El rey tenía la certeza de que el duque tenía que pagar su rebeldía, sus excesos guerreros (que tan bien le habían venido a Felipe en otros casos) y su descuido de la hacienda de Flandes.

De todo ello le informó detalladamente el duque de Medinaceli, que adelantó su viaje al del duque de Alba para poder denigrarle a sus anchas.

Detectadas las culpas, solo quedaba decidir el castigo, pensó el rey. Sin embargo, Antonio Pérez le avisó de lo inconveniente que se supiera públicamente que se le castigaba por su actuación en Flandes. Si el rey desacreditaba al duque de Alba, era como hacerlo con su política en Flandes y bastantes problemas tenía Requesens como para añadir uno más.

—Debéis castigar al duque, pero por otro motivo.

—¿Cuál podría ser?

Antonio Pérez, hábil como siempre, ya lo había encontrado. Y tenía la certeza de que humillaría al duque más que ningún otro, porque atañía a su hijo al que tanto quería.

Fadrique, no solo su vástago sino también su mano derecha en la batalla, había dado promesa de matrimonio a Magdalena de Guzmán, una de las damas de la fallecida Isabel de Valois. Mucho prometió pero nada cumplió. El resultado de su falta de palabra fue su arresto y que la dama fuera recluida en un monasterio.

Tras las gestiones de su padre, logró la libertad a cambio de incorporarse a la campaña militar de Orán y sufrir destierro tres años más. El destierro era fácil de cumplir: las tropas españolas siempre estaban en tierra extraña. Pero para agradecer al duque de Alba su voluntad de ir como gobernador a Flandes, Felipe también conmutó de palabra esa pena. Fadrique fue allí con su padre.

Pese a ello, igual que Fadrique con Magdalena, el rey también olvidó su palabra. Lo hizo instigado por Pérez que tuvo el grosero detalle de enviar una cédula real al hijo del duque cuando regresaba de Flandes: debía acabar de cumplir el tiempo de destierro. De hecho no se le permitía entrar en Madrid.

El duque de Alba se puso furioso. Nunca habría esperado tal gesto de ingratitud hacia su persona. Y empezó a mostrar sus quejas a todo aquel que le quisiera oír. Muchos nobles tomaron partido por él y Felipe, astuto, dio marcha atrás. Así, le permitió vivir en Tordesillas... pero a cambio de casarse con Magdalena, que aún seguía encerrada contra su voluntad.

El duque de Alba se presentó delante del mismo rey.

—Os he dado mi sangre, mi vida... No podéis hacerme esto, majestad.

—La palabra de un caballero es sagrada.

Si no hubiera sido el rey, el duque le habría clavado su daga allí mismo. ¿Cómo se atrevía a hablar de cumplir con su palabra quien tantas veces se la había saltado? Contó hasta diez. Iba por el siete cuando Felipe interrumpió su cuenta.

—Si no tenéis nada más que decir...

El duque levantó orgulloso la cabeza.

—Sí. No quiero a esa señora como nuera.

—Quien promete y copula con una dama ha de casarse con ella.

—¿Quién dice que hubo cópula?

—Ella.

—¿Vale más la declaración de esa mujer que la de mi hijo que lleva años combatiendo por vos?

—Un caso no debe mezclarse con otro.

El duque prefirió morderse la lengua que decirle lo que pensaba. ¿Quién estaba mezclando asuntos sino el propio rey? Estaba castigando a su hijo, que era lo que más quería, por no poder castigarle a él por el fracaso de Flandes.

Consiguió que su hijo siguiera en Tordesillas, lo que era un castigo leve. Pero no dio su brazo a torcer y no se casó con Magdalena.

Humillado, el duque de Alba se sintió un guiñapo. La nada más absoluta. ¿Era así como el rey trataba a su soldado más leal?

Sin duda, pensó, Felipe había heredado la corona de su padre. Pero pocas cosas más. No tenía su sentido del honor, propio de quien sabe lo que es un combate.

¿Qué sentido del honor podía tener un rey que se pasaba todo el día entre papeles? Ninguno.

Pero era el rey. Y tocaba callarse.

IV

Felipe aún estaba dolido por el reciente abandono de Venecia de la Santa Liga. Los venecianos habían pactado una paz con el sultán, dejando la defensa del Mediterráneo a España en solitario.

Incapaz de mantener dos frentes abiertos (Flandes y el Mediterráneo) volvió a su antigua política de mirar hacia otro lado. Los turcos aún estaban recobrando fuerzas tras Lepanto y también tenían sus propias guerras. Mejor dejar todo como estaba y, más aún, olvidarse de recuperar plazas que luego serían imposibles de defender.

Juan de Austria no pensaba lo mismo. Ni el nuevo Papa, Gregorio XIII, tampoco. El 9 de octubre de 1573 desembarcó en las costas de Túnez y Bizerta se rindió sin combatir. Tras las Alpujarras y Lepanto, Juan se había convertido en un mito a la altura del duque de Alba, el otro gran comandante que podía ganar batallas sin luchar ante el miedo que despertaba en sus enemigos. La diferencia es que el duque tenía ya sesenta y seis años y don Juan, solo veintiséis.

De nada había servido que Antonio Pérez hubiera colocado de secretario de Juan de Austria a Juan de Escobedo, hombre de confianza de Ruy Gómez y ahora de él. Sin duda el hermano del rey debía tener tal magnetismo que convertía a espías en acérrimos seguidores.

Esta noticia contrarió a Felipe, que dio orden de abandonar los fuertes de Túnez. Juan le plantó cara y mandó construir otro. Tenía el apoyo del Papa y estaba cansado de ser llamado solo para ganar batallas imposibles. Siempre que había un problema casi irresoluble, Felipe daba el mando de su ejército a su hermano. Ganada la batalla o la guerra, volvía a olvidarse de él.

La construcción del nuevo fuerte no es que decepcionara al rey, sencillamente le exasperó.

Nada más recibir la noticia en su despacho en boca de Antonio Pérez, dio un puñetazo en la mesa.

—¡Soy el rey! ¡Debe obedecerme! —Tras coger aire, masculló—: Poco tardará en pedirme que le nombre rey de Túnez.

Esta vez no fue Juan quien se lo pidió: lo hizo el Papa. Quería instaurar una monarquía europea que sirviera de dique de contención contra el infiel. Y nadie mejor que don Juan para llevar a cabo este cometido. Más aún, tras Túnez y con la corona de rey, el Papa propuso a Felipe que su hermano invadiera Inglaterra para, después, contraer boda con María Estuardo.

Gregorio había heredado las obsesiones de su antecesor, Pío V. Y pese a ser nombrado Papa a la avanzada edad de setenta años, su energía parecía la de un joven. Admiraba a Juan de Austria. Creía que nada era imposible para él. Probablemente tenía razón: Juan era capaz de todo. Solo tenía un escollo que superar para lograrlo: su hermano Felipe.

La respuesta del rey fue negativa. No quería fortificaciones. Ni consideraba oportuno atacar a Inglaterra con quien había comenzado un intento de nuevas relaciones diplomáticas. No obstante, dio su palabra de que recompensaría a su hermano.

En noviembre, Juan ya estaba de vuelta en Italia, concretamente en Nápoles. Amargado, todavía respondía a las cartas de Antonio Pérez en las que le hablaba de la ingratitud del rey. De su incapacidad para gobernar. De todo aquello que, al dictado de Felipe, le escribía esperando una respuesta cómplice en la que Juan criticara a su hermano. No lo consiguió.

Juan escribió de su puño y letra una nueva carta como respuesta.

—Sé que mi hermano, el rey, hace todo lo posible para ser justo. Y yo le estaré siempre agradecido y dispuesto para acatar las tareas que me encomiende.

Tres años llevaba jugando el mismo juego. Ahora que tenía a su lado al mismísimo Papa, no iba a ser tan torpe como para caer en la trampa del intrigante Antonio Pérez.

Aunque ya tenía una duda que le obsesionaba: si Pérez no escribía esas cartas al dictado de lo que le decía el rey.

Si el verdadero intrigante no era su hermano.

V

El duque de Alba seguía recibiendo noticias de todo lo que ocurría en Flandes. Así, supo de la batalla de Mook donde los Tercios dieron buena cuenta de las tropas de Luis de Nassau, hermano de Guillermo de Orange, que murió en la batalla. Era el 14 de abril de 1574. Una gran victoria que no dio tiempo ni a celebrar porque una vez ganada la batalla, y utilizando el triunfo como argumento de categoría, los Tercios se amotinaron. Todos, incluidos los españoles.

De hecho, estos habían convencido a quienes no lo eran para quejarse después de luchar. A cambio, prometieron unirse al motín. Y cumplieron su palabra con más honor que Fadrique y Felipe cumplían con la suya. Llevaban ya más de tres años sin cobrar sus sueldos.

El amotinamiento supuso el fin de un ciclo. Luis de Requesens sabía que no podía prometerles dinero porque no lo había. Y que era imposible hacer una guerra sin ejército. Como alternativa para acelerar el fin del conflicto, Requesens propuso otras medidas como anegar las tierras o quemar las villas sin previa batalla. Felipe no se decidió ni por una cosa ni por otra.

Otra opción era organizar un atentado contra Guillermo de Orange, líder enemigo. No era la primera vez que un asesinato cambiaba el giro de una guerra. Francia había mostrado cómo hacerlo con el duque de Guisa y Coligny como víctimas. Ya muerto su hermano Luis, la rebelión quedaría descabezada.

Tres intentos hubo, pero no se logró el objetivo aun contratando a matarifes extranjeros de Albania y Escocia. La situación era ya desesperada. Y no solo en Flandes: una flota turca avanzaba hacia Túnez.

Don Juan de Austria pidió permiso para defender la plaza, pero Felipe le ordenó que fuera a Génova. Probablemente, no podía soportar una nueva gesta de su hermano.

Entre carta y carta, Juan decidió salir de Génova con la flota real a defender Túnez sin que se lo ordenara su hermano. Solo pudo ver de lejos el desastre y dar media vuelta. Túnez había caído. Luego caería La Goleta.

No tardó en llegar la noticia a Flandes. Aprovechando la debilidad de España, Guillermo de Orange propuso negociar. Y quería hacerlo desde una posición preponderante.

En octubre de 1574, el balance de la guerra era de continuas derrotas del ejército real, deshecho y partido en dos: los soldados que aún combatían y los que habían decidido no hacerlo porque no cobraban.

Los rebeldes se atrevían a hacer lo que no había hecho Requesens porque Felipe no se lo había permitido: anegar las tierras, destruyendo los diques. El agua irrumpió en las trincheras españolas que sitiaban Leyden, forzando su retirada.

Era paradójico que al rey le apenara arruinar su querida Flandes y a los flamencos no les importara hacerlo con tal de echar al enemigo de sus tierras.

Cuando Guillermo de Orange entró triunfante en Leyden, felicitó a sus ciudadanos por su heroica defensa y quiso recompensar a la ciudad cumpliendo el deseo que sus habitantes le pidieran.

No pidieron dinero ni comida.

Tampoco monumentos ni un nuevo ayuntamiento o la construcción de una nueva iglesia.

Le pidieron una universidad.

Contra la barbarie, conocimiento.

Guillermo buscó arquitectos que la diseñaran inmediatamente.

VI

Ana de Austria intentaba consolar a un abatido Felipe. Ambos habían asumido un pacto tácito de no hablar de política ni de guerras. De que sus horas juntos, con sus hijos, no se contaminaran de los reveses del reino. Pero ya era imposible negar la realidad. Derrota tras derrota, Felipe estaba cada vez más circunspecto y apenas encontraba solución a los problemas.

Por fin, empezó a confesar a su joven esposa sus problemas en Flandes, en Túnez y La Goleta. En cambio, nunca le habló de su hermano Juan. Ni de sus triunfos, ni de los celos que por él sentía. Tampoco le hablaba de que cada día pensaba cómo podía volver a humillar al duque de Alba.

Como bien le dijo su padre cuando era apenas un niño, hay secretos que no los debe saber ni la propia esposa.

Ella siempre le escuchaba atenta y le acariciaba. Cada charla acababa con un cariñoso:

—Vamos a dormir, marido.

Y Felipe, obediente, besaba a Isabel Clara, a Catalina Micaela y a los pequeños Fernando y Carlos Lorenzo.

Luego, se tumbaba en el lecho y se dormía abrazado por su esposa. Hasta un segundo antes de cerrar los ojos, pensaba en sus problemas. Después, tenía pesadillas con ellos. Al despertar, le estaban esperando para desayunar.

Como siempre le ocurría en estos casos, su cerebro se bloqueaba y su salud se debilitaba. Entonces, decidía dedicar sus horas a algo que no tuviera que ver con sus problemas, esperando que estos se resolvieran solos.

Y, como había hecho tantas veces en los últimos tiempos, decidió partir para El Escorial.

Una vez allí, se entretuvo decidiendo el modelo de las sillas que debían ir en cada estancia o reordenando los libros en su biblioteca.

Saludó a los obreros, les preguntó si se les trataba correctamente y se cumplían las condiciones necesarias para llevar bien su trabajo. Era como un padre para ellos. Quien le viera en el Alcázar madrileño y luego le viera aquí, habría pensado que era una persona distinta.

Mientras en la corte iba de sus aposentos a su despacho y de este a sus aposentos, aquí recorría cada pasillo y supervisaba cada habitáculo. Hasta se preocupaba del lugar en el que debían situarse las letrinas, calculando la lejanía suficiente de las mismas con las cocinas.

Su principal interlocutor en El Escorial era Juan de Herrera, que había asumido el desarrollo de la construcción tras el fallecimiento de Juan Bautista de Toledo en 1567. No había plano o idea que no tuviera que consultar con el rey.

Silencioso en la corte, a pie de obra se convertía en un infatigable conversador que demostraba tener amplios conocimientos sobre pintura, arquitectura o mobiliario. Parecía haber nacido más hijo de aposentador que de rey.

Si bien Herrera trabajaba más a gusto sin su presencia, no podía dejar de reconocer que no había conocido a persona alguna que, sin estudiar arquitectura, supiera tanto de ella.

Vitrubio, Suger, Parler, Buonarroti, Brunelleschi, Vasari... eran analizados con sabiduría por el rey, que mostraba singular pasión por Leon Battista Alberti y su *De re aedificatoria.* Su *concinnitas,* o sentido de la justa medida, era, para el rey, la mejor definición de belleza: cuando no sobra ni falta nada. Cuando la mirada se posa en algo y la inteligencia lo considera bello sin saber definir las razones de su belleza.

También mostraba su amor por la traza urbana a la italiana, según la cual, toda ciudad debía estar hecha a la medida del hombre y de su mirada. Así, la calle debía ser el doble de ancha que la altura de los edificios que la enmarcan.

La primera vez que oyó hablar de este tema al rey, Herrera no pudo evitar una sonrisa.

—¿Por qué sonreís? —preguntó Felipe.

—Perdón por mi atrevimiento, majestad.

—No, os lo ruego: hablad. Con nadie disfruto tanto conversando como con vos.

—Y yo con vuestra majestad, os lo aseguro. He conocido muchos humanistas que poseen menos conocimientos de los que vos mostráis.

—No era eso por lo que sonreíais.

—No. Sonreía porque esa medida a la italiana bien poco tiene que ver con esta obra.

—Es que este monumento no está hecho a medida del hombre, sino de Dios.

Herrera no supo que responder. Entre otras cosas, porque, probablemente, el rey tenía razón.

Solo había que supervisar cada plano, ver el desarrollo de cada sala para comprender la magnitud del edificio, que más que ser solo eso era un complejo arquitectónico y una cámara de las maravillas a la vez.

Los números de la obra eran impactantes. 2.675 ventanas. 1.200 puertas. 88 fuentes. 16 patios. 89 escaleras.

Como concepto arquitectónico, el edificio mostraba referencias que podían ser identificadas en estilos y obras anteriores. Pero la suma de ellos eran de una personalidad incuestionable.

Su multitud de usos también era llamativa. Convento y mausoleo convivían con colegio y biblioteca. Era un gran monasterio que, a la vez, era un palacio. Un palacio personal e intransferible: el del rey Felipe.

Lo que empezó siendo un homenaje a la victoria de San Quintín había evolucionado hasta ser un homenaje a quien había ordenado construirlo. En él, lo religioso prevalecía y lo laico se convertía en religioso. El «todo por el imperio» se había transformado en un evidente «todo por Dios».

Ya se habían cumplido diez años desde la colocación de su primera piedra. Pese a que ya se había construido el ala sur y los aposentos reales (Felipe ya podía hacer vida allí), Herrera calculaba que iban a pasar otros tantos hasta su culminación. Y eso a pesar de la ingente cantidad de grúas: más de veinte se contaban solo en la iglesia. Asistir a la construcción era una inmensa obra de teatro donde los protagonistas eran cientos de obreros, docenas de carros de bueyes y múltiples tablados y andamios.

Felipe, al saber de los cálculos del arquitecto, pensó en si seguiría vivo para entonces.

Y, si lo conseguía, si tendría menos problemas cuando estuviera finalizado que los que tenía en aquel momento.

Solo encontraba sosiego en su esposa, que acababa de anunciarle que estaba de nuevo embarazada.

VII

Dinero. Todos querían dinero. Por carta o de viva voz.

Problemas. Todos traían problemas a su despacho.

¿Qué se creían?, se preguntaba Felipe.

¿Acaso los demás pensaban que era Dios? Él era solamente el rey.

Las derrotas y la miseria habían reducido el espíritu de grandeza del príncipe que fuera educado para heredar un imperio. Nominalmente, no era emperador sino rey. Pero su reino era un imperio tan enorme que en él no se ponía el sol.

De joven soñaba con ser su dueño. Ahora ya sabía que era demasiado grande para un solo hombre.

Antes, vivía para saber gobernarlo. Ahora, hasta llegaba a pensar en la muerte como descanso.

Todo se complicaba y las moscas no dejaban de zumbar detrás de su oreja.

El nuncio del papa en Madrid, Nicolás de Ormanetto, insistía en que su hermano protagonizara la invasión de Inglaterra. El papa pensaba que lo ideal era viajar hasta Flandes para, desde allí, acceder a las islas británicas.

El secretario de Juan de Austria, Escobedo, avisaba de su llegada a Madrid. Juan de Ovando, al saberlo, le dijo a Mateo Vázquez:

—Tiemblo. Seguro que viene por dinero.

Vázquez había trabajado al servicio de Ovando en Sevilla. Ahora su poder era superior dada su cercanía al rey, pese a que Ovando ostentaba cargos tan importantes como el de inquisidor y presidente de los consejos de Hacienda y de Indias.

No se equivocaba quien llevaba las cuentas del reino: Escobedo venía ordenado por Juan de Austria para conseguir fondos para la flota que vigilaba el Mediterráneo.

Ovando, previsor, fue a ver al rey.

—Majestad, no cedáis, os lo ruego: estamos en la ruina.

—Como siempre, Ovando.

—No, ahora más.

La situación era extrema, pero el rey no la entendía. Y Ovando se quejó de ello a Mateo Vázquez.

—Le explico los números y se queda con la mirada perdida. No comprende lo que le digo. El descontrol es absoluto, Vázquez. Y el rey no toma decisiones. Y si lo hace, las toma tarde y mal. No se puede permitir que los asentistas tengan tipos de interés de casi un dieciséis por ciento. Tenéis que ayudarme, Mateo.

Vázquez le dijo que sí, pero sabía que no podía hacer nada. A sus oídos había llegado una frase puesta en boca de Granvela: «Si tenemos que esperar la muerte, ojalá venga de España, porque entonces no llegará nunca.»

El rey paralizaba todo con su obsesivo control personal de todos los problemas. Tardaba en resolver todas las cosas y cuando lo hacía se llevaban a cabo sin tiempo ni razón. Lo sabía bien desde que trabajaba con el cardenal Espinosa.

Lejos de admitir su culpa, el rey se quejaba a sus secretarios sin ningún pudor.

—No puedo atender más cosas de las que atiendo. Estoy agotado.

Y se volvía a aplicar en la lectura de documentos que sus secretarios, especialmente Vázquez, le habían resumido y anotado para que ganara tiempo para asuntos más importantes. Esencialmente la economía, como le reclamaba continuamente Ovando, que sentía que en este tema el rey no era un alumno muy aventajado. Felipe no lo hizo ni escuchó los consejos que se le daban.

Prueba de ello es que acabó accediendo a dar fondos a su hermano para conseguir una flota para la empresa inglesa. Luego le concedió el honor de ser Vicario de las regiones italianas. Escobedo se marchó satisfecho.

Antonio Pérez no lo estaba tanto: para él Juan de Austria no solo era un peligro, sino el principal asunto que le había encargado el rey y no estaba dispuesto a soltarlo.

Luego se avisó a Requesens de que Juan de Austria llegaría a Flandes para desde allí acceder a Inglaterra.

El gobernador de Flandes respondió de inmediato.

Con todo el respeto digo a vuestra majestad que no veo la utilidad de la empresa inglesa. Aquí estamos en las últimas. Una revolución general está cercana. Nuestras tropas no cobran, muchos de nuestros soldados campan por sus respetos.

¿Es hora de acometer nuevas empresas cuando no podemos resolver esta?

El rey ni le contestó. Asuntos más graves le tenían ocupado. Y, más que atareado, hundido. La vida le acababa de infligir una herida profunda y sin posibilidad de cicatrizar: la muerte de su hijo Carlos Lorenzo el 30 de junio de 1575.

El niño no llegó a cumplir los dos años. La ilusión del nuevo embarazo no logró empañar la profunda tristeza del rey. Su esposa, ya de siete meses, no paraba de llorar.

Los médicos y Felipe temieron que la pérdida de un hijo supusiera la del que estaba por venir. El rey no sabía qué hacer para consolar a la reina. Sus hijas siempre estaban al lado de ella, pero también lloraban tanto que Felipe ordenó a las damas que las alejaran de su madre hasta que esta se recuperara.

Ana lo impidió.

—No me quitéis a mis niñas. Son la luz de mi vida en estos momentos tan oscuros.

Dos meses después, el 15 de agosto, Ana de Austria rompió aguas. Nada más hacerlo, con los ojos aún enrojecidos de tanto llorar, miró a su esposo y le tranquilizó.

—No temáis. Cumpliré con mi misión. La vuestra es gobernar. La mía daros hijos. Ojalá no pierda más. Pero por cada uno que Dios decida llevarse, yo os daré otro.

Siempre cumplidora de sus promesas, Ana dio

a luz otro niño, al que pusieron de nombre Diego Félix.

Ojalá todos en la corte cumplieran con sus tareas como lo hacía la reina.

VIII

El destino quiso que un hijo viniera cuando otro se había ido. También que la decisión de Felipe de apoyar a Juan, más por presión del Papa que por propia voluntad, no pasara de ser un brindis al sol.

Los acontecimientos y las malas noticias se paseaban por la corte como si estuvieran a sueldo del rey.

El 1 de septiembre de 1575 Felipe se vio obligado a decretar la suspensión de pagos de la deuda pública de la corona. Lo que estaba paralizado siguió estándolo. Y lo que no, se detuvo como un barco en aguas mansas y sin viento.

Ovando pidió auditar trescientos asientos contables con la certeza de que existía falsedad de cuentas por parte de otros tantos mercaderes. Para colmo, la deuda contraída con los soldados que combatían en Flandes o esperaban en Italia cualquier ataque turco ascendía a seis millones de ducados. Era el problema de tener que mantener a casi cien mil hombres cuya productividad se basaba en matar o morir.

La noticia llegó a Flandes en apenas unas semanas. España se obcecaba en mantener una guerra al otro lado del continente mientras sus tierras eran asoladas por la miseria y el hambre. Entre tanto su comercio se paralizaba y se suspendían las ferias que animaban la vida económica de ciudades y pueblos.

Tan brutal contraste, era bien conocido por Guillermo de Orange, que desplegaba su propaganda contra el invasor. Un gigante con pies de barro. Una casa con mil puertas imposible de vigilar. Así lo definía para arengar a los suyos a una pronta victoria. Como general, Guillermo no podía presumir. Como político, podía compararse con el mejor.

Fue una Navidad triste para Felipe. Como esposo, como padre y como rey.

El nuevo año no empezó mejor. El 5 de marzo de 1576, Luis de Requesens moría enfermo de peste.

La rapidez con que se propagó la enfermedad impidió prevenir un relevo. Flandes quedaba en manos de un consejo formado por un español y ocho nativos, cuyo mérito esencial había sido ser sumisos. Y mal comandante surge de la sumisión.

Todo lo que había vaticinado Requesens empezó a cumplirse. Las villas que aún eran leales al rey dejaron de serlo.

Algunas, incluso, cambiaron de bando al ser saqueadas por soldados de los Tercios, que no diferenciaban quiénes eran leales y quiénes no lo eran.

La revolución absoluta.

Requesens también había acertado en otro vatici-

nio. Al llegar a Flandes se sintió, antes que gobernador, un mártir sin causa.

Ya lo era.

IX

Los tiempos cambian. Las personas, también.

De niño, Luis de Requesens era el compañero in-
separable de Felipe. De joven, su confidente. Ahora
había muerto. Felipe no derramó una sola lágrima
cuando supo la noticia.

En honor del fallecido, ordenó que su cadáver
fuera trasladado inmediatamente a Barcelona. Lo
dispuso junto a otra docena de asuntos cotidianos.
Sintió lo mismo firmando uno y otros documentos.

Solo durante unos minutos, los recuerdos pilla-
ron desprevenido al rey y, por su mente, empezaron
a sucederse imágenes de su infancia. En ellas aparecía Luisito. Y sus padres que también ejercieron como tales con Felipe... De su mente, los recuerdos tomaron camino hacia su corazón. Cuando estaban a
punto de entrar en él y convertirse en lágrimas, el
rey reaccionó como si acabara de despertarse de un
sueño. Y siguió trabajando como si tal cosa. Evocar
el pasado no le iba a arreglar ninguno de sus actuales
problemas. ¿Para qué perder tiempo en ello?

Además, la pérdida de su hijo Carlos Lorenzo y el

agotamiento ante la lluvia de problemas diarios le habían llevado a un nuevo ataque de ensimismamiento.

No debía viajar al pasado, como el perro que muerto su amo da vueltas en torno a su tumba. Debía dar un paso adelante. Buscar una salida al conflicto de Flandes. El problema es que no le quedaban muchas.

Requesens había muerto. La vuelta del duque de Alba era impensable, tras su política de tierra quemada. Solo tenía una opción posible: su hermano Juan. No iría a Flandes como etapa previa a invadir Inglaterra. Iría a Flandes para quedarse allí como gobernador.

El rey había apartado concienzudamente de la gloria a su hermano. Ahora le necesitaba para, una vez más, resolver otra situación imposible.

Juan estaba acostumbrado a salir airoso de cualquier dificultad. Y siempre le había sido leal a Felipe, pese a sus últimas rebeldías. Pero cuando recibió la noticia de que el rey le quería como gobernador de Flandes, una desconfianza profunda se adueñó de él.

¿Podría superar esta prueba? Ni el gran duque de Alba ni Requesens lo habían conseguido. Pero, sobre todo, ¿qué ganaría si la superaba? Hasta ahora, ninguna de sus hazañas le habían servido para cumplir sus sueños de ser tratado como lo que era: parte de la familia real. No había cumplido los treinta años y ya era un mito para toda la cristiandad.

No podía entender el trato de su hermano.

Habría podido ser rey de Albania porque los albaneses se lo rogaron. Felipe se negó.

El papa Gregorio había pedido al rey que Juan fuera nombrado rey de Túnez. Segunda negativa.

Otra vez el Papa había sugerido que comandara la invasión de Inglaterra para acabar siendo su rey. Tercer no.

Sabía que la aceptación de que viajara a Flandes para iniciar su campaña inglesa era debida a la presión del Papa. Tenía la certeza de que Felipe la había aprobado sabiendo que la suspensión de pagos estaba al caer y todo lo prometido se convertiría en papel mojado. Ese era su hermano, el rey de España, pero también del disimulo.

Juan pensó que Felipe ya le había negado tantas veces como Pedro a Cristo.

Y temía morir crucificado.

16

La mala semilla (1576)

I

Como siembres, recogerás. Algo tan evidente para cualquier campesino, parecía no serlo para todo un rey. Felipe empezó a recoger tempestades donde provocó tormentas. Siempre previsor, esta vez no había calculado bien el efecto que podrían causar sus actos.

La corona no salva a quien la lleva de ser un hombre y, como tal, de equivocarse. Sin embargo, sí permite al que la lleva no pedir perdón por sus errores. Felipe nunca pidió perdón a su hermano por negarle su condición de alteza, que se merecía por sangre y, sobre todo, por méritos.

Como si no hubiera pasado nada, ni hubiera un pasado lleno de olvido y desafecto, en el mes de mayo, escribió a Juan nombrándole gobernador de Flandes.

El rey no pensó en que Juan le pusiera pega alguna. Se equivocó. La respuesta de su hermano no fue de alegría ni de lealtad. Sencillamente informaba de la próxima visita a la corte de su secretario, don Juan de Escobedo.

Antonio Pérez intuyó que se avecinaban problemas y entró en pánico. Antes de que llegara a Madrid, Pérez pidió a Escobedo reunirse con él en Alcalá de Henares.

Pérez había destituido al anterior secretario, Juan de Soto, al creerle culpable de fomentar las ambiciones del hermano del rey. Había elegido a Escobedo como relevo para corregir el error. Para que vigilara y controlara a Juan, no para que se convirtiera en su más fiel aliado.

La carrera de Escobedo no inducía a pensar que jamás pudiera pasar esto. Siempre había sido un hombre leal al rey. Le había acompañado a Inglaterra en el inicio del viaje. Ruy Gómez le había elegido para, en sus continuas ausencias, proteger a su esposa del carácter de su padre. Había ejercido de secretario de Hacienda. Nunca había defraudado las ilusiones puestas en él.

¿Qué estaba ocurriendo ahora? ¿Por qué no había mandado mensaje de lo que pasaba por la cabeza de Juan de Austria? En vez de hacerlo, ahora venía a ver al rey como su portavoz.

Al encontrarse con Escobedo en Alcalá, Pérez fue directo al grano.

—¿Podéis explicarme vuestra actitud?

Escobedo adivinó lo que se le venía encima, pero reaccionó con serenidad y firmeza.

—Calma, Pérez. Isabel la Católica abolió la esclavitud, no me tratéis como a un siervo.

—¿A qué venís a Madrid?

—A decirle al rey que don Juan de Austria acepta ser gobernador de Flandes.

—¿No habría bastado un mensajero?

—No. Un mensajero lleva y trae mensajes. Yo traigo condiciones.

La inquietud de Pérez crecía por momentos. Escobedo se permitía hasta lucir su cinismo.

—¿Qué condiciones son esas?

—El rey las sabrá antes que vos.

Pérez se dio cuenta de que yendo de frente no conseguiría nada, así que cambió la actitud. A veces, la amabilidad es mejor arma que el encontronazo.

—Perdonadme por mis formas. Son muchos los problemas que hay en la corte y agrían el carácter.

Escobedo captó el cambio de estrategia. Y decidió dejarse llevar para saber hasta dónde llegaba Pérez.

—¿Qué os preocupa, Pérez?

—El rey parece agotado, sin capacidad de reacción. Actúa tarde y mal. Además, está empeñado en rodearse de gente incapaz. Zayas es un inútil.

—Me habían hablado bien del nuevo secretario...

—¿Vázquez? Es un meapilas cuyo único mérito es haber sido el protegido del cardenal Espinosa. Pero es amigo de Ovando.

—Mala compañía.

—De Sevilla vienen los dos. ¿Qué se puede esperar? Dales la mano y te quitarán hasta el jubón.

Escobedo rio por la ocurrencia. Pérez creyó que ya era suyo.

—Os propongo una cosa. ¿Por qué no venís a cenar a mi casa después de vuestra entrevista con el rey? Así vemos cómo arreglar lo que sea necesario. El rey me escucha, os lo aseguro.

—Lo sé.

Escobedo aceptó la invitación y se despidieron.

Pérez se fue creyendo que Escobedo había mordido el anzuelo.

Escobedo marchó a ver al rey dando por seguro que Pérez creía que le había logrado engañar.

En realidad, lo mordieron los dos. Mateo Vázquez, el meapilas, seguía empeñado en encontrar tacha en la conducta de Antonio Pérez. Hasta Alcalá viajó siguiendo al secretario un criado suyo, que le informó de la reunión.

—¿De qué hablaron estos dos?

—Entraron en una iglesia y la puerta estaba custodiada, señor. No he podido hacer más.

Vázquez le dio unas monedas. Y, también, las gracias.

II

Medios y reconocimiento. Eso pedía Juan a su hermano a través de su secretario Escobedo. También, que le permitiera (una vez lograda la pacificación de Flandes) acometer la invasión de Inglaterra.

La obsesión de Juan era ser rey. Lo había podido ser de Albania y de Túnez. Su hermano se lo negó. Ahora tenía el apoyo del Papa para serlo de Inglaterra. No iba a desaprovechar la oportunidad.

Felipe hubiera contestado con gusto su famoso «ya me lo pensaré», pero no pudo hacerlo. Las noticias que le llegaban de Flandes confirmaban el pesimismo del fallecido Requesens: estaba cerca la revolución total. Había que actuar inmediatamente y necesitaba a su hermano allí cuanto antes.

Así que Escobedo, en vez del «ya me lo pensaré» recibió un sí por respuesta. Y marchó contento.

Una vez a solas con Antonio Pérez, el rey exclamó airado.

—¡Vos me dijisteis que podíamos fiarnos de Escobedo!

Pérez le podía haber contestado que a quién se le había ocurrido el nombramiento de Escobedo había sido al mismo Felipe. Pero debatir las contradicciones con Felipe no era buen asunto. Además, un rey solo tiene memoria para sus aciertos. Nunca de sus fallos.

Antes de recibir un nuevo reproche, Pérez le tranquilizó.

—Ya encontraré la manera de que vuelva a nuestras filas.

—Haced lo que tengáis que hacer.

Cuando Pérez marchó, el rey no dejó de pensar en su hermano. Recordó la primera vez que le vio, siendo apenas un niño. Tímido, humilde, cuidando cada sílaba que pronunciaban sus labios. Ese niño, ahora, era un hombre de casi treinta años y se atrevía a ponerle condiciones. Consideraba a Juan el más terrible ejemplo de la ingratitud.

Otros, sin embargo, estimaban la actitud del rey para con su hermano el más evidente símbolo de los celos. El rey no podía soportar, decían, que con apenas treinta años, Juan fuera ya un mito para toda la cristiandad y protegido del Papa.

El rey tenía el poder, pero su hermano lucía la fama. Era como si el emperador Carlos hubiera repartido sus virtudes entre sus dos hijos. Felipe era el cerebro. Juan, el guerrero.

En realidad, no era la única diferencia entre ambos hermanos, aparte de nacer de distinta madre. Eran diferentes hasta en sus defectos. El rey era víctima de la desconfianza y la intriga. Juan de la ambición y los deseos de gloria.

Demasiados ingredientes para un mismo guiso.

III

Escobedo sabía del buen gusto de Antonio Pérez. Lo que ignoraba es que tuviera tanto dinero como para disfrutar de un hogar como del que disponía en la plaza del Cordón.

Todo era lujo en aquel caserón que Antonio Pérez, irónicamente, denominaba La Casilla.

Al ver el interior, Escobedo quedó impresionado. Su mobiliario, sus esculturas y sus pinturas hubieran sido dignas piezas de la colección de un rey más que de la de uno de sus secretarios. Escobedo llegó a reconocer dos pinturas de Tiziano, el pintor preferido de Carlos y luego de su hijo.

La casa en sí misma ya era un lujo, con cuatro torres que la enmarcaban y verdes jardines así como ricas huertas. Poseía un soto sombreado que medía más de una legua.

Aturdido por el lujo que le rodeaba, Escobedo ironizó.

—Buenos negocios debéis tener para obtener tantos beneficios.

Pero no era ese el tema de la cita, sino la disposición de don Juan de Austria para aceptar el puesto de gobernador de Flandes.

Antonio Pérez intentó saber la opinión de Escobedo sobre la aceptación por parte del rey de las condiciones de don Juan.

—Estoy satisfecho... siempre que su majestad cumpla lo prometido.

—Lo hará. Espero que cuando vuestro señor sea rey de Inglaterra no os olvidéis de vuestros amigos.

—Muy seguro os veo de que lo conseguirá.

—Ganó las Alpujarras y ganó Lepanto. Todo es posible para él.

Escobedo le miró extrañado. Pérez lo notó.

—Veo que desconfiáis de mí.

—Buen ojo tenéis. Me recibís en Alcalá de malas maneras y ahora solo os oigo adular a don Juan.

—Debo parecer leal al rey y todas las paredes tienen oídos. Menos las de esta casa.

Hizo una pausa y se lanzó a campo abierto para ganarse la confianza de Escobedo.

—Si no supiera todo lo que sé, no podría ostentar mi cargo.

—¿Y qué sabéis que yo no sepa?

—Sé lo que no sabéis y también lo que no queréis que yo sepa.

Escobedo le observó curioso.

—Por partes. ¿Qué no quiero que sepáis?

—Que el Papa apoya a don Juan en el pulso que está echando a su hermano. Llegaron cartas cifradas desde Roma que tenían como destinatario el nuncio Ormanetto.

—Cartas que descifrasteis, evidentemente.

Ahora quien sonrió fue Antonio Pérez.

—¿Lo sabe el rey?

—Si se lo hubiera dicho, no estaríais cenando conmigo, sino en un calabozo.

—¿Qué más sabéis?

—Si no os importa, prefiero deciros ahora lo que vos no sabéis. Os diré las razones de por qué el rey teme a su hermano. Las sé porque me las ha dicho.

Pérez desgranó todo un repertorio de medias verdades sutilmente aderezado por medias mentiras. Entre ellas (y aquí no mentía) que el rey sabía que el pueblo castellano le consideraba el nuevo duque de Alba. Solo que don Juan tenía algo de lo que el duque carecía: juventud y sangre real en sus venas.

—Felipe le teme por eso. Cree que una vez tomada Inglaterra, vendría a tomar España. O que tal vez ni lo necesite. Si muriera, ¿quién heredaría la corona? Su hijo Carlos bien muerto está. Y los dos que aún viven tienen el uno cuatro años y el otro ni ha cumplido el primero. No. El heredero sería don Juan. Y el orgullo del rey no lo admite.

Escobedo intuía que algo de eso pasaba desde hacía tiempo. No hacía falta estudiar en Salamanca para llegar a esa conclusión.

—Por eso envía a su hermano a acometer campañas imposibles.

—Exacto, Escobedo. Pase lo que pase, el rey siempre gana. Si don Juan gana la batalla, él se apunta el mérito. Si la pierde y muere, se lo quita de en medio.

Aún faltaba la guinda del discurso de Antonio Pérez.

—Tengo bien informado a don Juan de todo esto.

—No os entiendo.

—Llevo más de tres años contándole por carta cada detalle de esta infamia.

IV

Nada más llegar a Milán, Escobedo contó con todo detalle lo que le había dicho Antonio Pérez.

—¿Cómo no me habéis hablado de las cartas que os escribe el secretario del rey?

—Porque la mierda no debe exhibirse.

—¿Le habéis respondido alguna vez?

—Siempre. Pero jamás he hablado mal del rey en mis respuestas.

—¿Guardáis las cartas de Pérez?

—Todas.

—Bien hecho.

Los dos guardaron silencio. En él las dudas podían respirarse.

—¿Qué haremos? —preguntó don Juan.

—No lo sé.

Escobedo miró a don Juan. Le habían enviado a espiarle. ¿Quién le iba a decir que iba a acabar siendo su más fiel consejero? Él mismo estaba sorprendido de su cambio de actitud. Probablemente, era el hermano del rey el culpable de ello. Nada más conocerle, Escobedo sintió que estaba ante un hombre noble. Donde esperaba recelo, encontró simpatía. No había duda que don Juan tuviera que no consultara con él. Y siempre le escuchaba.

Poco a poco, Escobedo empezó a creer en él. Lo hizo, esencialmente, porque había descubierto en su nuevo señor una virtud impropia de los tiempos que corrían: sinceridad. No sabía intrigar ni tenía doblez.

A sus treinta años, correteaba por la vida como de niño lo hacía por las calles de Leganés. Entonces no sabía que era hijo del emperador. Ahora, sí. Pero —en esencia— seguía siendo el mismo.

La humildad y el temor de Dios eran otros factores que, según Escobedo, también definían a don

Juan de Austria. Siempre recordaría el momento en el que don Juan le había hablado de sus grandes victorias. No citaba su hábil estrategia. Ni los enemigos que mató.

De las Alpujarras, el héroe le relató la pena que tuvo al ver a familias enteras dejar el hogar. Y lo recordaba él, que había masacrado como un animal fuera de sí a los padres de muchos de esos niños y mujeres.

Cuando le hablaba de Lepanto, Juan lo hacía para describir el miedo que pasó. La locura de la batalla donde hubo un momento en el que no distinguía sus soldados de los del enemigo. Del mar teñido de rojo por los numerosos muertos.

Probablemente por eso era tan gran guerrero, porque respetaba y temía la guerra.

—De niño jugaba con espadas de madera. No era lo mismo.

Tan impresionado estaba por haber visto a menudo la muerte de cerca que, lejos del campo de batalla, don Juan parecía beberse la vida a largos tragos. Disfrutarla en fiestas y amoríos. Era joven y atractivo. Era un mito. Era el hermano del rey de España. Pocas mujeres podían resistir la suma de todos estos atractivos.

Por lo demás, no había en su comportamiento vanidad. Pero sí mostraba la necesidad de sentirse querido por su hermano. Por él se había convertido en comandante de unos ejércitos que no conocían límites en su crueldad. Eran tiempos recios y recio debía ser su comportamiento.

Si su conciencia tenía que nadar en un mar de dudas, al menos que fueran reconocidos sus méritos. Si había pecado, ya le impondría Dios su pena cuando muriera. Pero, mientras viviera, quería honor y gloria.

No pedía al rey que le tratara como un igual: siempre estaría a su servicio, como ya había demostrado. Pero sí que de una vez por todas le reconociera no solo sus servicios sino su sangre. La derramada y la que aún corría por sus venas. Y esta era la misma que la del rey, heredada del gran emperador Carlos.

Por todas estas razones, Escobedo había cambiado su papel de espía por el de hermano mayor, pues era diecisiete años más viejo. Y ahí estaba, a su lado. Rodeados de víboras.

Tal vez era el momento de que ellos se convirtieran también en serpientes venenosas. En intrigantes. Y si no llegaban a tanto, por lo menos poner el cepo donde sus enemigos cayeran atrapados.

Un cepo que Escobedo decidió que tuviera cuerpo de carta al rey.

—Ya sé lo que haremos. Escribiremos al rey agradeciéndole que haya aceptado todas nuestras condiciones. Las citaremos en la carta una por una. Le necesidad de medios. El apoyo a la empresa de Inglaterra, de la que si salís triunfante os coronaréis rey. Incluso añadiremos la petición de que se os nombre infante y, por lo tanto, recibáis el trato de alteza. Todo. Lo relataremos todo.

—¿Con qué sentido?

—Si el rey responde supondrá que las habrá aceptado por escrito. Yo me encargaré de que no un notario, sino media docena, den fe de lo escrito. Tanto de nuestra carta como de la de vuestro hermano. Aunque no cite las condiciones, tácitamente las habrá aceptado.

Don Juan se quedó meditando la idea de su secretario.

—¿Y si mi hermano no responde?

—No iréis a Flandes.

Escobedo sabía bien que Felipe daba sus órdenes más complicadas de viva voz para que, si el resultado no era el esperado, no hubiera pruebas de que el error era suyo.

Así, acostumbraba a prometer y luego a no cumplir. Nunca se comprometía.

Ahora tendría que hacerlo.

V

Felipe estaba desesperado. Pasaba el tiempo y solo había recibido la carta de agradecimiento de su hermano por aceptar las condiciones (relatadas una a una en el billete) que él le había pedido.

—¿A qué está esperando Juan para ir a Flandes?

El rey hizo la pregunta al aire. Pero Antonio Pérez, que (como siempre) estaba delante, le respondió servilmente.

—A que vuestra majestad responda a su carta. De esta manera...

El rey no dejó acabar la frase a su secretario.

—De esta manera, sería como si le hubiera concedido sus peticiones por escrito. Porque a buen seguro, un notario habrá dado fe de la carta que he recibido.

—Lo habéis descrito a la perfección, majestad.

El rey estalló de rabia como un niño al que le quitan su juguete preferido.

—Pero ¿quién se cree que es mi hermano? ¿Cómo se atreve a ponerme a prueba? ¡Soy el rey y doy las órdenes como me da la gana! ¿Acaso duda de mi palabra?

Pérez no se atrevió a responder a esta última pregunta. Hasta el mismo Felipe se arrepintió de haberla planteado en voz alta.

—Esperaremos. No aguantarán el pulso —dijo Pérez intentando animar al rey.

Felipe le miró desesperado.

—No tenemos tiempo para esperar, Antonio.

Así era. Cada día que pasaba, se encendía en Flandes un nuevo fuego. Las ciudades que se habían levantado contra el rey seguían estándolo. Las leales se pasaban al enemigo, más de una vez por el saqueo de las tropas españolas, que no tenían ni para comer.

El rey había intentado atenuar la gravedad del asunto a través de una carta al consejo de Bruselas. En ella planteaba la necesidad de una apertura de negociaciones con los rebeldes. Les ofrecía el perdón de todo acto cometido en tiempos de guerra, la restitución de las multas exigidas y nuevos planes de hacienda.

Felipe no era sincero. Solo quería ganar tiempo hasta la llegada de Juan de Austria a Flandes. Tuvo el rey la mala suerte de que cuando llegó su mensaje, los que aún le eran fieles en el consejo habían sido detenidos por Guillermo de Orange. Él fue quien leyó la carta de Felipe. Y tuvo el detalle de responderle.

Cortésmente, y ante el estupor del rey, le dijo que solo aceptaría a don Juan de Austria como gobernador previa retirada absoluta de las tropas españolas.

¿Cómo sabía Guillermo que era Juan de Austria el elegido? Todos los mensajes enviados a Flandes estaban cifrados. Felipe llegó a pensar que Guillermo de Orange conocía hasta lo que comía cada día en el Alcázar de Madrid.

Sin duda, Guillermo estaba sabiendo aprovechar la ausencia de mando en las tropas españolas.

En la corte todo era pesimismo. No solo se estaba perdiendo una guerra: se estaba perdiendo el orgullo.

VI

Mientras España perdía la guerra en Flandes, Mateo Vázquez seguía intentando ganar la suya. Lo necesitaba. Cada vez estaba más aislado en la corte.

Su papel se estaba limitando a leer cientos de documentos, resumirlos y anotarlos.

Para nada, porque luego el rey los leía de cabo a rabo como si no tuviera nada más importante que hacer.

Todas las reuniones esenciales se hacían sin avisarle siquiera. A Zayas le ocurría lo mismo pero, como ya estaba acostumbrado, se lo tomaba con filosofía.

—Ahí están *los Dos* —decía cada vez que veía salir de su despacho al rey acompañado de Antonio Pérez.

Porque en la corte no gobernaba solo el rey. Gobernaban *los Dos*. Probablemente, uno más que otro. Y no era el que portaba corona.

Vázquez se dio cuenta de la magnitud del poder de Pérez cuando intentó pedir ayuda a hombres del Santo Oficio para investigar sobre la vida de Pérez. No encontró ayuda. De nada sirvieron sus contactos sevillanos, empezando por el mismo Ovando.

Este se atrevió a aconsejarle.

—No meneéis el árbol, no sea que os descalabre una manzana.

Hubiera dado la mitad de su sueldo por entrar en la casa de Pérez, la que en Madrid ya se nombraba como La Casilla. De momento solo había podido ver su exterior y las cuatro torres que la flanqueaban. Aun así, estaba enterado de su lujo interior. Sabía que dentro de la finca se mantenían no menos de veinte caballos y que Pérez disponía para sus viajes fuera de Madrid de carroza y litera. Sus aires de grandeza no tenían límite: había encargado a un carpintero que le hiciera una cama igual que la del rey.

Por supuesto, Vázquez había puesto espías que vigilaban quien entraba y salía de ella. Había tenido que recurrir a hombres de extrema confianza.

La lista de visitantes que sus espías veían entrar o salir era de tal alcurnia que Vázquez empezó a darse cuenta de la envergadura de su misión.

El duque del infantado, el conde de Tendilla, el marqués de Auñón, el conde de Luna... Lo más granado de la corte compartían veladas y secretos con Antonio Pérez.

También iban embajadores extranjeros y hasta el nuncio del Papa. Vázquez incluso llegó a pensar si Pérez no vendía secretos de Estado a otros reinos. Desgraciadamente, tenía la seguridad de que, de ser así, difícilmente encontraría prueba alguna. Odiaba a Pérez, pero no dudaba de su inteligencia. Ignorar las cualidades del enemigo es el paso previo a una segura derrota.

Un día, al leer una lista de visitantes a tan peculiar lugar, se quedó pasmado: Ovando estaba en ella.

Su amigo, alguien en quien tenía plena confianza, también alternaba con su enemigo. Sin duda, tendría de qué hablar con Pérez como secretario de Hacienda: los dos sabían bastante de cómo manejar el dinero.

Algún día sus espías le dirían que el rey en persona había cenado allí. Su hermano, desde luego, lo había hecho: tenía noticia de ello. No le debieron dar bien de cenar, pensó Vázquez, que conocía los problemas que estaba provocando su tardanza en ir a Flandes.

Vázquez no solo odiaba a Pérez. También a todos

los que visitaban La Casilla. A los que le daban dádivas como para llevar una vida tan disipada. El reino estaba en bancarrota y el secretario del rey vivía en el lujo más ostentoso sin que nadie le reprendiera.

Habría entendido que una multitud de mendigos hubieran quemado la casa. Ahora no era difícil encontrar indigentes en cualquier localidad. La miseria había crecido tanto que muchos comerciantes y gente de bien ya vivían como harapientos.

Sí, estaría bien que se reunieran unos cuantos con teas encendidas e incendiaran La Casilla. Él mismo habría encabezado la manifestación. Pero nunca hubo el más mínimo atisbo de que eso ocurriera.

Vázquez era religioso. Lo era como hombre de fe y porque estaba moralmente obligado a ello: la Iglesia se lo había dado todo. Creía en la humildad y en la penitencia. Muchas veces había tenido que ser sumiso para sobrevivir. Su madre le enseñó que mejor ser un sumiso vivo que un orgulloso muerto. Pero todo tenía un límite.

No entendía que la muchedumbre se congregara en los autos de fe y en las procesiones mendicantes en vez de agruparse para exigir justicia. Que no plantaran cara a quienes vivían como reyes sin ser el rey, mientras ellos no tenían ni para comer. Un pueblo de sumisos nunca puede ser grande.

¿Es que nadie sabía de estos asuntos? ¿Acaso se había perdido el orgullo? Probablemente, se respondió, quienes lo tenían estaban luchando en los Tercios y ahora exigían su paga a sangre y fuego.

O buscando fortuna en las Indias, jugándose las

vidas. Él había visto embarcar en Sevilla camino de América a cientos y cientos de personas que anhelaban tener allí la riqueza que aquí se les prohibía. El orgullo de España se encontraba fuera de ella.

Amargado, estaba empezando a darse por vencido, cuando fue alertado de que en uno de los encuentros sociales organizados en La Casilla se encontraba la princesa de Éboli.

Al principio se extrañó. Tras ser obligada por el rey a abandonar el convento para cuidar de sus hijos, sus visitas a la corte habían sido escasas. Pastrana seguía siendo su feudo y su hogar.

La última visita a Madrid había sido reciente, con motivo de la muerte de su madre. Parecía que la pena se le había pasado pronto a Ana de Mendoza, pues en los días siguientes era invitada habitual a las fiestas de Antonio Pérez.

Sonrió. Ahora, los dos pájaros que quería cazar se reunían de vez en cuando en el mismo nido.

Y volvió a recobrar fuerzas para su cruzada personal.

VII

Antonio Pérez había asegurado al rey que su hermano torcería su brazo. Pero estaba tardando demasiado.

El rey, por supuesto, no pensaba escribir carta de respuesta. Si había que disimular y mirar hacia otro lado, no había mayor campeón que el rey, capaz de entretenerse con el vuelo de una abeja con tal de olvidarse de los problemas que le rodeaban.

Antonio Pérez, sin embargo, sufría: tenía abiertas demasiadas intrigas y debía cerrarlas. Porque las intrigas sin cerrar, condenan al intrigante.

Por eso, decidió escribir a Escobedo instándole a que don Juan marchara a Flandes, que él ya se encargaría de arreglar el asunto de Inglaterra buscando fondos para acometer la empresa. Quería conseguir la obediencia de don Juan y presentarla al rey como si él la hubiera conseguido.

Juan de Austria leyó la carta y volvió a preguntar a Escobedo.

—¿Qué hacemos?

Impasible, su secretario respondió lo mismo.

—Esperar.

Juan asintió y calló. Pero apretó los dientes. ¿No estarían esperando demasiado?

Recelaba del rey.

Pero, sobre todo, temía que tanta espera echara a perder la oportunidad de conseguir lo que más quería: la corona de Inglaterra.

VIII

Pasaron los meses y Flandes se venía abajo ante la pasividad del rey y el silencio de don Juan de Austria. A espaldas de Felipe, Antonio Pérez seguía con su cortejo al hermano del rey y a su secretario.

En una nueva misiva, Pérez especificó a Escobedo que había apalabrado el apoyo del embajador francés y del nuncio papal. Ambos se habían comprometido a financiar la invasión y a conseguir hombres y barcos con tal de que Inglaterra fuera católica.

En realidad, apenas había hecho un par de gestiones y ninguno de los nombrados se había comprometido a nada, pero la capacidad de persuasión de Pérez por escrito no era menor que cuando la ejercía de viva voz.

Por fin, el héroe de Lepanto no pudo más. Y, ante las nuevas garantías que el secretario del rey ofrecía, decidió viajar de Milán hasta Génova para luego embarcar hacia Barcelona y, de allí, a Madrid.

Felipe, al saber la noticia, mostró su enfado a Pérez.

—La orden era que se dirigiera directamente a Flandes. Mi hermano se está atreviendo a desobedecerme.

El secretario apaciguó las iras reales.

—Lo importante es que viene a veros. Os lo dije, majestad: eran ellos los que no aguantarían el pulso.

El que no se consuela, es porque no quiere: en realidad, Pérez también estaba decepcionado porque Juan de Austria no hubiera ido directamente a Flandes.

Para evitar males mayores, Pérez aconsejó a Felipe que se mostrara cordial con su hermano. Y, para reforzar su consejo, informó del viaje de don Juan a Ormanetto, nuncio del Papa y solicitó su ayuda.

Obediente, el nuncio visitó a Felipe y le pidió mesura en el trato a su hermano y astucia en sus planteamientos. Las ideas de Pérez salían de su boca.

—Si queréis que vuestro hermano gobierne en Flandes, apoyadle en su ilusión de conquistar Inglaterra. Así le tendréis ganado no solo a él sino al mismo Papa.

El rey se esmeró en obedecer, pero lo hizo a regañadientes. De buena gana hubiera abroncado a su hermano.

No lo hizo. Buen disimulador, nada más cruzar su hermano la puerta de su despacho de El Escorial, se fundió con él en un abrazo que a Juan le pareció tan sincero como desesperado.

—Bienvenido, hermano.

La reunión tuvo lugar el 1 de septiembre de 1576 y se desarrolló a solas, sin secretarios. Durante la misma, Felipe fue siempre cordial con Juan. Atendió sus razones y asumió cumplirlas, con el único reparo de su carestía económica.

No obstante, le aseguró estar en contacto con diversos banqueros para la consecución de un préstamo con el que poder acometer la empresa.

—Ya sabéis que en estos tiempos no gobernamos los reyes, sino los bancos.

Felipe no solo aceptó las condiciones de su hermano. También le aseguró que si conquistaba Inglaterra, no pondría ningún reparo para que fuera rey. Más aún, dio por buena una nueva condición de Juan: ser mando único sin tener que esperar noticias del propio rey.

—Los problemas graves no pueden dilatarse en el tiempo, majestad. Entre que un mensaje va y viene, la presa puede escapar de la trampa.

El rey se mordió la lengua: que su hermano le hablara de no aceptar esperas le sonaba a ironía del peor estilo. ¡Con todo el tiempo que le había hecho esperar a él!

En vez de mostrar su irritación, la disimuló dando a Juan una sarta de consejos. Sabía del gusto por las mujeres de su hermano. Uno de ellos, el mantenido con Ana de Toledo, había generado una polémica que había llegado a la corte madrileña. Ana estaba casada con el gobernador militar de Nápoles y este no se había tomado nada bien el asunto.

—Sois joven. Procurad contener vuestros instintos. Debéis velar por vuestra alma en tiempos tan complicados.

A diferencia de Felipe, su hermano no tenía maldad y no entendía de ironías. Tomó el consejo como el propio de un hermano mayor que aconseja al menor.

El rey también marcó la senda que debía seguir en su deseada invasión de Inglaterra.

—Debéis preparar la empresa inglesa con discreción. No tratéis con católicos ingleses. Nos han fallado en anteriores ocasiones. Tratad con irlandeses. Y no dejéis huella. Secreto y disimulación.

—Así lo haré, majestad.

—Os ruego también que no me nombréis nunca como instigador del asunto. Os apoyaré en todo, pero en secreto. Sé de vuestra habilidad para ganar batallas invencibles, pero siempre hay que pensar en la posibilidad del fracaso.

—Nunca me olvido de ella. Gané las Alpujarras y Lepanto. Pero estoy vivo como podría estar muerto.

Don Juan asentía a cada propuesta sin saber que su hermano se estaba lavando las manos como Poncio Pilatos. La emoción de sentirse tratado con tanto cariño y afecto, nubló su entendimiento.

IX

No se dio mucha prisa don Juan en llegar a Flandes. Primero, como si se esperara lo peor, fue a ver a Magdalena de Ulloa, la mujer que le cuidó de niño.

Al saber esta que Juan había decidido ir de incógnito a su destino, se ofreció a camuflarle de criado morisco. Así prosiguió el viaje, haciéndose pasar por servidor de un noble italiano, Octavio de Gonzaga. Partió en el mes de octubre.

Antes de llegar a destino, atravesando toda Francia, quiso también visitar a su madre en Luxemburgo, de la que tenía noticias pero nunca había visto.

Previamente supo de la predisposición de Bárbara Blomberg por el lujo y la buena vida. No le gustó, pero había nacido de su vientre: motivo suficiente para darle su protección.

Bárbara se extrañó de la visita, pero se alegró de ver a su hijo, al que no veía desde que tenía apenas cuatro años. Era un buen mozo, no cabía duda.

Lo que no le alegró tanto fue la orden que recibió de Juan: debía partir a España, donde estaría más segura. Luxemburgo era leal al rey, su hermano, pero estaba rodeada de rebeldía. Su madre, primero, se negó. Luego, le dijo que ya lo haría más adelante.

Don Juan fue inflexible.

—No me moveré de aquí hasta que os vea partir.

—Soy vuestra madre, soy yo la que os debería mandar.

—Llega un momento en el que las órdenes, las dan los hijos.

Bárbara no tuvo más remedio que preparar un ligero equipaje y marchar hacia Colindres, a una casa propiedad de Escobedo.

Una vez atendidos todos los compromisos que se había impuesto a sí mismo, don Juan llegó por tierra hasta Flandes. Cuando se presentó al mando militar, estos se creían que se trataba de un espía, vista su indumentaria.

Juan procuró no dejar dudas de quién era y de a qué venía.

—Soy don Juan de Austria, hermano del rey Felipe. Gané las Alpujarras y triunfé en Lepanto. Es hora de una nueva victoria.

No tenía claro conseguirla, pero la moral de sus hombres era lo primero que había que cuidar.

Su llegada no pasó desapercibida para nadie. Para las tropas españolas, fue un alivio. Les mandaban un triunfador.

Cuando Guillermo se enteró de que Juan estaba en Flandes no pudo evitar tener una sensación de temor. Sabía de las cualidades de su nuevo enemigo. Y había conseguido llegar a Flandes sin que él se enterara ni cómo ni cuándo. Había saltado todos sus controles, había engañado a todos sus espías. Pensó que si el rey de España fuera Juan y no Felipe, su victoria (de la que no dudaba) habría sido aún más difícil. Incluso reflexionó si habría empezado la guerra.

Todo lo que sabía de Juan le recordaba a caballeros como Horn o Egmont. Sin duda, don Juan habría sido mejor amigo de ellos que Felipe.

Juan sabía que su llegada iba a despertar el optimismo de los suyos y el recelo de los enemigos. Pero también que tenía ante sí una tarea especialmente difícil. En primer lugar, no venía a ganar una guerra sino a pacificarla, algo muy distinto a sus misiones anteriores donde había tenido que combatir a cara de perro. Debía ser militar y a la vez diplomático. No podía repetir la actitud del duque de Alba, tan gran militar como mediocre político.

Solo si fallaba la diplomacia, utilizaría la fuerza. Y eso le daba más miedo que ejercer de diplomático. Porque para ganar una guerra hace falta un ejército. Y de los sesenta mil hombres que habían luchado en Flandes, apenas quedaban once mil y en unas condiciones infrahumanas.

Había más soldados españoles en Flandes. Pero estaban fuera de control y constituían un peligro para conseguir la paz aún mayor que las tropas enemigas.

Tras seis años sin cobrar, habían decidido amotinarse. Don Juan declaró como forajidos a los amotinados. La reacción de estos fue duplicar su violencia. Amberes fue escenario del mayor saqueo que se había realizado en Flandes.

X

Los amotinados que habían arrasado Aalst supieron que Amberes estaba sitiada por un ejército de veinte mil hombres, los españoles acudieron a salvar a Sancho Dávila. Él y sus hombres (apenas dos centenares) se habían hecho fuertes en el castillo de Amberes, donde esperaban una muerte segura.

Los de Aalst apenas eran dos mil hombres. Pero no temían a nada. La muerte para ellos era una compañera de viaje. Lo que no podían soportar era el deshonor de no ayudar a sus compañeros. Tras saber lo que ocurría en Amberes fueron hacia allí sin permitirse descanso alguno. Durante el camino, no ondearon las banderas del rey. Sabían que estaban llevando a cabo una rebelión y no querían profanarlas ni engañar a nadie. En su lugar, imágenes de la Virgen María se convirtieron en sus enseñas.

Cuando se cruzaron con otras unidades, capitaneadas por Julián Romero y Alonso de Vargas, leales al rey, Vargas dudó si aliarse con los amotinados.

El líder de estos, que ni el nombre quiso decir, les preguntó:

—¿Queréis salvar a los hombres de Dávila?

Vargas asintió.

—Solo sois seiscientos. Sin nosotros no lo conseguiréis. Y nosotros lo haremos sin vuestra ayuda si es necesario.

Vargas aceptó la colaboración. Pero al verles tan depauperados, les sugirió descansar y alimentarse. Se negaron.

—Venimos a ganar Amberes. Allí cenaremos tras la victoria. Y si no la logramos, ya desayunaremos en el infierno.

Llegaron el 4 de octubre. Lucharon contra el enemigo en una proporción de uno contra diez. Ganaron.

Tras la victoria, Vargas prefirió partir con sus hombres antes que ser cómplice del saqueo. Pero su silencio dejaba claro que no ponía objeción alguna al mismo.

Los Tercios amotinados saquearon la ciudad y dejaron a sus espaldas más de ocho mil muertos.

Cuando Juan de Austria supo los detalles de lo ocurrido en Amberes pensó de los amotinados, lo que el Cid de su rey en Santa Gadea: si tan grandes soldados hubieran tenido un buen señor, sus gestas solo podrían calificarse como propias del mejor de los ejércitos.

Sin embargo, como gobernador, Amberes fue un problema imposible de superar. Hubo un antes y un después desde que ocurrió tan gran gesta militar convertida luego en infame saqueo.

Todas las provincias reaccionaron con indignación. Se convocaron Estados Generales Independientes. Incluso las provincias obedientes se unieron contra España. Y exigieron que si España quería paz, sus tropas debían salir de Flandes.

Para conseguirlo, todas unidas, firmaron el 8 de noviembre un documento al que se llamó la Pacificación de Gante

No había hecho nada más que llegar y Juan se lamentó de haber aceptado ser gobernador de Flandes.

XI

La Navidad es tiempo propicio para ver a la familia. Juan no tuvo esa suerte. Incluso llegó a dudar de si verdaderamente él tenía una familia.

Felipe sí la tenía. Y también posibilidad de celebrar esta fecha. Para alejarse de las tribulaciones de la corte, decidió viajar al monasterio de Guadalupe, en Cáceres. De paso, atendería una petición de su sobrino Sebastián, rey de Portugal.

El hijo de su añorada hermana Juana tenía ya veintidós años y Felipe aún no lo conocía personalmente.

Había heredado la corona nada más nacer por la muerte prematura de su padre, el infante Juan Manuel.

Pese a no haberle visto nunca, Felipe sabía de él. Al parecer no parecía muy empeñado en tener descendencia. Algunos le llamaban Sebastián el Frígido. Otros preferían no darle nombre a lo que pensaban.

Al tenerle frente a él, Felipe comprendió a estos últimos. Frágil de cuerpo, sus modos eran delicados. Casi femeninos. Sin embargo, educado por jesuitas, tenía alma de soldado de Dios, como lo habían sido Ignacio de Loyola y Francisco de Borja, a los que tenía como referentes. Apenas había tenido comunicación con su madre, la princesa Juana. Sin embargo, compartía con ella la veneración por Borja.

El problema es que por mucho que su alma fuera guerrera, su cuerpo no le acompañaba. Y, peor aún, no parecía ser consciente de ello. El motivo de su cita con su tío Felipe (la primera que el rey español tenía con otro monarca) no era otro que pedirle ayuda para organizar una gran cruzada contra Fez.

Así se lo había dicho por escrito y así se lo estaba contando de viva voz: su sobrino quería pasar a la Historia como capitán de Cristo ante el infiel.

Felipe no estaba muy por la labor de hacerle caso. No quería provocar nuevos conflictos en el Mediterráneo. Desde la pérdida de Túnez, no había habido nuevos problemas y prefería que todo siguiera así. No obstante, para saber de la viabilidad de lo que Sebastián le proponía, hizo llamar al duque de Alba para que le acompañara en la reunión.

Fue un gesto de paz para el duque. No sabía que

lo que estaba haciendo el rey con él no era más que una prueba de lealtad. No la pasó.

El duque de Alba, tan franco como en él era habitual, consideró una majadería el plan de guerra del rey portugués. Felipe le dijo que tal vez si el duque participaba, podía llegar a buen puerto.

El duque se negó en público.

—No, majestad.

Y también se negó en privado cuando Felipe intentó hacerle entrar en razones.

—¿Queríais mi opinión como militar? Ya la he dado, no. No voy a jugarme la vida por las ilusiones de un....

Su prudencia le impidió seguir.

Felipe le ordenó que acabara la frase.

—Majestad, no diré nada de vuestro sobrino. Porque sois inteligente y nada de lo que os diga podría sorprenderos. Pero por si tenéis alguna duda contemplad sus maneras y las de gran parte de los hombres que le acompañan...

Había prometido callar, pero su intemperancia pudo más que él.

—Podrían llevar faldas perfectamente.

Felipe no respondió. Lo hizo por respeto al hijo de su hermana. Pero pensaba lo mismo que el duque.

Pese a todo, tanto insistió Sebastián, que su tío no pudo negarle unos cuantos barcos y cinco mil soldados españoles. Si Portugal se hacía cargo de todos los gastos, evidentemente. El duque de Alba, a su lado, cabeceó preocupado: esos hombres iban hacia una muerte segura.

Felipe se permitió aconsejar a su sobrino que no combatiera. Para ello repitió unas palabras que muchos años atrás le había dicho su padre.

—Sois el rey. Y si morís será una gran pérdida. A un soldado se le puede reemplazar fácilmente. A un rey, no.

—Combatiré. No tengo miedo.

El duque de Alba no pudo evitar intervenir.

—Mal asunto, majestad. Sin miedo no hay victoria. Sin él, a veces, ni se sobrevive a una batalla. Yo siempre lo tengo antes del combate.

Sebastián se atrevió a ironizar con un guerrero de la talla del duque.

—Decidme, ya que lo conocéis. ¿De qué color es el miedo?

—Del color de la prudencia, majestad.

Sebastián volvió a Lisboa prometiendo a Felipe que no combatiría.

En realidad, estaba mintiendo: por nada del mundo iba a renunciar a empuñar su espada.

XII

Si algo aprendió Juan de Austria de las numerosas negociaciones en las que tuvo que emplearse en Flandes fue que la diplomacia no tiene la nobleza de la guerra.

Tampoco tardó en darse cuenta de que la guerra de Flandes no era solo una cuestión religiosa, que lo era.

Ni una guerra entre naciones de diversa lengua y costumbres, que también lo era.

Más que eso, percibió que si en Flandes no hubiera tropas españolas, los nativos lucharían entre sí del mismo modo. Atisbó que era una guerra civil aderezada de temas de religión o lucha contra el invasor. Probablemente, haber diagnosticado a tiempo este asunto habría ayudado a no llegar a la situación tan terrible a la que se había llegado. Felipe no había sido un buen médico. Y el duque de Alba se había mostrado como el peor de los cirujanos.

La guerra genera peligro de muerte. Las múltiples negociaciones lograron que Juan supiera que el aburrimiento puede convertirse en hastío.

En sus cartas al rey iba dando detalle de todo lo que ocurría:

Todo parece ir por buen camino, pero no sé si necesitaría tres largas vidas para llegar a un acuerdo de paz, como vuestra majestad me ha encargado. Hablo con cientos de personas que tienen voz y poder de decisión. Y cuando consigo un pacto con uno, viene otro que propone lo contrario. Si tuvieran un rey, sería más fácil llegar a un acuerdo, sin duda.

Aun así lo consiguió, no sin fuertes sacrificios. El 17 de febrero se firmó el Edicto Perpetuo. En él, a cambio de que Juan de Austria fuera aceptado como gobernador, este se comprometía a que los Tercios abandonaran Flandes en veinte días. Guillermo de Orange exigió que lo hicieran por tierra.

Juan de Austria aceptó como única manera de acabar las negociaciones, aunque supusiera un grave perjuicio para sus intenciones de invadir Inglaterra. Tenía pensado que lo hicieran por mar y, con él a la cabeza, viajar hacia las islas británicas. Él mismo se encargó de pagar a los soldados sus atrasos con el dinero que el papa Gregorio XIII le diera como premio por ganar en Lepanto. No era suficiente y el hermano del rey llegó a pedir préstamos personales para saldar la que para él era la más sagrada de las deudas: pagar a quien se deja el alma y la vida en un campo de batalla.

Otras cláusulas que don Juan tuvo que aceptar fueron que se respetaría la libertad de elección religiosa en todas las regiones y la supresión de la Inquisición.

Juan sabía que así no contentaría al Papa, pero pensó que lo importante era conseguir su objetivo: la pacificación. Luego, que otro viniera a arreglar el problema. Él ya estaría en Londres.

En abril de 1577, pararon los combates.

El 15 de mayo, don Juan de Austria juró como gobernador, aceptando a Guillermo de Orange como estatúder o lugarteniente de Holanda y Zelanda

Al día siguiente, escribió a su hermano. Había cumplido con su parte. Ahora correspondía al rey realizar la suya.

En su respuesta, Felipe sencillamente le felicitaba por sus servicios y le pedía paciencia.

Juan empezó a escribir cartas a su secretario Escobedo, a Antonio Pérez, al rey... Quería dejar Flandes lo antes posible. Él era un soldado, no un político. Y tenía una gran misión que emprender.

Pasaron los meses y nada cambió. Juan empezó a sentir que todo había sido una gran mentira.

Y que estaba empezando su calvario.

17

Justos por pecadores (1577)

I

Desde marzo hasta septiembre, sucedió un hecho inusual: ninguna guerra tuvo lugar en territorios de la corona. Al Edicto Perpetuo, se le sumó la tregua de un año con los turcos.

Sin embargo, era una paz ficticia, apenas un reposo con el que reponer fuerzas para nuevos combates.

De hecho, en Flandes, Guillermo de Orange y Juan de Austria no dejaron de mirarse de reojo durante todo este tiempo, esperando a ver quién rompía el pacto.

De todas las condiciones que tuvo que aceptar Juan para conseguir la paz, la que más le dolió fue despedir a los Tercios. Si ya de por sí se consideraba en tierra extraña desde que había llegado allí, la retirada de las tropas aumentó su sensación de soledad, como expresó a Escobedo en una carta.

Los españoles están marchándose y se llevan mi alma consigo, pues preferiría estar encantado de que esto no sucediera. Ellos me tienen y me consideran una persona colérica y yo los aborrezco y los tengo por bravísimos bribones.

«Ellos» eran la nobleza local que, a su vez, también le aborrecían a él. No se conformaban con una paz que repartía el poder entre Guillermo como jefe de Estado y Juan como gobernador. Con estas condiciones, la paz no lo fue tanto.

Fue la preparación para una nueva guerra. Guillermo apretaba a Juan para la firma de nuevos pactos en los que el poder español en la zona quedaría limitado casi a la nada.

Juan de Austria escribió a Felipe avisándole de que había descubierto un complot con el que Guillermo de Orange planeaba su apresamiento y quién sabe si su muerte. Sin encomendarse al rey, con apenas una veintena de hombres tomó en julio, por sorpresa, la fortaleza de Namur. Había roto el pacto.

Nunca aportó Juan pruebas de la conspiración, por lo que Antonio Pérez desconfió de tal acción y así se lo hizo saber al rey.

—Su táctica es engañar a Inglaterra, no salvar su vida ni recuperar Flandes, majestad.

—¿Cómo iba a hacerlo sin tropas?

—Pronto os las pedirá.

Efectivamente, Juan escribió al rey, rogándole que volvieran los Tercios a Flandes.

Felipe llegó a pensar si Pérez era un mago que anticipaba el futuro. No lo era. Sencillamente, había engañado a Escobedo haciéndole creer que contaba con su colaboración y este le iba dando información de cada paso que Juan de Austria estaba tomando.

Ya que el rey no movía pieza, había que remover el conflicto y conseguir tropas. La idea de Juan era, según vinieran, partir con ellas para Inglaterra. Francia y el Papa estaban preparados para apoyarle.

Como siempre, Pérez estaba jugando a dos bandos. Y quien sabe si a un tercero. Según fuera la partida, decidiría a qué árbol arrimarse.

El problema fue que los hechos se sucedieron. Guillermo de Orange descubrió a través de cartas cifradas entre el rey y su hermano la obsesión de este por partir hacia Inglaterra. También las reiteradas respuestas de Felipe dejándole clara la falta de medios económicos. Roto el pacto, planteó un ultimátum a Juan de Austria. Ya no le valía el reparto de poderes. No permitiría la más mínima presencia militar que velara por los derechos de Felipe, fuera española o alemana. Ni siquiera le toleraría a él seguir en Flandes: si quería salvar su vida debería marchar a Luxemburgo.

Guillermo creía que su ultimátum sería aceptado. España estaba en bancarrota y Juan no disponía de ejército suficiente para hacerle frente. Así que, sencillamente, tras enviar sus peticiones, dio orden de sitiar Namur.

Desde allí, Juan empezó a enviar mensajes de auxilio. No solo al rey. Sino, por consejo de Escobedo, a los grandes capitanes de los Tercios. Estos se encargaron de que la nobleza y la corte entera supieran de la situación. Antonio Pérez ya no podía ocultar lo que todos sabían. España estaba siendo humillada y uno de sus mejores hombres estaba a punto de morir en esa tumba de héroes que era Flandes.

Felipe no sabía qué creer ni a quién. Pero el estado de la situación empezó a ser conocido por muchos y empezaron a surgir nuevos rumores de su pasividad e incompetencia. Y, algo que le ofendió especialmente, hasta coplas en la plaza de los pueblos le acusaban de que estaba abandonando a Juan de Austria. El papelero condenando al héroe. Caín matando a Abel.

Felipe pensó que, dijera lo que dijese la gente, no había ni un ducado y que con eso justificaría su actitud.

Pero el destino quiso que todo cambiara. En diciembre, una remesa de oro vino de las Indias, esa parte de su reino que solo conocía por documentos y por polémicas en las que cambiaba de opinión y legislaba según le insistían unos o sus contrarios.

Ya había dinero para responder a Guillermo, para salvar al héroe. Felipe, sintiéndose vigilado, decidió convocar Consejo de Estado. Llevaba tiempo sin hacerlo. *Los Dos*, él y Pérez, se bastaban para decidir las cosas. Ahora no: muchos nobles, incluidos el duque de Alba, exigían respuesta. Castilla (ellos apenas nombraban España) no podía seguir siendo humillada.

Pérez urdió un plan: muchos de los nobles que visitaban La Casilla estarían dispuestos a hacerle un favor. Se lo pidió. Así, en el Consejo de Estado, más de uno solicitó que ese dinero fuera empleado para romper el pacto con los turcos y no con Flandes.

Entonces, tomó la palabra el duque de Alba.

—El infiel ha firmado el pacto porque se sabe perdedor de futuras guerras. Dejemos que todo siga en paz con los turcos. El problema es Flandes.

Pérez le atacó contestándole que era un problema tan grave gracias a su paso por allí como gobernador. El duque le fulminó con la mirada.

—No consiento que me critique quien apenas soporta en su mano el peso de una pluma. Muchos hombres más dignos que vos murieron en aquellas tierras. Merecen un respeto.

La vieja Castilla había renacido en las palabras del duque. La Castilla orgullosa de sus glorias militares. La que ama a sus héroes y no los abandona. Según hablaba el duque de Alba, podía ver en los presentes una mirada de aprobación por lo que el veterano comandante decía.

Felipe se lamentó de no haberle desterrado junto a su hijo Fadrique.

Vázquez, allí presente, procuró no mostrar favoritismo por un bando ni otro. Evidentemente, todo lo que supusiera la denigración de Pérez le satisfacía. Hablar le habría supuesto arriesgar su puesto. No lo necesitó. El duque habló por él. Y, probablemente, por toda Castilla.

Acabadas las pláticas, el rey debía decidir qué

pacto romper: el firmado con los turcos o el Edicto Perpetuo de Flandes.

Decidió que lo perpetuo fuera efímero. No le quedó otro remedio.

II

No se puede ganar a las cartas sin buenos naipes. En este caso, no los tenían ninguno de los jugadores.

Para desgracia de Felipe, la figura de su hermano se engrandecía y la suya empequeñecía. Además, había cometido el error imperdonable de herir el orgullo de la nobleza castellana. Su padre y su tutor, Juan de Zúñiga, siempre le habían aconsejado que jamás lo hiciera.

Antonio Pérez había jugado a tantas bandas que estaba a punto de quedarse con ninguna. Y Escobedo y Juan de Austria tenían comprometedoras cartas suyas que podían utilizar si descubrían que estaba jugando con ellos.

Guillermo de Orange se encontró de repente con un ejército de veinte mil hombres entrando en Flandes bajo el mando de Alejandro Farnesio.

El que más feliz estaba era Juan de Austria. Por fin había conseguido lo que quería. No le duró mucho la felicidad.

Las órdenes de Felipe eran explícitas: los Tercios

debían obligar a cumplirse los puntos aceptados en el Edicto. No quería volver a la época de tierra quemada del duque de Alba. Sin embargo, no lo pudo evitar.

El 31 de enero de 1578, los Tercios viejos derrotaron a los Estados Generales en Gembloux. El sur de los Países Bajos volvía a ser español.

Guillermo reaccionó pidiendo ayuda a Francia e Inglaterra. El ejército francés llegó desde el sur al mando del duque de Anjou. La reina Isabel financió otro ejército que invadió Flandes desde el este. A su lado, los Tercios volvían a estar en inferioridad y, lo que era peor, ya no podían atacar Inglaterra por sorpresa. Nuevamente, Guillermo de Orange había captado mensajes sobre la posible invasión y había informado de ellos a la reina, como prenda de su ayuda.

Juan de Austria volvió a pedir ayuda. Pero esta vez no había engaño en ello. Sencillamente, si no llegaban refuerzos, era hombre muerto.

Nadie ganaba. Todos perdían.

III

Juan Escobedo partió para Madrid. Sabía que esta vez iba a pasar allí bastante tiempo. Desde luego, todo el necesario para ayudar a su señor, don Juan. Por ello avisó a su esposa que viajara desde Colindres. Dentro de lo malo, por lo menos podría volver a verla.

Al saber que Ana de Mendoza, a la que había protegido del mal trato de su padre ya había vuelto a la capital, decidió ir a visitarla. Eran mucho el cariño que ambos se tenían y lejanos lazos familiares apoyaban ese cariño hasta el punto que ella le llamaba primo.

Confiado en la familiaridad, la visitó sin previo aviso a media mañana. Una despistada criada le dejó pasar. Otra, no.

—La señora está indispuesta.

—¿Qué mal tiene?

—Le duele la cabeza y no quiere ver a nadie.

Escobedo dejó aviso de su visita y de sus deseos de que mejorara su salud.

Al salir a la calle algo llamó su atención: la carroza de Antonio Pérez llegaba hacia la casa de la princesa de Éboli. Extrañado, esperó a ver lo que sucedía.

Agazapado, contempló cómo el cochero llamaba a la puerta y esta se abría. La criada que no le había permitido llegar donde Ana de Mendoza miró hacia un lado y otro de la calle.

Escobedo se ocultó para no ser visto. Pero siguió atento a lo que pasaba.

Tras una brevísima conversación, el cochero tomó el mando de la carroza, azuzó a sus caballos y partió de allí de vacío. Porque si nadie había bajado de la carroza, pensó Escobedo, a buen seguro era porque venía a recoger a alguien a esa casa. Y ese alguien no podía ser otro que Antonio Pérez.

Pero como siempre es mejor ver la realidad que imaginarla, por muy claras que fueran las sospechas, decidió seguir esperando.

Al rato vio llegar a seis hombres que se quedaron plantados en la puerta.

Pasada casi una hora, la puerta volvió a abrirse. De ella salió el hombre que Escobedo esperaba ver: Antonio Pérez.

Solo lo pudo ver unos segundos, embozándose el rostro con una capa. De inmediato, cuatro de los hombres que estaban esperándole se arremolinaron en torno al secretario para que nadie pudiera reconocer a quien caminaba entre ellos. Y se alejaron de la casa.

Los otros dos se quedaron oteando desde la puerta.

Escobedo dio la vuelta a la manzana. Conocía bien la casa del tiempo que había servido a Ruy Gómez y sabía de otra entrada trasera. Esta vez ningún criado logró pararle en su camino hacia la alcoba de Ana de Mendoza.

—¿Se puede saber qué tratos tenéis con el secretario del rey?

—No es de vuestra incumbencia.

La pregunta de Escobedo era pura retórica. La princesa de Éboli apenas vestía una bata y no había tenido tiempo para maquillarse. La cama estaba revuelta.

—¡Por Dios, señora! ¿Acaso no respetáis a vuestro difunto marido?

—No nombréis a Ruy Gómez. Os juro que en vida le respeté desde el día que me pidió en matrimonio hasta que la muerte se lo llevó.

—¿Y el rey? ¿No os importa lo que haga Felipe si sabe de esto?

Ella le miró con rabia.

—Antes prefiero el culo de Antonio Pérez que al rey.

Escobedo se quedó petrificado ante el desaire de Ana de Mendoza. Esta, orgullosa, remató:

—A vos os debería importar más lo que haga Antonio que lo que haga Felipe. Pues manda más que él.

IV

No tardó Ana en contar lo sucedido a Antonio Pérez. Al oírlo, el secretario entró en estado de alarma. Sabía de la inquina que el rey profesaba a su amante. Pero, habituado a las intrigas, no tardó en urdir una nueva.

Al instante, Pérez mandó mensaje a Escobedo para cenar en La Casilla. Fue escueto en el billete: apenas le decía que fuera discreto y que a cambio le ayudaría a resolver los problemas de su señor en Flandes.

El odio del rey hacia la princesa de Éboli era conocido por todos, si bien nadie sabía su origen. Algunos rumores indicaban que habían tenido relaciones. Lo dudaba: sabía que doña Ana y su marido, su amado Ruy Gómez, eran un matrimonio perfecto. Y que el príncipe de Éboli conocía todo lo que ocurría en la corte. Si hubiera ocurrido tal cosa, lo habría sabido. Y tanta confianza tenía con él que, muy probablemente, se lo habría hecho saber a Escobedo.

Tras elaborar mil estrategias, aceptó la invitación de Pérez fechada para el 8 de marzo. Sin duda, el secreto que acababa de descubrir le iba a servir de gran ayuda para sacar beneficios en la negociación para bien de don Juan.

Una semana faltaba para esa fecha. Tiempo suficiente para que Antonio Pérez le ganara la mano. Primero, buscó entre las cartas recibidas de Escobedo las más comprometidas y apartó aquellas que podían incriminarle y las quemó. Luego, falsificó otras con la ayuda del embajador francés, al que tenía atado de pies y manos por sus excesivos ímpetus sexuales.

En ellas, se daba fe de mensajes de Juan de Austria para el duque de Anjou, aliado de Guillermo de Orange, para buscar una salida al conflicto con la promesa de sacar un buen botín de la conquista de Inglaterra.

Cuando el rey leyó las pruebas de la supuesta traición de su hermano ardió en cólera. Justo el resultado que Pérez quería.

—¡Maldito sea mi hermano! Todos le consideran un héroe y no es más que un ambicioso y un traidor. Debe saberse públicamente la verdad.

—No, majestad. Si lo hiciéramos público se sospecharía de vos. Todos piensan que le odiáis y que seríais capaz de cualquier cosa para manchar su imagen. Recordad lo bien que vienen estos asuntos al de Orange. Lo que dijo de vos cuando murió vuestro hijo Carlos.

A Felipe le cambió la cara. Guillermo le había acusado de matar a su propio hijo, algo que nunca le perdonaría.

—Prended a Escobedo hoy mismo.

—No lo creo conveniente, majestad.

El rey le miró extrañado.

—¿Y qué queréis? ¿Que campe por sus respetos?

—No, majestad. Si Escobedo sigue libre seguirá revolviendo el mundo a favor de vuestro hermano. Pero si le prendemos, don Juan se alterará.

—¿Y qué proponéis?

Pérez interpretó un transcendente silencio, anticipo de lo que iba a proponer.

—Darle bocado o cosa tal.

—¿Queréis darle muerte? Eso alterará más a mi hermano.

—Hay venenos que no dejan huella. Parecerá una muerte natural.

El rey guardó silencio.

—¿Dais vuestro consentimiento?

El rey asintió.

Esta vez ni por escrito ni de palabra dio la orden. Con un silencio bastó.

V

Pocos planes costaron tanto a Antonio Pérez como quitar de en medio a Escobedo. Tres veces intentó envenenarle, con la ayuda de su mayordomo (José Martínez) y de un antiguo paje (llamado Antonio Enríquez), que encargaron el veneno a un boticario apellidado Muñoz.

Dos intentos fueron en casa del propio Pérez en cenas que se convirtieron en un sinfín de promesas que iban a conseguir que don Juan fuera rey de Inglaterra con el apoyo del secretario del rey. El tercero, en la casa del propio Escobedo.

La primera, se envenenó el agua que bebió. No consiguió más que una leve indisposición de Escobedo. Sin duda, la levedad de la dosis, con el fin de no dejar huella, salvó al condenado.

La segunda ocasión fue una tarta el arma mortífera. Una mezcla de arsénico y solimán se introdujo en la nata. En esta ocasión, Escobedo cayó enfermo unos días, pero no pasó su mal de ahí.

El tercer envenenamiento fue en la misma casa de Escobedo. Pérez chantajeó a un pícaro que acababa de entrar a su servicio para que volviera a envenenar el puchero del secretario de don Juan. Escobedo volvió a enfermar, hasta tener que pasar más de una semana en cama.

Desconfiando de sus continuas enfermedades, su esposa dio de comer al perro del puchero. Murió a las pocas horas. Puesto el asunto en manos del alcalde, se interrogó a toda su servidumbre.

Escobedo pensó que mucha casualidad era tanta enfermedad y empezó a sospechar de Pérez.

Para su sorpresa, una criada morisca se confesó culpable de envenenar la comida, alegando que la comida no era para Escobedo sino para su esposa, que la maltrataba.

Antonio Pérez se encargó de pagar a quienes interrogaron a la criada. La torturaron hasta que declaró tal fantasía.

Cuando llegó la noticia a oídos del rey, este ordenó colgar a la criada y se presentó donde Escobedo para interesarse por su salud.

Luego, llamó a Antonio Pérez a su despacho.

—Prometisteis resolver el problema. He leído novelas de caballería más creíbles que este asunto.

Pérez prometió no fallar la siguiente vez.

Para ello, volvió a hablar con Martínez, su mayordomo. La idea era asaltar a Escobedo en plena calle y matarle de un espadazo.

Martínez, viendo la suerte de la criada de Escobedo, intentó echarse atrás.

—¿Quién demonios se va a atrever a hacerlo? Si le prenden es carne de horca, seguro.

Para tranquilizar a su mayordomo, Pérez desveló quién estaba detrás de él.

—No pasará. Aunque cogieran a quien lo hiciera, el rey le pondrá a salvo.

Pérez también prometió un salvoconducto real para salir de Madrid, así como recompensa y cargos.

Escobedo, alarmado, decidió cubrirse las espaldas y buscó protección. Sabedor del conflicto entre Pérez y Vázquez se citó con este en la noche madrileña. Vázquez aceptó de inmediato.

La cita iba a tener lugar el lunes de Pascua, último día de marzo, en la plaza del Arrabal. No se llegó a celebrar.

En el callejón de la Almudena, media docena de

hombres asaltaron a Escobedo. Uno de ellos le mató de una certera estocada que le atravesó de parte a parte.

Juan Rubio, Diego Martínez, Juan de Mesa, Antonio Enríquez, Miguel Bosque y un tal Insausti, que fue la mano ejecutora, formaron la cuadrilla asesina, que rápidamente se dio a la fuga bajo la lluvia.

Vecinos que oyeron el último grito de Escobedo salieron de sus casas para socorrerle. Pronto llegó lo ocurrido a oídos de Vázquez, que se alejó del lugar para no verse incriminado. Esa noche y los días siguientes, todos hablaban de que el asesinato había sido por un lío de faldas.

Vázquez sabía que no lo era.

VI

Poco se habló en la corte de la muerte de Escobedo, lo que hizo que Mateo Vázquez se tomara las cosas con calma. Además, no era momento de incordiar al rey. Su esposa estaba a punto de dar a luz.

Felipe pensó en un sustituto para su hermano. Primero, sopesó la opción de su primo el archiduque Fernando. Este no aceptó. Imaginando una segunda posibilidad, el 14 de abril, nació su cuarto hijo. Como siempre, sin sobresaltos. Se le bautizó con el nombre de Felipe, como su padre. Con motivo del nacimiento, se celebraron grandes fiestas en la corte.

En Flandes, por el contrario, no había lugar para fiestas ni alegrías. Don Juan de Austria había entrado en depresión al saber del asesinato de su querido Escobedo. ¿Quién defendería su causa ahora?

Débil de ánimo unas inoportunas fiebres empezaron a hacer mella en su salud. Cada día se sentía más desanimado. Ajeno a la conspiración que había acabado con la vida de su secretario, volvió a escribir a su hermano.

Os ruego que me ayudéis, pues muy abandonado me veo. Confío en que Dios haga lo que tenga que hacer y quedaré disculpado ante Él y ante el mundo, pues quien da todo lo que puede, no está obligado a dar más. Tras todas mis diligencias y trabajos, me tenéis solo con diez mil infantes y cinco mil caballos resistiendo a catorce mil caballos y cuarenta mil infantes.

También hacía mención a la muerte de Escobedo:

Mucho siento la infeliz muerte de Escobedo. Y más la sentiría si no se investiga cómo acaeció. Téngale Dios en el cielo y a mí me descubra quién lo mató.

Nada más leer la carta, Felipe la quemó y se dedicó a otros asuntos. Concretamente a escribir una carta de pésame a la corte portuguesa. Su rey, el joven Sebastián, había hecho caso omiso al consejo de su tío Felipe de que no entrara en batalla. Además de aconsejárselo de viva voz en la Navidad pasada en Guadalupe, el rey había enviado como embajador a Juan Silva y al humanista Benito Arias Montano para que el joven desistiera de sus ardores guerreros. No lograron convencerle.

El hijo de Juana murió en la batalla de Alcazarquivir el 2 de agosto. Probablemente, antes de dejar la vida, Sebastián supo por fin de qué color era el miedo.

VII

Sin respuesta y viéndose cada vez más débil por la fiebre, Juan de Austria nombró a su sobrino Alejandro Farnesio como su sucesor.

Con sus últimas fuerzas, escribió un nuevo billete a su hermano. Solo le pedía dos cosas. Que respetara el nombramiento de Farnesio y ser enterrado al lado de su padre, el emperador.

La carta acababa con una frase estremecedora.

No dejo nada en testamento, porque nada poseo que no sea de vos, mi hermano y señor el rey.

El 1 de octubre de 1578 murió en Namur.

El rey decidió ser elegante de forma póstuma con Juan y aceptó que sus restos reposaran junto a los de Carlos.

También ordenó levantar una monumental escultura en su honor en El Escorial. Al no morir en acto de batalla, el escultor recibió la orden de que la figura no llevara los guanteletes puestos.

Muchos rumores corrieron sobre la muerte del héroe de Lepanto. Guillermo de Orange difundió que había sido envenenado por Felipe con la ayuda del mismo Farnesio, que ambicionaba su cargo.

Bernardino de Mendoza, embajador en Londres, aseguró que el culpable de la muerte de don Juan había sido un asesino a sueldo pagado por Isabel de Inglaterra y Guillermo de Orange a medias. Incluso se divulgó un retrato del supuesto sicario.

Ajeno a todos estos infundios, el rey ordenó a los cronistas que escribieran que la causa de la muerte de su hermano habían sido unas fiebres.

Tampoco era del todo verdad.

La causa real de su muerte había sido la unión de dichas fiebres con una fallida operación de hemorroides. El médico de campaña decidió rajarlas con una lanceta en vez de aplicar sanguijuelas. Una fuerte hemorragia le dejó sin sangre en apenas seis horas.

Felipe pensó que alguien que había triunfado en las Alpujarras, Lepanto y Túnez no podía pasar a la Historia con una muerte tan infame.

Muchos de sus ministros acusaban a Felipe de tomar buenas decisiones pero demasiado tarde. Con su hermano no había hecho una excepción.

Aliviado, pensó que Dios decide y que no era él para preguntarle las razones por las que se lleva a unos o a otros, sean campesinos o su propio hermano. Lo importante era mostrar entereza. En este caso, no le costó mucho.

Sí le costó tener esa entereza poco tiempo después, el 18 de octubre de 1578. Esa fue la fecha elegida por Dios para, en otra de sus decisiones, llevarse a los cielos a Fernando, su primogénito.

18

Héroes y villanos (1578)

I

Muertos Escobedo y don Juan de Austria, parecía muerta la rabia. El asesinato en plena calle de un hombre que había dedicado toda su vida a servir a la corona parecía no importar a nadie. Primero se dijo que era un asunto de faldas. Luego, que un robo.

Lo primero no se sostenía en un hombre que jamás tuvo tacha al respecto. Lo segundo era imposible de creer. El cadáver de Escobedo seguía luciendo su collar y sus anillos, así como una bolsa de cuero llena de ducados que los supuestos ladrones (y seguros asesinos) ni se molestaron en llevarse. Y eran por lo menos cuatro, pues algunos vecinos les habían visto huir. Un vecino incluso había intentado enganchar a uno de los que huían quedándose con su capa en la mano.

Vázquez indagó el asunto: los guardias al cargo le respondieron que había sido un robo, pero el rápido auxilio de los vecinos hizo que los agresores huyeran a toda velocidad. Lo único que estaba claro era la causa de la muerte: Escobedo había sido atravesado de un espadazo.

Antonio Pérez supo de las indagaciones de Vázquez por el asunto y le preguntó por las razones de ello.

—Su esposa y su hijo me han rogado que me interese por lo ocurrido.

—¿Acaso es ese vuestro cometido?

—¿Acaso a vos no os interesa qué ocurrió aquella noche?

Pérez le miró de forma despectiva y marchó.

Vázquez había decidido enfrentarse a las claras a Pérez. Y que este se interesara por su investigación y no por lo investigado no hizo más que acrecentar sus sospechas.

Cualquiera que tuviera ojos y dos dedos de frente sabía que el rey no apreciaba a su hermano. Nadie entendía que no se le hubiera dado el título de infante y más tras sus grandes victorias militares.

El hecho de la tardanza en partir a Flandes y las continuas idas y venidas de Escobedo tampoco habían pasado desapercibidas a Vázquez. Siempre trataba con Pérez. Estaba en las listas de personas que visitaban La Casilla: los espías de Vázquez daban fe de ello. ¿Por qué de repente Escobedo quería verse con él?, se preguntaba Vázquez. En plena noche y en plena calle. Como dos anónimos ciudadanos. ¿Acaso porque no había despacho ni edificio de la corona en los que estar seguros? Ni siquiera la casa de Escobedo parecía serlo. Allí había sufrido un envenenamiento saldado con la culpabilidad de una criada morisca.

La criada se había confesado culpable diciendo que a quien quería envenenar era a su esposa porque la maltrataba. Vázquez había hablado con la esposa de Escobedo para saber de ello.

—Tuve discusiones con ella —le declaró la esposa—. Pero no más que con cualquier otro criado.

Los guardias que habían interrogado y torturado a la criada habían sido destinados a Nápoles, donde —sin duda por los buenos servicios prestados— sus sueldos habían mejorado.

Las ventajas de su cargo le daban a Vázquez accesos a todo tipo de documentos. Y puso a dos funcionarios de extrema confianza a indagar. La búsqueda se centraba en salvoconductos y cédulas otorgando nuevos cargos.

Vázquez tenía claro que los asesinos de Escobedo habían contado con ayuda. No podían exponerse a quedarse en Madrid. Un descuido, una borrachera a destiempo podían desvelar su culpabilidad. Debían haber huido de la villa.

Todo era demasiado extraño. Y Vázquez sospechaba de Pérez, pero no podía probar nada.

Así que, como no tenía pruebas, decidió lanzar el rumor de que él estaba detrás del crimen. No tenía contactos en la nobleza del nivel que los tenía Pérez (ni de su amigo Ovando podía fiarse), pero sí en plazas y mercados.

A veces, para llegar a la verdad, hay que mentir antes.

II

En un mes las coplas y chascarrillos acusando a Pérez de estar detrás del asesinato llegaron a la corte.

Apoyándose en el bulo que él mismo había propagado, Vázquez solicitó audiencia privada con el rey y pidió investigar la veracidad del mismo.

Encontró al rey inmerso en otro asunto. Tras la batalla de Alcazarquivir, la mayor parte de la nobleza portuguesa había sido apresada por la mala estrategia en la batalla del rey Sebastián, que había decidido enfrentarse con un enemigo superior en pleno desierto.

Por si este hecho no fuera suficiente para demostrar su torpeza, el joven rey permitió que acompañaran a la expedición hasta prostitutas para hacer el camino más agradable a sus hombres. Él no hizo ningún uso de ellas, por supuesto.

El sultán de Marruecos vio la victoria tan fácil que ordenó prender a los enemigos que más lujosamente vistieran. Seguramente podría pedir un gran rescate por ellos.

Entre los elegidos, estaba el propio rey Sebastián, que llamaba la atención por su roja cabellera. Pero el joven insistió en seguir luchando, por lo que encontró la muerte. Su cuerpo fue enterrado en el mismo desierto.

El rescate de casi toda su nobleza estaba arruinando Portugal. Felipe quería ayudar a ello rescatando al duque de Barcelos y a ochenta hidalgos por cuatrocientos mil ducados.

—¿No es un precio muy elevado? —preguntó Vázquez tras ser informado abiertamente por el rey.

—La sucesión al reino de Portugal no está clara y podemos beneficiarnos de ello. Además, desde Lisboa podemos vigilar mejor a ese canalla de Drake.

El rey sonrió.

—¿Os gusta Lisboa, Vázquez?

—No la conozco, pero me han dicho que es una ciudad muy hermosa, majestad.

—Lo mismo la conocéis antes de lo que imagináis... Contadme, ¿de qué asunto queréis hablar conmigo?

—Del asesinato de Escobedo.

El rey disimuló todo lo que pudo (y en eso era un maestro), pero Vázquez pudo notar un leve rictus de descontento.

—Supongo que habrán llegado a vuestros oídos lo que dice el pueblo.

—El pueblo dice muchas cosas que no son ciertas.

—Es verdad... Pero algunas pueden ser muy incómodas para vuestra majestad. Y no son buenos tiempos como para que por asuntos como este sean peores.

—¿Creéis que esas habladurías que acusan a Pérez se basan en la verdad?

Vázquez prefirió mentir.

—Pongo mi mano en el fuego de que es inocente. Por eso propongo indagar. Para probar que no tiene culpa alguna.

El rey se lo pensó. Luego miró a los ojos de Vázquez. Y se expresó con severidad.

—No hay nada peor que cerrar los oídos y aun cerrar los ojos a la verdad. Vos siempre habéis ido por el camino derecho conmigo. Mientras sigáis así no habréis de temer nada.

Vázquez no sabía si esas palabras eran un aviso para que no investigara o un permiso para hacerlo.

—Entonces, ¿puedo investigar, majestad?

—Podéis.

—Para tratar de estas cosas sin que parezca nada personal y sin que nadie sepa de lo investigado, solicito que tres personas me ayuden en el asunto.

—¿Quiénes son?

—Quiroga, el arzobispo de Toledo; fray Diego Chaves y el duque de Alba.

Vázquez estaba arriesgando en la apuesta. Todos en la corte sabían que tanto el duque como Chaves eran enemigos de Pérez.

—Concedido.

Vázquez salió de la entrevista más sorprendido que esperanzado. Lo había conseguido todo.

III

Poco le duró la alegría a Vázquez. Cuando estaba trabajando en el asunto, el rey ordenó el destierro del duque de Alba en Uceda. Era el 9 de enero de 1579.

Desde que había vuelto de Flandes, el rey podía

haberle castigado por sus desmanes como gobernador. En vez de eso, para no dar pábulo a la propaganda de Guillermo de Orange, había decidido castigarle a través de su querido hijo Fadrique por una promesa de matrimonio no cumplida... ¡hacía doce años!

Pero Felipe no se conformó con eso. Tras la negativa a luchar en Alcazarquivir y la insolencia mostrada con su sobrino, el difunto rey de Portugal, se había encarado a Antonio Pérez (lo que suponía encararse al rey) en el Consejo de Estado en el que se había decidido que los Tercios viejos volvieran a Flandes.

Tenía una deuda que saldar con él. Y que Vázquez lo hubiera propuesto en esa terna de investigación del caso Escobedo, había colmado el vaso de la paciencia de Felipe y había animado a Pérez a conseguir pruebas suficientes para apartar al duque de Alba no ya del caso Escobedo, sino de la corte.

El secretario predilecto de Felipe había sido informado de las continuas visitas a Fadrique de una mujer, María de Toledo, valiéndose de una autorización del duque de Alba. ¿Quién era el duque para hacer eso? Su hijo estaba desterrado y solo el rey podía tomar ese tipo de medidas.

Al ser informado Felipe solicitó a Pérez que investigara las relaciones entre María de Toledo y Fadrique, resultando que estaban casados en secreto desde hacía años con el consentimiento del duque.

Pérez investigaba más rápido que él mismo, pensó Vázquez. También, que el rey no trataba a todos sus secretarios por igual ni en un caso de la gravedad del de Escobedo.

El resultado de todo ello fue no solo el encierro riguroso de Fadrique en el castillo de Mota y el destierro del duque, su esposa y sus dos secretarios, sino que este cediera sus beneficios de Indias a la engañada por su hijo. Fue definitivamente la caída de la gran casa de Toledo.

Pese a la humillación, el duque escribió una carta al rey.

Nunca os desobedecí ni a vuestra majestad ni a vuestro padre. Siempre miré por vuestro beneficio más que por el mío. Jamás he nombrado en ningún cargo a nadie por mi ventaja, sino por su valía. Y ahora, a mi edad, me despojáis de mi riqueza y de mi libertad. Y conmigo a mi esposa, que cuidó de vuestras hijas, y a mis secretarios, cuyo único delito es serme leales. Muerto desgraciadamente vuestro hermano y con Farnesio en Flandes, ¿quién os queda para defender el reino en caso de que nazca otra guerra? Llegará un día en el que me volveréis a necesitar. ¿Y sabe vuestra majestad qué es lo peor? Que acudiré sin remilgos a vuestro lado. Porque sois el rey y yo vuestro siervo.

Nadie supo de esta carta. Felipe la destruyó, como en él era habitual. Si se hubiera hecho pública, muchos se habrían apenado aún más ante la injusticia que se cometía con el duque.

Vázquez pensó que, no cabía duda, ni el rey ni Pérez ponían límites a sus venganzas. Porque justicia, desde luego, no buscaban. Si el objetivo de la justicia es aliviar el dolor de la víctima y resarcirla en lo posible de los daños sufridos, lo primero que tenían que haber hecho era liberar a Magdalena de Guzmán, la mujer engañada por Fadrique.

La pobre, al reclamar que se cumpliera la promesa, había sido recluida en el monasterio de Santa Fe de Toledo, donde el duque mandaba como un virrey. Una simple orden del rey o de su secretario hubiera bastado para liberarla de su injusto castigo. Aún seguía enclaustrada. Desde hacía diez años.

La detención del duque de Alba dejó estupefactos a propios y extraños. El embajador toscano de Lucca escribió a su señor:

> El duque de Alba es el mayor personaje de la España de hoy. Siempre ha servido a este rey como lo hizo con su padre Carlos más que nadie les haya servido. Verle confinado a su vejez ha hecho maravillar a toda la corte. Ver la gloria de alguien tan grande puesta en fortuna tan miserable ha dado terror a los Grandes de Castilla.

Vázquez sintió que al nombrarlo en esa terna, sin querer, él había puesto su grano de arena al destierro del duque.

Y pensó que si Pérez y el rey se atrevían contra el mismísimo duque de Alba, ¿qué no harían con él si daba un paso en falso?

IV

A finales de enero, Vázquez estaba a punto de dar todo por perdido. Tenía miedo de perder el puesto o de morir en un callejón como Escobedo y decidió atemperar su tenacidad en el caso.

Una llamada del rey le hizo temer lo peor. Fue a su despacho pensando que iba a ser cesado por su enemistad con Antonio Pérez. Lo que se encontró fue lo contrario.

Al entrar en el despacho, halló al rey como siempre, rodeado de cartas. En el suelo, había un cofre, algo que le llamó la atención.

—¿Cómo lleváis vuestra investigación?

—A punto de abandonarla, majestad —se sinceró Vázquez.

—No debéis hacerlo.

Vázquez casi se desmaya al oír estas palabras.

El rey señaló las cartas.

—Es la correspondencia de mi hermano Juan.

Cogió una carta y se la ofreció.

—Mirad la última carta que le envió Escobedo antes de morir. Por motivos de la guerra no pudo llegar a leerla. Le llegó a Alejandro Farnesio.

Vázquez leyó la carta. En ella, Escobedo contaba al también difunto hermano del rey que había descubierto que Ana de Mendoza, la princesa de Éboli, mantenía relaciones con Antonio Pérez, secretario del rey. Que tenía pruebas de que tanto una como otro negociaban con potencias extranjeras y que...

... por todo ello voy a dar parte al secretario Vázquez en secreto por si algo me pudiera suceder.

El rey miró a Vázquez.

—¿Vos sabíais que quería veros?

—No, majestad —mintió Vázquez.

El rey dio un golpe en la mesa.

—¡Pérez con esa arpía!

Vázquez quedó extrañado. Parecía que lo que más importaba al rey era la relación amorosa entre Pérez y Ana de Mendoza. Si hubiera sabido del intento de seducción del rey rechazado por la princesa de Éboli, hubiera entendido que el orgullo del rey estaba más herido por que ella hubiera aceptado a otro que por la muerte del leal Escobedo.

—Ya os dije que no había que fiarse de esa mujer...

Señaló el resto de cartas.

—Son todas vuestras. En ellas veréis cómo Pérez intentaba predisponer a mi hermano contra mí a mis espaldas.

Sin duda, era una mañana de sorpresas para Vázquez. Y todas agradables.

Felipe le dio instrucciones de cómo acometer el caso.

—Mi buen Vázquez, habréis de ser prudente y actuar con discreción. Debéis saber que pocos hombres guardan más secretos míos que Pérez.

Vázquez tradujo: «No tengo que traspasar ciertas líneas.» Y dejó claro que había entendido al rey.

—Podéis estar tranquilo, majestad. Nada se sabrá que pueda afectar ni a vos ni al reino. Sugiero que lo hablado aquí se quede entre nosotros. Quiero leer esas cartas y a la vez recoger pruebas que logren una acusación firme y con cargos solventes. Y puede llevarme meses el conseguirlo. Hasta entonces, propongo que Pérez no sepa lo que hemos hablado.

—Podéis contar con mi silencio.

El secretario salió del despacho del rey tan feliz que al encontrarse casualmente con el secretario de Hacienda, Ovando, este lo notó.

—Muy sonriente os veo.

—Creo que he conseguido que el rey me aumente la paga.

—¡Pero si no tenemos un ducado! No me extraña que estemos en la ruina... El rey no consulta nada conmigo.

Vázquez no respondió. Pero le dieron ganas de hacerlo. De decirle que se habían acabado sus cenas en La Casilla. Y que, desde luego, poco iba a consultar el rey con él. Ni con Antonio Pérez.

Porque él, Mateo Vázquez, el hijo adoptado por el canónigo de la catedral de Sevilla, el que nunca supo cuál era su verdadero padre, el niño que vio sudar sangre a su madre para sacarle adelante... Él, Mateo Vázquez, se acababa de convertir en el secretario predilecto del rey

Y las fiestas se habían acabado para muchos.

V

No fue tarea fácil la investigación del crimen. El rey se desdijo de sus palabras. Primero, organizó un careo con los dos investigados frente a Vázquez para que aquellos mostraran que no había enemistad con quien les investigaba. ¿Quién podía entender eso? ¡Si el rey tenía cartas en su poder que lo demostraban todo!

Vázquez sospechó que el rey había hablado con Pérez y este le había intimidado de alguna manera.

Pérez dijo que no tenía enemistad alguna con Vázquez. Su amante, tampoco. Pero luego, en la corte no le dirigía la palabra. Y cuando lo hacía era siempre para increparle por algo.

El cómo se estaba llevando el asunto llegó hasta los embajadores de otros reinos. Vázquez se encargó de ello. Viendo lo que podía ocurrir, los muchos de ellos que visitaban La Casilla dejaron de hacerlo. Y muchos miembros de la nobleza, también. Pérez se quedó solo.

Incluso algunos declaraban a Vázquez que se esperaban lo ocurrido con Escobedo y que no entendían la manera de actuar del rey.

Felipe, por su parte, quería zanjar el asunto diplomáticamente. Primero, había ofrecido el cargo de Pérez a Antoine Perrenot de Granvela, pero hasta que no obtuviera respuesta positiva de este no quería prescindir de Pérez.

En cuanto el hijo del insigne Granvela diera el sí,

tenía pensado nombrar a Pérez embajador de la república de Venecia.

Mientras tanto, insistía en mejorar las relaciones entre Pérez y Vázquez. Seguramente para evitar que todo lo ocurrido tuviera secuelas. Se lamentaba de la tenacidad de Vázquez, un clérigo ajeno a ambiciones terrenales como lo fuera su señor, el fallecido cardenal Espinosa. Con cualquier otro, habría servido con una cantidad de dinero. Y sabía que a Pérez le sobraba.

En realidad, sabía de todos sus lujos. Como en su día su padre sabía de los negocios turbios de Pérez de los Cobos, su ministro en asuntos de Hacienda. Como Carlos con el ubetense, había preferido mirar hacia otro lado mientras le siguiera dando buenos servicios. Y se los daba: nunca había conocido a hombre más inteligente que Pérez. Ni a nadie de la tenacidad de Vázquez. Lástima que estuvieran enfrentados. De hecho, estaba seguro de que si Pérez hubiera tratado a Vázquez con más condescendencia, nada de esto estaría ocurriendo.

Cuando el rey obtuvo la aceptación de Granvela para ser su secretario, supo que tenía que decidir entre Vázquez o Pérez. Los dos no podían seguir juntos. El conflicto estaba colapsando las decisiones de gobierno.

Si elegía a Pérez, todo el mundo sospecharía de su complicidad en el caso Escobedo. Y temía todo lo que Vázquez pudiera desvelar.

Si se decantaba por Vázquez corría el riesgo de que Pérez utilizara todos los secretos que compartían.

Y el más grande de ellos, que él había permitido que se asesinara a Escobedo. Pero apoyar a Vázquez le garantizaba la apariencia de que quería descubrir la verdad de lo ocurrido con el secretario de su hermano.

Y las apariencias, a menudo, engañan y parecen más verdaderas que la propia verdad.

Luego pensó en la princesa de Éboli. Ella y su difunto marido tenían secretos que nunca le quisieron contar. ¿Qué otras sorpresas podía encontrarse?

Al final pensó que Pérez, como Ícaro, había querido volar demasiado alto. Y, como le ocurrió al hijo de Dédalo, el sol había derretido la cera de sus alas.

La noche del 28 de julio estuvo trabajando hasta tarde. Ya tenía decidido qué hacer. El rey leyó dos informes que Pérez le había preparado sobre decisiones a tomar en Italia y Portugal. Y, sobre ellos, apuntó:

Los papeles de Italia os los devuelvo. En ellos he anotado qué hacer. Los de Portugal no, que aún no los he visto. Antes de que yo parta a dormir quedaréis despachado.

El rey envió a un criado para que llevara a su secretario los documentos. Pérez leyó las notas y se quedó pensando sobre lo que quería decir esta última frase del rey.

Pocas horas después lo supo. El alcaide de casa y corte y una docena de alguaciles le detuvieron en La Casilla. Tuvieron que ayudarle a vestirse porque le entró tal temblor que él solo no era capaz.

Al mismo tiempo, el almirante de Castilla y otros tantos alguaciles detuvieron a Ana de Mendoza para trasladarla junto a tres de sus damas (una elegida por el rey) a la torre de Pinto.

Esa misma madrugada, Felipe viajó a El Escorial acompañado de Mateo Vázquez. Allí les esperaba Antoine Perrenot.

A la mañana siguiente, todo Madrid sabía la noticia. El pueblo, la nobleza, los ministros y los cuerpos diplomáticos extranjeros quedaron estupefactos.

El principal soldado del reino, el duque de Alba, había sido desterrado en enero.

Seis meses después, el hombre con mayor poder del reino, Antonio Pérez, acababa de ser encarcelado.

Y con él, la viuda del anterior valido del rey, Ruy Gómez. Una Mendoza, una grande de España, estaba bajo custodia.

Felipe había acabado con la crisis. Tarde y nadie sabía con qué consecuencias. Pero lo había hecho.

19

Lejos del lugar del crimen (1580)

I

Liberado del problema de Escobedo, con Perrenot al mando de operaciones y con Vázquez despachando el día a día cada documento, el rey se centró en dos asuntos. El nuevo embarazo de su esposa y Portugal.

Siempre había soñado unir España y Portugal en un solo reino y ahora tenía esa oportunidad. El 31 de enero de 1580 había fallecido el rey Enrique. Llamado el Casto, ya había sido regente de Portugal durante la infancia de su sobrino nieto Sebastián, luego le había sucedido tras su muerte en Alcazarquivir.

La muerte sorprendió a Enrique, ya a sus sesenta y ocho años, sin elegir sucesor. Como cardenal que era no podía casarse ni tener descendencia oficial. Por esta razón había pedido al papa Gregorio XIII que le permitiera renunciar a sus votos, pero recibió una negativa por respuesta.

Para muchos, esa negativa había sido promovida por el propio Felipe, que pretendía ser rey de Portugal. Sabía que Sebastián difícilmente tendría descendencia tal era su aversión por conocer mujer. Una vez fallecido, su sucesor Enrique tampoco la tendría. Y Felipe se ofrecería como rey. Pero conseguirlo no sería tan fácil. Nieto por parte materna de Manuel de Portugal, Felipe no era la única opción a la corona. Había otras seis.

Tres de ellas tenían que ver con Catalina de Portugal, duquesa de Braganza (nieta de Manuel de Portugal). Ella misma era una posible candidata. También lo era su marido, el duque, de nombre Juan, así como su sobrino Ranuccio Farnesio. Este último era hijo de Alejandro y contaba con apenas once años.

Las otras tres opciones, sin contar con el rey de España, eran María de Austria (emperatriz del Sacro Imperio y hermana de Felipe), Manuel Filiberto de Saboya y don Antonio, prior de Crato.

Poco a poco se fue aclarando el panorama.

María, viuda ya de su marido Maximiliano, declinó la posibilidad de ser reina. Sus intenciones eran volver a Madrid y profesar vida religiosa. Además, no iba a ser ella quien impidiera la ambición de su hermano por ser rey de Portugal.

Algo parecido pasó con Ranuccio Farnesio. Su padre, leal servidor de su tío Felipe en Flandes, tampoco quiso contrariarle y avisó de que Ranuccio no aspiraba a la corona.

Manuel Filiberto de Saboya sí aspiró a la corona. Tras asumir el ducado de Saboya había tenido más de un conflicto con Felipe por cuestiones territoriales. Sin embargo, difícilmente podía competir con el rey, pues sus problemas hepáticos le tenían postrado en cama.

Los duques de Braganza quedaron fuera de la carrera tras la intervención de los jesuitas portugueses, que les hicieron ver que era mejor pactar con Felipe. Hasta Teresa de Jesús les envió misivas sugiriendo que llegaran a un acuerdo con España.

Ya solo quedaban como aspirantes Felipe y don Antonio, prior de Crato.

Antonio era hijo natural del infante Luis y nieto del rey Manuel. La nobleza no daba por evidentes sus derechos. Por ello, cuando tras la muerte de Sebastián exigió ser reconocido aspirante legítimo al trono, la respuesta que obtuvo del rey Enrique fue desterrarle a Crato.

Para decidir quién de los dos sería rey de Portugal, se constituyó una junta que, también, asumiría el papel propio de una regencia.

Felipe se había granjeado el apoyo del propio consejo y de gran parte de la nobleza por medio de sobornos y de la liberación de varios nobles apresados por el sultán de Marruecos tras la batalla de Alcazarquivir. Dando por seguro que el elegido sería él, esperó tranquilamente la noticia de su coronación mientras disfrutaba de un nuevo vástago.

La reina Ana había dado a luz el 14 de febrero una niña a la que se bautizó con el nombre de María, en honor de la madre de Ana de Austria y, a su vez, hermana del rey Felipe.

Todo era felicidad cuando una mala noticia nubló sus pensamientos: el 19 de junio, don Antonio, prior de Crato, se había proclamado rey de Portugal en Santarem y entró en Lisboa como rey, apoyado por el pueblo llano.

El rey había querido evitar a toda costa una intervención militar. Pero ya no le quedaba otra posibilidad. Trasladó la corte a Badajoz, adonde le acompañó su esposa, y preparó un ejército de veinte mil soldados de infantería y mil quinientos de caballería. Solo le faltaba un comandante que lo guiara. Ante la sorpresa de la corte, Felipe llamó al duque de Alba.

Como un perro fiel, el duque acudió a la llamada de su amo.

II

Fernando Álvarez de Toledo y Pimentel, duque de Alba, tenía ya setenta y dos años. Aún tenía fuerza para tumbar de un puñetazo a un mozalbete, pero no las energías suficientes como para mandar un ejército.

No le hicieron falta. Solo su presencia en vanguardia de sus Tercios generaba tal pánico en el enemigo que, con solo eso, ya tenía la batalla ganada.

El duque impuso condiciones para aceptar el encargo. A saber, la liberación de su familia y de sus secretarios y que se le levantara la pena de encierro a su hijo para que luchara con él como lugarteniente.

Así mismo, eligió otros mandos de confianza, como Sancho Dávila y Fernando de Toledo, para que le acompañaran. Fernando era fruto de una relación del duque antes de su matrimonio. En otras palabras, las mismas personas que habían combatido con él en Flandes

El rey aceptó las imposiciones. Parecía que quienes tanto dolor de cabeza le habían dado en Flandes, ahora aliviarían esta jaqueca de Portugal.

El duque no pudo evitar, aceptadas las condiciones, lanzar una puya a Felipe.

—Sois el único monarca de la tierra que sacáis de la prisión a un general para daros otra corona.

No hubo más conversación.

El duque tenía la lealtad a su rey como obligación y Felipe tenía con el de Alba una garantía de éxito.

En junio, el duque de Alba y su ejército entró en Portugal por Elvas. En paralelo, en Cádiz, otro grande de España, don Álvaro de Baztán (marqués de Santa Cruz), el insigne marino que había combatido en mil batallas, reunía una flota de sesenta galeras, además de naos, fragatas y chalupas que sumaban entre todas otras cien embarcaciones. La orden era partir hacia Lisboa al mismo tiempo que por tierra lo hacían los Tercios.

El enfrentamiento definitivo ocurrió el 25 de agosto en Alcántara. Los Tercios se habían quedado en apenas veinte mil hombres de infantería y mil ochocientos jinetes, pues el duque había ido dejando parte de su fuerza protegiendo las plazas conquistadas, la mayor parte sin batalla.

Las fuerzas comandadas por el prior de Crato eran levemente superiores, pero no le sirvió de nada. Al acabar la batalla el número de bajas hablaba a las claras de que, pese a su edad, el duque de Alba seguía siendo el gran militar que había sido siempre. Tres mil portugueses fueron heridos o apresados. Mil murieron. Por parte española, las bajas llegaron a quinientas.

Antonio de Crato huyó hacia el norte perseguido por Dávila que, por el camino, tomó Coimbra y Oporto.

El 12 de septiembre, Felipe II de España pasó a ser también Felipe I de Portugal.

No pudo ir a la celebración: una gripe le retuvo en Badajoz. El rey casi muere a causa de ella. Su esposa Ana siempre estuvo a su lado. Hasta que se contagió. Ella no pudo superar la enfermedad y murió el 26 de octubre.

Antes de enfermar, tuvo la única discusión grave de su matrimonio. Ana le reprochó no confiar en ella como regente al estar el rey enfermo. Felipe, a cambio, prefirió nombrar un consejo.

Ana se sintió despreciada.

III

Tras la muerte de su esposa, Felipe decidió ir a vivir a Lisboa. No le apetecía volver a Madrid, le traía malos recuerdos. Quería estar lejos del lugar del crimen.

También quería demostrar a sus nuevos súbditos portugueses que no era un invasor, que había tenido que usar la fuerza de su ejército a desgana y porque el prior de Crato le había obligado a hacerlo.

En abril de 1581, en las Cortes de Tomar, se confirmó la unificación de España y Portugal. Felipe, en su perfecto portugués materno, tomó la palabra. Prometió gobernar con portugueses. Y se definió como portugués pues hijo de portuguesa era.

El rey es jurado, decidiéndose para evitar futuros problemas que su heredero fuera el príncipe Diego.

Una vez que Felipe fue jurado rey, el duque de Alba le rogó volver a España. Se sentía débil y quería pasar sus últimos días con su mujer. El rey no autorizó su marcha.

El duque, reunido más tarde con sus hijos, se lamentó.

—Me ha negado volver.

Fadrique le pidió que le dejara ir a interceder por él ante el rey. Tenía que saber de las hemorragias y dolores de su padre, algo que este ocultaba a todo el mundo excepto a sus más allegados.

Su padre se negó. Fadrique insistió:

—Por el amor de Dios... Si ese hombre tiene sentimientos, entenderá que debéis marchar, padre.

—¿Sentimientos? Los reyes no tienen los sentimientos ni la ternura en el lugar donde el resto de los mortales las tenemos. —Suspiró amargado y añadió—: Los reyes usan a los hombres como si fuesen naranjas. Primero exprimen el jugo y luego tiran la cáscara.

Nada más llegar a Lisboa, Felipe sintió que revivía. La belleza de la ciudad, su cosmopolitismo propio de ser el gran puerto de Europa, le hizo relajarse tras tantos años de tensión.

Para demostrar a los portugueses que era uno de ellos, vistió y comió a la portuguesa. Prohibió que se escribieran crónicas de la victoria española. Retribuyó a los procuradores en Cortes. Y decidió dejar huella en su nuevo reino.

Hizo levantar monumentos, iglesias, ordenó traer del desierto marroquí los restos del rey Sebastián, su sobrino. Mandó crear un tribunal supremo en Oporto, para descentralizar el poder de Lisboa, y fundó un nuevo Consejo de Hacienda.

A cambio, se consideraba bien pagado solo por pasear por las calles lisboetas. En una ocasión, espías del reino le avisaron de un intento de atentado. Descubiertos los conspiradores, se pudo evitar. Pese a esta amenaza, Felipe no dobló su guardia ni exigió especiales medidas de seguridad.

Ya era un portugués más: no iba a temer a sus nuevos compatriotas. Era tan feliz que cada día escribía a sus hijas Catalina Micaela e Isabel Clara Eugenia contándoles sus descubrimientos. Lo que más le llamó la atención fue la Academia de Cosmografía de Lisboa. Tanto le impresionó que prometió a sus hijas que construiría una igual en España.

Tal despliegue de buenas maneras y amabilidad nunca había sido observado en Felipe.

Desgraciadamente, como cuando se muestra demasiado amor por alguien, es difícil ser correspondido de la misma manera. Su presencia, al contrario, despertó al nacionalismo portugués que le consideraba un usurpador extranjero por mucho que se esforzara Felipe.

Las sucesivas derrotas de Alcazarquivir y de Alcántara mostraban que el gran reino portugués estaba lejos de su época de esplendor y que era necesario resurgir de las cenizas. Ese objetivo jamás se conseguiría con un rey extranjero. Y menos si venía de arrasar Flandes. El artífice de esa barbarie había sido el duque de Alba. Y ahí estaba, en Lisboa.

Por mucho que quisiera evadirse de su pasado y de sus problemas, Felipe no podía hacerlo. Su leyenda negra llegaba a todas partes.

IV

El 13 de diciembre de 1581 se publicó *Apología*. Un libro en el que se describía la barbarie de Flandes. Su autor era Guillermo de Orange, mejor político y propagandista que militar.

El libro era la respuesta contundente al edicto de proscripción que Felipe había ordenado contra Guillermo. En él se le acusaba de ingratitud, herejía, traición y enemigo de la raza humana.

Guillermo respondió a cada una de estas acusaciones en su *Apología*. En ella, acusaba a Felipe de incestuoso y de bígamo, pues sabía de sus relaciones con Isabel de Osorio desde joven, cuando el rey estaba casado con Manuela de Portugal.

Aún más, acusaba a Felipe, ya por escrito (antes se había limitado a lanzar el rumor), de asesinar no solo a su hijo Carlos, sino también a Isabel de Valois, para casarse con Ana de Austria.

Evidentemente, tales desvaríos no eran ciertos. Pero otros hechos relatados, sí. La fuerza del libro radicaba en ser la mezcla perfecta de verdades, mentiras y rumores. Todo para contar algo que Guillermo no necesitaba demostrar: el propio Felipe había apartado al duque de Alba del gobierno de Flandes por sus desmanes. Saqueos como el de Amberes estaban demasiado cercanos en el tiempo como para ser olvidados.

Su autor sabía que tal soflama tendría eco. Tantos años de guerras contra el imperio y luego contra España, habían dejado demasiadas heridas por cerrar como para que quienes las habían sufrido no encontraran este libro como un bálsamo.

No solo era el rey la diana a la que lanzaba sus flechas. Para el estatúder, todos los españoles eran avaros, orgullosos, fanáticos y despreciaban lo extranjero por considerarse los auténticos elegidos de Dios.

También cuestionaba que España se erigiera en líder de la defensa de la fe católica, pues la sangre de los españoles era mayoritariamente judía o mahometana.

Atención especial le dedicaba en el texto al duque de Alba, «un auténtico criminal cuyas acciones habían sido aplaudidas por el rey, por lo que es tan responsable como su legado».

No se quedaba ahí:

Tanto el duque de Alba como los que estaban bajo sus órdenes y sus sucesores nos han mostrado cuál era el objetivo del Consejo de España, a saber, exterminarnos y someternos. Pues así como Aníbal con nueve años juró sobre el altar de sus dioses ser enemigo de por vida de los romanos, así este duque de Alba, desde su infancia, alimentó y fue formado en un odio irreconciliable contra este país, el cual, a pesar de toda la sangre derramada, no ha podido saciar.

No distinguía mayor mérito ni virtud en Juan de Austria o Requesens que en el duque:

Hasta donde alcanza nuestro reconocimiento, la diferencia entre don Juan, el duque de Alba y Luis de Requesens radica en ser el primero más joven y más tonto que los otros y en no poder ocultar largo tiempo su veneno.

Felipe, al saber de la existencia del libro y de su contenido, sufrió un ataque de ira y mandó redoblar la recompensa a quien asesinara a Guillermo de Orange.

El duque de Alba se ofreció a ir él mismo a Bruselas para acabar personalmente con él, aunque le costara la vida. No consentía que le llamara mahometano ni judío.

—No se perdería nada: poca vida me queda.

De nada hubiera servido. El hombre puede morir, pero su palabra permanece.

Para lograr la mayor difusión de sus ideas, Guillermo cuidó que la obra se tradujera al francés, al inglés, al castellano, al italiano y al portugués, lo que hizo que los nacionalistas lusos la utilizaran como doctrina contra su nuevo rey.

Ya daba igual que, para cobrar la recompensa de Felipe, alguien lograra asesinar a Guillermo. El daño estaba hecho.

V

Poco a poco, Portugal dejó de ser el caparazón donde el caracol en el que se había convertido Felipe podía esconderse de lo que pasara fuera de Lisboa.

Mateo Vázquez seguía con el proceso contra Pérez y la princesa de Éboli. Y había descubierto que Antonio Pérez seguía cobrando su sueldo sin que el rey hubiera dicho nada. Y Ana de Mendoza ya se había acomodado a su encierro y, aún más, gracias a sus contactos, hasta salía a pasear y organizaba fiestas.

Vázquez envió mensaje a Lisboa, informando de todo esto.

Felipe reaccionó retirando a Ana la custodia de sus hijos y la administración de sus bienes, que pasaría a su hijo primogénito, que (oportunamente) no tenía buena relación con su madre. También ordenó que quedara recluida en el torreón de su palacio y que se le retiraran todos los derechos civiles.

Al recibir este mensaje de Felipe, Vázquez se extrañó de que el rey fuera tan cruel con la dama y que ni mencionara castigo alguno para Pérez.

En noviembre de 1582, recibió nueva carta de Vázquez. También eran malas noticias: había fallecido el príncipe Diego. El pequeño Felipe pasaba a ser el heredero. Ya solo le quedaba un varón vivo.

Un mes antes había entrado en vigor el nuevo calendario gregoriano. Según el mismo, al 4 de octubre le seguiría el 15.

Felipe soñó que ojalá el nuevo calendario tuviera poderes mágicos y pudiera tener esos nueve días sin que pasara el tiempo para poder ver a su hijo y despedirse de él.

Cada carta que recibía desde Madrid era un problema. La única que le contó una buena nueva fue una sobre su hermana María: había vuelto a Madrid por fin, acompañada de su hija Margarita. Ambas querían ingresar como monjas en el monasterio de las Descalzas.

Inglaterra atacaba cada barco español para hacerse con su mercancía. El nombre de Francis Drake empezó a ser tan odiado por Felipe como el de Guillermo de Orange.

De repente, durante una semana dejaron de llegar cartas y Felipe respiró. Por fin un tiempo sin problemas.

Pronto vino otro sin necesidad de salir de Lisboa. Era irresoluble, como todos los que tienen relación con la muerte: el duque de Alba cayó gravemente enfermo.

Cuando Felipe fue informado acudió raudo junto a su lecho.

Sus dos hijos lo flanqueaban. Nadie osó decir nada al rey, pero sus miradas no eran precisamente de agradecimiento por su presencia.

El rey lo notó. El que iba a morir también.

—Hijos, dejadnos a solas.

Fadrique y Fernando abandonaron la habitación.

El duque miró a Felipe. Apenas le quedaban fuerzas.

—Os agradezco la visita.

—Y yo os agradezco todo lo que habéis hecho por mi padre y por mí.

Pese a su debilidad, el duque esbozó una sonrisa.

—Siempre llegáis tarde. Hasta para dar las gracias.

El duque murió apenas unos días después, el 11 de diciembre de 1582.

El militar más temido no había muerto en el campo de batalla. Sino de viejo y en la cama.

El hombre más odiado por muchos no dio a nadie la satisfacción de morir atravesado por su espada.

El noble más leal al rey, el que más se había sacrificado por él, no pudo conseguir ni siquiera un último deseo: morir al lado de su esposa.

El rey que jamás le había perdonado ningún error, quien jamás devolvió al duque ni la centésima parte de lo recibido por él, empezó a pensar que ya era hora de dejar Lisboa.

La abandonó el 11 de febrero de 1583.

VI

Tras dejar a su sobrino, el archiduque Alberto (hijo de María de Austria), como regente de Portugal, Felipe llegó a Madrid.

Su preocupación principal era volver a casarse para tener más varones. En cuanto vio a Margarita, la hija de María, se encaprichó de ella.

Le recordaba a su hermana, su difunta esposa Ana.

Cuando le comentó a su hermana María la posibilidad de que Margarita fuera su esposa, su hermana se horrorizó. Margarita había venido a Madrid, junto a ella, para ser monja.

Sin embargo, disimuló sus sentimientos como madre y nada dijo a su hermano. No quería importunar al rey. Pero le dolió en el alma pensar solo en la posibilidad de que su hija casara con Felipe.

Toda su vida había servido a la familia. Como regente en ausencia de Felipe. Como esposa de Maximiliano. Ahora se sentía liberada y quería que su hija no tuviera que pasar por lo mismo.

Su educación le había hecho asumir casarse obligada (demasiada suerte había tenido ella con su esposo), pero ahora no podía dejar de imaginar con asco a su hija de dieciséis años en el lecho con un hombre de casi sesenta años, por muy rey y por muy hermano suyo que fuera. ¡Por Dios, si tenía la misma edad que las hijas de Felipe!

Había aceptado que Ana se casara con el rey pese a la diferencia de edad, que era mucha pero no era tanta. Pero, sin duda, el hecho de estar tan lejos le había ayudado a aceptar la boda. No es lo mismo ver que imaginar. Ahora veía. Y se le hacía insoportable.

Pese a todo, dejó la decisión en manos de su hija. Ni siquiera quiso aconsejarla. La joven Margarita asumió la noticia con entereza y solo preguntó:

—¿Tengo que obedecer a la fuerza, madre?

—No.

—Entonces no me casaré con el rey.

Dicho y hecho, la joven soportó todas las proposiciones de Felipe, que perdió el sentido del ridículo y no solo abandonó el luto por su esposa, sino que empezó a vestir con colores vivos impropios de su edad.

Sus hijas Clara y Catalina le miraban boquiabiertas. ¿Qué estaba pasando por la cabeza de su padre? Sencillamente quería agarrar, con toda la pasión que tenía, los últimos momentos que le quedaban como hombre. Y en esa edad, lo que en una dama es discreción, en un varón es tontería.

Margarita le escribió una carta al rey en la que decía las razones de su negativa de manera respetuosa. Apeló en ella a la consanguinidad, que requería bula del Papa. A que ya se había casado con su hermana Ana y no le gustaban estos asuntos. Por último, le dejaba claro que ella ya se había comprometido con otro:

No puedo casarme con vos porque le he dado palabra a Dios de ser suya.

Felipe insistió en verla para hacer un último intento de convencerla. Margarita aceptó.

El rey, vestido con traje de terciopelo granate, le rogó que aceptara casarse con él.

—Solo me queda vivo un hijo varón. Y como habéis visto, el pobre Felipe, a sus cinco años, está más tiempo enfermo que sano.

Había puesto a Margarita en un brete. Estaba apelando a la compasión y al sagrado deber de las mujeres de la casa de Austria de perpetuar el poder de la familia a través del matrimonio y la maternidad.

La joven respondió con tal ingenuidad, que Felipe no pudo por menos que enternecerse.

—Vuestro hijo Felipe ahora crece achacoso, vuestra majestad. Pero crecerá sano porque yo me dedicaré de por vida a rezar por él. Si permitís dejarle a Dios su esposa, pues eso es lo que soy, encomendaré mi vida a vuestro hijo. Y Dios hará que crezca sano, se case y tenga numerosa descendencia.

Margarita había llamado en su ayuda a la providencia divina, a la que tantas veces apelaba el rey para justificar sus actos.

Felipe por fin, desistió.

Incluso asistió con sus hijas a la ceremonia en la que Margarita tomó los hábitos de monja.

Dicen que al ver cortar el pelo de la joven, al rey se le escapó alguna lágrima.

VII

Durante unos meses, Felipe siguió, si no buscando esposa, encontrando mujer. Eran amores efímeros. Y siguió vistiendo con colores menos discretos que los que jamás había lucido.

Pronto volvería al luto.

Su hija María moría con apenas tres años de edad en el mes de agosto.

Cuando le dieron la noticia, estaba delante de un espejo, acicalándose en privado para una salida.

—María, pobre niña —masculló en soledad.

Volvió a mirarse al espejo. Ante sí, descubrió de repente al hombre más ridículo del mundo. A un petimetre que olvidaba sus problemas jugando a ser lo que ya no era: un joven.

Pensó en su esposa Ana. Por fin pensó en ella. Y lloró todo lo que debía haber hecho en su momento.

El ser humano suele evitar las tribulaciones para poder sobrevivir. Pero nunca a costa de no llorar por sus seres queridos.

Pobre Ana.

La dama más dulce que había conocido. La que no hablaba por no molestar. La que, discreta, siempre estaba en segundo plano. La madre de sus hijos y de las hijas de Isabel, que la adoraban como si las hubiera parido ella.

La mujer que le había convencido de que el fuego de un hombre tarda en apagarse más tiempo de lo que este se cree. La que le hacía creerse un titán en la cama a él, ya calvo y desdentado. A él, que por muy rey que fuera, envejecía.

Felipe lloró a solas y a borbotones hasta llegar al hipo. Lloró por su esposa y por todos los hijos que había perdido... Por Fernando, por Carlos Lorenzo. Por Diego. Por María.

—Pobrecitos míos...

Cuando se repuso, se quitó el traje que llevaba puesto, que antes le parecía vistoso y ahora propio de un estúpido.

Y se vistió de negro. El color que nunca abandonaría.

20

La Empresa (1584)

I

Como en toda época de crisis, surgieron profetas que vaticinaban que el reino estaba a punto de desmoronarse. Les hubiera bastado saber del balance del tesoro real para saberlo.

Todos los profetas tienen una característica y un problema. La característica es que nunca anuncian buenas noticias, solo las más terribles. Su problema tiene que ver con su tino: que acierten en sus profecías.

Miguel de Piedrola era de los que acertaban. O eso decía él. Juraba haber anticipado la muerte de Carlos de Austria al decir que Felipe no tendría heredero. También había avisado que don Juan de Austria iba a morir enfermo en Namur, abandonado por su hermano. Quien tuviera dos dedos de frente sabía que ambas cosas, dada la salud del difunto príncipe de Asturias y ante la triste evidencia de que Flandes era tumba de héroes, eran de lo más previsibles.

Sin embargo, Piedrola logró hábilmente ser creído no solo por el pueblo, pues en plena calle auguraba el futuro, sino también por procuradores en Cortes y gente de palacio. Felipe ordenó una investigación sobre él. Sobre todo cuando anunció que la Armada española iba a tener una derrota sin precedentes y que España iba a sufrir una invasión extranjera.

La Inquisición, siempre presta a las peticiones del rey, investigó para no averiguar nada que no les dijera el propio Piedrola, un personaje de pasado misterioso por inexistente. Tanto lo era que muchos decían que lo había imaginado y, a base de repetirlo, se lo había creído como cierto.

Piedrola se autodenominaba el soldado profeta. Decía que había nacido en Marañón donde un clérigo le enseñó a leer. Que había combatido en Sicilia bajo las órdenes de Juan de Austria. Que había sido preso de los sarracenos. Y mil cosas más. Mostró siempre una habilidad memorística extrema, pues muchos decían que se sabía la Biblia de memoria. Y la Biblia no es un soneto.

Eso es lo que Piedrola contaba de sí mismo. Otra cosa es lo que los demás decían de él. Unos pensaban que estaba vinculado con Antonio Pérez. Otros, que el mismo rey le había solicitado sus servicios. Muchos, que Alonso de Toledo, canónigo de la catedral de Toledo, era su protector e impulsor.

En realidad, después de mucho tiempo, Felipe no creía en malos augurios.

En julio de 1584, murió asesinado Guillermo de Orange (ya retirado de la vida política en Delft) a manos de un ultracatólico borgoñón de nombre Baltasar Gerard. El rey lo celebró dando una fiesta. Y cumplió con su promesa de pagar una recompensa. El asesino no la pudo disfrutar, pues fue prendido, torturado y ejecutado. Pero el rey cuidó de su familia a la que incluso dio tierras.

No todo era felicidad.

Mateo Vázquez seguía su cruzada contra Antonio Pérez con la inestimable ayuda del hijo del asesinado Escobedo, de nombre Pedro. Este mantuvo vivo el caso, presentando denuncia tras denuncia con el objetivo de vengar a su padre. Lo hizo con la ayuda de su hermanastro Bernardo, clérigo, y de su primo Pedro de Quintana, capitán de los Tercios de Sicilia. Los tres habían conseguido lo que Vázquez no había podido lograr: saber que el mayordomo de Pérez había partido hacia Aragón nada más ocurrido el asesinato. Y los nombres de algunos de los asesinos. Felipe dejaba hacer, pero empezaba a estar preocupado.

El otro problema era Inglaterra.

Hacía un par de años, tras la victoria de Álvaro de Bazán, marqués de Santa Cruz, en las Azores frente a barcos franceses, el gran marino aconsejó a Felipe que era el momento de atacar Inglaterra.

Todo el mundo quería atacar Inglaterra, pensó el rey. Menos el duque de Alba, que tanta gloria tuviera como paz le había dejado, todos se lo habían propuesto. Algunos hasta el aburrimiento, como Juan de Austria y más de un papa.

Felipe respondió a Bazán de la manera habitual.

—Me lo pensaré.

El almirante, ya con cincuenta y seis años, discurrió que como no pensara deprisa, no verían la invasión sus ojos.

Ahora, pasados dos años, el rey debía seguir pensándoselo. Y seguía sin reaccionar pese a los continuos asaltos marítimos de piratas como Drake, convertidos en héroes nacionales por Inglaterra.

Desgraciadamente para España, la reina Isabel no solo pensaba, sino que hacía. Y prevenía el futuro como si de una profeta se tratase. Sabía, reina de unas islas, que Inglaterra o era potencia marítima o no sería nada. En 1578 había dado el primer paso para conseguir ese sueño, encargando a Hawkins la construcción y organización de una flota moderna. Este respondió con un plan de construcción de novedosos galeones de menor altura para que fueran más rápidos y veloces. Y cuidó al detalle el emplazamiento de la artillería. El objetivo de una nueva armada debía ser la guerra en el mar, no transportar ejércitos.

El que fuera corsario activo (siempre siguió siéndolo en su alma), sabía del diseño de naves tanto como podía saber Álvaro de Bazán. Mucho.

La diferencia es que a uno le apoyó la reina y al otro no le hizo caso su rey.

II

En diciembre, Felipe estaba disfrutando de su inmenso monasterio-palacio de El Escorial, cuya obra había finalizado apenas tres meses antes.

Poco le duró el disfrute, Pedro de Escobedo había logrado localizar y lograr la confesión de uno de los asesinos de su padre: Antonio Enríquez. Confesó por miedo tras saber que algunos de sus cómplices habían sido asesinados misteriosamente.

Cuando se enteró de que dos sicarios andaban por Zaragoza buscándole, se escondió y escribió al rey para confesar ser uno de los asesinos y reconocer que lo hizo por engaño de Antonio Pérez, que le había jurado que era el rey el instigador del crimen.

No se sabe si por despiste (algo improbable), para comprar el silencio del reo o por confundirle dándole confianza, el rey firmó un documento de pago a nombre de Antonio Pérez por valor de 350.000 maravedíes.

Parece que la tercera fue la razón del pago, pues Pérez, preso en su propia casa, intentó darse a la fuga siendo detenido y llevado a la fortaleza de Turégano.

Se le aplicó una pena de dos años de encierro y una cuantiosa multa.

Pérez clamó desde su celda que el crimen lo había organizado por orden del rey.

El rey utilizó la confesión del cabecilla de los asesinos que alegaba que Pérez le había engañado nombrando al rey. Evidentemente, todo el mundo creyó al rey.

Mientras tanto, Piedrola, el profeta soldado, vaticinó que pronto moriría el papa Gregorio. Y que su sustituto se llamaría Sixto.

III

Isabel Clara Eugenia y Catalina Micaela eran las dos joyas preferidas de Felipe. Durante su estancia en Lisboa les escribía casi a diario. Ahora en la corte, eran (a sus 19 y 18 años) la alegría y la paz del rey.

Una mañana de enero, Felipe pidió a Catalina que le acompañara a dar un paseo. La joven se extrañó de que quisiera hacerlo a solas. La mañana era fría, pero Catalina se quedó aún más helada cuando recibió de su padre la noticia de que se iba a casar con el duque de Saboya, Carlos Manuel.

La razón que le dio es que tenía que demostrar que estaba preparada para hacer un servicio a la corona.

—Sé del enorme sacrificio que os pido. Pero los Tercios necesitan un paso seguro hacia Flandes en Italia.

Catalina no supo qué decir. Cuando vio a su hermana Isabel, rompió a llorar.

—Nuestro padre me vende como si fuera un puente, hermana.

Isabel intentó consolarla pero no pudo. Tampoco entendía que su hermana se casara con un duque y no con un rey. Incluso suspiró aliviada: ella era mayor que Catalina, ¿por qué no había sido la elegida?

Nadie en la corte comprendió la decisión de Felipe. El paso de un ejército era un tema que se podía arreglar por otras vías. Tampoco se entendió que pagara una dote de 500.000 ducados, una cifra excesiva siendo Catalina la que aportaba sangre real al matrimonio.

Pese al evidente disgusto de su hija, Felipe no cedió. Asistió a la boda en Zaragoza y la acompañó a Barcelona donde tuvo lugar una triste despedida.

En un aparte, Felipe dijo a Catalina lo mucho que la quería.

Su hija le respondió:

—Si tanto me queréis, ¿por qué me habéis hecho esto, padre?

Cuando el rey volvió a Madrid, Isabel Clara nunca se atrevió a preguntar a su padre por qué había tomado esa decisión. Por si hacía lo mismo con ella.

IV

El agradecimiento no era uno de los fuertes del rey. Pedir perdón, tampoco.

Felipe no fue agradecido con Alejandro Farnesio

que, había tomado Amberes, esa ciudad que siempre se reconstruía para volver a ser destrozada.

Perrenot aconsejó a Felipe que nombrara príncipe a Farnesio. Era nieto de Carlos e hijo de Margarita de Parma, que había sido gobernadora de Flandes. Reunía todas las condiciones para ser clave para una futura paz.

Al rey le vino a la cabeza su hermano Juan de Austria y se negó. Como excusa, dijo a Perrenot que pensaba en Farnesio para dirigir la invasión de Inglaterra.

Perrenot asintió. Lo hizo por no preguntar qué invasión era esa de la que no tenía noticia. Porque el rey todavía no había respondido siquiera al marqués de Santa Cruz. Esencialmente, porque aún no había decidido nada.

Pronto tuvo que hacerlo. Isabel de Inglaterra quería hacer daño a Felipe en la ruta comercial de las Indias y hasta en ellas mismas. Así, dio licencia (por si acaso la necesitaba) a Drake, que dejó su huella en las Indias, saqueando Santo Domingo y Cartagena de Indias. Luego atacaría Canarias y Cabo Verde.

La reina temía que, tras la constitución en marzo de la segunda Liga Católica, con el fin de evitar que llegara al trono de Francia un hereje, España volviera a tener un poder que había perdido.

Ahora sí, tres años después, Felipe llamó al marqués de Santa Cruz y le pidió un plan de invasión de Inglaterra. Mientras, tomaba medidas de embargo contra los barcos extranjeros atracados en puertos españoles. La medida sirvió para que la reina inglesa propusiera una alianza con los holandeses.

No se necesitaba ser Piedrola para intuir que Inglaterra estaba ya en pie de guerra. Por cierto, el profeta soldado había anticipado en sus mítines callejeros que Gregorio XIII moriría en breve. Murió.

También dijo que su sucesor se llamaría Sixto. Así ocurrió el 24 de abril.

Antes, había anunciado que España sufriría la invasión de una potencia extranjera. En octubre Drake desembarcó en Galicia y saqueó Bayona. Destrozó iglesias, capturó barcos y tomó rehenes.

En diciembre, fuerzas inglesas arribaron a los Países Bajos para luchar contra España. Quien las mandaba, era Robert Dudley, conde de Leicester, que se autoproclamó sin modestia alguna gobernador general de las provincias rebeldes.

Felipe no tuvo más remedio que declarar la guerra a Inglaterra. Iba a enfrentarse a la que un día fuera su cuñada. A la mujer que en un pasado había propuesto matrimonio.

Iba a luchar contra Isabel de Inglaterra, la reina que, años atrás, mientras le mandaba al rey amables cartas diplomáticas, había jurado a sus más allegados que sería siempre enemiga de Felipe.

V

El marqués de Santa Cruz presentó en marzo su plan de invasión de Inglaterra. Dos meses antes, el rey le había encargado otro plan a Alejandro Farnesio.

Cuando el rey leyó el plan del marqués, casi sufrió uno de sus ataques estomacales. Bazán valoraba la necesidad de movilizar casi cien mil soldados. ¿Cómo iba el reino a pagar eso?

Felipe ordenó al marqués que siguiera vigilando la ruta de Indias de los ataques ingleses. No le dijo que había encargado otro plan a Farnesio. Álvaro de Bazán se retiró molesto por el poco caso recibido.

En junio se recibió el plan de Farnesio. Enviado desde Flandes, tardó seis meses en llegar tras su viaje a través de Borgoña, Italia y el Mediterráneo. Ni el mensajero más torpe cabalgando sobre un caballo cojo habría tardado tanto.

Cuando llegó, en vez de dar celeridad al asunto, el informe pasó por manos de diversos asesores, desde Juan de Zúñiga (hermano del fallecido Requesens), Antoine Perrenot y hasta Bernardino de Escalante, clérigo que aseguraba el apoyo divino y que, sin haber subido nunca a un barco ni guerreado, aportó una estrategia de ataque.

El rey, tras escuchar la opinión de los asesores, ordenó de nuevo atacar Inglaterra. El marqués de Santa Cruz se sintió despreciado. El rey le había enviado a perseguir piratas y, mientras tanto, había encargado otro plan a sus espaldas. Ahora se le encomendaba otra misión completamente secundaria mientras que Farnesio pasaba a ser el gran capitán de la invasión.

Esta situación ya le había pasado en Lepanto, donde había aconsejado al hermano del rey para que luego este se llevara toda la gloria y la recompensa del Papa. No le iba a pasar otra vez, se aseguró a sí mismo.

Antes de que acabara el año, la gente más capaz ya no estaba al mando de La Empresa, que así bautizó el rey al plan de invasión de Inglaterra. Perrenot de Granvela y Zúñiga murieron. Y Álvaro de Bazán se tomaba, ofendido, cada orden del rey sin ninguna premura.

Tampoco la intendencia funcionó como debía hacerlo. El Papa no pagaba lo prometido y al final se resolvió pagar un millón de ducados cuando la Armada desembarcara en Inglaterra. Todo un crédito basado en el optimismo.

También atendió en su despacho a un flamenco llamado Jean de L'Hermite, un humanista e inventor al que había hecho llegar para la educación de su hijo, que no avanzaba todo lo bien que el rey deseaba. No quería que el niño Felipe cometiera en su infancia los errores en que él había caído. Sobre todo con los idiomas.

L'Hermite no solo vigilaba al príncipe hasta en los centímetros que iba creciendo, que señalaba en una pared, sino que le daba clases de latín, francés, danza y música. Solo por lo rápido que mejoró su hijo en el manejo del francés, Felipe empezó a adorar a ese hombre. Ojalá le hubiera dado clases a él de niño.

Por si fuera poco, L'Hermite era inventor y tenía nociones de ingeniería. Uno de sus momentos estelares, en este aspecto, fue la creación de unos patines con los que se deslizaba por la superficie helada del lago de la Casa de Campo. El rey acudió a ver una exhibición de sus piruetas con Isabel Clara y el pequeño Felipe.

Mientras, Bernadino de Mendoza, embajador en Londres, seguía inmerso en conspiraciones imposibles y ofreció al rey la posibilidad de que católicos ingleses asesinaran a Isabel para sustituirla por María Estuardo. El servicio de espionaje inglés era eficiente y volvió a descubrir esta nueva conspiración. En la primera se había ejecutado a Norfolk y perdonado la vida a María Estuardo. Ahora, esta era decapitada en febrero de 1587.

VI

Nuevos profetas se unieron a Piedrola. La más destacada de tan singular coro fue Lucrecia de León, cuya especialidad no comprobada eran los sueños premonitorios. En uno de ellos vio la derrota de la Armada que iba a partir hacia Inglaterra.

Eso mismo pensaban muchos marinos profesionales que observaban lo que estaba ocurriendo. Sin necesidad de sueños premonitorios.

Mientras La Empresa iba tomando cuerpo, la marina española seguía atacando barcos ingleses que entorpecían la ruta de las Indias. El marqués de Santa Cruz había conseguido el logro de evitar el robo en el mar de casi dieciséis millones de ducados. Pero no siempre tuvo éxito: Drake logró capturar un galeón portugués con 500.000 ducados. Inglaterra estaba sufragando sus gastos de guerra con el dinero que le robaba a su enemigo.

En otro alarde de atrevimiento, y para gloria de Piedrola, el mismo Drake atacó Cádiz, la saqueó y huyó en dirección Portugal. Las naves españolas no podían seguirle, tal era su velocidad.

Los dos ataques a La Coruña y Cádiz sembraron la incertidumbre en la corte. Felipe volvió a ser criticado por su habitual lentitud de maniobra. La reacción del rey fue culpar de todo al marqués de Santa Cruz.

Felipe decía a los suyos que estaba seguro de la victoria por que Dios estaba de su parte. Si Dios, que está en todas partes, lo hubiera estado le habría avisado de la diferencia entre la marina inglesa y la española. La primera estaba al mando de especialistas y profesionales de demostrada experiencia. La española no escuchaba los consejos de su mejor almirante: el marqués de Santa Cruz. Y se permitía el lujo de aceptar que un clérigo enloquecido trazara estrategias marítimas.

Dios sí tuvo el detalle de que el desprestigio interno del rey no fuera mayor y quiso que Antonio Pérez no lograra escaparse de Turégano. El rey ya no le castigó a él, sino a su pobre y engañada esposa (Juana Coello) y a sus hijos a los que confinó hasta que esta no le diera toda la información secreta que podía guardar del rey.

Juana aceptó y entregó dos baúles llenos de documentación. Agradecido, el rey la liberó y permitió que Pérez volviera a Madrid.

Vázquez no entendía nada.

Pedro, el hijo de Escobedo, tampoco. Y como veía que los asesinos de su padre no iban a tener castigo, mató al antiguo mayordomo de Pérez. Fue detenido.

Pero Pedro obligó con su acción a que el rey no tuviera más remedio que ordenar la detención de los asesinos restantes.

VII

La Empresa no avanzaba. El marqués de Santa Cruz y Alejandro Farnesio discutían constantemente. Desde Flandes a Lisboa se cruzaban cartas en las que mostraban no estar de acuerdo en nada. Colérico, Felipe ordenó que dejaran a un lado sus cuitas personales y se afanaran en su trabajo. Tan harto como enfermo, Álvaro Bazán se recluyó en su casa.

El rey creyó que la enfermedad era una mera excusa dilatoria. Se equivocó. Álvaro de Bazán, marqués de Santa Cruz y gloria de la marina española, murió el 9 de febrero en Lisboa, desde donde iba a partir la Armada. El marqués estaba mentalmente trastornado y dirigía los preparativos en la cama.

El rey le sustituyó nombrando al duque de Medina Sidonia como comandante de la Armada. La noticia sorprendió a todos, pues no tenía experiencia alguna en asuntos de navegación. El 19 de febrero partía para Lisboa.

Para mayor asombro general, Lucrecia de León había propagado en la calle semanas antes la segura muerte del marqués. Lo hizo junto al aviso de que los fruteros de Madrid iban a protestar contra Felipe por sus medidas de que no vendieran en la calle. También repitió que la Armada española sucumbiría en su intento de invadir Inglaterra. Sin duda, sus sueños abarcaban una variada temática.

El apoyo a los profetas era cada vez mayor. Y no solo por parte del pueblo. Había rumores de que en círculos cercanos al rey, gente de la importancia de Juan de Herrera también les apoyaba. Algunos llegaron a decir que el rey se reunía en secreto con Piedrola y Lucrecia. Desde luego, esta se tomaba la confianza de llamar en sus discursos al rey sencillamente como «Felipe».

Ante la aparición de nuevos profetas y con el fin de no dañar su imagen, el rey ordenó a Vázquez que la investigara y este nombró a su vez a su leal fray Diego Chaves.

Isabel en Inglaterra estaba hecha un mar de dudas. Sus espías le informaban adecuadamente de todos los movimientos que se hacían en España. El problema era que dichos movimientos eran contradictorios y los ingleses no sabían por dónde iban a ser atacados.

Por si fueran pocos los problemas de La Empresa, Felipe sufrió un nuevo ataque de gota. Su delgadez era llamativa y su capacidad de movimiento muy limitada. Obsesivo como era el rey de controlar cada paso que se diera, se paralizaron durante un tiempo toda toma de decisiones. Todo debía pasar por él y sin su consentimiento nadie se atrevía a hacer nada.

VIII

Pocos días le bastaron al duque de Medina Sidonia para demostrar que no tenía ninguna experiencia en asuntos de la mar. De hecho, en cuanto se subía a un barco.

Nadie discutía la eficiencia administrativa del duque. Había mejorado los asuntos de intendencia y había logrado agilizar la atención médica a los soldados que estaban en Lisboa. Pero como almirante era nulo y su asesor naval, Diego Flores de Valdés, tampoco demostraba gran inteligencia.

Muchos marineros enrolados en la Armada lo advirtieron y uno de ellos, Juan Martínez de Recalde, con una carrera prestigiosa siempre al servicio de Álvaro de Bazán, se ofreció a ser su consejero.

El duque se negó más por cuestiones de rango que de orgullo: desde que había llegado a Lisboa había enviado cartas al rey diciendo que la empresa le superaba y que, en su opinión, había demasiadas cosas que mejorar como para partir tan rápido hacia Inglaterra.

Felipe desoyó sus quejas.

Por fin, la flota partió de Lisboa el 25 de mayo. Antes de zarpar, el duque envió mensaje al duque de Parma avisándole de la salida.

La flota la formaban 130 naves y 31.000 hombres, en los que abundaban más los soldados (19.000) que los marineros (12.000). Fue bautizada como *La Invencible y Felicissima Armada*.

En apenas un mes, se demostró lo optimista del nombre.

Como tantas y tan desgraciadas veces había sucedido en la historia naval del reino, un temporal en las costas gallegas casi la hace zozobrar. Medina Sidonia envió mensaje al rey para paralizar el plan de ataque a Inglaterra. Felipe le contestó con otro que impedía toda posibilidad de marcha atrás.

Si esta fuera una guerra injusta cabría pensar que esta tormenta es una señal de Dios para desistir de ella. Mas siendo tan justa como lo es, no se debe creer que Dios nos desampara, sino que ha ocurrido para favorecernos. Yo he ofrecido a Dios este servicio. Alentaos, pues, a lo que os toca.

Hasta julio no logró el duque recomponer la flota. El día 30, la Armada partió camino de Flandes, donde debía encontrarse con los Tercios comandados por Farnesio. El duque de Parma debía aportar la fuerza de treinta mil hombres de los Tercios de Flandes, que serían embarcados al llegar allí la Armada. Los ingleses sabían de este plan y avisaron a la flota holandesa para que bloqueara los puertos de dominio español.

El estado de la mar y la climatología llevó a la Armada cerca del puerto de Plymouth. Al ver la flota de Drake amarrada allí, pues también había sufrido el castigo del temporal, el duque convocó Consejo de Guerra para dictaminar qué hacer.

La vieja guardia de Bazán (Oquendo, Valdés y Recalde) aconsejaron atacar. El asesor naval del duque, Diego Flores, alegó que había que obedecer al rey e ir a Flandes a unirse con las tropas de Farnesio. Si hubieran atacado allí mismo habrían conseguido la victoria. Pero el duque de Medinaceli hizo caso a su asesor.

Desgraciadamente, tampoco pudieron llegar donde les esperaba Farnesio, que ni tenía las tropas preparadas. A medio camino entre un sitio y otro, la Armada, lenta y pesada, fue un juguete en manos de los avezados marinos ingleses.

La flota inglesa salió a su encuentro al mando de Charles Howard y empezó a atacar con su artillería los navíos colocados en los extremos de la inmensa media luna que formaba la Armada. Los barcos insignia fueron especialmente considerados por el ataque inglés: el *San Juan de Portugal* recibió hasta trescientos cañonazos. Otro galeón español, *Nuestra Señora del Rosario*, en una maniobra de abordaje chocó con un barco amigo. El *San Salvador* sufrió un accidente al explotar su santabárbara y su tripulación se entregó a Drake sin luchar.

Hubo combates tan encarnizados y los barcos lucharon tan cerca unos de otros, que un bando y otro se insultaba conformando, junto a los gritos de aliento y muerte, un estremecedor griterío.

En plena huida, el desconocimiento de la mayoría de los pilotos españoles de la costa inglesa y la habilidad de la marina inglesa para llevar a la española hacia las pedregosas costas de Escocia e Irlanda culminaron en una terrible derrota. El hambre y la sed ayudaron a ella: gran parte de los alimentos y el agua potable guardada tanto tiempo esperando la partida de la Armada se había podrido.

Ajenos a la debacle, la familia real rezaba tres horas diarias por la victoria.

No sirvieron de mucho las oraciones.

En septiembre, lo que quedaba de la Armada llegó a Santander al mando del duque de Medina Sidonia. Diez mil hombres habían perdido la vida. Solo sesenta y siete embarcaciones habían logrado regresar.

Los profetas habían acertado en sus vaticinios.

21

Cuentas pendientes (1588)

I

En la corte, nadie se atrevió a criticar el fracaso de La Empresa. Sin embargo, muchos sabían (y callaban) que la causa de la misma no fueron los elementos, sino la lentitud del rey a la hora de tomar decisiones.

No era la primera vez que se le criticaba esto. Incluso algunos de sus colaboradores más cercanos, como los difuntos Gonzalo Pérez y Ruy Gómez, se lo habían comentado amablemente. Felipe siempre se excusaba quejándose del exceso de trabajo.

No se podía tachar al rey de vago. No por miedo a las represalias. Es que, sencillamente, no lo era, sino todo lo contrario. Eran muchas las horas que estaba en su despacho. Tantas que apenas dormía. Leía cientos de documentos al día. Preguntaba y escuchaba a sus consejeros. Pero tardaba demasiado en tomar decisiones y, sobre todo, obligaba a que hasta los asuntos más insignificantes pasaran por él. No delegaba en nadie y nadie se atrevía a tomar la más mínima iniciativa sin el permiso del rey.

Durante la preparación de La Empresa, el rey tuvo un nuevo ataque de gota. Apenas quedaban meses para la fecha señalada en la que partiría la flota. Se paralizó todo. Hubo que esperar a que mejorase para seguir avanzando.

Felipe no hizo un análisis de las causas de la estrepitosa derrota. Como era de esperar, el entorno del rey cerró filas alrededor de él. Si Dios había querido que España fuera derrotada, sería parte de su plan. Un plan en el que, se daba por hecho, al final España resultaría de alguna manera beneficiada. Dios proveería en la victoria y en la derrota.

Nadie se paró a pensar en que las idas y venidas en la toma de decisiones alargaron tanto el asunto, que Inglaterra tuvo tiempo de reaccionar, sabedora de cada paso que daba España.

Tampoco se alzó ninguna voz ante el hecho de que, tras la muerte de Álvaro de Bazán, su relevo fuera el duque de Medina Sidonia, un absoluto ignorante de la mar.

La carta enviada desde Santander por el duque tras la derrota lo certificaba. Cuando el rey le dijo de volver a atacar, respondió:

Olvidaos del asunto, os lo ruego. Porque ni sé de la mar ni de las artes de la guerra y ni en un asunto ni en otro os podré dar buen servicio.

El duque de Medina Sidonia no había sido el único ignorante al mando porque, por encima de él, lo fue el rey que le eligió y que hasta se permitió decidir estrategias de combate.

Quien jamás combatió, dio las órdenes clave para la derrota. No dejó capacidad de improvisación a sus capitanes. Cuando la Armada encontró a la flota inglesa desprevenida y amarrada en Plymouth, no se atacó por seguir la orden real de no hacerlo hasta que Medina Sidonia se uniera a los Tercios de Farnesio en Flandes. Flores lo recordó. Su obediencia la pagó con una condena a tres años de cárcel. El asesor naval del duque de Medina Sidonia fue el único que pagó el desastre.

El rey también influyó decisivamente en el diseño de la flota, desautorizando continuamente a quien tenía más conocimientos que él: el marqués de Santa Cruz. A un reino tan grande como el suyo le correspondía tener barcos no menos grandes. Y Felipe basó el combate en barcos que eran auténticas fortalezas navegantes, centrando la fuerza de su Armada en sus soldados, no en sus marinos. Para que este plan tuviera éxito, el combate debía ser en distancias cortas para facilitar el abordaje.

Los ingleses, al contrario, manejaron galeones más pequeños pero más veloces y mejor armados. Iban y venían volviendo locas a las embarcaciones españolas. Utilizaron también el bombardeo a larga distancia y brulotes, pequeñas embarcaciones cargadas de explosivos que generaron el descontrol en la flota española.

El engreimiento de sentirse superiores y ayudados por Dios luchó contra la previsión y la preparación del conflicto en cada detalle.

Curiosamente, sí hubo aspectos que se cuidaron hasta la exageración. Por ejemplo, hubo especial atención en remarcar a los soldados su comportamiento en la batalla y tras la victoria (que se daba por hecha). No debían blasfemar y habrían de mantener un comportamiento que no ofendiera a Dios. Hasta se enviaron capellanes a Lisboa para que dieran lecciones de moral, antes de zarpar.

Mejor habría sido que, en vez de capellanes, funcionarios del rey hubieran vigilado que la cartografía usada por los pilotos fuera correcta. Que hubieran constatado que la intendencia no funcionaba. Que dieran aviso de que, con el paso del tiempo ante la falta de toma de decisiones, la comida se pudría y el agua potable se corrompía.

Gran parte de lo almacenado ya no se pudo consumir a los pocos días de embarcar y hubo que hacer provisión en La Coruña tras refugiarse allí las naves por un temporal.

No era la primera vez que ocurría. Desde el segundo viaje de Colón a las Indias, ya organizado por la corona, muchos mercaderes tenían el vicio de enriquecerse de más a costa de la corona. Entonces, se prometieron los mejores caballos. Estos entraban en los barcos por una pasarela y salían por otra mientras eran sustituidos por pencos. Se ofrecieron los mejores alimentos y se dieron los desechos. Ahora, había ocurrido algo similar. Casi cien años después, la inveterada costumbre de la estafa seguía sin ser castigada. La incompetencia seguía siendo premiada. No se investigaba qué nobles o funcionarios se enriquecían con un tanto por ciento de lo que se apropiaban los mercaderes. Y miles de hombres murieron por ello.

No era Dios el culpable de que la Armada no fuera tan invencible. Lo eran los hombres que la fundaron. Y por encima de todos, el rey.

Felipe no lo reconocería nunca. Pero, por mucho que le hubiera cambiado el poder, aún quedaba dentro de él algo de ese príncipe sensible e inteligente que una vez fue. Y ese algo le torturaba. El rey instaba a todos en la corte a que rezaran como él por el futuro del reino. Pero el rey no solo rezaba por eso. También lo hacía por las almas de los miles de muertos de la Armada.

Nunca daría su brazo a torcer en público, pero en privado se mostraba especialmente deprimido. Tenía la sensación de que su etapa estaba tocando a su fin. Ya había pasado la barrera de los sesenta años y sus achaques eran cada día mayores. Sus errores, también.

Para mayor tristeza, llegó a la corte la noticia del fallecimiento de Isabel de Osorio, su primer gran amor de juventud. Todos la llamaban la puta del rey porque había sido su amante. Pero, más allá de asuntos lujuriosos, Isabel fue la mujer que mejor ejerció de esposa del rey, consciente de que jamás podría serlo.

Felipe no entristeció porque la echara de menos. Hacía mucho tiempo que no quería saber nada de ella. E Isabel tuvo siempre el tacto de no llamar al rey jamás. Si él hubiera querido estar con ella, allí le habría recibido en su palacio de Saldueña. Fiel y leal, no se le conoció otro hombre. A cambio, el rey se encargó de que viviera en la opulencia. *Quid pro quo*.

Lo que deprimió definitivamente a Felipe fue que la nostalgia se adueñó de él. Recordó sus tiempos mozos, cuando Isabel era Venus y él su Adonis.

Esos tiempos que ya jamás volverían.

Porque un rey puede mandar sobre los hombres. Pero no sobre el tiempo.

II

Fuera del reino, todos creyeron que era el momento de darle la estocada definitiva. Enrique III de Francia decidió quitarse de en medio al duque de Guisa, líder de la Liga Católica.

Isabel de Inglaterra envió una flota con veinte mil hombres para conquistar Portugal para ofrecer la corona a don Antonio, prior de Crato. Para ello, buscó la alianza del sultán de Marruecos. Conseguir Portugal le habría dado a Inglaterra el libre comercio con las Indias Orientales.

Dios aprieta, pero no ahoga. Enrique III fue asesinado por un monje dominico de la Liga en venganza por lo ocurrido con Guisa. El sistema de recompensas de Felipe, que había acabado con la vida de Guillermo de Orange, volvía a funcionar.

Mientras, Isabel de Inglaterra pecó del mismo optimismo que Felipe con la Armada Invencible. No calculó que, en el mar, su fuerza era superior, pero que su infantería y su caballería no podían compararse con la de los Tercios.

Comandada por Drake, la Armada inglesa atacó primero La Coruña. Lograron abrir una brecha en sus murallas, entrando en la ciudad. No encontraron resistencia militar, pero sí la del pueblo, liderado por una mujer que acababa de cerrar los ojos a su marido muerto a manos de un alférez inglés.

María Pita, que así se llamaba, decidió no dar tiempo a las lágrimas. Cogió en sus manos la espada de su difunto esposo, buscó al alférez inglés y le mató.

Luego, se dirigió a su pueblo:

—¡Quien tenga honra, que me siga!

La siguieron muchos, entre ellos otra heroína llamada Inés de Ben. Los ingleses tuvieron que volver a sus barcos y marchar hacia Lisboa.

Si la resistencia popular les había derrotado en La Coruña, alguien debería haberles avisado que poco podrían hacer contra los Tercios que aguardaban en Lisboa. Estos se limitaron a esperar que los ingleses desembarcaran y dejaran distancia suficiente a sus espaldas. No querían que volvieran vivos a sus barcos. Pocos lo consiguieron: los Tercios podían ser vencidos embarcados en un barco. Pero difícilmente si sus pies tocaban la tierra.

Estas dos victorias no podían equipararse a la pérdida de la Armada Invencible. Pero consolaron al rey.

III

Los pequeños alivios de fuera se contrapesaron pronto con los problemas del propio reino.

Tras la humillación de la Armada, el pueblo no encontró excusas para su hambre ni para su pobreza. Porque hambre sin gloria es doble hambre.

La primera reacción a la derrota fue la consternación y el silencio. La segunda, los comentarios en voz baja (la Inquisición siempre acechaba) sobre la ineptitud del rey. Según regresaban a casa los supervivientes y contaban lo sufrido, llegaron la tercera y la cuarta: la indignación y el miedo a lo que habría de venir.

Llegada la situación a este punto, volvieron los profetas a golpear más fuerte al rey. El pueblo los convirtió en su portavoz. Lo hizo sin saber que dichos profetas formaban parte (de manera poco consciente) de una conspiración que empezaba a tener adeptos hasta en círculos cercanos a la corona y en la propia Inquisición. Tantos, que esquivaban investigaciones y castigos.

Piedrola, el soldado profeta, había sido detenido por la Inquisición un año antes. Ahora acababa de ser sentenciado a dos años de prisión. Protegido por Alonso de Medina, canónigo de la catedral de Toledo, y más de un noble, ninguna cárcel quería tenerlo dentro. Aun así, quedó fuera de la circulación.

Lucrecia de León tomó el relevo y, más tremendista que nunca, soñó el desastre de España. Así lo dijo a quien la quisiera escuchar, que eran muchedumbre. Por si alguien no llegaba a tiempo, el canónigo, enemigo del rey, pasaba a escrito sus profecías.

Según Lucrecia, pronto el rey maltrataría a su pueblo. Comparó a Felipe con don Rodrigo, el rey visigodo. Predijo la invasión turca por el sur, la de los herejes protestantes por el norte y la de los ingleses por Portugal. Que los moriscos se rebelarían dentro de España. Solo se salvarían quienes se refugiaran en una cueva o estuvieran protegidos dentro de las murallas de Toledo. Todos estos acontecimientos, avisaba, acarrearían la caída de la casa de los Habsburgo, que sería sustituida por otra nueva encabezada por Piedrola.

No se sabía si Lucrecia decía lo que soñaba o lo que gran parte del pueblo quería escuchar. Por rabia contra el rey y porque las personas sin formación suelen entretenerse con los escándalos y los tremendismos.

Lo llamativo fue el seguimiento de las profecías por gente culta y adinerada que sufragaba a Lucrecia en su cruzada, reunida en torno a una congregación llamada la Nueva Restauración.

En una de sus intervenciones en público contó que en sus sueños había visto un cartel con la siguiente leyenda:

—¡Pobre de ti, que tuviste la oportunidad, pero no llegaste a comprender ni a hacer lo que es digno de un rey!

Con una alusión tan directa, Lucrecia consiguió convertir la depresión del rey en un ataque de ira. Felipe ordenó que la Inquisición actuara contra los profetas. Todos fueron detenidos.

Lucrecia fue castigada a recibir cien azotes y dos años de reclusión. Además, se le prohibió volver a pisar Madrid y Toledo.

El día que la iban a azotar, no apareció el verdugo. Se tardó semanas en aplicar la pena. Luego, se la recluyó durante dos años.

Al rey le extrañó que la Inquisición actuara de forma tan leve cuando por cosas menores habían asado a más de uno.

A Mateo Vázquez, también.

—Presiento, majestad, que cuando todas estas cosas ocurren es que estamos ante una conspiración.

—Algo raro sucede, no cabe duda. Quiero que comprobéis que vuestras sospechas son ciertas. No importa a quien tengáis que investigar.

—¿Sea quien sea, majestad?

—Sea quien sea, Vázquez.

La pregunta del secretario tenía un fondo muy claro. La cantinela de los profetas le sonaba conocida. Sospechaba de Pérez, pues tras entregar su mujer toda la documentación que podía preocupar al rey, gozaba de una vida casi normal en Madrid e incluso (esta vez no había podido comprobarlo) cobraba un sueldo del rey a cambio de su silencio.

Vázquez actuó con habilidad, echó mano de sus contactos de la época de Espinosa y logró que el Consejo Supremo de la Inquisición ordenara al Santo Oficio de Toledo que entrara por sorpresa en casa del canónigo Alonso de Toledo.

Allí encontraron documentos que relacionaban a Antonio Pérez con Alonso de Toledo, principal protector de los profetas.

Vázquez pensó que Pérez estaba tan seguro de conocer al rey que no había calculado el efecto que en él podría causar el desastre de la Armada. Vázquez sabía del cambio: el rey era otra persona.

Era alguien que se sabía al final de su vida y que iba a liquidar todas sus cuentas pendientes.

Esta vez, Antonio Pérez no tuvo salida. El rey olvidó todo temor y permitió hasta que se aplicase la tortura en su interrogatorio. No aportó nada que no hubiera dicho. Salvo una cosa que pensó podría redimirle ante Felipe.

Contó que Juan de Austria tenía una hija con María de Mendoza. Desesperado, acabó por desvelar el gran secreto que la princesa de Éboli le había guardado y que Ruy Gómez se había llevado a la tumba.

El rey sabía que su hermano había tenido una relación con María de Mendoza, pero no que esta hubiera dado fruto. De hecho, el propio Juan no sabía de la existencia de la niña, pues en su correspondencia no hacía mención de ello.

Felipe fue tan feliz al saberlo que, momentáneamente, recobró su antigua energía y empezó a tomar medidas.

La primera, acabar de hundir a Ana de Mendoza con una crueldad que hasta causó asombro a Mateo Vázquez.

Tras su primer encierro en Pinto, la princesa fue llevada después a Santorcaz. En una muestra de supuesta bondad, Felipe había permitido que Ana cumpliera el real castigo en el palacio de Pastrana, la villa en la que los príncipes de Éboli habían sido más felices.

Tras los excesos de la princesa, que lejos de la vigilancia del rey incluso organizaba fiestas, Felipe la castigó quitándole la custodia de sus hijos y privándola de sus derechos. Un eufemismo, porque escasos derechos tenía ya, aparte del de sufrir el resto de su vida. Y todo por un supuesto delito ni probado ni juzgado. Porque, salvo confesión personal de Pérez, Ana de Mendoza no participó en la organización del crimen de Escobedo.

En realidad, para Felipe era culpable de silencio y de encubrimiento. Pero no del asesinato de Escobedo, sino de un secreto que nunca le quiso confesar y que ahora Felipe había descubierto. Por eso, aumentó aún más el castigo.

El rey obligó a la princesa a permanecer enclaustrada en el torreón de su palacio de Pastrana, no pudiendo moverse por el resto de su hogar. Para que no tuviera contacto alguno con el exterior, tapió las ventanas del torreón.

Para su total humillación, Felipe decidió que quienes la vigilaran fueran sus criados.

Su familia ya había abandonado hacía tiempo a

Ana a su mala suerte: solo su hija del mismo nombre seguía a su lado.

Tras saber que sus órdenes habían sido cumplidas, el rey hizo llegar un mensaje a la princesa.

Ya sé del secreto que me guardabais.

Ana pensó que, en realidad, la causa de su desgracia no era el secreto de la hija de don Juan de Austria. Ni siquiera su rechazo al rey cuando la intentó seducir. Muy probablemente, con el tiempo Felipe le habría perdonado su negativa. Lo que Ana sabía que no le perdonaba el rey era que fuera amante de su secretario cuando no había querido serlo de él.

Mientras, la princesa de Éboli lloraba sus penas, Felipe ordenó buscar a doña María Ana de Austria, que así se llamaba la hija de don Juan. Cuando la encontraron en un convento fue trasladada por la fuerza y enclaustrada en el convento de Madrigal de las Altas Torres.

Era la sobrina del rey. Y un peligro para la herencia de sus hijos.

V

Mateo Vázquez estaba agotado. Y no solo por el largo proceso de Antonio Pérez, que ya duraba once años. Como al rey, la gota le estaba aniquilando. Solo su fortaleza y su espíritu de trabajo le mantenían en pie.

Sabía que no le quedaba mucho tiempo. Por eso se alegró de que por fin Pérez viviera tiempos de verdadera desgracia. Le había elegido como su enemigo y estaba a punto de ganarle. Pero dudaba de que sus ojos alcanzaran a ver su victoria final.

Cuando supo que Antonio Pérez se había escapado de la cárcel, ya estuvo seguro de ello.

Pérez era consciente de que si seguía en Madrid corría peligro de muerte. Sabía que tenía que escapar. No era un ejercicio fácil: quienes más práctica tienen para fugarse de una cárcel son los presos y él apenas lo había sido. De hecho ya lo había intentado una vez. Y había fracasado.

Quitando su estancia en Turégano, la mayor parte de su presidio había sido domiciliario. Hasta se había permitido el lujo de alquilar una casa en la plaza del Cordón (perdida la suya) para atender las vistas de su propio juicio.

Incluso tras su estancia en Turégano, el rey le había concedido prisión atenuada. Y eso que había intentado fugarse de allí. Tanto en la propia capital, como en Torrejón de Velasco podía ver a su familia y mantener ciertos contactos del pasado y promover conspiraciones.

No le extrañaba que Vázquez le odiara. Nunca un preso había tenido tanta libertad. Sin duda, era fruto de su relación con el rey. Felipe sabía que su secretario era inteligente y tenía documentos que podían no ya solo implicarle en el crimen de Escobedo, sino dejarle en mal lugar por muchas decisiones de gobierno. Ese miedo se había esfumado cuando su esposa hizo entrega al rey de toda la documentación que guardaba Pérez en su casa.

Sin embargo, Felipe podría haberse ensañado con él como solía hacer con todos sus enemigos. Y no lo había hecho. Vázquez no entendía las razones de esta actitud. Pérez sí: sabía que el rey nunca había apreciado tanto a alguien como a él. Que le admiraba.

Ya no. Ahora, su vida no valía ni un maravedí. Encerrado en la casa de Cisneros, estaba más vigilado que en el propio Turégano.

Esperaba que su esposa, Juana, fuera capaz de hacer todos los recados que le había ordenado.

Porque si no, era hombre muerto.

VI

Juana Coello cumplió. Y no le fue fácil: estaba embarazada de ocho meses. Sin embargo, hizo todo lo que su marido le pidió. A veces dudaba de lo que estaba haciendo: sabía que siempre le había sido infiel. Con unas y con otras. Apuesto, siempre vestido como un príncipe y teniendo tanto poder, podía conseguir a la mujer que quisiera.

La primera infidelidad le dolió como si le partieran el alma. Después se fue acostumbrando. Eran muchas. Se conformaba con que fuera de flor en flor. Ellas eran unas furcias, por muy de buena familia que fuesen. Juana se sentía siempre por encima de todas. Se decía: lo que vosotras disfrutáis un día yo lo disfruto siempre.

Por eso, cuando supo que la relación de su Antonio con la princesa de Éboli no era cuestión de un día, se vino abajo. Sufrió un dolor aún más fuerte que cuando supo por primera vez que su marido la engañaba.

Su madre le decía que lo mejor que podía hacer era dejarle y que se pudriera solo. Pero no podía hacerlo: era su esposa y la madre de sus hijos. Y sabía que si había hecho la barbaridad de la que se le acusaba, era por obediencia al rey.

Así que no dudó en recuperar el dinero del arcón que su marido guardaba enterrado en el huerto. Ni en hablar con el noble que tantos favores le debía a Antonio y que sabía de los relevos de la guardia.

Luego se presentó con comida para los carceleros. Y con vino. Mucho. Y con unos polvitos para el vino que dormían a hombres como castillos. Cuando les vio caer, pensó en llevarse un poco de esos polvitos para casa. Porque apenas podía conciliar el sueño. Viendo correr a su marido hacia la libertad supo que, a partir de ahora, aún le costaría más.

VII

Antonio Pérez tenía todo preparado gracias a su esposa. En la puerta le esperaban dos hombres. Ellos le acompañaron hasta el límite con Aragón. No eran los únicos que le apoyaron. Otros se encargaron de los caballos de relevo. Y un mensajero avisó en Zaragoza de su llegada.

Fue recibido como un héroe. Cientos de personas vitoreaban su nombre como enemigo del rey y, por lo tanto, adalid de la libertad. Era un aragonés, como ellos. Y también sabía de Derecho. Los Fueros aragoneses impedían que a quien fuera de allí se le pudiera juzgar por un delito cometido en otro reino.

Para mantener las apariencias legales, fue encarcelado. Pero cuando el alcaide quiso poner a un hombre en la puerta, el justicia, Juan IV Lanuza, casi le despide del cargo.

Pérez tenía libertad de movimientos. Es decir: podía conspirar. Era lo que mejor se le daba. Y logró contactar con nobles aragoneses como el conde de Aranda o el duque de Villahermosa. Y supo convencerles de que su causa era la misma que la de Aragón: la libertad de sus Fueros.

Al saber el rey dónde estaba escribió al justicia para que le devolviera el preso. Estaba acusado de asesinato y de negociar con secretos de la corona. Además, había huido de prisión.

Lanuza le contestó apelando a los derechos de los aragoneses.

Felipe no quiso rebajarse enviando una carta de respuesta y delegó la gestión en un Mateo Vázquez que apenas podía moverse ya de los dolores agudos que sentía. Si el rey no tuvo éxito, tampoco le fue mejor a su secretario.

Fue su último trabajo para Felipe. La gota le estaba consumiendo. El rey le visitó en sus aposentos para interesarse por su estado.

—Me muero, majestad. Nunca veré a ese cerdo pagar sus culpas.

Felipe intentó consolarle. Le juró que él se encargaría de que Pérez fuera devuelto a Castilla. Pero no fue una conversación muy larga, porque ni él mismo se creyó sus propias palabras.

Antes de despedirse, le preguntó si necesitaba algo. Mateo negó con un gesto. Luego, aconsejó al rey.

—Acusad a Pérez de hereje. La Santa Inquisición es la única que puede juzgar en todo el reino. Pero tienen que ser delitos que atenten contra la fe verdadera.

En realidad, Felipe ya había pensado en esa posibilidad, pero no quiso decírselo a Vázquez: esperaba que tuviera consuelo pensando que tan brillante idea era suya.

Efectivamente, el único tribunal que tenía competencias en todo el territorio de la corona era el de la Santa Inquisición. Y aunque había juzgado por mil razones a muchas de sus víctimas, lo había hecho siempre con la obligatoriedad de cumplir con su función: combatir la herejía y preservar el correcto cumplimiento y devoción de la fe católica.

Quien leía un libro prohibido, era un hereje.

Quien acogía al que leía ese libro, otro hereje.

Quien pisaba el suelo de la casa de un hereje, también lo era.

Si la Inquisición había tratado como tal a fray Luis de León y sospechado de Teresa de Jesús, ¿por qué no iba a hacerlo con Antonio Pérez?

Dicho y hecho, el 5 de mayo Antonio Pérez fue acusado de hereje y condenado a muerte. Justo ese día murió Mateo Vázquez.

En un principio, el rey consiguió su objetivo, Pérez fue trasladado de su prisión al palacio de la Aljafería, cárcel de la Inquisición. A medio camino se levantó una algarada que impidió que el viaje se completara volviendo a donde estaba, bajo la protección (más que la vigilancia) de Lanuza y una apoteosis popular. Hubo varios muertos.

Al saberlo, al rey le subió la fiebre ante tal afrenta. Aún le quedaban más desprecios que sufrir. Desde Aragón se inició una campaña contra Felipe que, en sus términos, parecía haber sido dictada por Lucrecia de León.

Solo que, en Zaragoza, quienes plantaban cara al rey no eran unos simples profetas. Eran miembros de la alta y baja nobleza y el mismo pueblo aragonés que, como el castellano, no tenía en buen concepto al rey tras el desastre de Inglaterra.

El rey apretó las clavijas de la maquinaria del gobierno y Antonio Pérez fue llevado otra vez al palacio de la Aljafería. Sus leales volvieron a liberarle de ella.

Felipe se hartó y el 15 de octubre decidió invadir Aragón. Dos días antes de que se cumpliera el plazo, murió el justicia Lanuza.

Lejos de arredrarse con ello, los aragoneses mantuvieron su postura de no entregar a Pérez. El sucesor de Lanuza, su hijo Juan V, pronto demostró que había heredado el coraje de su padre.

El nuevo Lanuza se plantó frente al comandante del ejército del rey, Francisco de Bobadilla, e invocó el derecho de todo aragonés a levantarse en armas si era invadido por una fuerza extranjera.

La respuesta inmediata de Bobadilla fue ordenar que se le degollara sin juicio. El pueblo aragonés saltó a la calle a defender sus derechos al grito de «viva la libertad». En unas horas, la sublevación quedó sofocada. Pero el ejército no consiguió capturar a Pérez.

Había escapado a Francia ya hacía unos días, disfrazado de pastor. No era la primera vez que lo intentaba, pero un enfriamiento del que aún no se había recuperado del todo lo impidió. Aún renqueante y bajo una intensa nevada, Pérez había decidido arriesgar su vida escapándose antes que quedarse y tener una muerte segura.

Con fortuna y agotado, llegó a Pau, donde quedó bajo la protección de Catalina de Béarn.

El rey reaccionó de la peor manera posible. Ordenó detener al duque de Villahermosa y al conde de Aranda. La Inquisición abrió proceso contra quinientos sospechosos. La orden era (y se cumplió) ejecutar a todos los destacados de la revuelta. Así se hizo.

Felipe no solo perdió un reo. También el respeto de Aragón. Había despreciado sus Fueros. Primero, con tretas. Y como no habían surtido efecto, utilizando la fuerza.

Muchos aragoneses pensaron amargamente que el rey podía guardarse su orgullo para luchar con enemigos mayores. Y se acordaron de su bisabuelo Fernando el Católico, que a buen seguro se removería en su tumba si supiera de esta indignidad que estaba sufriendo su pueblo.

VIII

No fueron los aragoneses los únicos humillados. En febrero de 1589, Felipe había intentado conseguir de las Cortes castellanas al menos ocho millones de ducados a pagar en seis años. Se referían a ello como Los Millones. Los necesitaba para pagar a su ejército. Portugal era continuo deseo de Isabel de Inglaterra y no descartaba devolverle el golpe. Y ese no era el único frente abierto. El Papa le atosigaba para que apoyara con más fuerza la Santa Liga.

La ley evitó que los procuradores tuvieran que pasar el mal trago de decir que no al rey. Por norma escrita, ellos no estaban autorizados a decidir esos asuntos personalmente: había que solicitarlo a cada ciudad.

Así las cosas, el rey se vio frente a la necesidad de negociar ante dieciocho ayuntamientos. Todos los alcaldes se negaron. Sabían que si aceptaban las condiciones, sus ciudadanos quemarían los ayuntamientos con ellos dentro, tal era la miseria en la que se encontraban.

Además, no estaban por la labor de ayudar al rey tras el fracaso de la Armada en Inglaterra. ¿Cuánto dinero se había perdido en vano en tan ridícula empresa? ¿Tenían ellos que pagar ahora los errores de quienes mandaban? Más de uno pensó que si el rey les diera parte del botín cuando su ejército ganaba una batalla, podrían replantearse el asunto. Pero cuando ganaba, Felipe no se acordaba de ellos. Solo acudía a esquilmarles cuando fracasaba.

Tampoco podían pagar más. Los impuestos habían subido de forma sangrante desde hacía muchos años. Ya pagaban impuestos hasta los clérigos.

La situación se fue estancando. El rey no conseguía el dinero que había pedido y los ayuntamientos se empezaron a quejar de los impuestos. Además, no entendían ciertas medidas de la corona.

En Madrid, sin ir más lejos, se había prohibido mostrar en la vía pública material de venta o trabajar fuera de los comercios bajo multa de tres ducados.

Fruteros, verduleros, artesanos… Todos necesitaban hacer uso de las calles para trabajar y vender su mercancía. Todos acudieron al condestable para que convenciera al rey de suspender el decreto. Cuando el condestable vio a casi dos mil personas manifestándose por las calles de Madrid camino de su casa, salió a su encuentro y les pidió que le acompañaran al Alcázar.

Al llegar allí les rogó que esperaran a que saliera tras hablar con el rey. No fue el condestable quien salió, sino la guardia real. Docenas de comerciantes fueron encarcelados. Los cabecillas recibieron doscientos azotes y fueron condenados a galeras. Otros sufrieron años de destierro.

A los conflictos en Madrid siguieron los de Sevilla, Toledo y Ávila.

Los de Ávila fueron especialmente graves. En octubre de 1591, aparecieron pasquines anónimos en las puertas de la catedral quejándose de las exigencias del rey. Cuando el corregidor informó a Felipe del asunto, el rey se indignó de tal manera que exclamó, en recuerdo a épocas pasadas:

—¡No voy a consentir una nueva farsa de Ávila!

Al momento, ordenó un proceso sumarísimo que acabó al año siguiente. De resultas del mismo, ciudadanos ilustres de la ciudad fueron degollados públicamente unos, otros condenados a galeras.

Si Felipe pensaba que se estaban acabando sus días, parecía empeñado en conseguir que nadie le recordara con cariño.

22

Relaciones (1592)

I

Felipe no era consciente de los efectos que podía tener su política de ordeno y mando.

Sí lo era, sin embargo, de que, a sus sesenta y cinco años y con su estado de salud, era imposible que engendrara un nuevo hijo.

Si este asunto le dolía como hombre, como rey le obsesionaba. Porque toda especie animal tiene el instinto de perpetuar la especie, pero ninguna tanto como la de los reyes.

El rey había tenido cinco hijos varones. Ahora solo le quedaba uno. Y por la diferencia de edad bien podía ser su abuelo o incluso su bisabuelo.

El único superviviente, de nombre Felipe como él, ya había cumplido trece años. Su padre rezaba para que cumpliera como mínimo la edad necesaria para poder darle un nieto. Aunque no lo vieran sus ojos. Que lo consiguiera era algo que el rey dudaba firmemente.

Desde niño, el príncipe había mostrado una salud endeble. Y no había mejorado en este aspecto. De hecho, para su padre apenas había mejorado en ninguno. Así que a su preocupación por la salud de su hijo, se añadía la de dudar de su competencia.

Una vez muerto Diego Félix a los siete años, Felipe padre se volcó en Felipe hijo para que después de un segundo hubiera un tercer rey con el mismo nombre en España. Para entonces, el crío tenía cuatro años.

A esa edad no se tiene el raciocinio de un adulto, pero sí un alma sensible que ya nota que la indiferencia y los mimos son cosas diferentes. Eso fue lo que le ocurrió al pequeño príncipe. Sumado ese factor a su débil salud y su enclenque fisonomía, el resultado fue un niño ensimismado por naturaleza. Abstraído. Inseguro de sí mismo. Indeciso. Todas eran características impropias de un rey. Sobre todo las dos últimas.

Felipe no atinaba a saber en qué se había equivocado con su hijo. Había repetido, paso a paso, todo lo que su padre, el emperador Carlos, había hecho con él.

Le había rodeado de hombres veteranos y experimentados, había recurrido al espíritu erasmista (con cuidado de no citarlo, no fuera a molestarse la Inquisición) y había elegido un preceptor del renombre de Francisco Gómez de Sandoval y Rojas, Grande de España y marqués de Denia.

El rey dio pautas exactas al marqués. Su hijo debía aprender idiomas mucho mejor que lo había hecho él de niño para disgusto del emperador.

Tenía que forjarse en la disciplina y el sacrificio y no debía importarle a su preceptor tomar medidas que enfadaran al príncipe.

Debía iniciarse en la dura tarea del control de las propias emociones y en el solipsismo.

En definitiva, todo lo que Juan de Zúñiga le había enseñado al rey de niño.

—Así se hará por voluntad de vuestra majestad —respondió pomposamente el marqués, inclinando la cabeza ante el rey.

Más le hubiera valido menos pompa y más empeño.

Pronto se dio cuenta el rey del parecido del marqués con Silíceo, su primer preceptor. El marqués halagaba al niño, le permitía hacer lo que le venía en gana y era pródigo con él. En definitiva, estaba más preocupado por ganarse el afecto del niño cara a su futuro político que en educarle. «Todo noble tiene alma de valido», pensó el rey.

Un día, el rey regañó a su hijo por comer demasiados dulces. De repente se acordó de cuando, de niño, fue reprendido por lo mismo y él se negó a obedecer aduciendo que era un príncipe y hacía lo que le daba la gana. El resultado, que entonces hizo llorar a Felipe y ahora le hacía sonreír, fue una sonora bofetada de su madre, la emperatriz Isabel.

En contraste con el recuerdo, su hijo le obedeció sin más y siguió ensimismado en sus cosas. El rey quedó decepcionado. Ni orgullo para eso tenía.

Preocupado, llamó a la corte a Pedro García de Loaysa y Girón, hombre de notable cultura que dejó Toledo para atender la petición real.

Su primera misión fue hacer un informe sobre el carácter del príncipe, que ya había cumplido los siete años.

No necesitó mucho tiempo Loaysa para confirmar que el niño era excesivamente apocado e indeciso. También que el marqués de Denia era una mala influencia en ese aspecto para él, no solo por su blandura sino también por su obsesión de acaparar la atención del niño en su propio beneficio.

Como las palabras de Loaysa coincidían con los pensamientos del rey, este decidió apartar al marqués de su cargo y le destinó a Valencia como virrey. Su sustituto fue, por supuesto, quien había hablado mal de él.

Loaysa logró que el príncipe fuera más disciplinado y que se aplicara más en los estudios. Ilusionado, el rey creyó haber resuelto el problema. Fue solo un espejismo. Cuando el rey sorprendió al nuevo preceptor dándole también golosinas a su hijo por hacer bien una tarea, pensó que el tema no tenía remedio.

Para mayor pena real, el príncipe seguía mostrando una salud endeble que le impedía asistir a sus clases en numerosas ocasiones. Su padre y su hija Isabel Clara solían visitarle y sentarse al lado de su lecho para darle ánimos sin mucho éxito.

—¡Qué carita de pena tiene el angelito! —dijo un día Isabel Clara, viendo a su hermano enfermo.

Para Felipe, el problema no era que tuviera carita de pena cuando estaba malo. Es que la seguía teniendo cuando estaba sano. El príncipe vivía en un estado de pertinaz melancolía.

Cuando todo parecía perdido apareció Jean de L'Hermite. Para sorpresa del rey, el humanista venido de Flandes logró avivar en el príncipe la curiosidad por el conocimiento.

L'Hermite lo mismo le enseñaba latín y francés que se llevaba al niño a patinar. Cuando su profesor hacía esas piruetas que le hicieron famoso en la corte, hubo un testigo que asegura que el príncipe rio.

Entre bailes, deslizamientos por el hielo del lago de la Casa de Campo y diversas chanzas, L'Hermite consiguió que el niño hablara y escribiera un estupendo francés para alegría de su padre. También que se manejara correctamente en latín. No iba a pedir el rey que hablara el latín con la maestría que lo hacía su hija Isabel, pero se conformaba. Al fin y al cabo, ni el francés ni el latín nunca fueron asignaturas dominadas por el rey. Su hijo ya hablaba a los once años mejor esos idiomas que él con treinta.

De buena gana hubiera otorgado Felipe el cargo de preceptor de su hijo a L'Hermite. Pero no podía. La nobleza castellana nunca habría visto con buenos ojos que nadie que no fuera uno de los suyos fuese el tutor del futuro rey. Pero si el elegido, además de extranjero, era flamenco, se habría generado un conflicto de gran magnitud.

Así que Loaysa siguió con su tarea. Y logró que

al príncipe se le pasara la efervescencia generada por L'Hermite.

Ahora, a sus trece años, volvía a ser el de siempre. Apocado, indeciso y mustio.

Felipe, desesperado, exclamó un día a su confesor:

—Dios que me ha dado siempre tantos reinos, me ha negado un hijo capaz de regirlos.

II

El 2 de febrero de 1592 llegó a la corte la noticia de la muerte de Ana de Mendoza, princesa de Éboli. El rey no dedicó ni un minuto a pensar en el adiós de la mujer a la que tanto había humillado. A enemigo que muere, ataúd de oro.

A cambio, siguió como siempre había hecho, velando por el bienestar de sus hijos. Un contraste que algunos entendieron como que quizás uno de ellos pudiera ser fruto de una relación con el rey. Bien equivocados estaban.

Las razones del cuidado por los hijos de la princesa tenían más que ver con la mala conciencia del rey, que de vez en cuando renacía pese al esfuerzo que hacía por enterrarla.

Hacía años, Mateo Vázquez se había atrevido a preguntar por las razones del rey para cuidar de los hijos cuando tan severo era con la madre.

Felipe no tardó ni un segundo en contestar a su secretario:

—Porque son hijos de mi amado Ruy Gómez.

Ahora, muerta la hembra, Felipe deseaba que la muerte consiguiera con Antonio Pérez lo que un ejército no había podido conseguir en Zaragoza: atraparle.

Algunos pensaron que Pérez, una vez sano y salvo, cesaría en sus ataques al rey. Nada más lejos de eso. Porque azote y mordedura, mientras duele, dura

El antiguo secretario se mantenía bullicioso como siempre, pero no hacía movimiento alguno sin ser escrupulosamente prudente. Pérez sabía de la capacidad que tenía su rey de enviar asesinos a sueldo para liquidar a sus enemigos. De hecho, él le había enseñado e incitado a estas maniobras. Escobedo era un buen ejemplo.

Muestra de esa prudencia era que no había firmado con su nombre ni siquiera el alegato que nada más llegar a Pau había impreso. Su título, *Relaciones de Antonio Pérez*. Parecía que el libro lo había escrito un cronista testigo de lo ocurrido, lo cual, aparte de prudente, aportaba credibilidad al relato.

El libro tenía tres dedicatorias: al Papa, al rey de Francia y a todos los que lo leyeran. Bien podía habérselo dedicado a Felipe, porque todo el libro de él trataba.

Al escribirlo, Pérez eligió un estilo bien diferente al utilizado por Guillermo de Orange en su *Apología*. Sin embargo, aunque distintos, ambos libros se convirtieron, a dúo, en la más letal propaganda contra Felipe.

A diferencia del de Orange (que seguía la senda crítica de los textos de Bartolomé de las Casas), Pérez construyó una estructura más original, dividida en tres partes.

En la primera, contaba la relación de todo lo ocurrido desde el asesinato de Escobedo hasta la llegada de Pérez a Pau, huyendo de una muerte segura.

En la segunda parte, narraba el levantamiento de los zaragozanos contra las tropas del rey.

La tercera y última era la mera transcripción del memorial presentado en su descargo ante el tribunal del justicia de Aragón.

El objetivo esencial era el desprestigio de Felipe y mucho empeño puso en ello, pues con el apoyo de Catalina de Béarn, su protectora, buscó su pronta traducción al francés y pronto recibió el interés de Flandes e Inglaterra, los enemigos radicales del rey.

Aragón también era protagonista del texto de Pérez. Si en un principio su huida hacia Zaragoza no había sido más que una argucia legal, Pérez no podía olvidar su experiencia aragonesa.

La actitud de Lanuza padre. La valentía del hijo y de tantos otros que se habían enfrentado al ejército de Felipe, sabiendo que iban a librar una batalla en la que su muerte era segura. Su sentido del honor, su heroísmo y el apoyo de todo un pueblo habían calado hondo en Pérez, tan poco dado a sentimientos puros y verdaderos.

Ahora, veía cómo el rey seguía atacando con saña

todo movimiento popular. A Pau le llegaban noticias detalladas de todo lo que iba ocurriendo.

Así, supo de la muerte del conde de Aranda y del duque de Villahermosa en circunstancias misteriosas, mientras estaban presos. Pérez pensó que, probablemente, ese habría sido el destino que hubiera tenido, si no hubiera logrado huir a tiempo.

También supo que los aragoneses esperaron en vano la ayuda de catalanes y valencianos, pero que estos no acudieron aterrados ante la ira del rey en Aragón y en más de un ayuntamiento del reino.

Y por fin, también le llegó la noticia de que los aragoneses se rindieron renunciando a parte de sus Fueros. Entre ellos, el que le había salvado a él: que no se pudiera perseguir a un aragonés por un delito cometido fuera del reino de Aragón. Como epílogo de la humillación, las Cortes aragonesas juraron obediencia al príncipe y futuro soberano. A cambio de todo eso, el rey concedió un perdón general, que luego no lo fue tanto.

Cada detalle de lo que ocurría en Aragón apenaba a Pérez, un hombre poco dado desde niño a la compasión y a la tristeza.

Sin embargo, pensó, todo lo que estaba ocurriendo no hacía más que certificar la veracidad de su libro. Y es que cada cual muere por su verdad, aunque sea mentira.

Porque él había sido el inductor de gran parte de lo que criticaba en sus *Relaciones;* era su propia obra. Y cuando no había sido inductor, no fue otra cosa que testigo aprovechado de las acciones del rey.

El catecismo dice que se puede pecar por acción o por omisión, él lo había hecho de las dos formas.

III

Una de las imágenes más ignominiosas que los aragoneses que la vieron guardarían siempre en su memoria fue la exhibición del rey tras humillar a su reino.

Felipe entró en Zaragoza como su padre lo hiciera en Mühlberg, montado en un hermoso caballo blanco para llegar a las Cortes donde zanjaría definitivamente la revuelta.

Muchos testigos juraron odio eterno a ese viejo de sesenta y seis años que parecía que había ganado una gran guerra cuando sencillamente había aplastado una rebelión con un ejército pagado, entre otros, por los impuestos que Aragón tributaba a su rey. Y este le daba las gracias con esa exhibición impúdica de fuerza.

Los que le vieron juraron venganza en silencio. Luego se dieron cuenta de que poco se iban a poder desquitar cuando no tenían ni ejército.

A falta de soldados, fue el cierzo quien se vengó en nombre de todos los aragoneses.

Pese a sus ataques de gota, Felipe tenía mejoras de salud que le permitían actuar como si no estuviera enfermo. Luego recaía para después recuperarse y volver a recaer.

El frío viento aragonés logró doblar su fortaleza definitivamente. Felipe volvió de Aragón tan victorioso como extenuado. Su rostro demacrado y su incapacidad para ni siquiera mantenerse en pie, llevaron a sus médicos a aconsejarle incluso que delegara el poder.

Felipe se negó, aunque admitió formar una junta de gobierno. En ella destacaban tres hombres que habían sido elegidos por Felipe para asesorarle tras la muerte de Antoine Perrenot y Mateo Vázquez. Sus nombres atendían a los de Juan de Idiáquez, Jerónimo Fernández de Cabrera y Bobadilla (conde de Chinchón) y Cristóbal de Moura.

La función de la nueva junta era seguir asesorando al rey, gobernar en su lugar si su enfermedad se lo impedía y convertirse en consejo asesor en la transición de príncipe a rey del príncipe Felipe.

De todos ellos, quien cobró especial importancia fue Cristóbal de Moura. Nacido en Lisboa, Moura había sido responsable de la diplomacia de Felipe en relación a la nobleza portuguesa. Cuando este había sido coronado rey de Portugal fue miembro del Consejo de Estado. Como premio a sus servicios, el rey le había premiado con los cargos de embajador, sumiller de corps (cargo que en su día había ostentado, en Castilla, Ruy Gómez y que suponía una cercanía absoluta al rey) y con el título de primer conde de Castel Rodrigo.

Ahora, a sus cincuenta y cuatro años, el rey decidió que, aparte de miembro del consejo, Moura fuera su sombra y su confidente. Es decir, su privado.

A fe que Moura lo hizo con dedicación. No solo le dio los mejores consejos políticos y demostró su innata habilidad como negociador, sino que se sentaba al lado del lecho del rey en sus peores momentos, le ayudaba a levantarse y a vestirse y, si era necesario, hasta friegas en los pies le daba con sus propias manos.

Siempre se decía que un privado era capaz de hacer cualquier cosa porque en el futuro, el príncipe o rey al que atendía le hartara de favores.

No era Moura ejemplo de esto, sino de amistad y lealtad. Porque si había alguien que no tenía ya futuro ese era el rey.

Felipe lo sabía. Por eso dio dos instrucciones: que su hijo estuviera siempre a su lado y que se preparara lo necesario para dictar su testamento.

IV

En marzo de 1594, Felipe dictó un testamento tan exhaustivo que quienes lo escribían pensaron que daría su último aliento ordenando redactar tal o cual cláusula.

Todas sus últimas voluntades quedaron concretadas. Cómo debía ser su enterramiento, el de sus mujeres, sus hijos, sus hermanos, tías paternas y sobrino.

Al morir él todas las osamentas debían redistribuirse y hacer mudanza.

Lo que dictó, en realidad, era más que un testamento. Era su visión del mundo. Gustase o no a los que lo leyeran, todos tendrían que reconocer que, aparte de rey, Felipe era un filósofo de las cosas mundanas y un teólogo de las divinas. Exactamente como lo había sido su padre.

Como él, hizo escribir las ayudas en limosnas a los pobres, el número exacto de misas que se debían decir por su memoria y para la salvación de su alma.

Aquí paró de dictar. Tenía dudas, por no decir miedo. ¿Y si se había equivocado en algo y Dios le pasaba factura por ello?

Muchos vivos en el mundo y otros tantos en espíritu se hubieran ofrecido gustosos a hacer una lista de sus errores. Y otros tantos, de sus aciertos. Por si los primeros se le aparecían antes que los segundos, el rey siguió dictando. Porque el silencio invita a los espíritus y la palabra los espanta.

Así, especificó al detalle lo que iban a heredar sus hijos. Felipe recibiría, además de su corona, la armería, los caballos, un hermoso diamante, su colección de pintura, joyas y tapicerías.

Catalina Micaela, pese a que había fracasado en su doble misión de esposa y espía del duque de Saboya, no fue olvidada. Clara Eugenia, menos, pues recibía seiscientos mil ducados, cien mil más que su hermana.

Hasta el final, mostró el rey su favoritismo.

V

El rey no entendía las razones de por qué Dios le estaba permitiendo vivir tanto.

Había sobrevivido a sus grandes comandantes que se habían jugado la vida tantas veces en su nombre. El último había sido Alejandro Farnesio, cuando volvía a Flandes tras luchar en Francia en una guerra que no sirvió para nada y que supuso la coronación del cinismo. Muerto Enrique III, el miembro más cercano para heredar su corona era un líder calvinista, Enrique de Borbón. A cambio de ser rey abrazó el catolicismo. París bien valía una misa.

También había sobrevivido a sus secretarios, excepto al bicho de Antonio Pérez, que por su condición probablemente nunca moriría. Por ahí andaba visitando París e Inglaterra y traduciendo sus *Relaciones*, ya firmadas con su nombre, para quien quisiera sumarse a su odio al rey.

Felipe creía que gobernaba. Pero ya no lo hacía salvo de vez en cuando. Su consejo lo hacía por él.

El rey ya no conocía al detalle lo que ocurría en el mundo. Le llegaba solo el eco. Y no quería escuchar las malas noticias. Como la que decía que sus tropas habían dejado París y que Isabel Clara nunca sería reina de Francia, el gran regalo que quería hacerle a su más querida hija.

Le dolió enterarse de que el hijo de Guillermo de Orange, Mauricio, era mejor soldado que su padre y que la nueva república holandesa se mostraba orgullosa y casi invencible dentro de su territorio.

Le alegró saber de la muerte del corsario Hawkins y de la derrota inglesa en las Indias ante las fuerzas reales de Antonelli.

Cuando supo de ella, miró a su hijo, con el que despachaba diariamente dándole instrucciones cara al futuro.

Sonriente, le dijo:

—Esta guerra la he ganado yo sin levantarme de la cama. ¿Y sabéis por qué? Porque elegí a un hombre competente, como Antonelli. Por elegir a un inútil perdí a la Grande y *Felicissima* Armada.

23

Crucifijos y unicornios (1594)

I

El rey, repentinamente, tuvo un resurgir. Muchos pensaron que era el último canto de la vida antes de despedirse.

Coincidió con dos asuntos por los que Felipe hasta hubiera resucitado de los muertos, si hubiera hecho falta: la defensa de la herencia de sus hijos.

Uno, era un complot que afectaba a la corona de Portugal. El otro, algo tan decisivo como elegir esposa para su hijo.

A finales de 1594, llegaron noticias a la corte de que un fantasma caminaba por las calles de Madrigal. Porque solo fantasma podía ser si, como todos decían, se trataba de su sobrino Sebastián, quien fuera rey de Portugal.

Felipe, tan cercano ya a convertirse en espíritu, tembló en un principio. Luego decidió creer que solo era una patraña o aún algo peor. Era lo segundo. Concretamente, una conspiración.

—Sebastián no puede ser... Yo mismo vi sus restos... Los hice traer a Lisboa del desierto marroquí en homenaje al hijo de mi hermana...

Efectivamente, lo había hecho con el objetivo de congraciarse con el pueblo portugués nada más ser coronado su rey. Quien hiciera la gestión de recuperar sus huesos, se encargaría ahora de averiguar lo que estaba ocurriendo: Cristóbal de Moura.

Eficiente como siempre, Moura descubrió que el resucitado Sebastián, que había dejado el mundo de los muertos para darse un paseo por Madrigal, no era (evidentemente) él, sino un tal Gabriel de Espinosa. Pronto recabó información sobre él.

Así, supo que era pastelero y que, sorprendentemente, hablaba a la perfección francés y alemán. Y que era delgado, de delicados andares (tanto como impostados) y de cabello pelirrojo. De ahí que todo el mundo lo identificara con el hijo de Juana de Austria.

Supo que había cortejado a Ana María de Austria, hija de don Juan, con la ayuda del confesor de esta, fray Miguel de los Santos. Encerrada desde niña, Ana María supo finalmente de quién era hija y, sobre todo, sobrina: del mismísimo rey.

Por fin alguien le contaba quién era y la trataba con cariño. No tardó en caer rendida a los pies del supuesto Sebastián. Sin duda, se trataba de una trama para hacerse con la corona portuguesa.

¿Quién podía negar la fuerza de una pareja compuesta por un rey resucitado y la hija de don Juan de Austria?

Tras seducir a la monja, Espinosa se dirigió a Valladolid, donde iba a vender unas joyas de Ana María, heredadas de su madre desconocida. La pobre monja le había dado todo lo que tenía a su apuesto pretendiente.

Con el dinero de las joyas, Espinosa pensaba presentarse en Portugal tras ayudar a escapar a la monja. Más que pastelero era un estafador en toda regla que contaba con el apoyo de alguien en la sombra.

Vendidas las joyas, no pudo soportar la gloria de tener demasiado dinero en sus manos. Una borrachera le hizo hablar de más. Espinosa se ufanó en una taberna de que era rico y pronto iba a ser rey. Este ataque de verborrea llegó a oídos del alcalde de Valladolid, Rodrigo de Santillán, y ordenó detenerle.

No fue complicado. Mal cabello el pelirrojo para pasar desapercibido en Valladolid.

Moura informó al rey, que ordenó que se tratara el asunto con la máxima severidad. Así se hizo. El pastelero murió ahorcado en el propio Madrigal, donde había nacido el rumor. Así, quienes vieran la ejecución también difundirían un nuevo rumor que anularía el anterior: todo había sido una estafa y quien había suplantado la identidad de un rey recibía justo castigo.

Al fraile no le fue mejor. Miguel de los Santos fue destituido del sacerdocio no como castigo, sino para no matar a un cura. Ya sin hábito, fue ahorcado en Madrid.

Ana María perdió sus privilegios y fue trasladada a Ávila.

Se rumoreó que había tenido un hijo del pastelero. Ella lo negó y nunca fue encontrado.

Si la vida de Juan de Austria fue tan heroica como triste, la de su hija no lo fue menos. Pero sin ninguna épica.

Pocas veces un ser humano fue víctima tan terrible e inocente de su propio destino.

II

El otro asunto importante a resolver era elegir esposa para el príncipe Felipe, que ya tenía diecinueve años.

El rey fue llevado a una sala en una silla articulable que le había diseñado Jean de L'Hermite. En ella podía cambiar de postura para no acabar dolorido y evitar que le salieran llagas.

Decidir quién iba a ser la futura reina de España no fue una elección sencilla. Sobre todo por la indecisión del príncipe.

Como tantas veces, la elegida iba a ser de la misma familia. El archiduque Carlos, hijo del emperador Fernando I y primo hermano de Felipe, había fallecido siendo marqués de Stiria, dejando quince hijos a su viuda, entre ellos cuatro hijas llamadas

Catalina, Gregoria, Leonor y Margarita, posibles candidatas a la mano del príncipe de Asturias.

De las cuatro, Leonor quedó descartada por su mala salud. Solo quedaban tres aspirantes.

Cuando el archiduque supo del interés de Felipe por casar a una de sus hijas con el príncipe Felipe, tuvo el detalle de pagar a un pintor para que hiciera sendos retratos de Catalina, Gregoria y Margarita. Nada más terminados de pintar se enviaron a Madrid.

Y ahí estaban, en uno de los salones del Alcázar, el rey, su hijo el príncipe y su hija predilecta, Isabel Clara Eugenia, y Cristóbal de Moura para tomar la decisión.

Para poder identificar a las princesas, a modo de joya, Felipe ordenó colocar sobre el lienzo, en el cabello de cada una, la inicial de su nombre: una C para Catalina, una G para Gregoria y una M para Margarita.

Hecho esto, Felipe padre preguntó a Felipe hijo:

—Hijo mío, contemplad a vuestras primas y escoged a la que más os agrade.

El príncipe miraba y no se decidía. Isabel Clara, divertida, decía sus preferencias: esta tiene el cabello más bonito, aquella la nariz más respingona... Su hermano callaba, lo que exasperó al rey.

—¿Queréis dar vuestra opinión? Que quien se casa sois vos, demonios.

Aparte de que la edad y la enfermedad le había convertido en un viejo quejica, Felipe no podía soportar la natural indecisión de su hijo.

El príncipe, lejos de arreglar la situación, mostró aún más su carácter apocado.

—Dejo el asunto en manos de vuestra majestad.

El rey resopló. Iba a dar una voz a su hijo cuando la dulce mirada de Isabel le detuvo.

—Hijo, estamos decidiendo la que ha de ser la compañera de vuestros cuidados y con quien os desahoguéis de ellos. Si os da pudor decirme quien de las tres os gusta más, lo entiendo, pero no tengo tiempo para...

Su querida hija le interrumpió. El rey no consentía a nadie atreverse a tanto.

—Perdonad que os interrumpa, padre, pero tengo una idea.

Felipe asintió, dándole permiso para expresarla.

—Si mi hermano es tan vergonzoso, que le lleven los tres cuadros a sus aposentos y decida en secreto.

El príncipe tampoco lo veía claro. Esencialmente, no quería ser él quien decidiera para que nunca le dijera nadie que se había equivocado.

—No, Isabel... Que la elija padre...

Miró al rey.

—Yo no tengo más gusto que el vuestro, padre. La que vos escojáis será la ideal para mí, os lo aseguro.

Felipe miró serio a su hijo. Si hubiera podido moverse, se habría levantado para darle un cachete. Pensó que, con el poco tiempo que le quedaba, no estaba como para perderlo en tonterías.

Isabel volvió a mediar con otra idea: colocar los tres cuadros de cara a la pared y echar a suertes la elección. Así se hizo y quedó vencedora la princesa cuya inicial era M, es decir, Margarita.

Felipe no estaba satisfecho del método.

—¡Estamos eligiendo a la futura reina de España, no jugando a las cañas! Esto no es serio.

Dio por acabado el juego, como quería su hijo, fue él quien decidió quién sería la novia:

—Será Catalina, que es la de mayor edad.

Luego, ordenó a Moura, pues él ya no podía ni coger la pluma, que escribiera al archiduque informándole de la elección.

Mientras Moura escribía, un criado vino con un mensaje. Moura lo leyó. Eran malas noticias: su hija Catalina Micaela había muerto.

Isabel Clara empezó a llorar abrazada a su padre. Felipe también lloraba.

El príncipe ni lloró. Sencillamente se limitó a contemplar la triste escena en silencio.

II

Felipe nunca se recuperó del golpe que supuso perder a Catalina Micaela. Por fin, al cabo de unos meses (ya le costó), se atrevió a hacer algo que pocas veces en su vida había hecho: pedir perdón.

Se lo pidió a su hermana. Empezó hablando de la fallecida en tercera persona... Poco a poco la cabeza se le fue a otra parte y acabó hablándole a Isabel Clara como si fuera la mismísima Catalina Micaela:

—Perdóname, Catalina... Perdóname...

Isabel Clara estuvo a punto de venirse abajo, pero aguantó como pudo. Luego, con los ojos llenos de lágrimas informó a Moura de lo ocurrido.

El rey cayó en una depresión tan grande que ni comía ni hablaba. Pronto le sobrevino un nuevo ataque de gota.

Viendo que su hora estaba cerca, ordenó que le llevaran a El Escorial. Los médicos se negaron, pero el rey les convenció.

—¿Cuál es el riesgo del viaje? ¿Que me muera por el camino? ¡Pero si me estoy muriendo ya, por Dios!

Rápidamente se organizó la comitiva y el rey partió hacia su gran obra acompañado del Consejo de Estado y de sus dos hijos.

El viaje resultó extremadamente complicado. Había que parar cada poco para relevar a los porteadores de la silla.

Por si fuera poco, llegando ya a El Escorial, una tromba de agua inundó el camino. La riada hizo que el agua llegara hasta el asiento del rey.

Isabel, su madre, le había contado de niño el viaje que su padre y ella hicieron de Granada a Valladolid, para que Felipe naciera allí.

Nunca había olvidado la cara de su madre cuando le contaba la historia. Estaba como iluminada por Dios.

—Tú también hiciste ese viaje, hijo. Dentro de mi vientre.

Felipe pensó que ambos viajes eran dificultosos, pero que el destino era bien distinto.

En un viaje esperaba la vida, en otro la muerte.

III

Pese a su extrema debilidad, Felipe se resistía a morir igual que se había resistido a nacer.

Durante seis días todos sus allegados fueron a despedirse de él. Pero él se negaba a despedirse de la vida.

Su aspecto era terrible. Su cuerpo era solo huesos y pellejo. Por sus heridas manaba pus y en algunas aparecieron gusanos. No podía moverse y los dolores eran enormes. El rey los aguantó en silencio.

Tan mal estaba que su hija, cada noche que cambiaban las velas consumidas por otras nuevas, pensaba que no duraría el tiempo de vida de las siguientes velas. Se cambiaron docenas de veces y el rey seguía resistiendo.

A su lado, siempre se turnaban un criado en la puerta y, dentro de la habitación, su hija Isabel Clara y su fiel Moura, que hasta le limpiaba las heridas y le ponía en su frente paños fríos cuando al rey le subía la fiebre.

Los días pasaron y la habitación olía a podrido.

Felipe había sido un hombre que siempre gustaba de la limpieza y cuidaba su aseo personal. Ahora defecaba encima de la cama.

L'Hermite rápidamente ideó hacer un orificio en la cama para que la suciedad no invadiera el lecho. Y se puso a la obra sin importarle mancharse de las heces del rey.

El joven Felipe no pudo aguantar el espectáculo y se retiró hacia la puerta.

El rey le prohibió salir.

—Os ordeno que os quedéis, hijo. Quiero que miréis las miserias de vuestro padre, el que fuera rey todopoderoso.

El príncipe, por fin habló. Lo hizo gimiendo.

—No me obliguéis a esto, padre.

El rey insistió sin piedad.

—Quedaos y mirad en qué me he convertido. Porque todo hombre, plebeyo o rey, acaba en este estado.

El príncipe se quedó esa noche. Luego Moura convenció al rey de que le liberara de ese sufrimiento.

—Con que os vea una vez, lo recordará siempre, majestad.

El rey aceptó.

Luego, preguntó a Moura cómo iban los asuntos del casorio de su hijo.

—No me informáis de nada. ¿Qué se sabe de Catalina?

Moura informó que el correo que llevaba la petición de boda con la elección de Catalina, se cruzó en el camino con un correo que llegaba del norte para informar que la pobre joven había muerto de un catarro.

—Sabéis que es un asunto urgente. ¿Se lo habéis dicho a mi hijo?

—Por supuesto, majestad.

—¿Y a quién quiere de esposa de las otras dos? ¿A Gregoria o a Margarita?

—No ha elegido él sino Dios, que Gregoria murió de unas fiebres hace casi un mes. Se casará con Margarita.

Al final su esposa era la que había sido elegida a suertes. Al final, no había nada que decidir, pues el destino se había empeñado en elegir la novia.

—Esto es la vida —dijo el rey—. Por mucho que decidas, siempre hay algo que te obliga a hacer otra cosa.

Moura sonrió.

—Cuidad de mi hijo, Moura.

—Sabéis que viviré dedicado a esa misión, majestad.

IV

El 1 de septiembre, el rey se sintió especialmente débil y pidió la extremaunción. Después ordenó que colocaran alrededor de su cama toda su colección de reliquias de santos.

Rezaba y las besaba.

Al día siguiente, exigió que colocaran al lado de las reliquias su colección de cuernos de unicornio, que nadie sabía en qué reino habían sido cazados. Creyente y supersticioso, si ambas cosas no son lo mismo, Felipe apeló a todas las fuerzas en su ayuda.

Y siguió rezando. Incluso ordenó que su confesor trajera frailes para que rezaran por su alma continuamente. Estaba aterrorizado, pero no tenía el valor necesario para decírselo a nadie.

El rey estuvo en duermevela casi dos semanas. La única energía que tenía la empleó en apretar un crucifijo en sus manos. El mismo al que se aferró su padre en la misma situación.

El 13 de septiembre, a las tres de la madrugada, Felipe notó que su mirada se nublaba de una manera que no había sentido antes. Había llegado su hora.

A su alrededor oía voces, cierto tumulto... Alguien rezaba... Su hija lloraba... Oía más voces, pero todas se acabaron mezclando y terminó por no distinguir a quién pertenecían.

El miedo se apoderó de él. Estaba empezando el último viaje. ¿Qué se encontraría? No quiso ni pensarlo. Nunca había tenido miedo de los vivos, pero sí de los muertos.

Docenas de imágenes empezaron a volar por su mente a una velocidad inusitada. Eran recuerdos, pero los veía como si fueran la más pura realidad.

Extrañamente, le vino a la cabeza una conversación que había tenido en Bruselas con un capitán de los Tercios, de cuyo nombre no se acordaba. Ahí estaba él, delante de él otra vez.

¿Se estaba muriendo y en vez de la Virgen se le aparecía alguien de quien no podía recordar su nombre? Pensó en la Virgen, pero no era ella. Porque tenía la misma cara de su madre. Y eso no era posible.

Otra vez el capitán volvió a aparecer mientras seguía oyendo de fondo los llantos y los rezos. Era como si volviera a hablar con él. Cuando le confesó que después de cada batalla rezaba con respeto por los hombres que había matado. Lo hacía para que sus espíritus no se le aparecieran el día que muriera.

Felipe pensó que pese a lo mucho que había rezado en su vida, tal vez debía haberlo hecho más por todos aquellos a los que perjudicó.

El capitán también le dio otro consejo.

—El día que muera pienso irme al otro mundo con el recuerdo más bonito de mi vida. Así, mi muerte será más dulce.

Felipe se puso a buscar el mejor recuerdo de la suya... No lo encontraba... Se agolpaban unas imágenes detrás de otras...

Algunas le recordaban días felices. Eran las menos. Por cada una de ellas, se le aparecían una docena de recuerdos desgraciados.

Por fin, un recuerdo se hizo hueco entre todos.

Él era un niño y estaba subido en una carreta. De repente vio a Francisco de Borja montado en su caballo.

Felipe contempló otra vez cómo Borja le sonreía, como si estuviera viajando por el tiempo.

También cómo se acercaba hasta la carreta, con medido y elegante galope.

Y volvió a escuchar sus palabras.

—Alteza, ¿queréis viajar conmigo?

—¿Puedo?

—Claro que podéis.

Borja le volvió a levantar en vilo, como hacía tantos años, y le colocó delante de él en la montura. Y aceleró al galope, con una sonrisa auténticamente imperecedera.

Felipe dejó de oír oraciones y llantos.

De repente, no estaba en el lecho.

No era el moribundo maloliente, sino un niño.

Cerró los ojos y notó el aire que le surcaba el rostro.

En ese momento, volvió a sentirse el mismísimo rey del mundo.

En realidad, a lo mejor solo lo fue aquella vez.

FIN

Índice

El Imperio de Felipe II

CALIFORNIA

NUEVA GALICIA

FLORIDA

Trópico de Cáncer

NUEVA ESPAÑA

Cuba

La Española

VENEZUELA

NUEVA GRANADA

Ecuador

QUITO

OCÉANO

BRASIL

PERÚ

PACÍFICO

NUEVA CASTILLA

Trópico de Capricornio

OCÉAN

ATLÁNTI

CHILE

LA PLATA

FLANDES Y PAÍSES BAJOS
LUXEMBURGO
FRANCO CONDADO
MILANESADO
CORONA DE ARAGÓN
CASTILLA

PORTUGAL

Azores

Tetua

Madeira

Canarias

Cabo Verde

Elr